高等学校“十三五”规划教材

管理信息系统基础

侯洪凤　王　璨　曾维佳　主编

中国铁道出版社有限公司
CHINA RAILWAY PUBLISHING HOUSE CO., LTD.

内 容 简 介

"管理信息系统"是工商管理类各专业的核心课程，具有综合性高、理论性强、实践要求高、涉及领域广的特点。本书在介绍管理信息系统的理论基础和技术基础的前提下，以系统工程的思想和观点为指导，以结构化系统开发方法为主线，结合当前信息技术和信息系统发展的现状，系统地介绍了管理信息系统规划、分析、设计、实施及运行维护的全过程，并且介绍了管理信息系统在企业中的几种典型应用。除此之外，本书还特别增加了案例、习题，便于学生把枯燥的理论和实际相结合，提高学生分析问题和解决问题的能力，符合应用型人才的培养要求。

本书是作者在多年教学的基础上编写而成的，注重对学生的应用能力和实践技能的培养，并且尽可能反映新知识、新技术、新工艺和新方法。

本书适合作为高等学校管理类及相关专业本科"管理信息系统"课程的教材，也可作为从事信息系统建设的相关人员的参考用书。

图书在版编目（CIP）数据

管理信息系统基础 / 侯洪凤，王璨，曾维佳主编. — 北京：中国铁道出版社，2018.6（2020.9 重印）
高等学校"十三五"规划教材
ISBN 978-7-113-24338-8

Ⅰ.①管… Ⅱ.①侯… ②王… ③曾… Ⅲ.①管理信息系统-高等学校-教材 Ⅳ.①C931.6

中国版本图书馆 CIP 数据核字（2018）第 089905 号

书　　名：管理信息系统基础
作　　者：侯洪凤　王　璨　曾维佳

策　　划：祁　云　李志国　　　　**编辑部电话：**（010）63549458
责任编辑：祁　云　彭立辉
封面设计：付　巍
封面制作：刘　颖
责任校对：张玉华
责任印制：樊启鹏

出版发行：中国铁道出版社有限公司（100054，北京市西城区右安门西街 8 号）
网　　址：http://www.tdpress.com/51eds
印　　刷：三河市宏盛印务有限公司
版　　次：2018 年 6 月第 1 版　2020 年 9 月第 2 次印刷
开　　本：787 mm×1092 mm　1/16　**印张：**15.25　**字数：**367 千
印　　数：2 001～3 000 册
书　　号：ISBN 978-7-113-24338-8
定　　价：42.00 元

PREFACE

前言

近年来，随着我国信息化建设的不断推进，企业信息化、政府信息化、教育信息化、部队信息化等建设的进程加快，必须加强学科支持，以便培养一批既懂管理又懂信息技术的复合型人才。为此，“管理信息系统”被很多高校确立为经管类专业的基础课程，成为培养新型复合型人才学科中的主干课程。管理信息系统作为一门新兴课程，涉及管理科学、计算机科学、系统科学、信息技术和通信技术的相关知识，是对这些学科知识的综合应用，是一门综合性、交叉性强的课程。

本书既注重管理信息系统基础知识的介绍，又注重学生实际开发信息系统能力的培养，内容全面、详略得当、注重实践、面向应用。书中给出的学习目标和关键术语有助于学生把握课程重点，内容安排由浅入深，循序渐进。本书精选了很多案例，案例内容贴合各章知识点，很多晦涩难懂的理论都可以通过案例生动准确地描述，可使学生配合实例学习，降低学习难度。本书各章均附有大量的习题，题型丰富，难易适中，便于学生通过练习巩固所学知识。

本书共分 6 章，内容包括管理信息系统理论基础、管理信息系统的技术基础、管理信息系统的战略规划、管理信息系统开发、管理信息系统运行管理与信息系统的评价、管理信息系统在企业中的典型应用。

本书由具有多年从事“管理信息系统”课程教学经验的教师集体编写，全书由侯洪凤、王璨、曾维佳主编。其中：第 1、2 章由王璨编写，第 3、4 章由侯洪凤编写，第 5、6 章由曾维佳编写。参加编写和讨论的还有刘忠党、何丹丹、王岩、李逊等。全书由王立娟审稿。

在本书编写过程中，我们参考、引用了大量中外文献，并得到许多专家、领导的大力支持，在此，向所有被引用文献的作者、给予我们指导和帮助的专家学者，以及大连科技学院的领导表示诚挚的谢意。

由于时间仓促，编者水平有限，书中疏漏与不妥之处在所难免，恳请专家、教师和读者批评指正。

编　者

2018 年 1 月

CONTENTS

目录

第 1 章　管理信息系统理论基础 1
1.1　管理、信息和信息系统 1
1.1.1　信息的概念 1
1.1.2　管理与管理信息 5
1.1.3　系统 6
1.1.4　信息系统 9
1.2　管理信息系统 12
1.2.1　管理信息系统的概念、特点和功能 12
1.2.2　管理信息系统的结构 16
1.2.3　管理信息系统的类型 19
1.2.4　管理信息系统的研究方法 23
1.3　管理信息系统与管理 24
1.3.1　当代管理环境的特点 24
1.3.2　企业流程再造 26
1.3.3　管理信息系统对管理的支持 29
1.3.4　管理信息系统对管理的影响 30
1.4　管理信息系统的发展趋势 30
小结 34
习题 34
第 2 章　管理信息系统的技术基础 39
2.1　信息系统中的信息技术 39
2.1.1　信息技术概述 39
2.1.2　计算机技术 42
2.1.3　计算机网络技术 51
2.1.4　物联网技术 61
2.1.5　WWW 技术 62
2.1.6　Intranet、Internet 和 Extranet 63
2.2　数据库技术 63
2.2.1　数据管理 63
2.2.2　数据库系统 66
2.3　数据仓库与数据挖掘 73
2.4　多元统计分析技术 78
2.5　云计算 80
2.6　大数据技术 83
小结 88
习题 88
第 3 章　管理信息系统的战略规划 93
3.1　信息系统发展阶段论 93
3.1.1　信息化与信息系统 93
3.1.2　诺兰阶段模型 94
3.2　管理信息系统战略规划概述 97
3.2.1　管理信息系统战略规划的概念和作用 97
3.2.2　管理信息系统战略规划的任务 98
3.2.3　管理信息系统战略规划的组织 98
3.2.4　管理信息系统战略规划的步骤 98
3.3　管理信息系统战略规划的常用方法 100
3.3.1　企业系统规划法 100
3.3.2　关键成功因素法 106
3.3.3　战略目标集转化法 107
3.3.4　三种规划方法的比较 108
3.4　可行性研究 111

3.4.1 初步调查 112
3.4.2 可行性分析的内容 112
3.4.3 可行性分析报告 113
3.4.4 可行性研究举例 113
小结 115
习题 115
第 4 章 管理信息系统开发 117
4.1 系统开发的任务和原则 117
4.1.1 系统开发的任务 117
4.1.2 系统开发的原则 118
4.2 管理信息系统的开发方法 119
4.2.1 管理信息系统的生命周期 119
4.2.2 结构化系统开发方法 120
4.2.3 原型法 121
4.2.4 面向对象方法 123
4.2.5 各种开发方法的比较 125
4.3 管理信息系统的开发方式 126
4.3.1 自主开发方式 127
4.3.2 委托开发方式 127
4.3.3 合作开发方式 127
4.3.4 购买现成的商品软件 127
4.4 管理信息系统的系统分析 129
4.4.1 系统分析的任务 129
4.4.2 详细调查 129
4.4.3 组织结构和业务流程分析 131
4.4.4 系统数据流程分析 133
4.4.5 建立新系统的逻辑模型 140
4.4.6 编制系统分析报告 141
4.5 管理信息系统的系统设计 142
4.5.1 系统设计的任务和原则 142
4.5.2 总体结构设计 143
4.5.3 代码设计 147
4.5.4 数据库设计 150
4.5.5 输入/输出设计 150
4.5.6 处理流程设计 152
4.5.7 物理配置方案设计 152
4.5.8 编制系统设计报告 153
4.6 系统实施 154
4.6.1 物理系统的实施 154
4.6.2 程序设计 155
4.6.3 系统测试 155
4.6.4 系统切换 156
4.7 图书管理系统开发实例 158
4.7.1 系统分析 159
4.7.2 系统设计 162
4.7.3 系统实施与测试 165
小结 166
习题 167
第 5 章 管理信息系统运行管理与信息系统的评价 173
5.1 信息系统的运行管理和维护 173
5.1.1 信息系统运行管理 173
5.1.2 信息系统维护 182
5.2 信息系统的评价 188
5.2.1 信息系统的质量评价 188
5.2.2 信息系统的经济效益评价 188
5.2.3 信息系统的综合评价 189
5.2.4 信息系统评价报告 191
小结 192
习题 192
第 6 章 管理信息系统在企业中的典型应用 195
6.1 企业资源计划 195
6.1.1 ERP 的产生背景 195
6.1.2 ERP 的发展过程 196
6.1.3 MRP、闭环 MRP、MRPⅡ和 ERP 之间的关系 203

6.1.4 ERP 系统的管理思想......204
6.1.5 ERP 系统的主要功能模块......204
6.2 客户关系管理......207
6.2.1 客户关系管理的产生......207
6.2.2 客户关系管理概述......208
6.2.3 CRM 系统功能......209
6.3 供应链管理......210
6.3.1 供应链的产生背景......210
6.3.2 供应链管理概述......211
6.3.3 供应链管理的框架......212
6.4 电子商务......213
6.4.1 电子商务概述......214
6.4.2 电子商务的服务功能......214
6.4.3 电子商务的模式......216
6.4.4 电子商务的基础框架结构......218
6.4.5 电子商务法律法规和安全性......219
6.4.6 移动商务......221
6.4.7 电子商务应用......224
小结......231
习题......232
参考文献......235

第1章 管理信息系统理论基础

【学习目标】

- 了解信息的定义、管理的概念。
- 掌握信息的特征、系统的定义及特征。
- 掌握管理信息系统的结构和功能。

【关键术语】

管理　　系统　　管理信息系统

20 世纪 60 年代末，管理信息系统（Management Information System，MIS）起源于美国，1968 年开始流行，到现在已历经 50 多年的发展历程。管理信息系统融合了众多学科的理论和方法，如管理学、信息科学、计算机科学、系统科学、经济学等，并在多个领域有广泛的应用，如铁路订票系统、教学管理系统、ERP 系统、客户关系管理系统、校园一卡通系统等。随着管理信息系统的不断发展，它已经在经济活动中发挥着不可或缺的重要作用。随着社会的不断进步，管理信息系统的应用前景必然更加广阔。

1.1　管理、信息和信息系统

当今社会是一个信息爆炸的社会，企业每天都要面对浩如烟海的信息，如何准确有效地获取有用的信息，已成为企业在竞争中立于不败之地的关键。人们也更加清楚地认识到信息的重要价值，企业的信息化建设就是很好的说明。

1.1.1　信息的概念

1. 定义

不同的学科对于信息有不同的定义，不同的学者对信息同样有不同的定义。

1948 年，信息论的创始人香农（Shannon）认为“信息是用以消除随机不确定性的东西”。

控制论创始人维纳（Norbert Wiener）教授认为“信息是人们在适应外部世界、控制外部世界的过程中同外部世界交换的内容的名称”。

本书对信息的定义：信息是从记录客观事物的运动状态和运动方式的数据中提取出来的，对人们的决策提供帮助的一种特定形式的数据，即信息是对数据进行加工的结果。信息是数据，但反过来说数据是信息则不正确。

数据、信息、知识的区别：数据是客观事实的数字化、序列化、编码化和结构化，是对客观事实记录下来的、可以鉴别的符号。这些符号包括数字、图形、文字、声音、图像等，例如，国内生产总值是数据，消费价格指数也同样是数据，我们需要计算出同比增长率，或绘制出近10～20 年的指标变动曲线图，才能对决策者提供帮助，如果增长过快或过慢则有必要采取一定的方式进行调控。信息是数据在信息媒介上的反映，是经过加工具有特定含义的数据，对管理者的决策具有价值；信息来源于数据，又高于数据，信息是数据的灵魂，数据是信息的载体；数据是原材料，而信息则是加工后的成品。数据与信息的关系如图 1-1 所示。知识是对信息的加工、提取、吸收、评价的结果，是一系列有规律的知识的集合。例如，化学知识、物理知识、数学知识等。总之，数据是信息的基础，而信息是知识的基础。数据的涵盖范围最广，从集合论的角度出发，可知数据包含信息，信息包含知识。它们之间的关系如图 1-2 所示。

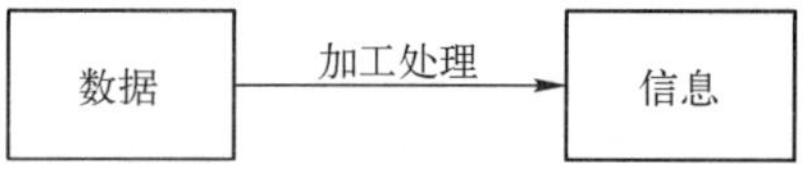

图 1-1　数据与信息的关系

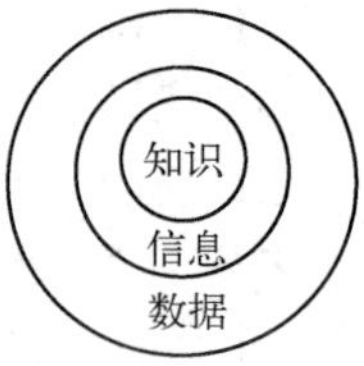

图 1-2　数据、信息、知识间的关系

2. 信息的特征

信息主要具有以下几个特征：

① 普遍性。信息无处不在，无处不有。自然界的山川河流、鸟木花草，人类社会的各个发展阶段，无不透露给人们各种各样的信息。信息是事物运动的状态和方式的反映，它所表征的、传送的是关于某一客观系统、某一事物中的某一方面的属性。运动的绝对性表明信息是普遍存在的。

② 客观性。信息是客观事物的反映。反映是以客观存在为前提的，即使是主观信息，如决策、指令等，也有它的客观内容。这就对信息提出了最低的要求，即信息的内容必须真实可靠，否则将对决策产生负面影响。同时，也要求我们在采集信息的过程中不能加入主观臆断，应本着实事求是的原则，这就是信息的客观性特征，也是为正确认识客观事物而对人们提出的最基本的要求。

③ 层次性。因为管理是分层的，而信息恰恰是为管理服务的，所以信息也是分层的。管理自顶向下可以分为战略层、策略层和执行层。战略层为组织确定战略计划和目标；策略层负责设计实现战略计划的方式和策略；执行层负责处理日常事务。相应地，各管理层有各自的信息需求，因此对应于各管理层的信息分别为战略级信息、策略级信息和执行级信息。不同层次的信息具有不同的特征，了解不同层次信息的特征，有助于正确地确定信息需求的范围、信息处理的方法及制定信息的保密策略等。不同层次信息的特征如表 1-1 所示。

表 1-1　不同层次信息的特征比较

特征 层次	信息来源	寿命长短	保密要求	加工精度	加工方法
战略级信息	企业外部	长	高	低	灵活
策略级信息	内外兼有	中	中	中	中
执行级信息	企业内部	短	低	高	固定

④ 不完全性。一方面客观事物的复杂性决定了信息的无限性，所以基于某一问题的信息不可能完完全全得到；另一方面，信息的获取与人们认识事物的程度有关，人们认识事物本身的局限性导致信息总是不完全的，所以在信息处理工作中，信息的不完全性是绝对的，这也给人们认识事物带来了一定的困难。

⑤ 时效性。时效性指时间和效率，任何信息从产生到最终被人们利用都要经过生命周期的各个阶段，如记录、加工、存储、传播等。中间所耗费的时间越短，人们利用信息越及时，效率越高，时效性越强。从另一个角度来说，信息刚产生时，它反映的内容最新，随着时间的推移，当信息反映的内容不再新颖时，它的利用率也会下降，时效性也会降低。

⑥ 可传递性。传递包含两方面：时间上的传递和空间上的传递。我们之所以可以知道古代发生的历史事件，说明信息在时间上可以由古至今传递。在互联网时代，距离已不是问题，人们可以通过网络了解世界各地的新闻，这种沟通意义上的零距离，正是信息在空间上的传递。信息可以采用多种渠道、多种方式进行传递，例如，课堂、讲座等口头交流，电话、手机等通信方式，以及广播、电视、报纸、杂志等大众传媒。每一个信息的接收者都可以作为新的信息发出者，使得信息在时间和空间上快速地传播。另外，在信息的传递过程中，在保留原有信息的同时，还可能增加新的信息。

⑦ 可共享性。信息传递的结果使信息内容供多人使用，即信息是可以被多个人共享的，这是信息区别于物质的一个显著特点。信息只能共享，不能交换，一个人把某个信息告诉给另一个人，并不能把该信息从这个人的大脑中抹去，即信息的共享并不会损失信息。但这里说的共享性并不针对企业的机密信息，如经营数据、专利信息等，对于其他信息，企业是可以共享的。例如，企业可以把库存信息共享给上游的供应商，由供应商根据库存的数量制订发货计划，以便把企业从各项管理事务中解脱出来，加快对市场的反应速度。

⑧ 经济性。经济性即价值性，信息是具有价值的，如果把某一研究成果应用于生产实践，将会带来巨大的经济收益，如可口可乐的配方、奢侈品的生产工艺等。信息作为一种经济资源，同黄金、石油、钢铁等一样具有影响力。市场经济的不确定性、日常生活的决策等都迫切地需要信息资源。通常，信息是零散的、不规则的，如果不对信息进行加工处理，则无法满足人们的信息需求。在加工形式上，可以把信息从一种形式加工成另一种形式，结果使信息产生了增值，这也体现了信息的经济性。信息作为商品能够给人们带来使用价值和价值，但信息面对不同的人群，将产生不同的价值。例如，在经典的皮鞋推销问题中，英美各派一名推销员到某一热带雨林地区开辟市场，英国推销员看到当地无人穿鞋，认为是风俗习惯使然，果断认为没有市场；而美国推销员则发现，并非当地人不愿意穿鞋，而是当地气候湿热多雨，普通鞋不防潮、不透气，于是将皮鞋进行改进，进而成功销售。该案例充分说明了信息具有经济性。

3. 信息的类型

① 按信息产生的先后或加工深度可将信息划分为：一次信息、二次信息、三次信息。一次信息指原始信息，即获取信息的第一手资料，如会议记录、心得体会、各种表格数据等；二次信息指对原始信息进行粗加工，生成了摘要、题录、索引、目录等；三次信息是加工程度最深的信息，对一定范围内的原始信息进行深入研究，生成了综述、学术论文、研究报告等高层次的信息。这也说明了信息和数据二者是可以相互转换的，第一次加工所产生的信息可能成为第二次加工的数据；同样，第二次加工所产生的信息可能成为第三次加工的数据。

② 按信息的表现形式可将信息划分为：文献型、档案型、统计型、图像型、动态型信息。

文献型的信息主要包括各种研究报告、论文、资料、刊物、书籍等，文献型信息的特点是以文字为主，有明确的学术领域，可以对其进行深加工，生成专题研究报告等三次文献信息，由于较系统且保存的时间较长，因此研究价值较高。档案型信息也以文字为主，其与文献型信息的区别在于：档案型信息主要反映历史的演变过程，是经过整理、筛选的文献。档案型信息包括行政、技术、财务、人事等各方面内容。统计型信息是数字型信息的集合，反映大量现象的特征和规律，以数据和图表为主要表现形式。图像型信息在机械、电子领域应用得较广泛，照片、电影、遥测遥感图像、电视、录像等图像信息所传递的信息量远远大于文字所传递的信息量，是一种十分有效的记录信息的方式。动态型信息主要是行情、商情、战况等瞬息万变的情况的反映，强调时效性。动态信息的采集、加工、存储及传递需要人们具有丰富的知识和分析能力，以便得出有价值的结论。

③ 按信息记录内容与使用领域可将信息划分为：经济信息、管理信息、科技信息、政务信息、文教信息、军事信息等。在生产、消费、流通、分配的各种经济活动中，必然伴随着经济信息的收集和利用。在经济管理与经济活动中，还有多种其他形式的经济信息，如生产经营信息、商业贸易信息、金融投资信息、市场需求信息。管理信息指各个管理层所需要的信息，如人事、工资、计划、财务信息等。科技信息指人类在科研过程中积累的各种理论、学说、发明、技术等，较多地使用了各种形式的文献，通过报刊、电视、网络进行传播。在“科学技术是第一生产力”的今天，科技信息已成为经济发展的重要因素。政务信息如方针政策、法律法规、政府决议等，多以文件形式传播，且对其他经济活动有一定的影响。文教信息指教育、体育、文学、艺术等信息，是以文化为主的知识产业，在经济发展中扮演着日益重要的角色。军事信息包括国防、战争等与军事活动相关的信息，具体有军队的现代化建设、武器研制、部队作战部署等。

④ 按照管理层次可将信息划分为：战略级信息、策略级信息、执行级信息或战略信息、战术信息、作业信息。

4. 信息量的度量

（1）基于存储空间的度量

基于存储空间的度量是指，信息量的大小取决于该信息所占的存储空间的大小，占的空间越大，信息量越大；反之亦然。

存储空间的换算如下：

1 TB=1 024 GB

1 GB=1 024 MB

1 MB=1 024 KB

1 KB=1 024 B

1 B=8 b

其中，B 表示字节（Byte），b 表示比特（bit），大部分换算都以 1 024 为单位，只有字节的换算是以 8 为单位，即一个字节等于 8 个二进制位（8 个由 0 或 1 组成的代码）。

我们可以通过计算信息所占的存储空间，进而求出信息量的大小。

【例 1-1】 某英文电子书共 100 页，每页 100 行，每行 50 个英文字符，不考虑标点符号，问该电子书的信息量是多少？

答：计算本题的关键在于弄清楚一个英文字符占几个字节。一般一个英文字符占一个字节，所以计算出所有字符数，然后乘以 1，即可得到字节数。

$$信息量=100 \times 100 \times 50 \times 1=500\ 000\ \text{B} \approx 0.5\ \text{MB}$$

【例 1-2】 某中文电子书共 100 页，每页 100 行，每行 30 个汉字，不考虑标点符号，问该电子书的信息量是多少？

答：计算本题的关键在于弄清楚一个汉字占几个字节，所占的字节数取决于不同的编译系统。一般一个汉字占两个字节，所以计算出所有字数，然后乘以 2，即可得到字节数。

$$信息量=100 \times 100 \times 30 \times 2=600\ 000\ \text{B} \approx 0.6\ \text{MB}$$

（2）基于概率的信息度量

基于概率的信息量的大小依据如下：

① 信息量的大小取决于信息内容消除人们认识的不确定性程度。

② 消除的不确定性越大，信息量越大。

③ 消除的不确定性越小，信息量越小。

④ 对于事先已知的信息，信息量为 0。

针对上述④的解释：因为事先已知的信息，相当于该信息的内容已经确定，不会消除人们认识上的不确定性，所以信息量为 0。

假设信息纷繁复杂，会呈现出多种状态，不妨设共有 n 种状态：$s_1, s_2, \ldots, s_n$，每种状态出现的概率分别为：$p_1, p_2, \ldots, p_n$。由假设可知，出现的概率越大，表明人们越容易了解信息的内容，消除的不确定性越小，信息量也越小，即概率与信息量成反比。不妨设某种状态 s_i 下，信息量为 $-\log_2 p_i$，故信息量的总大小(H)为每个状态下的信息量的数学期望，公式如下：

$$H = -\sum_{i=1}^{n} P_i \log_2 P_i$$

【例 1-3】 求掷硬币事件的信息量的大小。

答：掷硬币为等可能事件，共有两个状态，正面和反面，出现的概率各为 0.5，代入公式：

$$H = -\sum_{i=1}^{n} P_i \log_2 P_i = -\sum_{i=1}^{2} 0.5 \times \log_2 0.5 = 1$$

【例 1-4】 求掷骰子事件的信息量的大小。

答：掷骰子为等可能事件，共有 6 个状态，1 点，2 点，…，6 点，出现的概率各为 1/6，代入公式：

$$H = -\sum_{i=1}^{n} P_i \log_2 P_i = -\sum_{i=1}^{6} 1/6 \times \log_2 1/6 = 2.56$$

由例 1-3 及例 1-4 可知，掷骰子比掷硬币的信息量大，即事物呈现的状态越复杂，不确定性越大，故信息量也越大。

1.1.2　管理与管理信息

管理信息系统是为管理服务的，因此在系统地学习管理信息系统之前，有必要了解什么是管理。

1. 管理的概念

管理是通过计划、组织、协调或领导、控制等手段，有效地利用企业中的人力、物力、财力等资源，以实现企业的目标。管理的基本手段有计划、组织、协调、控制；管理的目标是有效地利用各种资源，实现企业的目标。

2. 管理科学的发展阶段

管理科学的发展大约经历了以下 6 个阶段：

第一阶段：泰勒制。20 世纪 20 年代，泰勒在《科学管理原理》一书中提出了管理科学的新观念，围绕如何提高员工的工作积极性，泰勒提出了具有时代意义的计件工资制，自此劳动生产率低下的情况得到了很大的改善。

第二阶段：行为科学学派。20 世纪 30 年代，比较有代表性的人物是美国的迈约，他主张工人参加管理，其代表作是 1933 年发表的《工业文明中人的问题》。

第三阶段：数学管理学派。20 世纪 40 年代，苏联康托拉维奇主张把数学引入管理，认为管理中应注意数学问题，其代表作是 1940 年发表的《生产组织与计划中的数学方法》。

第四阶段：计算机管理学派。20 世纪 50 年代，计算机被广泛应用于管理，继 1954 年计算机用于工资管理后，20 世纪 50 年代至 60 年代初形成了将计算机用于管理的第一次热潮。

第五阶段：系统工程学派。20 世纪 70 年代，卡斯教授主张用系统的观点研究管理，其代表作为《组织与管理——从系统出发的研究》。

第六阶段：信息学派和管理信息系统学派。20 世纪 80 年代出现了信息革命，同一时期又产生了控制论，于是信息论、控制论和系统论在管理中有机结合，产生了管理信息系统学科，它的出现极大地推动了管理科学的发展。

后一种学派的产生，一般不是对前一种学派的否定，而是对前一学派的不足加以改进，使前者的愿望更能得以实现。例如，计算机的出现使更多数学的猜想变成了可能，系统论更注重着眼于全局，而非局部，解决了信息孤岛等问题。

3. 管理信息

人们把反映企业生产经营活动并对企业管理产生影响的各种信息称为管理信息，如企业的利润情况可以通过财务报表反映，企业中长期的发展规划可以通过文字来描述，产品信息可以通过数据库来描述等，并且要注意避免信息孤岛，加快企业各职能部门的信息共享，提高管理效率。

除了具有以上的一般特性之外，管理信息还具有以下特点：

① 系统性。任何个别的信息都不足以帮助人们了解企业的经营情况并做出决策，相反在一定时间和空间范围内的全面的信息，才可以称为管理信息。

② 目的性。凡事预则立，不预则废。无论做任何事情都要有目的，管理信息也同样，对实现企业的目标有帮助的信息才可以称为管理信息，即管理信息是为了某项具体的管理工作服务的，所以管理信息具有明确的目的性。

1.1.3 系统

1. 系统的概念

系统是由相互联系并相互制约的部件组成的，为实现特定目标的有机整体。

需要说明的是，首先系统是由部件组成的，部件之间并不是散乱地组合在一起，而是互相联系、互相制约的；系统要具备一定的功能，如教学管理系统具备排课、选课、学籍处理、教学计划制订等功能。

2. 系统的性质

（1）整体性

整体性，也称系统性。系统是由部件组成的，但系统的功能并不是各部件功能之和。系统并不是由其组成要素在数量上的累加，当然，也不是各要素性质上的累加。系统的功能取决于各要素的结构和相互作用的方式，如钢筋混凝土结构的强度大于钢筋、水泥、沙石的强度之和；计算机系统由 CPU、内存、显卡、硬盘、鼠标等部件组成，但计算机系统带来的高效的信息处理能力是单个部件所不具备的；又如，并不是班级中每个学生越优秀这个班级就越团结，学生之间还需要沟通、交流与协作。

因此，一个系统如果每个部分都追求最好的结果而不考虑整体利益，也不一定是最好的系统；反之，即使每个部分并非最完善，但通过综合、协调，仍然可使整个系统具有较好的功能。这里强调的是整体大于部分之和。

（2）层次性

一个复杂的系统可以按功能划分为若干子系统，若子系统仍然复杂，可以按自顶向下的原则逐步分解成更细小的子系统。例如，教学管理系统按照功能可以划分为学籍管理子系统、成绩管理子系统、实践管理子系统、排课子系统、教学计划子系统等，而成绩管理子系统按照功能又可以划分为成绩录入、成绩保存、成绩修改、成绩提交、成绩审核、成绩分析等模块。这样，可以把一个大的抽象的系统进行分解，即大的系统是由许多功能较单一的模块组成的。正是因为系统的层次性，才使得我们在开发管理信息系统的过程中可以采用将系统分解的方法，把系统分成若干个功能独立的子系统，再把子系统分解成功能独立的模块，然后分配给团队分别实施以提高效率。

（3）目的性

任何系统都是为了实现特定目标而存在的。例如，高校的目标是为社会输送高素质的复合型人才；工厂的目标是生产出令消费者满意的产品，并提高企业的经济效益；开发管理信息系统的目的是为了提高生产、服务或管理效率，为企业创造更多的价值。因此，在建设系统时，首先要明确系统的目标，再考虑用什么方法或手段来实现这一目标。

不能实现系统既定目标的系统没有存在的意义和价值，如果花费相当大的人力、物力、财力开发出的系统未能达到原有目标，那么这无疑是一个失败的系统。

（4）稳定性

任何一个系统的存在和运行都受到环境的约束和限制，同时系统又通过对环境的输出对环境施加影响。系统与环境相互作用，并相互适应。例如，学校对教学管理系统提出了新需求，新需求为统计高等数学、大学英语等多个教师任同一门课的学生的成绩情况，这项功能是现有教学管理系统不具备的功能，因此，教学管理系统的功能需要进行改进。反之，教学管理系统功能的不断改进，也会影响高校的购买意向。企业要根据市场需求的变化来调整生产经营的方向和内容；反过来，企业技术水平的提高，促进了新产品的研发，辅以营销手段和媒体宣传，也会影响消费者的购买倾向。

当外界环境发生变化时，系统应能够在一定范围内自我调节，从而保证系统仍然能够适应环境而不需要对其功能进行大幅度修改。企业的业务每天都在变化，如果一味地迎合“变”，那么理想的系统永远开发不出来，系统不断地需要修改，这就要求信息系统具有一定的稳定性，在一定的时间内可以以不变应万变，通过升级硬件、软件的方法应对改变。

（5）相关性

组成系统的部件彼此之间具有一定的联系，各子系统也并不是孤立的，而是存在一定的联系，这种联系一般通过数据的传递实现。在系统开发前的调研阶段，首先要弄清各子系统间的相互关系，并从整体和宏观上予以把握。例如，工业系统向农业系统提供设备和工业品，农业系统向工业系统提供原料和粮食，二者相互制约、相互影响，有机结合成社会经济系统；对于教学管理系统而言，教学计划子系统需要将教学计划传递给排课子系统，而排课子系统需要把排课结果传递给成绩管理子系统，即各子系统间并不孤立，需要通过传递数据完成相关的业务处理工作。

3. 系统的分类

（1）按系统功能分类

系统可以分为社会系统、经济系统、军事系统、企业管理系统等。不同的系统为不同的领域服务，具有不同的特点，按功能对系统进行划分的方法是最重要的系统划分法。

（2）按系统和外界的关系分类

系统可分为封闭系统、开放系统。封闭系统指与外界没有任何物质、能量、信息交换的系统，如科学家在实验室研究机密的武器，但绝对封闭的系统是不存在的。开放系统指与外界存在物质、能量、信息交换的系统，这样的系统受外界环境的影响较大，绝大多数的系统都是开放系统，如商店、企业等，它们受消费者、市场的影响程度较大。

（3）按形成方式分类

系统可分为自然系统、人造系统。自然系统是进化形成的、不可还原的整体。例如，物理学中描述的亚原子系统、生命系统、大气系统等都是自然系统；人造系统指人们为了某种目的而创造出来的系统，包括人工物理系统、人工抽象系统和人类活动系统 3 种系统。人工物理系统是由人类改变生活、推进社会进步的梦想出发进行设计的结果，如汽车控制系统、风力发电系统、计算机系统、办公自动化系统等都是人工物理系统；人工抽象系统是人类有序、有意识的系统，如各学科的知识，比如数学、文学和哲学等，学科的知识需要借助书籍和其他学习手段，并加以实践才能很好地掌握；人类活动系统是有目的的人类活动的集合，往往不会有唯一的(可检验的)认识，观察者可根据世界观不同而有不同的理解。

（4）按系统的状态与时间分类

系统可分为静态系统和动态系统。静态系统指系统的状态不随时间而变化，反之，如果系统的状态在一定长的时间内持续发生变化，则该系统是动态系统。

（5）按系统的内部结构分类

可以分为开环系统、闭环系统。开环系统内部的处理方式为：系统接收输入（物质、能量、信息等），进行加工处理后，输出物质、能量、信息等，如图 1–3 所示；闭环系统指系统内部判断输出的内容是否满足目标，若不满足，则需要系统进行控制，重新把输出内容作为下一次的输入内容，即系统内部存在循环的处理流程（见图 1–4），如污水处理系统、空气净化系统等。

图 1–3 开环系统

（6）按系统的抽象程度分类

按照系统的抽象程度可以将其分为实体系统、概念系统和逻辑系统。实体系统又称物理系统，是最具体的系统，其组成部分是完全确定的存在物，如大气系统、生态系统等；概念系统是最抽象的系统，是人们根据系统目标和以往的知识构建出来的系统模型，它的抽象程度最高，与实体系统恰恰相反，如人工智能系统等；逻辑系统是介于实体系统与概念系统之间的系统，它描述系统是什么。

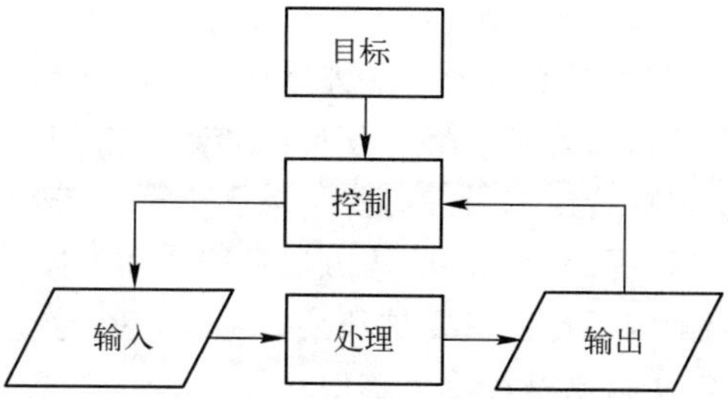

图 1-4 闭环系统

（7）按照系统的起源分类

按系统的起源的不同，可以将系统分为自然系统和人工系统。

4. 系统方法

所谓系统方法，也称系统工程方法，或系统性、整体性，就是按照事物本身的系统性把对象放在系统的形式中加以考察的一种方法，是一种立足整体、统筹全局、使整体与部分辩证地统一起来的科学方法。

【例 1-5】某工厂要生产甲、乙两种产品。生产一个甲产品，需要原材料 9 t，耗电 4 kW·h，劳动力 3 人，可得利润 700 元，生产一个乙产品，需要原材料 4 t，耗电 5 kW·h，劳动力 10 人，可得利润 1 200 元。但工厂每日能够保证的原材料只有 360 t，耗电 200 kW·h，劳动力 300 人。在这些条件下，如何安排甲、乙产品的日产量，可使工厂利润最大?

答：此问题属于运筹学中的线性规划问题，只有两个决策变量时，可以采用在平面直角坐标系中绘制直线的方法求解，但变量个数较多时，则需要借助单纯型法进行求解。即不能只看局部，应该考虑部分之间的相互关系，合理安排各要素的比例，才能使目标达到最优。具体解法可参考《运筹学》中的相关内容。

1.1.4 信息系统

1. 信息系统的定义

信息系统是由硬件、软件、数据资源及人员组成，目的是对信息的采集、记录、加工、存储、传播、利用过程的各个环节，应用先进的信息技术及管理学的方法，提高企业的管理效率。

2. 信息系统的功能

简单地说，信息系统是对输入的数据进行加工，并输出信息以供决策的系统。因此，信息系统具有以下功能：

（1）信息收集和输入

收集到的原始数据类型不同，例如，数据可能的类型有文本型、数字型、图像型等，必须按照信息系统的要求把原始数据转换成系统容易处理的数据格式。信息收集首先要解决信息的识别，即从客观世界中大量纷繁复杂的信息中识别出所需的信息。信息识别的方法有以下 3 种：

① 由管理者识别。管理者是系统功能的使用者，他们最清楚系统的目标和信息的需求，对

管理者进行调查可采用面谈或问卷调查等方法。

② 信息系统分析人员识别。信息系统分析人员并不是系统功能的使用者，他们需要通过亲自参加业务实践活动，总结提炼出系统所需的信息。

③ 由管理者、系统分析人员共同识别。管理者提出信息需求，系统分析人员进行识别，然后将识别出的信息交给管理人员共同讨论，进一步补充信息，采用这种方法可全面准确地了解信息。

其次是信息的收集。信息的收集通常采用 3 种方法：

① 自下而上广泛收集，如人口普查、群众意见征集等。

② 有目的的专项收集。根据特定的目的需要，围绕决策主题收集相关信息，如某科研机构要了解某种技术的研究与应用情况，信息的收集方法一般采用文献检索法。

③ 随机积累法。没有明确的目标，只要是和某一主题相关的、有用的信息，就把它积累下来，以备今后使用，常用的方法是摘录成读书笔记。

信息收集后要进行信息的筛选和鉴别。信息鉴别的方法有去伪存真、去粗取精、新颖性鉴别及相关性鉴别等，即保留那些真实的、来源可靠的信息，去掉虚假信息及不精确的信息。在检索专业的文献资料时，一般要按时间和相关性对文献进行筛选，即保留发表时间最新且相关性较高的文献。

（2）信息传输

信息的传输受地域空间、所采用的信息传输技术与设备等因素的影响。信息传输的模式一般采用香农模型，如图 1-5 所示。

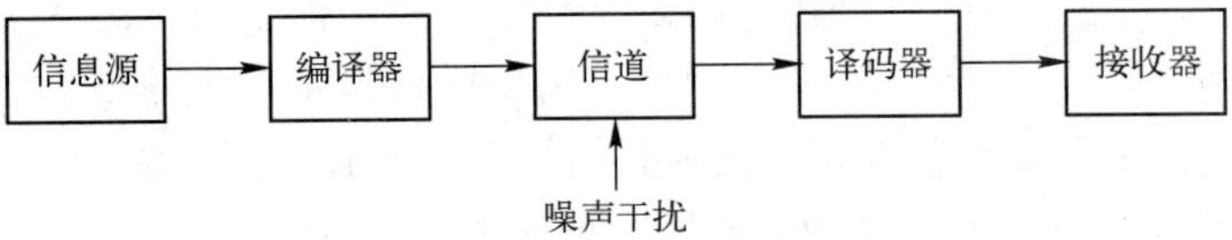

图 1-5　信息传输的香农模型

信息源指信息的来源，可以是自然界，也可以是人类社会，自然界的信息传播大多是无目的，信息系统中处理的信息大多源于人类社会，是有目的地传播信息的源头，信息源发出的信息通常由某种信号（电波、声波、语言等）或某种符号（图像、文字等）表示出来，这些信号或符号称为信息的载体。

信息源发出的信息需要进行编码，变为可传输的信号（如将电报内容译成电报码），通过信道发送出去。信道可以理解为网络传输介质，如何最快地传输信息，同时又要高质量地传输，即最大限度地保证信息安全，成为信息传输的关键。接收端接收到信息后，需要先在译码器中进行译码，将信号还原成可理解的信息，再送到接收人。目前的信息系统大都是基于计算机网络的，选择不同网络传输介质和保证数据安全的措施，也是衡量数据传输效率的一个重要标准。

利用网络传输信息时需要注意信息的安全问题，应采用数据加密技术及数据完整性鉴别技术，保证数据的正确、有效。

所谓数据加密（Data Encryption）技术是指将一个信息（或称明文）经过加密钥匙及加密函数转换，变成无意义的密文，而接收方则将此密文经过解密函数、解密钥匙还原成明文。

在常规密码中，收信方和发信方使用相同的密钥，即加密密钥和解密密钥是相同或等价的。比较著名的常规密码算法是：美国的 DES 算法，DES 是一种数据分组的加密算法，它将数据分成长度为 64 位的数据块，其中 8 位用作奇偶校验，剩余的 56 位作为密码的长度。第一步将原文进行置换，得到 64 位杂乱无章的数据组；第二步将其分成均等两段；第三步用加密函数进行变换，并在给定的密钥参数条件下，进行多次迭代而得到加密密文。

数据的完整性指数据的正确性、有效性和相容性，数字签名一般采用非对称加密技术（如 RSA），通过对整个明文进行某种变换，得到一个值，作为核实签名。接收者使用发送者的公开密钥对签名进行解密运算，如其结果为明文，则签名有效，证明对方的身份是真实的。当然，签名也可以采用多种方式，例如，将签名附在明文之后。数字签名普遍用于银行、电子贸易等。通过数字签名技术，能够鉴别接收到的信息是否正确。

数字签名不同于手写签字：数字签名随文本的变化而变化，手写签字反映某个人的个性特征，是不变的；数字签名与文本信息是不可分割的，而手写签字是附加在文本之后的，与文本信息是分离的。

值得注意的是，能否切实有效地发挥加密机制的作用，关键问题在于密钥的管理，包括密钥的生成、分发、安装、保管、使用以及作废全过程。

（3）信息存储

信息的存储是将信息存放在某种信息载体上，并将这些载体按信息的内容和特征组织成便于人们检索的信息库，以备将来使用。信息存储的作用主要有易于保存和积累、提高检索效率等。

信息的载体多种多样，按照历史年代划分，有甲骨文、青铜器、竹简、帛书、纸张等，现代的载体有计算机磁盘、电子媒体等。

纸张是一种传统的存储介质。自造纸术发明以来，纸张作为信息存储最常用的手段，拥有着甲骨文、青铜器等载体无法替代的优点。纸张以存储量大、携带方便、可长久保存等优点迅速成为主流信息载体。甚至在信息技术快速发展的现代，虽然新的信息存储技术层出不穷，但人们对于纸质的书刊仍然青睐有加，原因在于纸质的书刊有着厚重的质感，阅读起来会使读者感受到浓浓的书香气息。反观电子媒体，则缺乏传统的阅读方式给读者带来的体验，所以书籍仍会在相当长的时间内持续发挥作用。

纸张可以存储文字、数字、图形、图像等信息，但无法存储声像和影像等信息，因此出现了录音、录像及光盘存储等技术。其优点是容量大、存储时间长、加工和处理方式多样、存取方便。需要注意的是虽然这类介质具有大容量的特点，但也要经常对重要的数据进行备份，一旦遭遇介质损坏等事故，也可以使用备份的数据使损失得以降低。

数据的存储方式有顺序存储、链式存储、索引存储以及散列存储。顺序存储就是逻辑上相邻的记录物理上也相邻，一般可以采用数组的方法实现；链式存储指逻辑上相邻的记录在物理上可以不相邻，在 C 语言中，可以通过指针来实现。索引存储指除了存储数据外还要存储索引表，以便实现快速查找，查找时先查找索引表，再查找数据表。散列存储实质上建立起了记录的关键字与地址的映射，即通过读取记录的关键字，快速查找到该记录。

（4）信息加工处理

简单的数据加工方法有：变换、分类、整序、合并、统计、浓缩、计算、抽取等，复杂的加工方法有关联分析、文本挖掘、聚类分析等数据挖掘算法。有关数据挖掘的内容将在第 2 章进行介绍。

信息加工处理有批处理和实时处理两种方式：

① 批处理：在某一时间点处理大量在这段时间内积累的信息。比较典型的例子是会计核算中进行报表编制或凭证汇总。

② 实时处理：对于等待处理的数据，会按照程序编写的处理方式进行处理，例如，订单信息，最迟在 48 h 内由系统进行处理。

批处理和实时处理均存在信息处理的时滞问题，但对于单一信息的处理效率来说，实时处理效率高。

（5）数据输出

根据不同的应用需要，将加工处理后的数据以不同的方式进行输出。常用的输出方式有显示输出和打印输出。输出形式有文字、图形、图表、声音等。

信息系统的功能图如图 1-6 所示。

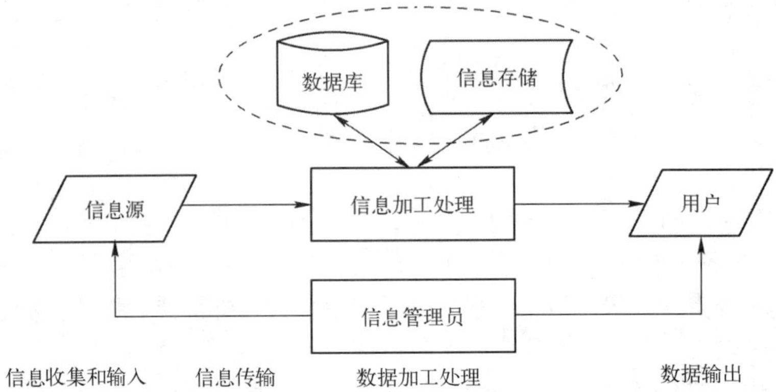

图 1-6 信息系统的功能

1.2 管理信息系统

计算机技术产生以后，人们提出了建立管理信息系统的设想，但由于当时的技术落后，管理信息系统的开发效果并不明显。进入 20 世纪 80 年代以后，随着信息技术的迅速发展，管理信息系统也得到进一步的发展，管理信息系统的概念逐步得到充实和完善。

1.2.1 管理信息系统的概念、特点和功能

1. 管理信息系统的概念

从字面意思上看，管理信息系统有两层含义：

① 管理信息系统是一种系统，它满足系统的所有特征，如相关性、整体性、层次性等。

② 管理信息系统是为管理服务的，强调了管理信息系统的目的。

不同的学者对于管理信息系统的提法不尽相同，现将部分列举如下：

1985 年，管理信息系统的创始人高登·戴维斯给管理信息系统下了一个比较完整的定义："它是一个利用计算机硬件和软件，手工作业，分析、计划、控制和决策模型，以及数据库的用户——机器系统来提供信息，以支持企业或组织的运行、管理和决策。"

"管理信息系统是人、数据处理装置、输入/输出设备，以及通信设施的组合。它向一个企业的计划和营运部门的管理人员和非管理人员及时地提供信息。"

"管理信息系统是一个由人、计算机等组成的能进行信息的收集、传递、存储、加工、维护和使用的系统。管理信息系统能掌握企业的各自运行情况；利用过去的数据预测未来；从企业

的全局出发辅助企业进行决策；利用信息控制企业的行为；帮助企业实现规划目标。"

综上所述，本书给出管理信息系统的概念：管理信息系统的实质是一个机器系统，通过人的参与，采用先进的计算机处理技术和管理方法，处理企业内部、外部的各种信息，对信息进行采集、记录、加工、存储、传播及有效利用，保障企业的正常运行，为企业各管理层提供信息服务和决策支持。概念中包含以下要素：

① 理论和方法——系统管理。

② 工具和手段——计算机技术、网络技术、信息处理技术。

③ 基本功能——收集、加工处理、存储和传递。

④ 高级功能——预测、计划、控制、组织和辅助决策。

⑤ 人机系统。

数学方法、系统观点和计算机技术是管理科学与工程学科的三要素。数学方法就是用定量技术研究对象，采用各种数学模型分析数据；系统观点即把研究对象作为整体而不是局部来考虑，着眼于整体的优化，考虑部分之间的相互关系；计算机技术则是采用各种技术支持信息的管理，并保证数据被高效地运算和处理。

2. 管理信息系统的特点

（1）综合性

综合利用内部和外部数据，能够全面地提供符合各种要求、各种细度的信息。对于常规的业务，可以提供各种表格、账册；对于高层的战略发展规划，可以提供多种分析报告。

（2）先进性

应用数学方法和各种模型来辅助决策。例如，可以利用关联规则对超市卖场的产品进行分析，若两种产品的关联程度较大，说明顾客每次消费时经常同时选择这两种产品，可以在布置卖场时将这两种产品摆放在一起。又如，管理信息系统可以提供预测模型对企业未来的发展趋势做出预测；通过收集历史数据，采用最小二乘法或灰色系统模型对未来的销售量进行预测，以提高企业对市场的反应速度。

（3）动态性

管理信息系统是一个动态的系统，不断与外界进行物质、能量、信息的交换。如果外界环境发生剧烈的变化，系统本身不能通过自我调节与自我完善满足企业的各项要求，则管理信息系统需要重新研制和开发。

3. 管理信息系统的功能

（1）信息处理

信息处理即对输入的信息进行处理，以合适的方式输出，包括数据的收集、输入、传输、存储、加工处理和输出。以用友 ERP-U8 系统（ERP-企业资源规划，以下简称 U8 系统）为例，说明信息处理提供的具体功能，对于财务子系统，系统能够提供应收单据录入、应收单据审核等功能，涵盖了数据的录入和处理功能，如图 1-7 所示。

（2）预测功能

企业需要通过管理信息系统进行预测，并以此为依据计算生产能力，生成物料需求计划，这是核心业务得以开展的前提。简言之，即运用数学、统计或模拟等方法，根据过去的数据预测未来的情况。

常用的预测方法如最小二乘法、灰色理论等，下面简单介绍最小二乘法的基本思路。

最小二乘法（又称最小平方法）是一种数学优化技术，它通过最小化误差的平方和寻找数据的最佳函数匹配。利用最小二乘法可以简便地求得未知数据，并使得这些求得的数据与实际数据之间误差的平方和最小。最小二乘法还可用于曲线拟合。不妨设拟合的直线方程为：

$$y = a_0 + a_1 x$$

实际数据值，可以从历史数据中获得，$(x_1, y_1), (x_2, y_2), \ldots, (x_n, y_n)$，直线拟合值 $y_i' = a_0 + a_1 x_i$，这样直线拟合值和实际数据值间会存在差值 $(y_i' - y_i)^2$，目标函数使所有点的差值最小，公式如下：

$$\text{Minimize} \quad z = \sum_{i=1}^{n} (y_i' - y_i)^2$$

令

$$\frac{\partial z}{\partial a_0} = 0$$

$$\frac{\partial z}{\partial a_1} = 0$$

可以得到：

$$a_0 = \frac{\sum_{i=1}^{n} y_i}{n} - a_1 \frac{\sum_{i=1}^{n} x_i}{n}$$

$$a_1 = \frac{\sum_{i=1}^{n} x_i y_i - \dfrac{\sum_{i=1}^{n} x_i \sum_{i=1}^{n} y_i}{n}}{\sum_{i=1}^{n} x_i^2 - \dfrac{\sum_{i=1}^{n} x_i^2}{n}}$$

这样，根据直线方程，可以预测某产品的需求量或销售量等。

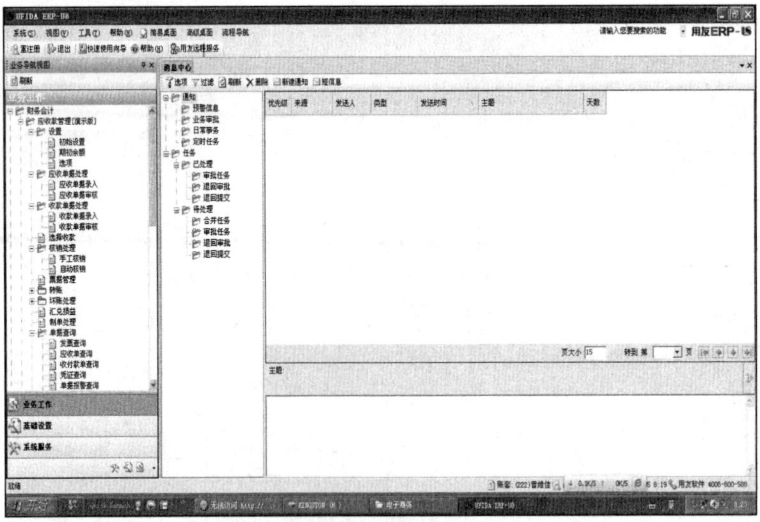

图 1-7　信息处理功能

（3）计划功能

年初制订各部门的计划，可以使各部门的工作循序渐进地开展，并根据不同的管理层提供相应的计划报告。U8 系统能够提供 MPS（主生产计划）预测和计划功能，如图 1-8 所示。

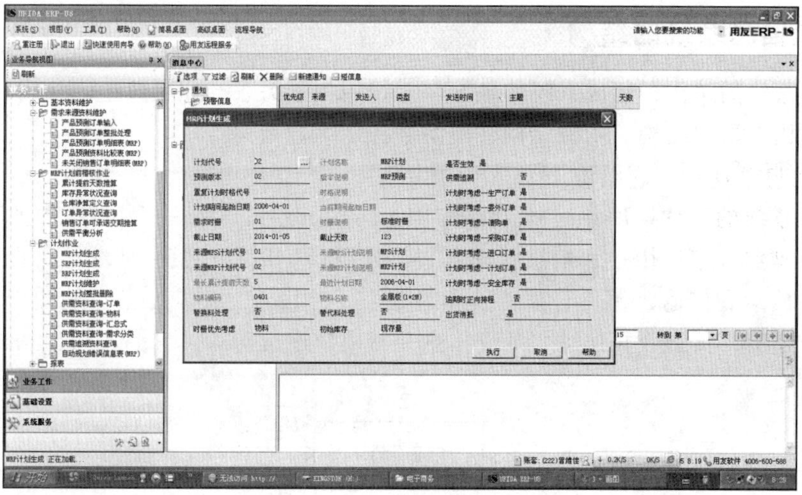

图 1-8　预测和计划功能

（4）控制功能

如果在实际的工作中出现了偏差，导致无法按计划完成工作时，需要采用一系列的控制手段进行补救，以免造成不必要的损失。具体来说，需要对计划的执行情况进行监测和检查，比较执行情况与计划的差异，并分析差异的原因，辅助管理人员及时用各种方法加以控制。U8 系统能够跟踪订单的执行情况，并对销售订单进行预警，使管理人员能够及时采取相应的措施，如图 1-9 所示。

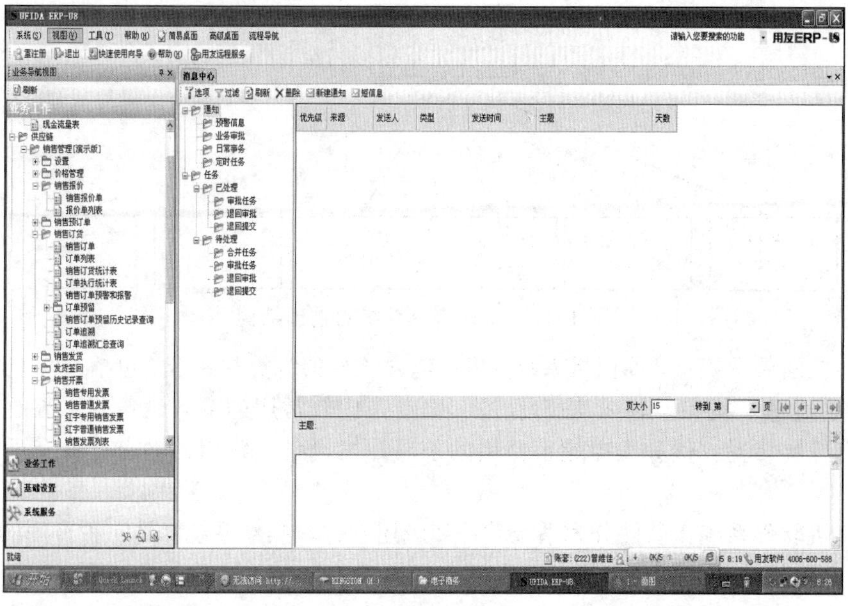

图 1-9　控制功能

（5）辅助决策功能

辅助高层管理人员进行科学决策，管理信息系统通过数学模型对企业中的信息进行分析，提供各种解决方案，帮助管理人员有效地利用各种资源，提高企业的经济效益。

1.2.2 管理信息系统的结构

管理信息系统的结构即组成系统的各部件之间的相互关系。比较典型的结构有 6 种：概念结构、物理结构、层次结构、功能结构、模型结构、综合结构。

1. 管理信息系统的概念结构

管理信息系统的信息处理器在概念结构中处于核心地位，管理信息系统由四部分组成：信息源、信息处理器、信息用户和信息管理者。信息源产生信息；信息处理器负责信息的收集、加工、存储、检索和传输，担负着信息处理的核心任务；信息用户是信息的使用者；信息管理者要参与各个环节，负责收集信息、处理信息并与用户进行沟通。它们之间相互联系如图 1–10 所示。

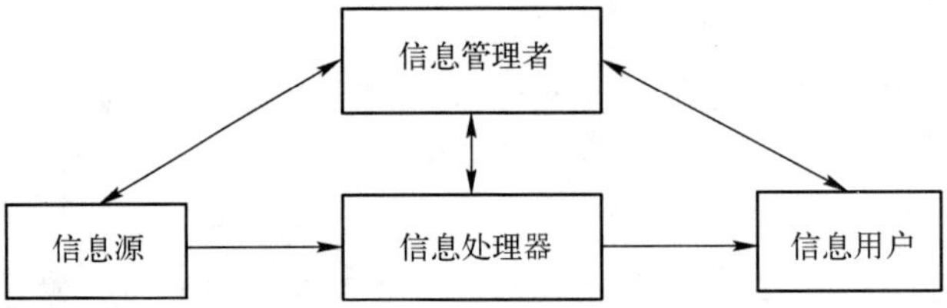

图 1–10 管理信息系统的概念结构

2. 管理信息系统的物理结构

管理信息系统的物理结构指管理信息系统在物理上，由计算机硬件系统、计算机软件系统、网络通信设备、人员、数据、各种制度组成。管理信息系统的物理结构如图 1–11 所示。

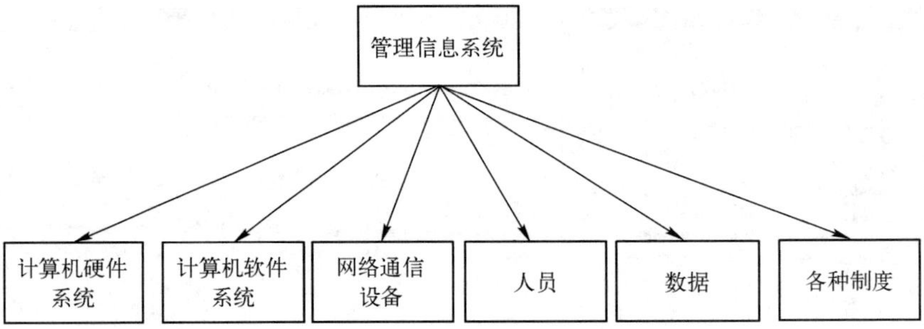

图 1–11 管理信息系统的物理结构

① 计算机硬件系统：又称裸机系统，指不包含软件的计算机系统，包括 CPU、内存、显卡、硬盘、声卡、电源、机箱及输入/输出设备。键盘是比较常用的输入设备，主流的输入设备还有模数/数模转换装置，例如大型超市使用的条码扫描设备。常用的输出设备有显示器、打印机等。

② 计算机软件系统：软件分为系统软件和应用软件。操作系统就是一种常用的系统软件，它可以管理计算机的各种硬件资源，对它们进行协调和控制，使系统具备单个硬件不具备的功能，最主要的功能有进程管理、CPU 管理、内存管理。应用软件种类繁多，如 Office 工具、PDF 阅读器、杀毒软件等，这些软件一般不是系统自带的，而是需要用户根据需要自行安装。

③ 网络通信设备：系统之间并非是孤立的，而是彼此相互联系的，网络通信设备可以把结点计算机连接在一起。常用的网络通信设备有集线器、交换机、路由器、网桥、网关等，网络通信介质有双绞线、同轴电缆、光缆、红外线等。

④ 人员：管理信息系统离不开人的参与，无论系统本身提供如何完善的功能，都离不开人的使用。底层的业务人员需要使用管理信息系统进行业务处理；中层的管理人员需要使用管理信息系统制定策略；高层管理者需要利用管理信息系统进行决策。

⑤ 数据：在现代管理中处于核心地位，也是系统输入的源泉，因此必须保证输入数据的正确性。

⑥ 各种制度是企业正常运行的保证，无规矩不成方圆，在完善的制度下各级人员才能更好地配合，为实现企业的目标而共同努力。

3. 管理信息系统的层次结构

管理信息系统是为管理服务的，而管理具有层次性，所以管理信息系统也可以分为三层结构，自顶向下可分为：战略计划级 MIS、管理控制级 MIS 及运行控制级 MIS，如图 1-12 所示。

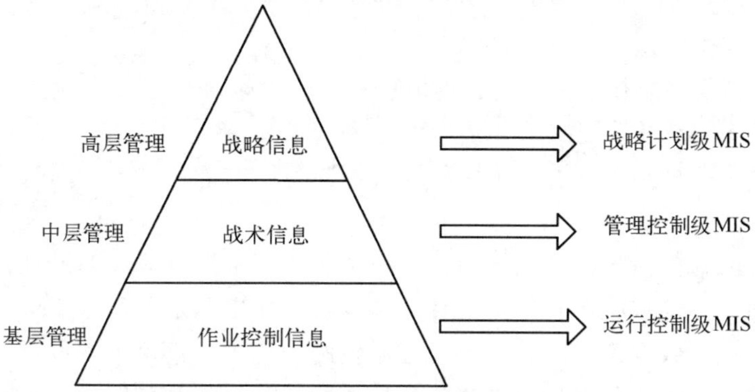

图 1-12　管理信息系统的层次结构

① 战略计划级 MIS，简称战略层管理信息系统。战略计划级的管理活动涉及企业的总体目标和长远发展规划。因此，数据来源比较广泛，有企业内部的信息，但更多的是企业外部的信息，例如行业规则、竞争对手的资料、国家政策等，此类信息必须具备较高的概括性和综合性，必须具备很高的参考价值，战略计划级系统需要数学模型来支撑。

② 管理控制级 MIS，简称战术层管理信息系统。管理控制级的管理活动出现在企业的中层，其主要工作是根据高层管理确定的总体目标，针对组织内拥有的各种资源，制订出资源分配计划及实施进度表，并组织基层实现总目标。管理控制级 MIS 起着中间过渡的作用，一方面要对高层的战略目标进行落实，另一方面要对运行控制级进行监督和控制，向高层及时地反映情况。信息大多来自企业内部，MIS 主要提供各种计划的生成和控制分析模型。

③ 运行控制级 MIS，简称作业层管理信息系统。运行控制级的管理活动主要指底层的业务处理，这是面向企业最核心的应用，也是管理信息系统最基础的架构。可将企业运行的各种数据输入系统中，由系统进行分析处理，再以适当的结果输出，一步步实现中层制定的计划，进而实现高层的战略规划。

4. 管理信息系统的功能结构

企业活动涉及不同的职能领域，即主要的业务范围或活动领域。以生产制造企业为例，企业主要的业务范围有采购、营销、生产、销售、人事、财务、供应商及客户关系等，管理信息系统的建设应该服务于各职能部门，即一个大的管理信息系统可以按不同的职能分为若干子系统，如分为采购管理子系统、营销管理子系统、生产管理子系统、销售管理子系统、人事管理子系统、财务管理子系统、供应商管理子系统及客户关系管理子系统等，管理信息系统的这种结构称为功能结构。不同企业的应用不同，划分的子系统也不尽相同，但大致是围绕上述几个核心环节，如图 1–13 所示。

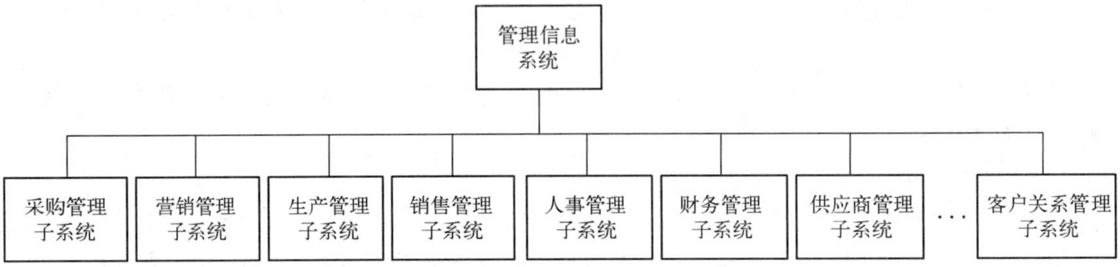

图 1–13　管理信息系统的功能结构

5. 管理信息系统的模型结构

管理信息系统的模型结构主要针对管理信息系统的生命周期，先后历经需求分析、系统分析、系统设计、系统实现及系统测试。

模型结构体现了信息系统开发的不同阶段及不同阶段的依赖关系，同时也体现了结构化开发方法的基本步骤，如图 1–14 所示。

信息系统的需求结构是将信息系统的目标和企业的需求进行对应的过程，它反映了信息系统需求的总体框架；信息系统逻辑结构是在系统分析工作中确定的模型结构，具体包括业务流程和数据流程的表达、数据字典的建立及处理逻辑的表达等；信息系统设计结构是在系统分析的基础上，确定的系统的物理结构，具体包括总体的功能设计和详细设计等；信息系统实现结构是信息系统的重要环节，包括程序设计和系统测试等。

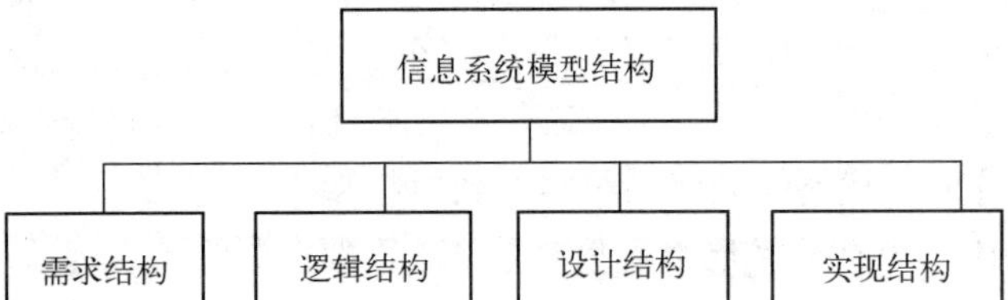

图 1–14　信息系统模型结构

6. 管理信息系统的综合结构

管理信息系统的综合结构实质上是层次结构与功能结构的结合，如图 1–15 所示。

从图 1–15 中可以看出，横向上管理信息系统分为生产子系统、销售子系统、财务子系统、采购子系统、库存子系统、人事子系统及后勤子系统，这是刚刚讨论过的管理信息系统的功能结构。纵向上每个子系统都按战略计划、管理控制、运行控制、业务处理 4 个层次进行划分，即各子系统还将服务于管理高层、管理中层及管理底层，这实质上是管理信息系统的层次结构。由于数据位于现代管理的核心，所以支持各子系统的最底层应该是专用数据库和公用数据库，专用数据库支持各子系统的业务活动，其他子系统无权访问，而公用数据库则服务于整个系统，每个子系统都可以访问。在实际应用中，可以设置不同的访问权限对访问的内容进行控制。此外，如果各子系统都需要使用相同的服务，可以把服务定制成公用模型，以提高软件的复用性。

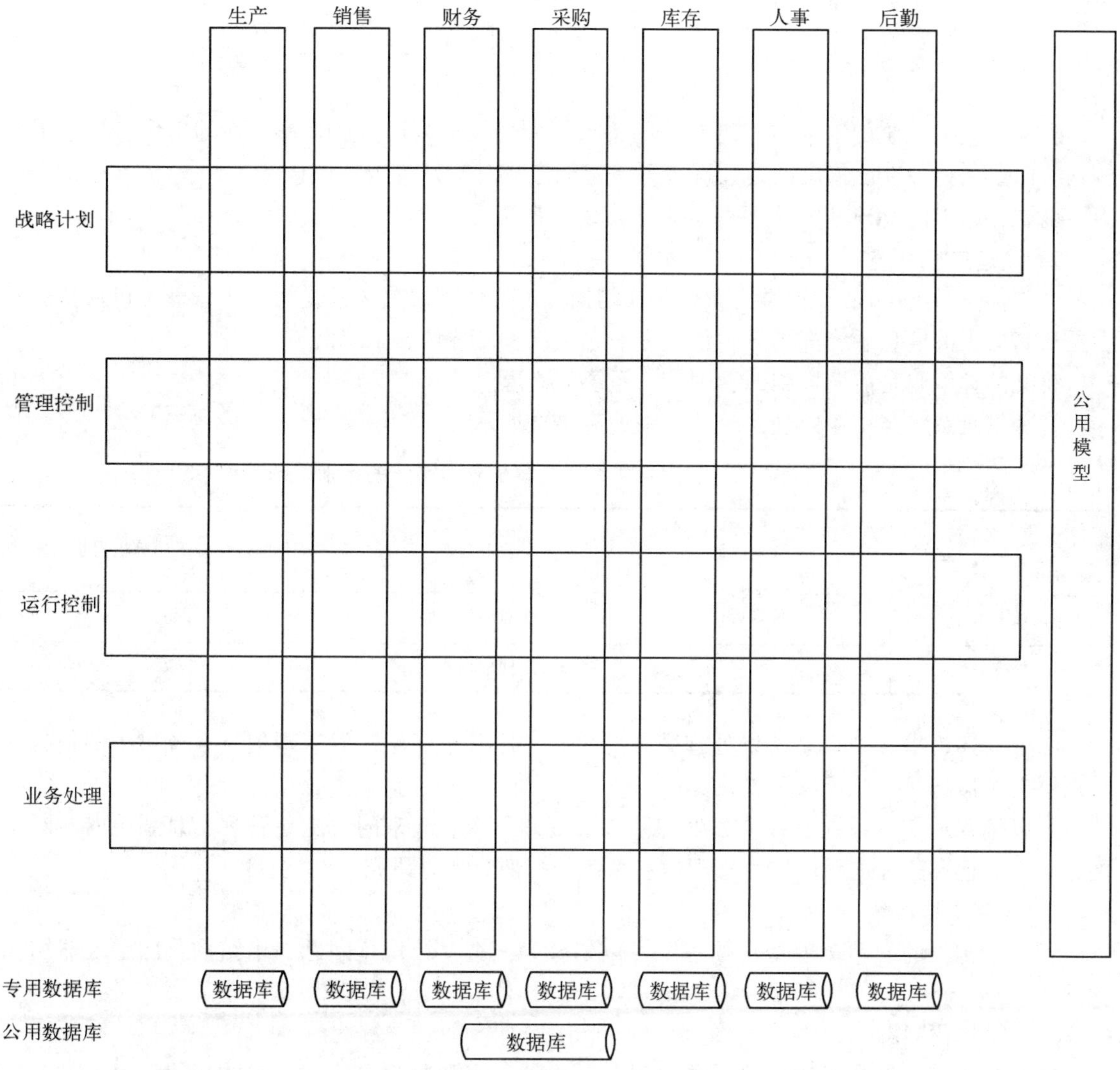

图 1-15　管理信息系统的综合结构

1.2.3　管理信息系统的类型

自 20 世纪 40 年代第一台电子计算机问世以来，管理信息系统取得了飞速的发展，发展过程大致可分为以下几个阶段（见图 1-16）：

1. 事务处理系统

事务处理系统（Transaction Processing System）出现于 20 世纪 50 年代初期，是面向业务的，以数据处理为核心，使人们从重复、繁重的工作中得到解脱。计算机处理数据的高效性是以 CPU 快速的计算能力和大容量的存储空间为依托的。

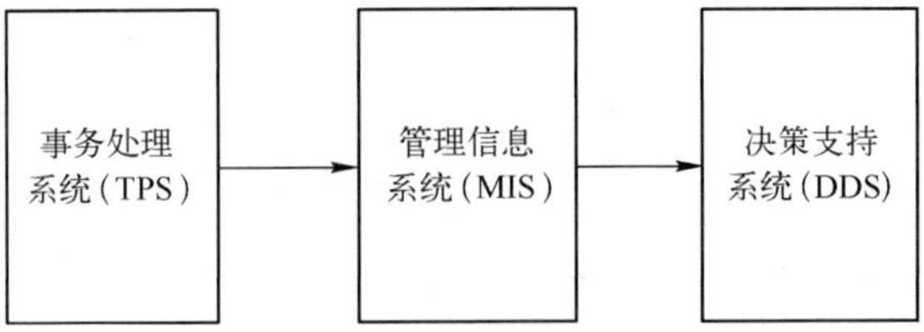

图 1-16 管理信息系统的发展阶段

从事务处理系统的定义可以得知它的特点：处理大量数据、适合重复性的工作，且适用性较强。但事务处理系统输出的是数据，不一定能形成对管理有用的信息。

例如，超市的 POS 机、人事系统中的指纹子系统等。

2. 管理信息系统

管理信息系统出现于 20 世纪 60 年代初期，广义的理解是，凡是使用于管理（包括基层、中层和高层）的信息系统都可以叫作管理信息系统，简称信息系统。

狭义的理解则是前面提到的管理信息系统的概念。

管理信息系统与事务处理系统的区别如表 1-2 所示。

表 1-2 管理信息系统与事务处理系统的区别

系统 \ 区别	服务层面	服务效率	是否依赖于计算机网络
管理信息系统	各管理层	随时提供信息	是
事务处理系统	底层	定期输出报表	否

综上所述，事务处理系统以处理数据为核心，服务于底层；而管理信息系统更多的是为各管理层提供信息并支持经营和决策。

可以说管理信息系统是在事务处理系统的基础上发展起来的，随着管理信息系统的不断发展，通常是把事务处理系统作为管理信息系统的一部分加以研究。

3. 决策支持系统

管理中常见的问题按模型化的程度可以划分为三类：结构化问题、半结构化问题及非结构化问题。

（1）结构化问题

结构化决策问题相对比较简单、直接，其决策过程和决策方法有固定的规律可以遵循，能用明确的语言和模型加以描述，并可依据一定的通用模型和决策规则实现其决策过程的基本自动化。早期的多数管理信息系统，能够求解这类问题。例如，应用运筹学方法等求解资源优化问题、饲料配比、生产计划、运输调度等。

（2）半结构化问题

半结构化决策问题介于结构化问题与非结构化问题之间，其决策过程和决策方法有一定规律可以遵循，但又不能完全确定，即有所了解但不全面，有所分析但不确切，有所估计但不确定。这样的决策问题一般可适当建立模型，但无法确定最优方案，例如，开发市场、经费预算等。

（3）非结构化问题

非结构化问题是指那些决策过程复杂，且决策过程和决策方法没有固定的规律可以遵循，没有固定的决策规则和通用模型可借鉴，决策者的主观行为（学识、经验、直觉、判断力、洞察力、个人偏好和决策风格等）对各阶段的决策效果有相当影响，往往是决策者根据掌握的情况和数据临时做出决定。例如，聘用人员，为杂志选封面等。

现在企业面临的问题绝大多数都是半结构化问题，甚至是非结构化的问题，结构化的问题可以通过成熟的数学方法和管理学方法解决，但非结构化的问题则没有章法可循，因此决策支持系统（Decision Support System）应运而生。

① 决策支持系统的定义和结构。决策支持系统服务于管理高层，在人的分析和判断的基础上，借助信息技术和数学方法对非结构化问题输出合理的解决方案。决策支持系统的典型结构示意如图 1-17 所示。

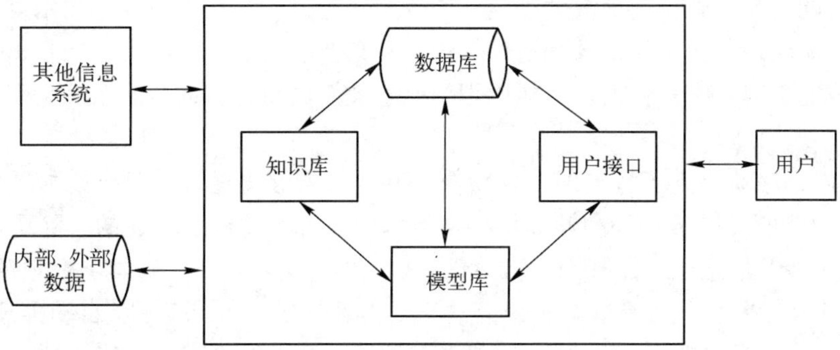

图 1-17　决策支持系统的典型结构示意图

② 决策支持系统的特征。由决策支持系统的定义，可以总结出决策支持系统的特征：

- 决策支持系统解决半结构化和非结构化的问题。
- 决策支持系统具有良好的人机交互界面，便于人们使用。
- 决策支持系统能够围绕决策问题，利用企业内外的数据和模型库中的模型，生成有利于决策的解决方案。
- 决策支持系统只是支持决策，而不能代替决策。

③ 决策支持系统与管理信息系统的区别，如表 1-3 所示。

表 1-3　决策支持系统与管理信息系统的区别

区别 系统	目　的	信息来源	服务层面
决策支持系统	解决半结构化或非结构化的决策问题	事务处理系统、管理信息系统的信息和企业外部环境的信息	高层
管理信息系统	解决结构化问题	大多来源于企业内部	各管理层

综上所述，决策支持系统是面向决策的，但它需要事务处理系统和管理信息系统提供数据支持。

4. 专家系统

专家系统（Expert System）在决策支持系统的基础之上又吸收了很多人工智能领域的研究成果。因此，专家系统有时也被称为智能支持系统。实际上，专家系统有一个知识库，它存储了大量数据和决策规则。

（1）人工智能

人工智能（Artificial Intelligence，AI）是由计算机科学、信息论、控制论、神经心理学、语言学等多学科相互渗透而发展起来的新兴学科，它主要研究如何让计算机模拟人脑进行推理、思考等思维活动。

它是研究、开发用于模拟、延伸和扩展人的智能的理论、方法、技术及应用系统的一门新的技术科学。人工智能是计算机科学的一个分支，它试图了解智能的实质，并生产出一种新的能以与人类智能相似的方式做出反应的智能机器。该领域的研究包括机器人、语言识别、图像识别、自然语言处理等。

人工智能学科体系分为如下 3 个层次：

① 人工智能理论基础：包括数学理论、心理学、思维学、计算机科学技术等。

② 人工智能原理：注重知识的表达、知识的处理及学习。

③ 人工智能工程系统：在人工智能原理基础上建立的系统，如专家系统、图像识别系统、机器人系统等。

目前，能够用来研究人工智能的主要物质基础以及能够实现人工智能技术平台的机器就是计算机，人工智能的发展历史是和计算机科学技术的发展史联系在一起的。除了计算机科学以外，人工智能还涉及信息论、控制论、自动化、仿生学、生物学、心理学、数理逻辑、语言学、医学和哲学等多门学科。人工智能学科研究的主要内容包括：知识表示、自动推理和搜索方法、机器学习和知识获取、知识处理系统、自然语言理解、计算机视觉、智能机器人、自动程序设计等方面。

（2）专家系统的定义

专家系统是人工智能的一种形式，是一种解决需要经验、专门知识和非结构问题的计算机应用系统，它将某个领域内的专家的知识进行收集、整理和提炼，建成一个专家知识库。在运用专家系统解决问题时，它可以将决策人员制定的推测性论据与知识库结合起来，以对某些非结构化问题进行分析解答。应用专家系统，无任何经验的人都可以获得一定程度的解决问题的方法。专家系统不同于程序，二者的区别如表 1–4 所示。

表 1–4　程序与专家系统的区别

区别 / 项目	处理内容	处理方法
程序	数据	迭代
专家系统	知识	推理

因此，传统程序注重数据的表达和算法，而专家系统则强调知识的表达和推理方法。

（3）专家系统的结构

专家系统由两个主要部分组成：开发环境和咨询环境。一个复杂的专家系统，包括知识获得子系统、知识库、推理机、工作场所、推理能力改进、用户接口、解释子系统和知识求精系统 8 个部件。下面将分别介绍这些子部件：

① 知识获得子系统。知识获得子系统是指从知识源积累专门知识，并将其变成计算机程序或扩展计算机知识库。其中，知识源包括专家、书籍、数据库、专门研究报告和用户自己的经验。

② 知识库。知识库包括问题定义、表达问题、解决问题所需的所有信息。

③ 推理机。推理机是专家系统的中枢，它利用知识库所具有的知识，根据一定的规则进行推理，最后得出结论。

专家系统中常用的推理方式有 3 种：正向推理、逆向推理和双向推理。正向推理即从条件出发推出结论；逆向推理即先假设结论正确，再去验证条件是否满足，若各个条件都满足，则证实结论正确，否则就由另一个假设去推断结论；在双向推理中，常用正向推理来确定各种假设证实的先后次序，在确定后再使用逆向推理验证假设是否成立。

④ 工作场所。工作场所主要用于记录当前问题、输入数据、中间结果、中间假设和策略。

⑤ 推理能力改进。当新的条件和规则出现时，就需要对原来的推理机进行改进，即不断使专家系统的推理能力得以提高。

⑥ 用户接口。专家系统需要有一个友好的、面向用户的界面，该界面可由自然语言和图形画面来实现。

⑦ 解释子系统。解释子系统能跟踪用户响应，并以交互回答问题的方式解释专家行为。

⑧ 知识求精程序。人类可以通过学习不断进步和提高。专家系统的学习和更新能力也是非常必要的，这将产生更好的知识库和更有效的推理过程。

（4）专家系统存在的问题

① 专家系统的应用还局限在特定问题上。

② 专家系统不能应用于复杂的管理问题。

③ 专家系统的维护费用很大。专家系统的知识库还很脆弱，无法随时通过学习而自动改变。

5. 综合应用型系统

管理信息系统，其实质就是各种管理思想的信息化实现，因此，有不同的管理思想。相应地，就有与之对应的管理信息系统，这就使各种类型的管理信息系统层出不穷。管理信息系统蕴涵的管理思想可以归纳为 3 种：面向企业功能（如 OA-办公自动化）、面向企业过程（如 MRP-物料需求计划）、面向产品生命周期（如 SCM-供应链管理）。随着电子商务思想的成熟，管理信息系统逐步会发展成为一种融合各种管理思想的面向产品生命周期的集成系统。在 ERP 的基础上，充分利用互联网技术，将 SCM、客户关系管理（CRM）、商业智能（Business Intelligence, BI）、电子商务（Electronic Commercial，EC）、DSS 等功能全面集成，标志着进入信息系统应用的高级阶段，使得企业的信息系统从简单的事务处理，向着更高级的业务处理和更广泛的领域拓展。

1.2.4 管理信息系统的研究方法

1. 系统工程方法

系统工程方法是指运用系统性的思想，以整体最优代替部分最优，与运筹学的优化思想相近。例如，线性规划问题中要考虑各要素的合理比例等。在系统分析与系统设计阶段会广泛采用系统性的思想，使得系统的整体效能发挥到极致。

2. 技术方法

借鉴计算机科学、管理科学和运筹学中经典的、先进的数学模型，处理结构化、半结构化以及非结构化的数据。目前，数学模型已被广泛应用于管理信息系统中。

3. 行为科学方法

行为科学方法主要关注系统与组织的关系，关注信息系统与信息用户的相互作用。信息系统的应用会给组织带来管理方式的变革，并使人们的工作方式发生改变。人们是否愿意接受信息系统，需要管理者跟踪并调查人们的态度，并进行相应的调节。当然，任何信息系统的应用都会面临风险，需要在信息系统开发前，深入调研用户的需求，以用户满意为根本出发点，才能使信息系统和用户和谐共处。

4. 社会技术系统方法

信息系统的应用是否能够得到广泛的认可，是否能够真正推广，是社会技术方法需要研究的问题。实践表明，并不是所有的系统都能提高效率、深得用户认可。因此，在研究信息系统的过程中，需要考虑社会性因素，避免无效的开发。

1.3 管理信息系统与管理

管理的任务是实现企业的目标，管理的手段是计划、组织、协调、控制等，管理的实质是对人和信息的管理；管理信息系统服务于管理，首先要保证输入数据是正确的，再以合适的方法将数据加工成各种图形、报表，以维持企业的正常运转，实现企业的目标。

1.3.1 当代管理环境的特点

外部环境的变化往往会引起企业内部活动内容和结构的调整，当代管理环境的新特点主要体现在以下几方面：

1. 战略全球化

经济全球化把企业的经营范围推向全球，除了带来了更广泛的需求外，企业也面临着前所未有的压力与挑战。企业应立足于全球，研究和制定全球发展战略；管理面临的首要问题是跨地区管理。不同的地区有不同的价值观和习惯，企业需要在求同存异、兼容并包的基础上，对其他地区的文化加以理解，寻求巧妙的互利共赢的经营模式，开创出全球化管理的新局面。经济全球化决定了企业的战略发展方向有全球化的发展趋势，经济全球化体现在生产领域的全球化、消费领域的全球化及金融领域的全球化。

2. 管理创新化

企业要想在竞争中立于不败之地，就不能停滞不前，唯有与时俱进，不断开拓创新，才是企业生存的关键。管理创新并不是仅在产品和技术上寻求创新，而是在企业运营的各个方面求突破、求发展。例如，企业流程再造是对原有的业务流程、组织结构、企业文化等进行重新考虑和设计，利用现代信息技术和网络技术对企业的业务流程以及支撑它们的系统、组织机构等进行改造，以达到节省资源、提高效率，实现企业利润最大化的目标。

3. 经营虚拟化

随着互联网的迅猛发展，网络经济也随之而来。网络经济使企业可以专注于自身的核心能力和核心业务，而把其他非核心业务通过网络交由效率更高的企业去完成，即业务流程外包，这就是虚拟经营，相应出现了虚拟组织。

虚拟组织是一种区别于传统组织的以信息技术为支撑的人机一体化组织。其特征以现代通信技术、信息存储技术、机器智能产品为依托，实现传统组织结构、职能及目标。在形式上，没有固定的地理空间，也没有时间限制。组织成员通过高度自律和高度的价值取向共同实现团队的共同目标。在虚拟组织平台上，企业间的创新协作可以实现优势互补、风险共担。在网络环境下，企业用虚拟组织的形式组织生产与研发工作，这样可以适应全球化竞争的态势，更好地满足消费者的多变需求，使企业快速发展。

虚拟组织的特征：

① 虚拟组织具有较大的适应性。虚拟组织是一个以机会为基础的各种核心能力的统一体，这些核心能力分散在许多实际组织中，它被用来使各种类型的组织部分或全部结合起来以抓住机会。当机会消失后，虚拟组织就解散。所以，虚拟组织可能存在几个月或者几十年。

② 虚拟组织共享各成员的核心能力。虚拟组织是通过整合各成员的资源、技术、顾客市场机会而形成的。它的价值就在于能够整合各成员的核心能力和资源，从而降低时间、费用和风险，提高服务能力。

③ 虚拟组织中的成员必须以相互信任的方式行动。合作是虚拟组织存在的基础，但由于虚拟组织突破了以内部组织制度为基础的传统的管理方法，各成员又保持着自己原有的风格，势必在成员的协调合作中出现问题。但各个成员为了获取一个共同的市场机会结合在一起，他们在合作中必须彼此信任。当信任成为分享成功的必要条件时，就会在各成员中形成一种强烈的依赖关系。否则，这些成员无法取得成功，顾客也不会同他们开展业务。

4. 合作联盟化

随着科学技术的不断发展、市场竞争的日益加剧，企业发现单打独斗的经营方式已经不适合时代发展的需要。企业之间只有通过合作，强强联合，才能快速地响应市场需求。于是，供应链管理随之而来，企业必须加强与供应商、分销商、客户的联系，通过信息共享提高整个供应链对市场的反应能力，以便运筹帷幄。

合作联盟是指独立的企业（供应商、分销商、客户、竞争对手）在设计、制造、分销、需求等领域贡献自身的核心能力，实现技术共享、成本分担，并对市场的需求做出快速反应。例如，麦当劳与奥利奥、肯德基与百事可乐等都属于合作联盟。

企业在核心业务上投注最大限度的人力、物力、财力，有助于企业塑造核心竞争力，而其他业务流程外包企业由于只进行某一方面的业务外包，企业的专业性较强，势必带来更广泛的需求。全球经济先后经历了横向一体化、纵向一体化，现在开始进入归核化的阶段。面对有限的资源，如何以最小的成本实现资源的最佳组合和企业的快速发展？网络经营是一个不错的选择。

5. 管理手段数字化

数字化管理是利用计算机、信息及网络技术，实现计划、组织、协调、控制等职能的管理方法的总称。数字化管理要求企业搭建高效的网络平台，信息系统间的数据传递主要通过网络完成。数字化管理的重心移向对知识和信息资源的管理，仍然追求高效的市场反应速度。

6. 管理人性化

管理的对象是数据和信息，但实质是对人的管理。目前，西方发达国家已普遍将人视为最有价值的资源，重视对人进行长期投资和合理使用。通过文化认同、创新激励等多种方式为充分发挥员工的才能创造和保持一个宽松的环境。试想，如果一个企业留不住人才，企业各项事业的开展势必步履维艰，因此人力资源管理在企业中的地位日趋重要，对其要求也越来越高。

7. 危机管理的常态化

21 世纪企业管理环境的一个突出特点是管理环境的复杂化，这不仅仅指的是宏观环境，微观环境也是如此。复杂的管理环境使企业面临各种危机，危机带来的后果可能对企业造成巨大的损害。企业危机管理包括危机识别、危机处理和危机防范等一系列管理活动。

1.3.2 企业流程再造

企业流程指为完成企业特定的任务而进行的一系列的业务活动。由于企业间竞争的加剧和外部环境的不断变化，可能会导致现行系统出现一些不尽如人意的问题，因此有必要对系统进行重组织，这也形成了企业流程再造（BPR）的概念。

1. 企业流程再造的概念

1993年，美国学者Hammer和Champy提出了企业流程再造的概念，它是指对企业的业务流程进行根本的再思考和彻底的再设计，以求企业关键的性能指标（如成本、质量、服务和速度等）能够获得巨大的改进。其中，流程是指为实现特定目的而进行的一系列的逻辑相关的、跨越时空的活动。

例如，学生去图书馆借书，首先要在检索终端上查询图书信息，进而要去对应的楼层和位置找到图书，最后到图书管理员处办理借阅，可以把借书流程总结为：查书→找书→办理借阅，这里的三项活动有时间上的先后次序，且跨越了地理空间。

企业流程重组的本质是结合新的信息技术，按照现代化的信息处理方式，对现有的流程进行重新设计，以提高企业的运行效率。企业流程重组的结果可能给企业的组织结构、管理模式等带来巨大的变化。

2. 企业流程再造的形式

（1）主动再造

① 高层领导认识到应用管理信息系统能够为企业创造价值。

② 企业寻求信息技术企业的帮助，委托信息技术企业开发管理信息系统。

（2）被动再造

① 企业业务流程效率低下，经济效益逐年下滑，现已濒临破产。

② 企业的竞争对手纷纷改进了业务流程，提高了生产和服务效率。

3. 企业流程再造的指导性方法

① 以过程管理代替职能管理，取消不增值的环节。例如，方案A：企业为了扩大生产规模，购置了新设备和新厂房，使得产量大幅提升，同时产品的价格提高了20%；方案B：企业为了提高产品的质量，增加了质检环节，使得产品质量大幅提高，同时产品的价格提高了20%。其中，方案B中的质检环节为增值环节。

② 以事前管理代替事后监督。

③ 取消不必要的信息处理环节。

④ 以并行过程代替串行处理。

⑤ 采用信息技术代替手工处理。

4. 企业流程再造的步骤

在信息系统的规划和分析阶段需要从企业的战略目标出发，创造性地对现有业务流程进行分析，找出现有流程存在的问题及产生问题的原因，分析每一项活动的必要性，对不必要的流程进行删除或与其他流程进行合并，当然也可以根据需要增加新的业务流程。需要说明的是，业务流程的删除或合并背后会带来人员的调整，在整个流程再造的过程中还应注意做好人员的安置和引导。

5. 企业流程再造的目标

企业流程再造的主要技术在于简化和优化过程。

利用信息技术简化流程的原则：纵向集成，避免多头管理；横向集成，即跨部门按业务流程压缩；减少检查、校对和控制，即变事后检查为事前管理；建立统一的共享数据库；明确处理路径；并行流程提高处理效率。

通过企业流程再造，可以实现以下目标：企业的组织更趋扁平化；企业更多采用团队工作方式；团队间的相互了解和主动协调将大幅提高；整个组织更主动、更积极地面向顾客。

6. 企业流程再造的使用对象

由于进行企业流程再造是一项涉及面广、难度大的工作，因此，企业是否实施企业流程再造，需要慎重决策，需要比较再造所需要的成本。

如果企业濒临破产，企业竞争力下滑，不及时调整战略并进行重构企业将无法生存下来，这时企业可以采用 BPR 的策略。

如果面临的问题不影响企业的生存和发展，可以采用业务流程改进，避免大刀阔斧的改革。

7. 案例分析

班尼顿（Benetton）公司是意大利大型服装企业，它以齐全的商品及丰富的色彩颇获好评。其传统生产方式是：在每年的每个生产周期一开始先查阅有关流行时装方面的信息，再进行商品策划（款式和颜色）。生产流程则是：先把丝染上色再织布，这种方式称为先染。布织好后，接着便是配合服装的款式进行设计、剪裁、缝制和销售，如图 1-18 所示。

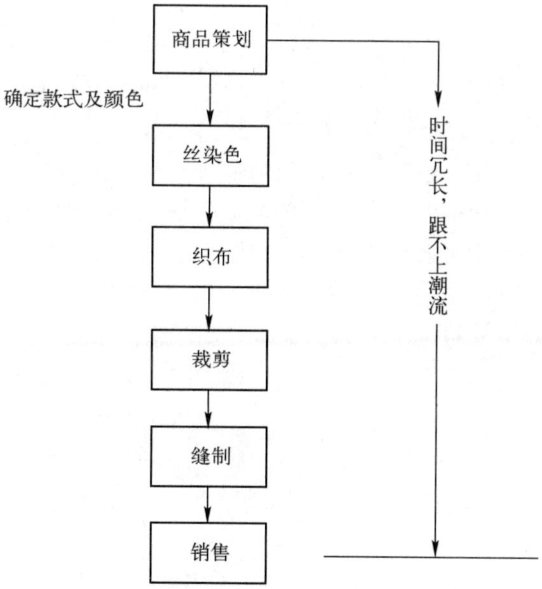

图 1-18　班尼顿公司改造前的业务流程

后来，他们发现，服装在一年中流行款式变化不大，但流行颜色变化很大。

根据这一消息，可对上述业务流程进行再造，如图 1-19 所示。

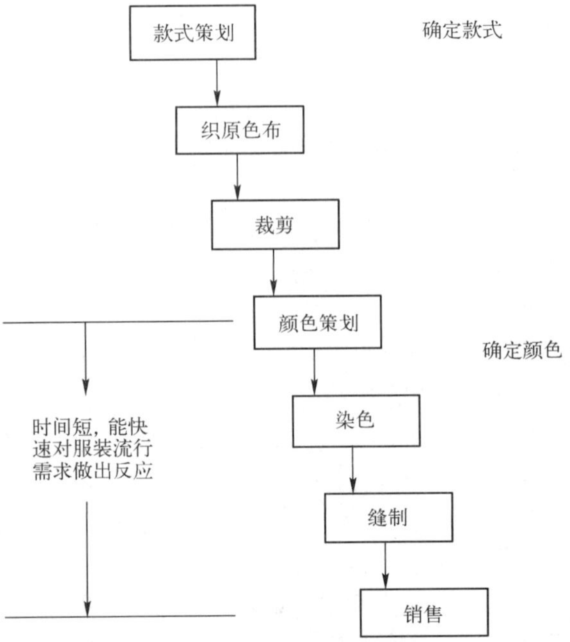

图 1-19 改造后的业务流程

由于在一年内流行款式很少变化，因此在新的流程中，只要颜色方面的流行信息一到手，即可进行颜色的策划，马上染色。因为式样都已做好了，只剩下染色活动，自然上市周期缩短了许多。

这种将先染改为后染的流程再造使班尼顿公司的业绩大幅上升。在这一例子中，活动、每一活动的实现方式及承担者都无改动，主要是改变了活动的先后顺序。

8. 企业流程再造与企业资源规划的关系

企业资源计划或称企业资源规划（Enterprise Resource Planning，ERP）由美国著名管理咨询公司 Gartner Group Inc.于 1990 年提出，迅速被全世界商业、企业所接受，现已发展成为现代企业管理理论之一。ERP 是以系统化的管理思想、现代的信息技术为基础，为企业决策层及员工提供决策运行手段的管理平台。

ERP 的功能除了 MRPⅡ（制造、供销、财务）外，还包括质量管理、实验室管理、设备维修管理、仓库管理、运输管理、过程控制接口、数据采集接口、电子通信、电子邮件、法规与标准、项目管理、金融投资管理、市场信息管理等。它将重新定义各项业务及其相互关系，在管理和组织上采取更加灵活的方式。与 MRPⅡ相比，ERP 除了扩大管理功能外，同时还采用了计算机技术的最新成就，如人工智能、仿真技术等。

BPR 与 ERP 的关系体现在：

① 应用 ERP 之前先再造。ERP 是通用的，直接应用 ERP 对于某些企业来说可能并不适应，因此，企业首先要适当进行业务流程再造，按照先进的 ERP 的管理要求对现有的业务流程进行根本性的改造，才能有效地应用 ERP。对任何企业来说，现有的业务流程中都会存在一些不合理的地方，如果不能首先对这些不合理的流程进行彻底改造，而仅仅是盲目地应用 ERP，则不能真正提高生产效率和管理效率。

② 应用 ERP 后会伴随管理方式的改变。ERP 将企业的经营管理活动分为采购、制造、销售、

库存、财务、人力资源管理等功能模块，ERP 的应用将会改变企业的传统经营管理方式，因此必然要求企业对原有的组织机构、人员设置、工作流程进行重新安排，以保证 ERP 各功能的实现。

1.3.3　管理信息系统对管理的支持

管理的手段包括计划、组织、领导和控制，其中任何一方面都离不开信息系统的支持。

1. 信息系统对计划的支持

① 支持计划编制工作。为了使计划切合实际，必须收集历史数据和当前数据，对其加以分析并拟订多种方案。多种方案的比较及每个方案中个别数据的变动都可能引起其他许多相关数据的变动。虽然计算方法不一定那么复杂，大多是一些简单的表达式，但表达式之间的关系错综复杂，所以计算量很大。通常需要事先设计一些计划模型，然后用不同的输入变量反复试算。如果编制工作没有计算机的支持，不仅工作量大，还会影响编制人员的工作积极性。

② 支持对计划数据的快速、准确存取。需要建立计划主题数据库，通过对数据库进行管理，从而达到对计划数据的快速、准确存取。主题数据库可以包括各类定额数据库，如物资消耗定额数据库、管理费用定额数据库、生产能力定额数据库、各类计划指标数据库、各种计划表格数据库等。充分利用数据库系统，可以使企业的生产经营活动的效率得到极大提高。

③ 支持计划的基础——预测。管理信息系统提供多种预测方法，以确保制订出可靠的计划。随着经济体制改革的不断深化，预测作为计划的基础，其地位日益重要。预测的范围很广，方法也有很多，如专家会议法、德尔菲法、头脑风暴法、最小二乘法、趋势外推法、回归分析法等。上述预测方法中大部分计算量较大，通常要用计算机求解。

2. 信息系统对组织的支持

① 信息技术的发展促使企业组织机构向扁平化发展，扁平化组织结构的特点有：通信系统的完善使上下级指令传输系统上的中间管理层显得不那么重要，即没必要建立过多的管理层；部门分工出现非专业化的趋向，企业各部门的功能互相融合、交叉；计算机的广泛应用使企业上下级之间、各部门之间及其与外界环境之间的信息交流变得更加快捷，从而有利于员工的沟通和交流，可以根据环境的变化做出统一、迅速的整体行动和应变策略。

② 网络使全球化的经营变得可能，分布在不同地点的信息系统可以通过数据传递保证企业数据的实时共享。企业的各个分公司可以通过 Internet 访问并下载其他分公司的资源，也可以通过租用数字专线或架设虚拟专用网的方式共享数据，后者在一定程度上具有更高的安全性。

3. 信息系统对领导的支持

领导职能的作用在于指引、影响个人和组织按照计划去实现目标，领导者在人际关系方面的职责是领导、组织和协调；在信息方面的职责是作为信息的神经中枢，以便沟通信息、处理矛盾和解决问题。企业除了要进行信息系统建设外，还需要搭建适当的网络平台，快速将底层出现的问题反馈到高层，并将高层的规定和计划及时传递给企业内部，这有利于企业内部人员的沟通和交流，有利于领导及时发现问题，并采取相应的措施。

4. 信息系统对控制的支持

为了实现管理的控制职能，管理信息系统应对企业中的重要信息进行监控，必要时采取相应的措施进行调节。管理信息系统的控制内容包括库存控制、生产进度控制、成本控制、财务预算控制、产量控制、资金运用控制和收支平衡控制等。此外，还需要对重要产品的关键工序以及成品质量进行控制。

1.3.4 管理信息系统对管理的影响

1. 管理体制合理化

传统的信息处理是人工分散处理，信息得不到及时反馈。管理信息系统能将分散管理与集中控制相结合，从而适应市场经济体制下的管理需要，充分发挥信息综合利用的作用。同时，还能提高信息的质量，并且使信息处理的效率大幅提高，进而向各级管理人员提供所需的信息。

2. 管理方法科学化

信息技术和网络技术的发展，使管理由事后管理变为实时管理，管理效率得到大幅提高。一方面可以利用数学模型对企业的管理活动进行模拟，或用各种计算方法进行定量分析，以提高决策的正确性；另一方面，可以建立数据仓库对过去几年的数据进行分析和总结，找出规律，以此来预测未来，使管理工作变得细致主动。

3. 提高管理人员的素质和管理水平

管理信息系统给企业的管理机制和员工的工作习惯带来了巨大的变革。员工只有不断学习，不断提高个人素质，才能适应这一变革。一方面管理人员可以从烦琐、重复的事物中解脱出来；另一方面，通过学习先进的管理理念和管理方式，可以改进工作效率，充分发挥信息在管理中的作用。

4. 提高企业的经济效益

管理信息系统使企业管理规范化、科学化、高速化、资源利用合理化。由供应商管理库存，需要把库存的实时数据提供给供应商，以便及时供货，减少不必要的损失，从而加快资金周转；管理信息系统对企业内部的资金统一管理，从而节省了银行利息的开支；管理信息系统合理地组织调度生产中的各个环节，保持生产系统的综合优化。

1.4 管理信息系统的发展趋势

全球信息化正在引发当今世界的深刻变革，重塑世界政治、经济、社会、文化和军事发展的新格局。加快信息化发展，已经成为世界各国的共同选择。信息化的发展离不开管理信息系统的建设，因此引发了管理信息系统的全球化发展。

管理信息系统涉及经济学、管理学、运筹学、统计学、计算机科学等多门学科，是各学科紧密相连综合交叉的一门新学科。我国管理信息系统领域的研究与教学也面临着加速发展以及与国际接轨的紧迫需求和挑战。管理信息系统的广泛应用促进了管理信息系统的专业化发展。

随着科学技术的发展和国内外环境的不断变化，控制系统、管理系统和决策系统也日益复杂化。单纯的管理信息系统、决策支持系统越来越不适应于复杂系统的控制与管理。同时，管理层对管理信息系统的要求越来越高。因此，智能化的管理系统必定是未来发展的趋势。

智能化的管理系统是集运筹学、管理工程、知识管理、专家系统、智能算法、语音系统等概念、方法和技术为一体的系统。智能化的管理系统在性能上具有综合管理、人机统一、计算机辅助和系统规划等多种功能。具体表现如下：

1. 与人工智能结合

人工智能可根据大量的历史资料和实时观察找出对于未来预测有用的数据，或根据大量的数据集进行训练产生新的数据集。如今，人工智能商业化正在快速推进中，如人们所了解的人脸识别、图像识别技术等。此类技术已经在金融、物联网行业及刑侦系统中得到广泛应用。

2. 与大数据结合

大数据是人工智能的基石，大数据即海量数据，是因为信息交换、信息存储、信息处理三方面能力的大幅增长而产生的数据。在数字化信息爆炸式增长的过程中，每个参与信息交换的结点都可以在短时间内接收并存储大量数据；全球信息存储能力大约每 3 年翻一番。有了海量的信息获取能力和信息存储能力，也必须有对这些信息进行整理、加工和分析的能力。例如，谷歌等公司在数据量逐渐增大的同时，也相应建立了灵活、强大的分布式数据处理集群。

因此，大数据技术应运而生。目前的深度学习主要是建立在大数据的基础上，即对大数据集进行训练，并借助于大数据技术进行处理、分析和建模，最终归纳出隐藏的规律或提供决策服务。在应用层面，大数据支持实时获取来自多个数据源的多维度信息，其价值在于数据分析以及分析基础上的数据挖掘和智能决策。最典型的表现是将轨道交通领域的大数据用于管理信息系统中产生的实时交通大数据分析系统。

3. 与物联网结合

物联网可以简单地理解为物物相连的互联网。物联网主要通过各种设备（如传感器、无线射频识别装置等）将现实世界的物体连接到互联网上，或者使它们互相连接，以实现信息的传递和处理。

对于人工智能而言，物联网肩负着一个至关重要的任务：数据采集。物联网可连接大量不同的设备及装置，包括家用电器和穿戴式设备。嵌入在各个产品中的传感器会不断地将新数据上传至云端，这些新的数据以后可以被人工智能处理和分析，以生成所需要的信息并继续进行积累。互联网在现实的物理世界之外新建了一个虚拟世界，物联网将会把两个世界融为一体。

物联网与管理信息系统典型的结合体现在远程医疗服务上，系统通过传感器检测监护对象的体温、心率、血压等数据，并通过网络传回系统，系统利用模型对这些数据进行分析处理，并通过对比历史数据，对监护对象提出合理化建议，使得个性化的医疗服务得以实现。此外，还能够解决目前看病难、看病贵、看病时间长、效率低等医患问题。

4. 与 ERP 结合

未来的 ERP 是一种不断增强的模式，一方面，不断吸收新的先进的思想，模式也随之优化，例如以电子商务、人工智能为基础的各企业协同的管理模式，这些模式里的管理思想将与 ERP 业务处理的模式相融合。另一方面，ERP 还应当与国情相互协调统一，以中国为例，工业化道路还有很长的路要走，因此我们应该选择针对性强的改进型 ERP 发展工业化，强化资金、成本、时间、效率管理。

融合了先进的技术，ERP 可以整合整个供应链上的资源，并将这些资源集成到同一个平台上，在全新的 Web 浏览器上便可以实现以企业管理供应链作为核心的客户管理、企业资源整合、生产管理、营销管理、物流管理、智能决策支持系统以及产品生命周期管理等。ERP 的成功实施有助于塑造企业自身的文化，提升企业的影响力。随着科学技术的进步，面向对象的开发方法使得现有的 ERP 系统具备非常优秀的扩展性、安全性以及兼容性。随着各类模型库的丰富和面对特定对象（企业功能、过程、产品生命周期）的构件的完善以及管理思想的日益成熟，企业可以构建平台式的管理信息系统。它能够针对具体的企业，在参考模型的基础上，根据企业实际情况稍做修改，就能在大量的构件库中快速组装出具有个性化的企业管理信息系统，使得企业能够更方便地扩展业务领域。

未来的 ERP 将会充分地利用互联网、远程网络控制技术、决策支持技术、人工智能等先进技术，使得 ERP 变得更加智能化、信息化。

信息管理系统在现代信息社会中的作用必将越来越大，计算机必将促进企业管理向科学化和现代化迈进，促进社会的和谐、有序、健康发展。只有将现代管理方法融入信息系统中，管理信息系统才会发挥其巨大的作用，才能更好地为企业服务。

【案例分析】

销售主管的一天

某公司销售主管李庆，经过两天的休息之后，周一精神抖擞地准备去上班。李庆的住所与公司只有 20 分钟的步行路程，他一般喜欢步行上班，临出门前，他打开手机，立刻出现了定制的天气预报，说今天中午以后可能会下雨，于是李庆决定开车去公司。

进入公司大门时，李庆习惯性地将自己的公司身份卡在门禁的打卡机上刷了一下，李庆进入公司的时间立刻被人力资源管理系统记录在案。

进入办公室之后，李庆立刻打开办公桌上的计算机。由于是周一，上午要召开公司业务汇报会，李庆首先进入销售管理系统，要求系统立刻将上一周的销售报表打印出来。然后，李庆查看计算机桌面上等待处理的电子邮件，其中两份是外地代理商要求增加发货的信函，李庆立刻把它们转发给成品库主管并同时利用系统的短信发送功能通知成品库主管有邮件给他。此时，上周的销售报表已经打印出来，李庆立刻发现销售量比上上一周下降了 10%，李庆让系统列出了上周销售下降的代理商名单，看到销售量下降最多的就是要求增加发货单的代理商，李庆在去开会之前要求秘书拟订一份应对销售下降的报告。

公司业务汇报会议后，公司生产经营副总经理召集了生产部、销售部和信息部等部门主管召开会议，讨论如何实现生产计划系统、销售系统、库房管理系统与采购系统的信息沟通问题。由于目前公司的销售系统便于销售人员在任何地方输入、查询客户资料和库存资料，可以很快汇总销售数据，已经能够满足销售部门的需要，因此李庆对将销售系统与其他系统的集成并不感兴趣。

李庆回到办公室后，秘书已经将报告拟订好。李庆修改后，要求秘书再将销售系统中的一些代理商资料及代理成本的分析添加进计划，并将报告制成明天公司专门讨论销售情况会议的幻灯片。

下午，李庆与销售部中的几个业务骨干接待了某管理咨询公司的专家，他向大家演示了一套营销管理决策支持软件，该软件提供了一些可以支持广告决策的营销模式、选择新产品市场开发方法的模式及各种对销售情况进行分析的程序。大家对此很感兴趣，但是 10 万元的售价使他们不能立刻做出决定。李庆询问是否可以将软件留给公司试用，专家说可以，但是只能试用 3 个月。

专家走后，李庆上网搜索了与公司产品有关的市场及竞争对手情况，将一些重要的信息摘录下来，准备明天讨论会试用，接着又看了一下当天的一些重要新闻和已经收盘的股市情况。下班后，在回家的路上，李庆到超市去购买了一些食品和日常用品。结账时，POS 机直接从商品的条形码上读取了价格数据，汇总后，李庆用长城卡结了账。

（资料来源：https://wenku.baidu.com/view/bb98fd785acfa1c7aa00ccdb.html）

案例思考题

① 在李庆一天的工作生活中，他遇到、使用了哪些管理信息系统？你能从这些系统的信息处理方式分析它们有哪些特点吗？请设想，如何对其中的一些系统进行改进，增强它们的功能？

② 你能否再举一些在日常生活和工作中所遇到的管理信息系统？

【案例分析】

海尔物流再造

以前，海尔集团下属的各个生产厂都是各采购各的原材料、零部件。当时向海尔供货的企业大大小小就有 2 236 家。客观地说，这种多头采购、多家小分供方同供一种原材料的现状，已难以与飞速发展的海尔相适应。因为每个分供方的供货能力、技术实力和质量保证体系都参差不齐，肯定会影响海尔市场反应的速度、产品质量的稳定和成本的有效控制。

基于此，1999 年初海尔的革命开始了。33 岁的海尔集团副总裁梁海山担起了组建物流推进本部的重任。

物流整合是海尔流程再造的重要一环。其做法就是借助网络的优势，按照优胜劣汰的原则，在全球范围内对原有的分供方进行资格排队，保留、吸收有国际供货经验的“正规军”，淘汰没上档次、小打小闹的“游击队”。

三年来，海尔的分供方从以前的 2 236 家优化到 840 家。国际化大公司的分供方的比例就占 71.3%，其中世界 500 强企业就有 50 家。

梁海山认为，物流整合后暴露出来的问题证明了海尔进行流程再造是对的。他说：“如果我们不通过流程再造优化掉那些不合格的分供方，不但企业要蒙受损失，更重要的是不规范的操作和与之而来的利诱贿赂，还会败坏海尔业务人员的作风，让一批人倒下去，削弱企业的凝聚力，进而削弱企业的市场竞争力。这是很危险的隐患。”

物流整合不仅保证海尔能采购到高质量的零部件，还给海尔带来了巨大的经济效益。仅 1999 年当年降低的采购成本就达 5 亿元，到 2001 年降低 10 亿元。

更有意思的是，海尔现在只要一建新厂，它的分供方就会跟过去，在它的边上也建厂。分供方已将自己的发展与海尔这个大客户的发展捆在了一起。他们不仅向海尔提供质优价廉的零部件，更重要的是还积极参与到海尔产品的前端设计。例如，全球最大的电机供应商爱默生公司，一开始是给海尔供应电机，现在干脆到海尔开发区投资 6 000 万美元建厂生产电机。张瑞敏说：“为什么我们会结合得这么紧密呢？因为我们不是单纯地压它的价格，而是把我们的产品给爱默生，让它给我们匹配最适合这个产品的电机，匹配出在市场上最有竞争力的产品。这样我们的产品能卖到比别人高的价格，它的电机也能获得一定的利润。这样双方都会有积极性，才会更多地开发市场，这就是我们全球化的采购。”

有采购，就会有仓库。仓库既是企业存储物资的地方，也是容易形成企业“陷阱”的地方。很多企业凭着预测和经验来组织生产，根本就没有按订单来组织采购和生产的意识，导致采购原材料中存在着一定的盲目性，而生产出的产品又不可能迅速被市场消化，以致资金挤占严重，原材料、零部件长期堆在仓库慢慢贬值，直至成为无法变现的废物，进而将企业拖向死亡。

海尔的流程再造的目的是再造一个以订单信息流为中心的市场链流程，其最显著的特征就是完全彻底的市场经济。通俗地说，就是企业的一切围绕着客户需求来运转。

海尔的物流配送中心的面积近一个足球场大、5 层楼高，里面只有 10 个工作人员，9 辆叉车和一辆辆无人驾驶的激光导引车、穿梭车在忙碌运转。“其实这个看似仓库的地方已不是仓库。”负责人王其林说：“这个承担整个开发区生产基地 10 大类产品的原材料与成品配送任务的物流中心，面积是 7 200 平方米，但由于它是立体的，相当于 31 万平方米的普通仓库。更重要的是，因为企业按订单生产，这里完全采用网络信息化管理，所以原材料只在这里放不到 7 天，而成品 24 小时之内就发往全国的 42 个配送中心。”

物流再造后，海尔集团共减少了仓库面积 32 万平方米，相当于 43 个足球场大，仅每年节约的仓库租赁费就 5 200 万元。“以时间消灭空间”，这是速度的魔力，是张瑞敏对海尔物流的定性。

（资料来源：https://wenku.baidu.com/view/59858a315a8102d276a22fe0.html）

案例思考题

海尔集团有哪些成功的经验值得我们学习？

小　结

信息是对数据进行加工后的结果；系统是由相互联系并相互制约的部件组成的，为实现特定目标的有机整体；信息系统是由人、硬件、软件和数据资源组成，目的是对信息的采集、记录、加工、存储、传播、利用过程的各个环节，应用先进的信息技术及管理学的方法，提高企业的管理效率；管理信息系统的结构即组成系统的各部件之间的相互关系，比较典型的结构有 4 种：物理结构、层次结构、功能结构、综合结构；管理信息系统对管理的支持主要体现在计划、组织、领导和控制上；管理信息系统对管理的影响主要体现在管理体制、管理方法、管理人员的素质及企业的经济效益几方面；企业流程再造的概念是指对企业进行根本的再思考和彻底的再设计，以求企业关键的性能指标（如成本、质量、服务和速度等）能够获得巨大的提高。专家系统由两个主要部分组成，即开发环境和咨询环境。一个复杂的专家系统，包括知识获得子系统、知识库、推理机、工作场所、推理能力改进、用户接口、解释子系统和知识求精系统 8 个部件。管理信息系统的发展趋势向全球化、专业化、智能化发展。

习　题

一、选择题

1. 基于概率的信息量的描述正确的是（　　）。
   A. 已知的信息，信息量大小取决于所占内存空间的大小
   B. 首次由维纳提出
   C. 信息具有不可否认性
   D. 消除不确定性越大，信息量越大
2. 以下（　　）不是信息的性质。
   A. 层次性　　B. 相关性　　C. 不完全性　　D. 可共享性
3. 按照信息的加工深度，原始信息可以归为（　　）。
   A. 一次信息　　B. 二次信息　　C. 三次信息　　D. 图像型信息
4. 系统工程的核心思想是（　　）。
   A. 数据存储　　B. 层次性　　C. 数据库　　D. 系统性

5. 麦当劳与可口可乐，肯德基与百事可乐，体现了当代管理（　　）特征。
A. 经营虚拟化　B. 危机管理常态化　C. 管理手段数字化　D. 合作联盟化
6.（　　）不是管理信息系统的要素。
A. 信息处理技术　B. 系统性原则　C. 自然系统　D. 提供预测功能
7. 信息系统发展阶段中，解决半结构化、非结构化问题的管理信息系统是（　　）。
A. 决策支持系统　B. 电子数据处理系统
C. 办公自动化系统　D. POS 机
8. 按信息的加工深度，可以将信息划分为一次、二次、三次信息，以下（　　）是三次信息。
A. 会议记录　B. 索引　C. 目录　D. 综述类论文
9. 以下（　　）不是系统的性质。
A. 层次性　B. 相关性　C. 不完全性　D. 稳定性
10. 信息的度量是根据（　　）。
A. 信息的内容消除人们认识的不确定程度　B. 信息的及时性
C. 直觉　D. 文字资料的多少
11. 信息系统发展阶段中，属于管理信息系统雏形阶段的是（　　）。
A. 决策支持系统　B. 电子数据处理系统
C. 办公自动化系统　D. 战略信息系统
12. 关于信息的定义有多种说法，其中信息理论创始人香农认为（　　）。
A. 信息是一组数据　B. 信息是用以消除不确定性的东西
C. 信息是影响人改变决策方案的评价　D. 信息是经过加工后的数据
13. 信息的第一和基本性质是（　　）。
A. 客观性　B. 共享性　C. 不完全性　D. 经济性
14. 系统分为开环系统和闭环系统，这是按照系统的（　　）特征来分的。
A. 系统功能　B. 系统抽象程度
C. 系统和外界的关系　D. 系统内部结构
15. 关于信息、数据，叙述正确的是（　　）。
A. 信息是数据　B. 数据是信息
C. 数据就是数字　D. 信息不具有含义
16. 系统除了具有层次性、目的性、稳定性和相关性外，还应该具有的特性是（　　）。
A. 整体性　B. 可靠性　C. 可更新性　D. 局部性
17. 某企业建立了生产、销售、人事等从基层到高层的 MIS，这种 MIS 的结构为（　　）。
A. 物理结构　B. 层次结构　C. 功能结构　D. 综合结构
18. 管理决策的基础是（　　）。
A. 信息　B. 目标　C. 资源　D. 环境条件
19. 信息系统发展阶段中，属于管理信息系统高级阶段的是（　　）。
A. 决策支持系统　B. 电子数据处理系统
C. 办公自动化系统　D. 战略信息系统
20. 关于企业流程再造的内容不正确的是（　　）。
A. 对业务流程进行根本的再设计　B. 对业务流程进行彻底的再思考

C. 提高产品、服务的质量　　D. 业务流程的改变无须和高层领导沟通

21. 下列决策问题中，属于结构化问题的是（　　）。

A. 奖金分配　　B. 客户订单订价　　C. 厂址选择　　D. 运输问题

22. 支撑管理信息系统正常运行的是（　　）。

A. 数据库管理系统B. 计算机　　C. 操作系统　　D. 数据库

23. 在管理信息中，属于执行级信息的是（　　）。

A. 新产品的投资方向　　B. 计划完成情况

C. 产品的年预测产量　　D. 产品的交易记录

24. 管理信息系统按照执行级、策略级、战略级进行划分的结构是（　　）。

A. MIS的物理结构　　B. MIS的层次结构

C. MIS的功能结构　　D. MIS的综合结构

25. 不同管理层次的信息处理量差别很大，信息处理最灵活的层次是（　　）。

A. 管理控制层　　B. 业务处理层

C. 战略计划层　　D. 决策层

二、填空题

1. 管理信息系统解决的是结构化问题，而决策支持系统解决的是________、________问题。

2. 管理信息系统的综合结构是________结构与________结构的结合。

3. 信息按照管理层次可划分为：________、________和________。

4. ________指从根本上考虑和彻底地设计企业的业务流程，使其在成本、服务、质量以及速度等指标上取得显著提高。

5. 管理信息系统使用________的理论和方法，提供信息的收集、加工处理、存储和传递等基本功能，实质是________系统。

6. 管理信息系统的发展历经3个发展阶段，分别是：________、________、________。

7. 按照信息的加工深度，可以把信息分为：________、________、________。

8. 系统是由相互________、相互________的________组成的，为实现特定________而构成的________。

9. 流程指为实现特定目标而进行的一系列：________、________活动。

10. 蕴含管理信息系统的生命周期的结构是________。

三、简答题

1. 简述系统的概念。

2. 什么企业流程再造?

3. 简述信息的概念。

4. 什么是管理信息系统的综合结构?

5. 简述当代管理环境的特点。

四、案例分析

1. 一位生产微波炉的工厂厂长说："我必须为我们现有的产品选择一种新的打包机，市场上的打包机只有两种，它们与我们正使用的打包机都很相似，能满足生产的需求。这两种机器上市都已经几年了，业界认为是比较可靠的。我将选择根据五年期计算能给我们带来最佳税后收益现值的机器。这就要求我们从生产者那里搜集每种机器的详细资料，诸如购买价格、运营费

用等，并将这些信息用于公司会计部门发布的进行此类决策所遵循的公式，然后，就可以订购选中的机器，并通知生产部门的领班机器应该何时送到。”

问：案例中，决策问题属于哪一类？

2. 一个生产彩电的企业，其 CEO 这样说道：“我要就未来两年内产品的发展方向做出决策。来自销售人员的报告表明，我们的这些产品和竞争对手相比已经失去了吸引力，我们是仅对目前的产品加以更新、改造，还是重新开发全新的产品系列呢？对此我并不清楚。由于该项决策会对企业的其他部门产生影响，我必须同其他职能部门的经理进行协商，以听取他们的意见。我认为任何决策都要感觉上大体可行，新产品系列要为公司的长期、安全发展提供基础，同时，又不需要立刻投入大笔资金以免影响公司的短期生存能力。

问：案例中，决策问题属于哪一类？

3. 福特公司的美国总部有 500 多名财务人员，其单据往来十分复杂，通常的程序是：采购部和供应商签订购货合同（订单），同时送一份副本给会计部门；供应商交货时开发票；仓库管理员验收货物后出具验收单，会计部门核对订单、发票、验收单，三者一致时办理付款，否则需派人调查原因。

福特公司建立了计算机系统，使采购、仓库、会计部门都应用计算机处理各自的业务，裁掉了 20%的冗员，并以为这样就不错了。但是，当他们知道日本马自达公司完成同样的工作仅需要 5 个人时，他们震惊了。因为即使考虑到福特公司的规模比马自达大，他们最多也应有 100 名左右的会计人员。问题出在哪里呢？显然，这需要从根本上再造整个工作过程和工作内容。调查表明，许多传统的习惯是没有必要的，在会计部门和采购部门以及供应商之间有很多冗余的单据往来，要花不少人力去核对单据。尽管不一致的情况很少，但会计部门确有 80%的人花大量时间处理这类少数事件。又因经手人多，出错的机会也多，一旦单据之间不相符就要花更多的人力去追查，最后会计部门凭多次核对的发票付款。业务流程如图 1-20 所示。

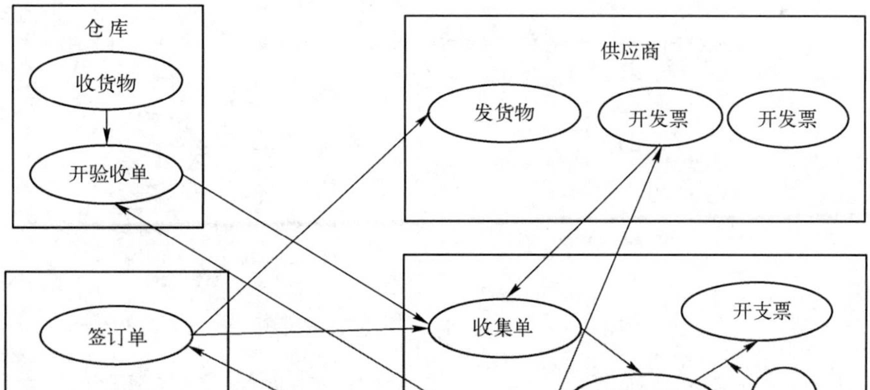

图 1-20　传统业务流程

由于福特公司“采购—收货—付款”流程中环节很多，且一环扣一环地进行，前一个工作如果没完后一个环节就不能进行，一个单据处理的周期很长，参与人员很多。

请对上述流程进行再造，并说明理由。

4. BOM银行是美国排名第12位的银行，1992年该银行的抵押贷款业务量预计从平均每年3.3万笔激增到30万笔，为避免由此而引发的业务量的激增，BOM银行对抵押贷款业务过程进行了再设计。大量减少了办理每笔业务的步骤和所需填写的表格，将每一笔业务平均所需要耗费的时间从原来的17天减少为2天。

BOM银行原来的业务流程如图1-21所示。抵押贷款的申请人先填写一份贷款申请书，银行将它输入计算机系统。然后，由8个不同部门的信用分析专家、担保人等分别依次审议；如果此项贷款获得批准，就出具各项手续；最后转到其他服务机构，如保险、公证等单位，由这些单位再依次提供一系列的服务。这个过程需要17天。

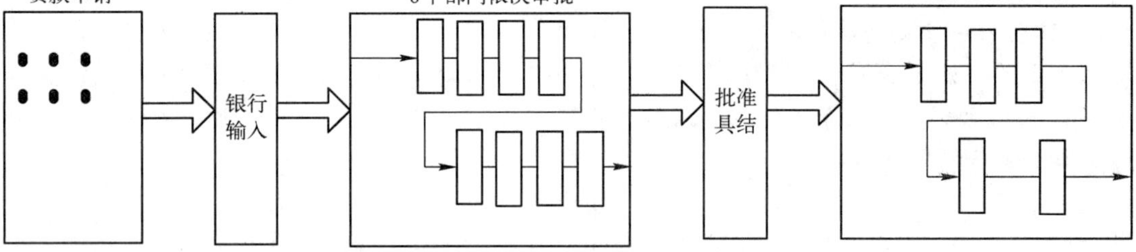

图1-21 BOM银行原来的业务流程

请对上述业务流程进行再造。

5. 某机械加工企业，本部在山东，产品销往全国各地，深圳是该企业的销售地之一，设有销售网点。作为异地销售，当客户订货时，该企业产品是在企业本部全部完成，然后，根据客户要求整机向客户发货，通常交货包括订单提前期和运输时间，交货的时间比较长，其业务流程如图1-22所示。

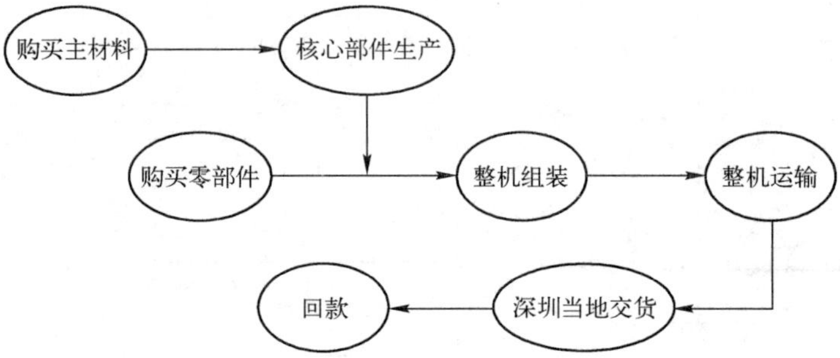

图1-22 某机械加工企业业务流程

用户从订货到收货，经历了较长的等待时间，这种业务流程不能适应现代市场和客户的要求。随着深圳地区用户量的增加，深圳成为企业重要的销售区域，原销售网点升级为销售站，因此企业需要改变业务流程。

请对上述业务流程进行再造。

第2章

管理信息系统的技术基础

【学习目标】

- 了解信息技术、大数据技术、多元统计分析技术的定义和特征。
- 掌握计算机网络的功能及拓扑结构。
- 重点掌握数据库技术中数据库的定义、数据库系统的优点、关系模型及数据库的规范化处理方法。

【关键术语】

信息技术　　数据库　　数据仓库　　数据挖掘　　关联规则　　云计算　大数据

管理信息系统的开发和利用离不开技术的支持，信息技术、数据管理技术的内容相当丰富。本章将简要介绍以上技术的基本理论和主要内容，旨在以点带面，激发读者的学习和研究热情，为更深入的学习和研究奠定基础。

2.1　信息系统中的信息技术

随着信息化进程的不断推进，世界对信息的需求快速增长，信息产品和信息服务对于个人、企业、地区、国家都不可或缺。信息技术已成为当今经济活动和社会生活的支柱。

2.1.1　信息技术概述

1. 信息技术的定义

信息技术（Information Technology，IT）是主要用于管理和处理信息所采用的各种技术的总称。它主要是应用计算机科学和通信技术来设计、开发、安装和实施信息系统及应用软件，也常被称为信息和通信技术（Information and Communications Technology，ICT），主要包括传感技术、计算机技术和通信技术。

2. 信息技术的特征

① 信息技术具有技术的一般特征——技术性。具体表现为：方法的科学性、工具设备的先进性、技能的熟练性、经验的丰富性、作用过程的快捷性、功能的高效性等。

② 信息技术具有区别于其他技术的特征——信息性。具体表现为：信息技术的服务主体是信息，核心功能是提高信息处理与利用的效率。由信息的特征决定信息技术还具有普遍性、客观性、动态性、共享性、价值性等。

3. 信息技术的分类

（1）按生命周期分类

根据信息的生命周期，信息技术可分为信息获取技术、信息传递技术、信息存储技术、信息加工技术、信息标准化技术与信息安全技术，如图 2-1 所示。

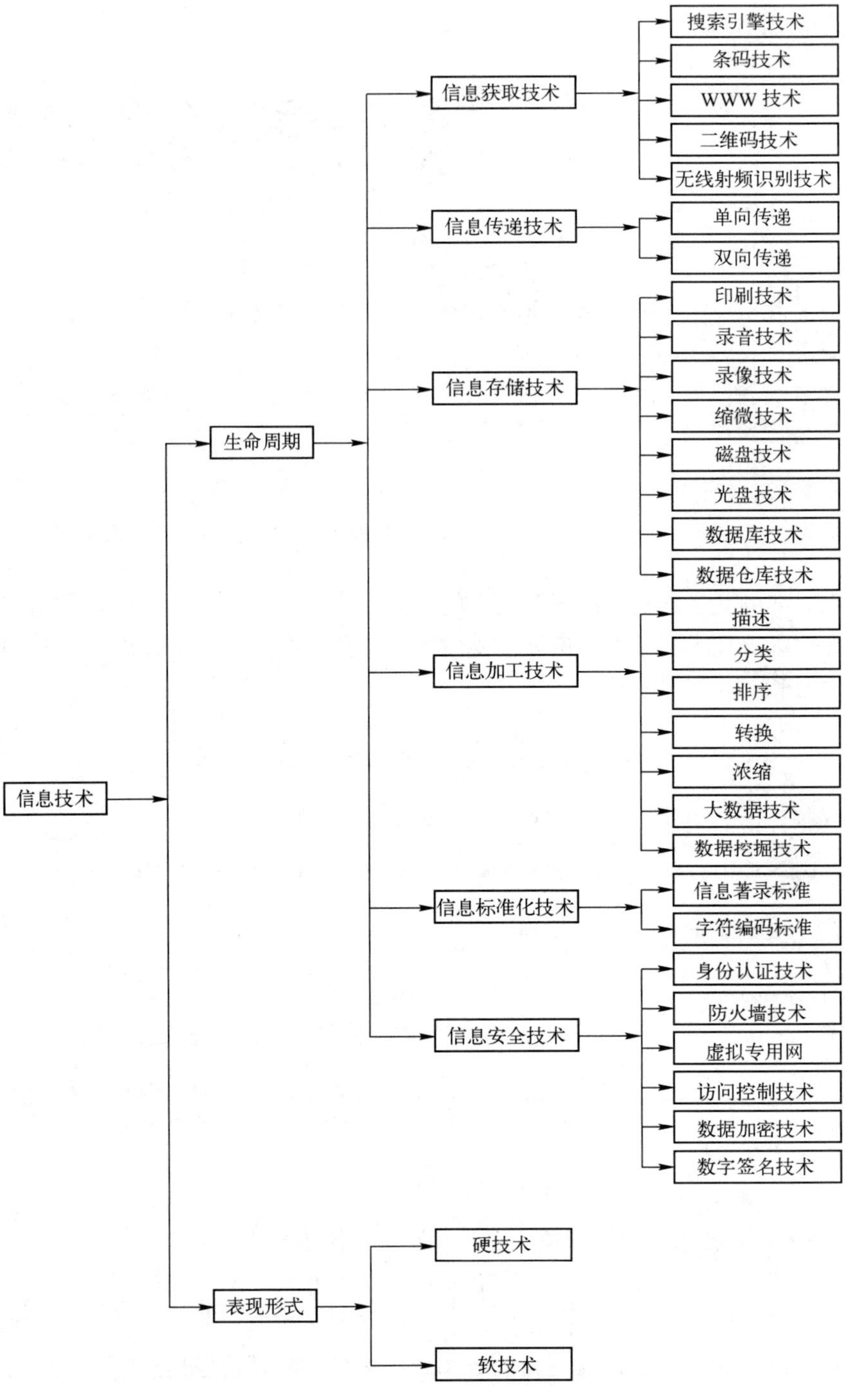

图 2-1　信息技术分类

① 信息获取技术：指能够对各种信息进行测量、感知和采集的技术，特别是直接获取重要信息的技术，主要包括搜索引擎技术、条码技术、WWW 技术、二维码技术、无线射频识别技术，以及其他的传感技术、遥测技术和遥感技术等。

② 信息传递技术：指跨越空间共享信息的技术，又可分为不同类型，如单向传递与双向传递技术等，主要指计算机网络技术。

③ 信息存储技术：指跨越时间保存信息的技术，如印刷技术、录音技术、录像技术、缩微技术、磁盘技术、光盘技术、数据库技术与数据仓库技术等。

④ 信息加工技术：是指对信息进行描述、分类、排序、转换、浓缩、扩充等技术，还包括大数据技术、数据挖掘技术等。

⑤ 信息标准化技术：指使信息的获取、传递、存储、加工各环节有机衔接，促进信息交换和共享的技术，如信息著录标准、字符编码标准等。

⑥ 信息安全技术：目前，信息安全的防范和保护主要有以下几种技术：

- 身份认证技术：身份认证是计算机系统的用户在进入系统或访问不同保护级别的系统资源时，系统确认该用户的身份是否真实、合法和唯一的过程，是各种安全措施可以发挥作用的前提。身份认证技术包括静态密码、动态密码（短信密码、电子口令牌）、指纹识别、虹膜识别等，被广泛应用于系统登录、门禁系统中。
- 防火墙技术：是在两个网络通信时执行的一种访问控制技术，它在内部网络与不安全的外部网络之间设置障碍，阻止外界对内部资源的非法访问，防止内部对外部的不安全访问。防火墙可以分为软件防火墙、硬件防火墙和芯片级防火墙三类，主要技术有：包过滤技术、应用网关技术和代理服务技术。

防火墙处于网络边缘，它就像一个边界卫士一样，每时每刻都要面对黑客的入侵，这样就要求防火墙自身要具有非常强的抗击入侵本领。关键在于防火墙操作系统本身，只有自身具有完整信任关系的操作系统才可以谈论系统的安全性。其次，就是防火墙自身具有非常低的服务功能，除了专门的防火墙嵌入系统外，再没有其他应用程序在防火墙上运行。当然，这些安全性也只能说是相对的。

- 虚拟专用网（Virtual Private Network，VPN）：是指在公共数据网络上，通过采用数据加密技术和访问控制技术，实现两个或多个可信内部网之间的互联。VPN 的构筑通常要求采用具有加密功能的路由器或防火墙，以实现数据在公共信道上的可信传递。
- 访问控制技术：它是网络安全防范和保护的主要策略，其主要任务是保证网络资源不被非法使用，是保证网络安全最重要的核心策略之一。常见的访问控制技术有入网访问控制、网络权限控制、目录级控制以及属性控制等。

常用的措施有：身份验证、权限管理、跟踪用户行为生成系统运行日志等。

- 数据加密技术：所谓数据加密技术是指将明文信息经过加密密钥及加密函数转换，变成无意义的密文，而接收方则将此密文经过解密函数、解密密钥还原成明文。数据加密技术是网络安全技术的基石，是数字签名技术的基础。

数据加密能够使非法获取信息的人看不到信息的本来面目（密文），但不能保障信息的正确性和有效性，即不能保证非法获取信息的人不篡改信息。

- 数字签名技术：所谓“数字签名”就是通过某种密码运算生成一系列符号及代码组成电子密码进行签名，来代替书写签名或印章。对于这种电子式的签名还可进行技术验证，其验证的准确度是一般手工签名和图章的验证无法比拟的。"数字签名"是目前电子商务、电子政务中应用最普遍、技术最成熟、可操作性最强的一种电子签名方法。

通过"数字签名"，可以判断接收方收到的信息是否是原始发送的信息，即若信息被篡改，则相应的"数字签名"和接收方收到的数字签名二者会不一致。一般可通过"数字签名"技术保证数据的正确性和有效性。

（2）按表现形式分类

按表现形式的不同，信息技术可分为硬技术与软技术。前者指各种信息设备如通信卫星、计算机硬件设备等。后者指有关信息获取与处理的各种方法，如数据统计分析技术、计算机软件技术等。

4．信息技术的应用

信息技术的应用包括计算机硬件和软件、网络和通信技术、应用软件开发工具等。

"科学技术是第一生产力"，信息化的巨大需求促使信息技术高速发展。微电子技术和软件技术是信息技术的核心。软件技术的快速发展使得越来越多的功能通过软件来实现，加快了企业信息化的进程。嵌入式软件的发展使软件走出了传统的计算机领域，促进了多种工业产品和民用产品的智能化。

信息技术代表着当今先进生产力的发展方向，信息技术的广泛应用使人们能更高效地进行资源优化配置，从而推动传统产业不断升级，进而推动社会不断进步。

2.1.2 计算机技术

1．计算机系统

计算机系统由硬件系统和软件系统组成。硬件系统是指构成计算机的电子线路、电子元器件和机械装置等物理设备，是一些实实在在的有形实体。软件系统是指程序及有关程序的技术文档资料。硬件系统是计算机的"骨骼"、框架，是物质基础；而软件系统则是建立在这个"骨骼"上的"肌肉"，两者互相依赖，不可分割，构成了鲜活的计算机系统。计算机系统的组成如图 2-2 所示。

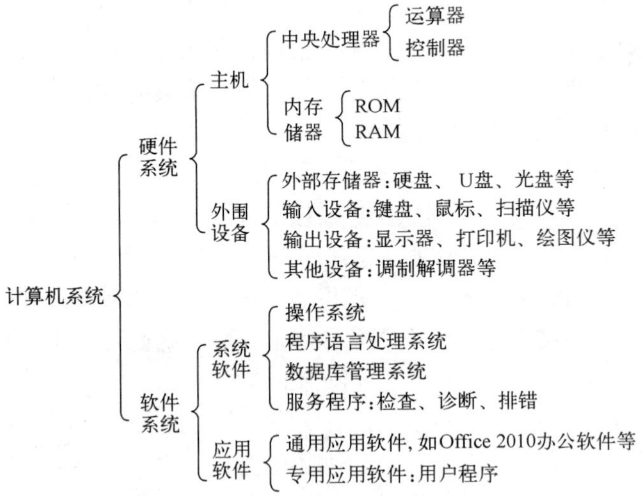

图 2-2 计算机系统结构

2. 计算机硬件技术

通常将运算器、控制器和寄存器合为一体称为中央处理器，将中央处理器和内存储器（内存）合称为主机，将输入设备、输出设备、外部存储器（外存）称为外围设备（简称外设），如图 2–3 所示。

（1）中央处理器（CPU）

其功能主要是解释计算机指令以及处理计算机软件中的数据。CPU 由运算器、控制器和寄存器及实现它们之间联系的数据、控制和地址的总线构成。几乎所有的 CPU 的运作原理都可分为 4 个阶段：提取（Fetch）、解码（Decode）、执行（Execute）和写回（Write Back）。CPU 从存储器或高速缓冲存储器中取出指令，放入指令寄存器，并对指令译码，再执行指令。计算机的可编程性主要是指对 CPU 的编程。

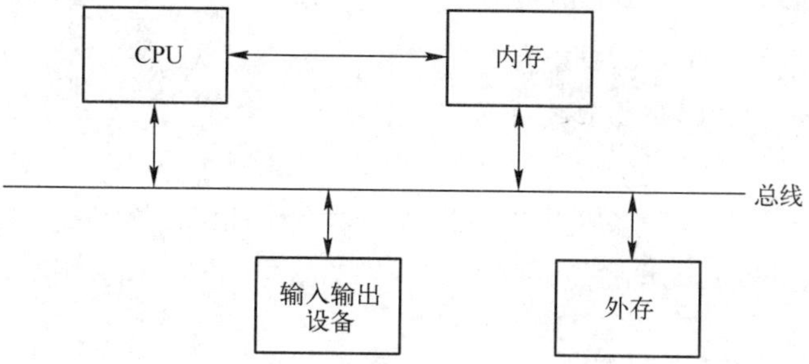

图 2–3　计算机硬件系统结构

① 运算器：算术逻辑单元（Arithmetic Logic Unit，ALU）是运算器的核心。它是以全加器为基础，辅之以移位寄存器及相应控制逻辑组合而成的电路，在控制信号的作用下可完成加、减、乘、除四则运算和各种逻辑运算。它还包括能进行"逻辑判断"的逻辑处理，即"与""或""非"这样的基本逻辑运算以及数据的比较、移位等操作。

② 寄存器：实质上是 CPU 中暂时存放数据的地方，其中保存着等待处理的数据、已经处理过的数据或数据运算的中间结果。CPU 访问寄存器所用的时间要比访问内存的时间短，采用寄存器，可以减少 CPU 访问内存的次数，从而提高了 CPU 的工作速度。但因为受到芯片面积和集成度所限，寄存器组的容量不可能很大。寄存器组可分为专用寄存器和通用寄存器：专用寄存器的作用是固定的，分别寄存相应的数据；通用寄存器用途广泛，并可由程序员规定其用途。通用寄存器的数目因微处理器而异。

③ 控制器：它是整个 CPU 的指挥控制中心，由指令寄存器（Instruction Register，IR）、指令译码器（Instruction Decoder，ID）和操作控制器（Operation Controller，OC）3 个部件组成，对协调整个计算机系统有序工作极为重要。根据用户预先编好的程序，控制器从存储器中逐条取出指令，分析每条指令规定的是什么操作以及所需数据的存放位置等，然后根据分析的结果向计算机其他部分发出控制信号，统一指挥整个计算机完成指令所规定的操作。可以将控制器的工作总结成一句话：读取指令—翻译指令—发出控制信号。

（2）内存

需要 CPU 处理的程序及数据需要存放在内存中，计算机中程序的运行也要在内存中进行，待程序执行完再调出内存。内存由随机存储器（Random Access Memory，RAM）、只读存储器（Read Only Memory，ROM）组成。

① RAM：其特点是高速存取、读/写时间相等、与地址无关，若数据未保存，则断电后数据消失，是最为常用的内存类型。

② ROM：断电后信息不丢失，如计算机启动用的 BIOS 芯片；存取速度很低(较 RAM 而言)且不能改写；一般用 ROM 存储计算机的重要程序。

（3）外存

为了扩大存储容量，在计算机中还配备了存储容量更大的磁盘存储器和光盘存储器，称为外部存储器，简称外存。此类储存器一般断电后仍然能保存数据。常见的外部存储器有硬盘、光盘、U 盘等。

（4）输入设备

输入设备是向计算机内输送原始数据、计算程序等内容的设备。输入设备把各种形式的信息（如数字、文字、图像、视频等）转换为数字形式的“编码”，即计算机能够识别的由“1”和“0”表示的二进制代码(实际上是电信号)，并把它们“输入”到计算机内存储起来。常用的输入设备有键盘、鼠标、扫描仪、触摸屏、摄像机等。

（5）输出设备

从计算机输出各类数据的设备叫作输出设备。输出设备把计算机加工处理的结果(仍然是数字形式的编码)变换为人或其他设备所能接收和识别的信息形式，如文字、数字、图形、视频等。常用的输出设备有显示器、打印机、绘图仪等。

（6）连接这些设备的物理媒介（总线、扩展槽等）

扩展槽可供用户插入特定外设的控制卡，如网卡、USB 外置卡、声卡、打印机连接卡等。

总线是计算机各种功能部件之间传送信息的公共通信干线，它是由导线组成的传输线束，按照计算机所传输的信息种类，计算机的总线可以划分为数据总线、地址总线和控制总线，分别用来传输数据、数据地址和控制信号。总线是一种内部结构，它是 CPU、内存、输入/输出设备传递信息的公用通道。主机的各个部件通过总线相连接，外围设备通过相应的接口电路与总线相连接，从而构成了计算机硬件系统。

3．计算机软件技术

计算机软件是指在计算机硬件上运行的各种程序以及有关的文档资料。程序是指用程序语言表达的计算机所处理的一系列步骤；文档是指软件开发过程中的计划、设计、制作、维护等过程保存的文档资料。根据不同的用途，人们把计算机软件分为系统软件和应用软件。

（1）系统软件

系统软件负责管理计算机的硬件资源，协调硬件之间的相互关系，使硬件能够相互配合完成相应的任务。系统软件主要包括操作系统、程序语言处理系统、数据库管理系统及服务程序等。

① 操作系统是最常用的系统软件，其主要功能是管理计算机硬件资源，控制其他程序运行并为用户提供交互操作界面。操作系统是计算机系统的关键组成部分，负责管理与配置内存、决定系统资源供需的优先次序、控制输入/输出设备、操作网络与管理文件系统等基本任务。操作系统的种类很多，各种设备安装的操作系统可从简单到复杂，可从手机的嵌入式操作系统到超级计算机的大型操作系统。目前流行的操作系统主要有 Android、BSD、IOS、Linux、Mac OS X、Win 7、Win 8、Win 10、Windows Phone 等，除了 Windows 系列的操作系统外，大部分操作系统都为 Linux 操作系统。

- 资源管理：系统的设备资源和信息资源都是操作系统根据用户需求按一定的策略来进行

分配和调度的。操作系统的存储管理程序负责把内存单元分配给需要内存的程序以便让其执行，在程序执行结束后将其占用的内存单元收回以便再使用。对于提供虚拟存储的计算机系统，操作系统还要与硬件配合做好页面调度工作，根据执行程序的要求分配页面，在执行中将页面调入和调出内存以及回收页面等。

- 程序控制：一个用户程序的执行自始至终是在操作系统控制下进行的。用户首先用某一种程序设计语言编写一个程序，然后将程序保存到计算机内，操作系统负责控制这个用户程序的执行直到结束。操作系统控制用户的执行主要有以下内容：调入相应的编译程序，将用户程序编译成计算机可执行的目标程序，分配内存等资源将程序调入内存并启动，按用户指定的要求处理执行中出现的各种事件以及部分意外事件。
- 人机交互：操作系统的人机交互功能是决定计算机系统界面是否良好的一个重要因素。人机交互功能主要靠输入/输出设备和相应的软件来完成。可供人机交互使用的设备主要有键盘、显示器、鼠标、各种模式识别设备等。与这些设备相应的软件就是操作系统提供人机交互功能的部分。人机交互部分的主要作用是控制有关设备的运行、理解并执行通过人机交互设备传来的各种命令和要求。
- 进程管理：不管是常驻程序或者应用程序，都以进程为标准执行单位，即进程是程序执行的基本单位，包括进程等待、进程执行、进程挂起、进程唤醒等。当年运用冯·诺依曼架构建造计算机时，每个中央处理器最多只能同时执行一个进程。早期的操作系统（例如 DOS）也不允许任何程序打破这个限制，且 DOS 同时只能执行一个进程。现代的操作系统，即使只拥有一个 CPU，也可以利用多进程（Multitask）功能同时执行多个进程。

进程管理通常实现了分时的概念，大部分的 OS 可以利用指定不同的特权等级，为每个进程改变所占的分时比例。特权越高的进程，执行优先级越高，单位时间内占的比例也越高。交互式 OS 也提供某种程度的回馈机制，让直接与使用者交互的进程拥有较高的特权值。

② 程序语言处理系统：用户或程序人员用于编写计算机可执行程序的语言称为程序设计语言。程序设计语言按其发展的先后可分为机器语言、汇编语言和高级语言。

机器语言是指能被计算机直接理解和执行的指令，称为机器指令，它在形式上是由“0”和“1”构成的二进制代码。每种计算机都有一套机器指令。机器指令的集合就是机器语言，机器语言相对难学、难记、难读，且容易出错，因此开发应用程序时很少采用机器语言。

汇编语言是用有助于记忆和理解的符号来表示机器指令的代码，如用 ADD（Addition）表示加法，用 SUB（Subtraction）表示减法等，同时又用变量取代各类地址。用汇编语言编写的程序必须经过翻译变成机器语言才能被计算机识别和执行。汇编语言在一定程度上克服了机器语言难于辨认和记忆的缺点，但对大多数用户来说，仍不便于理解和使用。

机器语言和汇编语言均是面向机器的语言，统称为低级语言。

为了克服低级语言的缺点，出现了高级程序设计语言，程序语句中的关键词采用英语的词汇（如 while、if、else、then 等），方便用户理解和记忆，符合人们的思维习惯，又能为机器所接受。目前广泛流行的高级程序设计语言，如 C、C++、Java 等。

高级语言程序（称为源程序）的编写虽然符合人们的思维习惯，但也必须经过相应的翻译程序翻译成由机器指令表示的程序（称为目标程序），然后才能由计算机执行。翻译过程通常有编译和解释两种方式。

编译方式是将高级语言源程序输入计算机后，调用编译程序将其翻译成机器指令表示的目标程序，然后执行目标程序，得到计算结果。解释方式是在高级语言源程序输入计算机后，启动解释程序，翻译一句执行一句，直到程序执行完为止。

程序语言处理系统负责读取源程序（字符流），对其进行词法和语法的分析，将高级语言指令转换为功能等效的汇编代码，再由汇编程序转换为机器语言，并且按照操作系统对可执行文件格式的要求连接生成可执行程序。简单地说，程序语言处理系统负责把高级程序语言翻译成机器语言，使得用户编写的程序能够被计算机系统所识别，提高程序处理效率。

③ 数据库管理系统（Database Management System，DBMS）：它是一种操纵和管理数据库的大型软件，用于建立、使用和维护数据库。用户通过 DBMS 访问数据库中的数据，数据库管理员也通过 DBMS 进行数据库的维护工作。它可以使多个应用程序和用户在不同时刻建立、修改和查询数据库。

④ 服务程序：主要包含故障诊断程序及纠错程序等，负责对程序进行调试。

（2）应用软件

应用软件是计算机为了某一类应用的需要而专门设计的软件，如文字处理软件、计算机辅助设计软件、企事业单位的信息管理软件以及游戏软件等。应用软件是针对特定问题而编写的程序，可以是通用的，也可以是专用的。例如，游戏软件、各种工具软件等属于通用软件，而用户自己编写的程序软件则属于专用软件。应用软件通常由某种程序语言开发而成，常用的程序语言有 Java、C、C++、C#、.NET 等。应用软件一般不能独立地在计算机上运行，必须有系统软件的支持。目前，常见的应用软件有以下几类：

① 文字处理软件：用于输入、存储、修改、编辑、打印文字资料（文件、稿件等）。常用的文字处理软件有 Word、WPS 等。

② 信息管理软件：用于输入、存储、修改、检索各种信息，如工资管理软件、人事管理软件、仓库管理软件、计划管理软件等。这种软件发展到一定水平后，可以将各个单项软件有机地整合起来，构成一个完整、高效的管理信息系统。

③ 计算机辅助设计软件：用于高效地绘制、修改工程图纸，进行常规的设计计算，帮助用户寻求较优的设计方案。常用的有 AutoCAD、3ds Max 软件等。

4. 计算机系统的工作原理

1946 年，美籍匈牙利科学家冯·诺依曼提出了存储程序原理，奠定了计算机的基本结构和工作原理的技术基础。至今，大多数计算机采用的仍然是冯·诺依曼型计算机的组织结构，采用相同的基本原理，稍做了一些改进。冯·诺依曼的设计思想主要有以下几点：

（1）采用二进制来表示指令和数据

数据在计算机中是以元器件的物理状态（如晶体管的“通”和“断”）来表示的，这种具有两种状态的器件只能表示二进制数。因此，计算机中要处理的所有数据都要用二进制数字来表示，所有的信息都用二进制编码来表示。指令是计算机中的另一种重要信息，计算机的所有动作都是按照指令的规定来进行的。指令也是用二进制编码来表示的。

（2）采用存储程序控制方式

这是冯·诺依曼思想的核心内容。程序是为解决一个信息处理任务而预先编制的工作执行方案，是解决问题的方法和步骤，是由一串 CPU 能够执行的基本指令组成的序列，每一条指令规定了计算机应进行什么操作（如加、减，乘、判断等）及操作需要的有关数据。存储程序控制方式是将程序和数据预先存放到计算机内部的存储器中，计算机在程序的控制下逐步进行处理，直到得出结果。

（3）硬件由运算器、存储器、控制器、输入和输出设备组成

典型的冯•诺依曼计算机是以运算器为中心的，计算机的其他几个部件围绕着运算器部件来组织，如图 2-4(a)所示。其特点是存储器与输入、输出设备之间传送数据都要经过运算器完成。图中实线代表数据线，虚线代表控制线和反馈线。

现代的计算机以存储器为中心，围绕着存储器部件来组织，如图 2-4(b)所示。输入/输出设备在更多的情况下直接与存储器部件交换数据。图中实线代表数据线，虚线代表控制线和反馈线。其工作过程是：人们预先编制程序，利用输入设备将程序输入到计算机内，并以二进制形式存储在内存中，计算机在控制器的控制下，从内存中逐条取出程序中的每一指令交给运算器去执行，并将运算结果送回存储器指定的单元中，当所有的运算任务完成后，在控制器的控制下将程序执行结果输出到输出设备上。

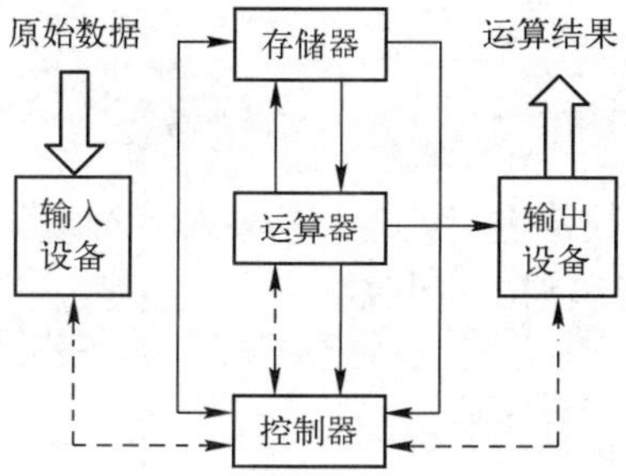

（a）原理（一）

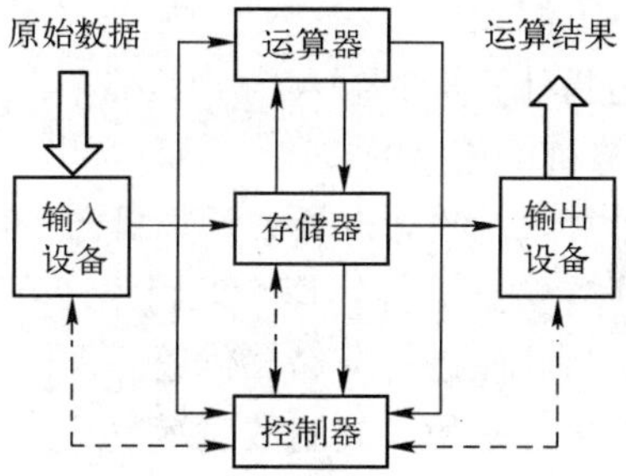

（b）原理（二）

图 2-4　计算机工作原理

5. 计算机的技术指标

计算机的技术性能由它的系统结构、指令系统、硬件组成等多方面因素决定，主要的技术性能指标有以下几个：

（1）字长

字长是指计算机进行一次基本运算所能处理的二进制位数，它直接关系到计算机的计算精度、功能和计算速度。一般来讲，字长越长，处理能力就越强，计算精度越高。常见的计算机机字长有 8 位、16 位、32 位和 64 位。目前，大部分计算机的字长为 64 位。

（2）内存容量

内存容量是指内存中能够存储信息的总字节数。内存容量大小及存取速度将影响计算机的处理速度。存储单位通常使用下列术语。①位(Bit)：二进制数的最小单位，通常用“b”表示。②字节(Byte)：8 位二进制数组成 1 个字节，通常用“B”表示。③字(Word)：两个字节称为一个字。④存储容量：计算机内、外存储器的容量是用 B 来计算和表示的。除 B 外，还常用 KB(千字节)、MB(兆字节)、GB(吉字节)、TB(太字节)等作为存储容量的单位。它们的换算关系如下：

1 B = 8 b

1 KB=2^{10} B=1 024 B

1 MB =2^{10} KB=1 024 KB = 2^{20} B

1 GB=2^{10} MB=1 024 MB=2^{30} B

1 TB=2^{10} GB=1 024 GB=2^{40} B

（3）运算速度

运算速度是指计算机每秒所能执行的指令条数，一般用 MIPS 作为运算速度的基本单位，表示每秒执行百万条基本指令数。

（4）主频

主频是指计算机的时钟频率，单位常用 MHz(兆赫兹)或 GHz(吉赫兹)表示。主频越高，运算速度越快。

（5）总线及接口

总线及接口是指计算机总线的数据传输速率及接口标准。在计算机系统中，信息传送是通过总线进行的，总线是传送信息的公共通道，并将各个功能部件连接在一起。总线包括数据总线、控制总线、地址总线。数据总线是 CPU 同各部分交换信息的通路；控制总线传送控制信号；地址总线传送地址码，由 CPU 送到内存和接口电路，其位数与寻址范围有关。

（6）外设配置

外设是指计算机的输入/输出设备。

6. 计算机中信息的表示

随着计算机的飞速发展，计算机已不仅仅用于对数值进行处理，还要对字符、汉字、图形、图像和声音等信息进行处理。但因为计算机内部只能识别二进制数，所以这些信息都必须经过数字化处理后才能进行存储、传送等操作。

计算机内部采用二进制数表示数及其他数据对象，其主要原因有以下 4 点：

① 电路简单：计算机是由逻辑电路组成的，逻辑电路通常只有两个状态。例如，开关的接通与断开、电压电平的高与低等。这两种状态正好用来表示二进制的两个数码 0 和 1。若采用十进制，则需要表示十个数码，会非常复杂。

② 工作可靠：两个状态代表两个数码，数字传输和处理中不容易出错，因而电路更加可靠。

③ 运算简单：二进制运算非常简单。如果用十进制，则十进制的一套运算法则实现起来非常困难。例如，九九乘法表，对人来说习以为常，但让机器去实现就会非常复杂。

④ 逻辑性强：计算机的工作原理是建立在逻辑运算基础上的，逻辑代数是逻辑运算的理论依据。二进制只有两个数码，正好代表逻辑代数中的“真”与“假”。

由于二进制并不符合人们的习惯，因此在编程中常使用十进制表示数，有时为了方便还使用八进制或十六进制。

7. 计算机安全

（1）计算机安全的概念

国际标准化委员会对计算机安全的定义提出建议，即为数据处理系统建立安全保护措施，保护计算机硬件、软件、数据不因偶然的或恶意的原因而遭破坏、更改和泄露。

（2）计算机安全的内容

计算机安全包括实体安全、软件安全、数据安全和运行安全。从内容来看，包括计算机安全技术、计算机安全管理、计算机安全评价、计算机犯罪与侦查、计算机安全法律以及计算机安全理论与政策等内容。

（3）信息安全

信息安全包括以下六方面内容，即需保证信息的保密性、可靠性、完整性、可用性、可控性、不可否认性，其根本目的就是使内部信息不受外部威胁，因此信息通常需要加密。为保障信息安全，要求有信息源认证、访问控制，不能有非法软件驻留，不能有非法操作。目前威胁信息安全的来源主要有自然灾害、意外事故、计算机犯罪、人为错误、信息间谍、电子谍报、网络协议自身的缺陷等，而最有破坏的是计算机病毒和网络黑客。

（4）计算机病毒

计算机病毒(Computer Virus)是指“编制的或者在计算机程序中插入的破坏计算机功能或者毁坏数据，影响计算机使用并且能自我复制的一组计算机指令或者程序代码”。简单地说，计算机病毒是一种特殊的危害计算机系统的程序。

① 计算机病毒的特点：

- 隐蔽性：病毒一般隐蔽在正常程序之中，若不对其执行流程进行分析，一般不易察觉和发现。
- 传染性：病毒通过对程序的修改并把副本嵌入到正常程序，达到传染扩散的目的。
- 潜伏性：病毒入侵系统后，其破坏作用一般并不立即产生，但却在潜伏期间一直进行传染扩散，一旦条件成熟便开始进行破坏。
- 触发性：在一定的条件下，通过外界刺激可使病毒程序活跃起来。例如，在某个时间或日期，特定的用户标识符的出现、特定文件的使用等使病毒体活跃起来。
- 破坏性：病毒发作后会对系统产生不同程度的影响，轻者降低计算机的运行速度，重者导致系统崩溃，甚至对硬件造成破坏，具有严重的破坏性。

② 计算机病毒的表现。通常，计算机病毒的表现有：破坏引导程序和分区表，造成异常死机；破坏可执行文件，使正常程序运行变慢；显示器上出现一些莫名其妙的信息、图形等异常内容；访问磁盘速度明显变慢；磁盘上出现异常文件；文件内容被修改，文件的长度无故增加；出现不知来源的隐藏文件；程序或数据神秘丢失；异常要求用户输入密码等。

③ 计算机病毒的传播方式，主要有以下两种：

- 移动存储设备传播，包括光盘、移动硬盘、U 盘等。
- 网络传播。随着因特网技术的快速发展，因特网在给人们的工作和生活带来极大方便的同时，也成为病毒滋生与传播的重要途径。当人们从因特网下载或浏览各种资料时，病毒也就可能伴随这些资料侵入到计算机系统中。尤为常见的是电子邮件传播，根据国际计算机安全协会统计，现在 60%以上的病毒都是通过电子邮件传播的。

④ 计算机病毒的分类。

目前，针对计算机病毒的分类方法很多，按照基本类型划分，大致可归结为以下 5 种：

- 引导型病毒：主要是感染硬盘的引导扇区或主引导扇区。在我国流行的引导型病毒有 Anti CMOS、GENP/GENB、Stone、Torch、Monkey 等。
- 文件型病毒：主要是感染可执行文件(.COM 和.EXE 等)。特洛伊木马就是这种类型的病毒，CIH 病毒也是通过感染可执行文件破坏系统和硬件的。
- 邮件病毒：主要是利用电子邮件附件的漏洞进行传播，该病毒的传播方式是将病毒依附于电子邮件的附件中，当接收者收到电子邮件打开附件时，即激活病毒。
- 宏病毒：它是一种寄存于文档或模板的宏中的计算机病毒。一旦打开这样的文档，宏病毒就会被激活，转移到计算机上，并驻留在 Normal 模板上，此后，所有自动保存的文档都会“感染”上这种宏病毒。而且，如果其他用户打开了感染病毒的文档，宏病毒又会转移到该用户的计算机上。

- Internet 语言病毒：当用户使用浏览器浏览含有这些病毒的网址时，病毒就会在用户无法察觉的情况下进入计算机并进行复制，出现通过网络窃取宝贵的个人资料或使计算机系统资源利用率下降，造成死机等现象，甚至破坏系统和硬件。
- 变体病毒：它是一类高级的文件型病毒，它每次传染时都会改变程序代码的特征，以防止杀毒软件的查杀。变体病毒的算法比一般病毒复杂，甚至用到数学算法为病毒程序加密，使病毒程序都呈现不同的形态，让杀毒软件难以检测。
- 混合型病毒：兼有两种以上病毒类型特征的病毒称为混合型病毒。例如，邮件病毒中有很多都是文件型病毒和宏病毒的混合体。

⑤ 计算机病毒的防范。由于计算机病毒会对系统带来破坏，必须采取有效措施进行防范。根据病毒的传染途径，预防计算机病毒的主要措施有以下几种：

- 系统备份，对重要的数据进行备份。
- 不使用来历不明的移动存储设备(如光盘、U 盘等)，不阅读来历不明的邮件，不浏览恶意网页。
- 安装病毒检测程序或防毒软件。

计算机病毒的检测与清除一般采用杀毒软件进行。著名的杀毒软件有瑞星、金山毒霸、360 杀毒、江民的 KV2011、Norton、卡巴斯基等。但任何一种杀毒软件都不可能检测和清除所有的病毒，因为病毒的发展总是超前反病毒软件的发展，所以做好预防仍然是第一位的工作。

（5）网络黑客

黑客源于英语动词 Hack，意为“劈，砍”，引申为“干了一件非常漂亮的工作”。在早期麻省理工学院的校园俚语中，“黑客”则有“恶作剧”之意，尤指手法巧妙、技术高明的恶作剧。早期的黑客通常具有硬件和软件的高级知识，并有能力通过创新的方法剖析系统，能使网络趋于完善和安全，他们以保护网络为目的，而以不正当侵入为手段找出网络漏洞。但后期黑客队伍的结构有所改变，其中有些人已成为信息安全的主要威胁。现在把威胁计算机信息系统安全的人员通称为黑客。

为通过网络信息系统的安全屏障进入系统内部，黑客采用的手段是多种多样的，常用的攻击方法有以下几种：

① 利用账号进行攻击。有的黑客会利用操作系统提供的默认账户和密码进行攻击，例如，许多 UNIX 主机都有 FTP 和 Guest 等默认账户(其密码和账户名同名)，有的甚至没有密码。黑客用 UNIX 操作系统提供的命令如 Finger 和 Ruser 等收集信息，不断提高自己的攻击能力。这类攻击只要系统管理员提高警惕，将系统提供的默认账户关闭或提醒无密码用户增加密码就能避免。

② 放置特洛伊木马程序。特洛伊木马程序可以直接侵入用户的计算机并进行破坏，它常被伪装成工具程序或者游戏等诱使用户打开带有特洛伊木马程序的邮件附件或从网上直接下载，一旦用户打开了这些邮件的附件或者执行了这些程序之后，它们就会像古代特洛伊人在敌人城外留下的藏满士兵的木马那样留在计算机中，并在计算机系统中隐藏一个可以在 Windows 启动时悄悄执行的程序。当计算机连接到因特网时，这个程序就会向黑客的 IP 地址以及预先设置的端口发送信息。黑客在收到这些信息后，利用这个潜伏在其中的程序，就可以任意修改该计算机的参数设置、复制文件、窥视整个硬盘中的内容等，从而达到控制该计算机的目的。

③ WWW 的欺骗技术。当用户利用 Internet Explore（简称 IE）等浏览器访问资源时，如阅读新闻、咨询产品价格、订阅报纸、网上购物时，可能用户不会想到正在访问的网页已经被黑客篡改过，网页上的信息是虚假的。例如，黑客将用户要浏览的网页的 URL 改写为指向黑客自己的服务器，当用户浏览目标网页时，实际上是向黑客服务器发出请求，黑客就达到了欺骗的目的。

④ 电子邮件攻击。主要表现为两种方式：一是电子邮件轰炸和电子邮件“滚雪球”，也就是通常所说的邮件炸弹，指的是用伪造的 IP 地址和电子邮件地址向同一信箱发送数以千计、万计甚至无穷多次内容相同的垃圾邮件，致使受害人邮箱被“炸”，严重者可能会给邮件服务器带来危险，甚至瘫痪；二是电子邮件欺骗，攻击者佯称自己为系统管理员，给用户发送邮件要求用户修改密码或在貌似正常的附件中加载病毒或其他木马程序。

⑤ 通过一个结点来攻击其他结点。黑客在突破一台主机后，往往以此主机作为根据地，攻击其他主机。他们可以使用网络监听的方法，尝试攻破同一网络内的其他主机；也可以通过 IP 欺骗和主机信任关系攻击其他主机。

⑥ 网络监听。这是一种监视网络状态、数据流以及网络上传输信息的管理工具，它可以将网络接口设置在监听模式，并且可以截获网上传输的信息，但网络监听只能应用于物理上连接于同一网段的主机，通常被用于获取用户密码。

⑦ 寻找系统漏洞。许多系统都有安全漏洞，其中某些是操作系统或应用软件本身具有的，在漏洞补丁开发出来之前一般很难防御黑客的破坏。还有一些漏洞是由于系统管理员配置错误引起的。

⑧ 偷取特权。利用各种特洛伊木马程序、后门程序和黑客自己编写的导致缓冲区溢出的程序进行攻击，前者可使黑客非法获得对用户计算机的完全控制权，后者可使黑客获得超级用户的权限，从而拥有对整个网络的绝对控制权。

黑客防范策略与病毒防范相同，也是预防胜于治疗，主要有以下几种防范措施：及时备份重要数据、使用反黑客软件、使用防火墙、不运行来历不明的软件和盗版软件、使用加密机制传输数据、隔离内部网与 Internet 的连接。

2.1.3　计算机网络技术

1. 计算机网络的发展

20 世纪 70 年代，大的分时系统被小型的微机系统取代。随后远程终端计算机系统在分时计算机系统的基础上，通过 Modem（调制解调器）和 PSTN（公用电话网）向许多远程终端用户提供服务。这是计算机与通信系统结合的最初尝试。

在远程终端计算机系统基础上，人们开始研究把计算机与计算机通过已有的通信系统互连起来。为了使计算机之间可以进行可靠的通信，建立了分层通信体系和相应的网络通信协议，于是诞生了计算机网络。

1969 年 12 月，Internet 的前身——美国的 ARPA 网投入运行，标志着计算机网络的兴起。

20 世纪 80 年代初，随着个人计算机的应用和推广，出现了文件服务器结构，它将不同的 PC（个人计算机）互连，实质上是一种客户机/服务器模式。

计算机网络通信涉及许多复杂的技术问题，国际标准化组织（ISO）在 1984 年正式颁布了开放系统互连参考模型（OSI），使计算机网络体系结构实现了标准化。

进入 20 世纪 90 年代，计算机网络技术得到了迅猛发展。目前，Internet 已经成为人类最重要的、最大的知识宝库。高速的计算机网络和物联网已成为新一代计算机网络的发展方向。

2. 计算机网络的概念

计算机网络指用传输介质把分布在不同地理位置的计算机连接起来，实现数据通信和资源共享。

计算机网络从功能上可以分成通信子网和资源子网两部分。通信子网包含通信链路，负责整个网络的通信管理；资源子网即网络的物理构成，包含各结点计算机的硬件资源、软件资源和数据资源。

3. 常用的网络传输介质

（1）双绞线

双绞线（Twisted Pair，TP）是综合布线工程中最常用的一种传输介质，由两根具有绝缘保护层的铜导线组成。把两根绝缘的铜导线按一定密度互相绞在一起，每一根导线在传输中辐射出来的电波会被另一根线上发出的电波抵消，有效降低了信号干扰的程度。

双绞线一般由两根 22、26 号绝缘铜导线相互缠绕而成，“双绞线”的名字也是由此而来。实际使用时，双绞线是由多对双绞线一起包在一个绝缘电缆套管里。如果把一对或多对双绞线放在一个绝缘套管中便成了双绞线电缆。日常生活中一般把“双绞线电缆”直接称为“双绞线”，如图 2-5 所示。

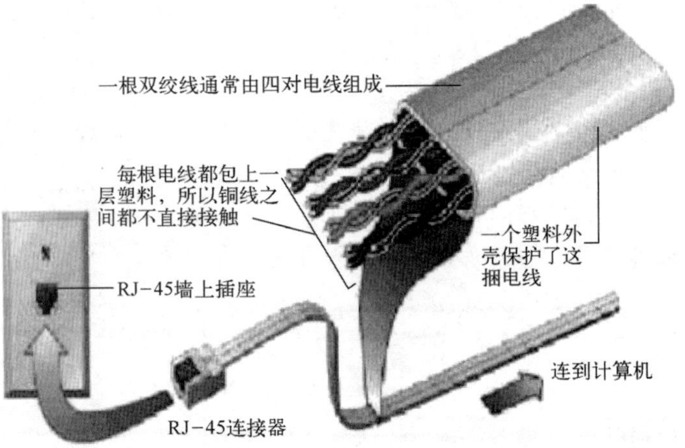

图 2-5 双绞线

双绞线分为屏蔽双绞线（Shielded Twisted Pair，STP）与非屏蔽双绞线（Unshielded Twisted Pair，UTP）。屏蔽双绞线在双绞线与外层绝缘封套之间有一个金属屏蔽层。屏蔽双绞线又分为两类：STP 和 FTP，STP 指每条线都有各自的屏蔽层，而 FTP 只在整个电缆有屏蔽装置，并且两端都正确接地时才起作用。所以，要求整个系统是屏蔽器件，包括电缆、信息点、水晶头和配线架等，同时建筑物需要有良好的接地系统。屏蔽层可减少辐射，防止信息被窃听，也可阻止外部电磁干扰的进入，使屏蔽双绞线比同类的非屏蔽双绞线具有更高的传输速率。非屏蔽双绞线是一种数据传输线，由四对不同颜色的传输线所组成，广泛用于以太网络和电话线中。

特点：既能传输模拟信号，也能传输数字信号，价格较便宜，但传输距离、速度受限。

（2）同轴电缆

同轴电缆(Coaxial Cable)是指有两个同心导体，而导体和屏蔽层又共用同一轴心的电缆。最常见的同轴电缆由绝缘材料隔离的铜线导体组成，在里层绝缘材料的外部是另一层环形导体及其绝缘体，然后整个电缆由聚氯乙烯材料的护套包住，如图 2-6 所示。

目前，常用的同轴电缆有两类：50 Ω和 75 Ω的同轴电缆。75 Ω同轴电缆常用于 CATV 网，故称为 CATV 电缆，传输带宽可达 1 GHz，目前常用 CATV 电缆的传输带宽为 750 MHz。50 Ω同轴电缆主要用于基带信号传输，传输带宽为 1～20 MHz，总线型以太网就是使用 50 Ω同轴电缆，在以太网中，50 Ω细同轴电缆的最大传输距离为 185 m，粗同轴电缆可达 1 000 m。

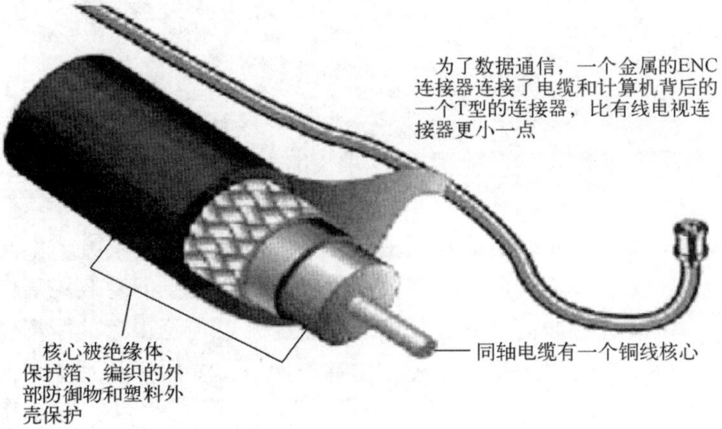

图 2-6　同轴电缆

特点：同轴电缆的优点是可以在相对长的无中继器的线路上支持高带宽通信，较多设备互联且通信容量大时可选。而其缺点也是显而易见的：一是体积大，要占用电缆管道的大量空间；二是不能承受缠结、压力和严重的弯曲，这些都会损坏电缆结构，阻止信号的传输；三是成本高。

（3）光纤

光纤是光导纤维的简写，是一种由玻璃或塑料制成的纤维，可作为光传导工具。传输原理是“光的全反射”，如图 2-7 所示。

图 2-7　光纤

特点：光在光纤的传导损耗比电在电线传导的损耗低得多，光纤被用作长距离的信息传递，质量轻，抗干扰能力强，已被广泛应用于通信、医学、艺术等领域。

（4）微波

微波通信是使用波长在 1 mm～1 m 之间的电磁波进行的通信。该波长电磁波所对应的频率范围是 300 MHz～300 GHz，如图 2-8 所示。

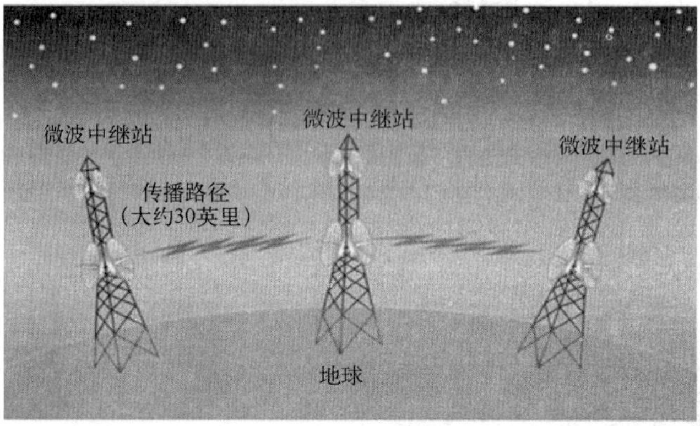

图 2-8 微波

特点：与同轴电缆通信、光纤通信和卫星通信等现代通信网传输方式不同的是，微波通信是直接使用微波作为介质进行的通信，不需要固体介质，当两点间直线距离内无障碍时就可以使用微波传送。利用微波进行通信具有容量大、质量好并可传至很远的距离，因此是国家通信网的一种重要通信手段，也普遍适用于各种专用通信网，主要用于长途电话通信、雷达通信及卫星通信，但需要架设基站。

（5）红外线

红外线通信是一种利用红外线传输信息的通信方式。可传输语言、文字、数据、图像等信息。传输角度有一定限制，且不能穿透坚实的物体，如图 2-9 所示。

图 2-9 红外线

特点：红外通信技术适合于低成本、跨平台、点对点高速数据连接，尤其是嵌入式系统。其主要应用：设备互联、信息网关。设备互联后可完成不同设备内文件与信息的交换；信息网关负责连接信息终端和互联网。红外通信技术是在世界范围内被广泛使用的一种无线连接技术，被众多的硬件和软件平台所支持，短距离，点对点直线数据传输，保密性强。传输速率较高，4 Mbit/s、16 Mbit/s 速率的 FIR 技术已被广泛使用，更高传输速率的 VFIR 技术也将面世。红外线技术是限定使用空间的，红外线有一个非常好的应用是防窃听。

（6）卫星

卫星通信利用人造地球卫星作为中继站来转发无线电波，从而实现两个或多个通信站之间的通信，如图 2–10 所示。

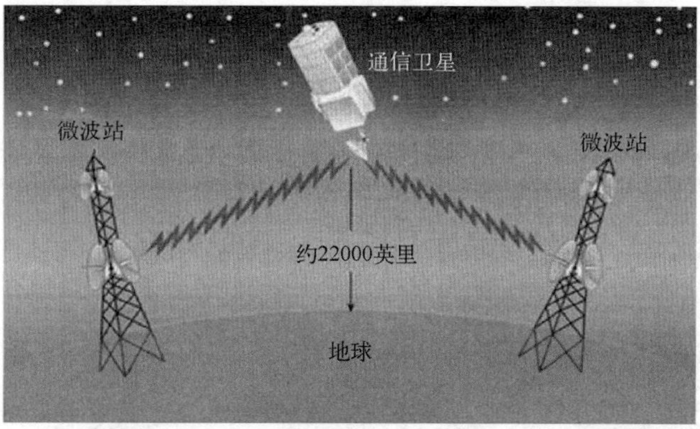

图 2–10　卫星

优点：

① 通信距离远，且费用与通信距离无关。利用卫星，最大的通信距离达 18 100 km 左右。而且建站费用和运行费用不因通信站之间的距离远近、两通信站之间地面上的自然条件恶劣程度而变化。这在远距离通信时，比微波、光缆通信有明显的优势。

② 广播方式工作，可以进行多址通信。通常，其他类型的通信手段只能实现点对点通信，而卫星是以广播方式进行工作的。在卫星天线波束覆盖的整个区域内的任何一点都可以设置通信站，这些通信站可共用一颗通信卫星来实现双边或多边通信，即进行多址通信。另外，一颗在轨卫星，相当于在一定区域内铺设了可以到达任何一点的无数条无形电路，提高了通信网络的高效率和灵活性。

③ 通信容量大，适用多种业务传输。卫星通信使用微波频段，可以使用的频带很宽。一般可达 500～800 MHz，甚至几吉赫兹。

④ 可以自发自收。一般来说，发信端通信站同样可以接收到自己发出的信号，从而可以监视本站所发消息是否正确，并评价传输质量的优劣。

⑤ 无缝覆盖能力。利用卫星移动通信，可以不受地理环境、气候条件和时间的限制，建立覆盖全球性的海、陆、空一体化通信系统。

⑥ 广域复杂网络拓扑构成能力。卫星通信的高功率密度与灵活的多点波束能力使得卫星通信具有宽广地域范围的点对点与多点对多点的复杂的网络拓扑构成能力。

⑦ 安全可靠性。事实证明，在面对抗震救灾或国际海底/光缆的故障时，卫星通信是一种无可比拟的重要通信手段。即使将来有较完善的自愈备份或路由迂回的陆地光缆及海底光缆网络，明智的网络规划者与设计师还是能够理解卫星通信作为传输介质在应急备份与信息高速公路混合网基本环节的重要性与必要性。

缺点：

① 传输时延大：一般需要 500～800 ms 的时延。

② 高纬度地区难以实现卫星通信。

③ 为了避免各卫星通信系统之间的相互干扰，同步轨道的星位是有一点限度的，不能无限

制地增加卫星数量。

④ 太空中的日食现象会中断和影响卫星通信。

⑤ 卫星发射的成功率为 80%，卫星的寿命为几年到十几年；发展卫星通信需要长远规划和承担发射失败的风险。

（7）激光通信

激光通信是一种利用激光传输信息的通信方式。激光是一种新型光源，具有亮度高、方向性强、单色性好、相干性强等特征。按传输媒质的不同，可分为大气激光通信和光纤通信。大气激光通信是利用大气作为传输媒质的激光通信，如图 2-11 所示。

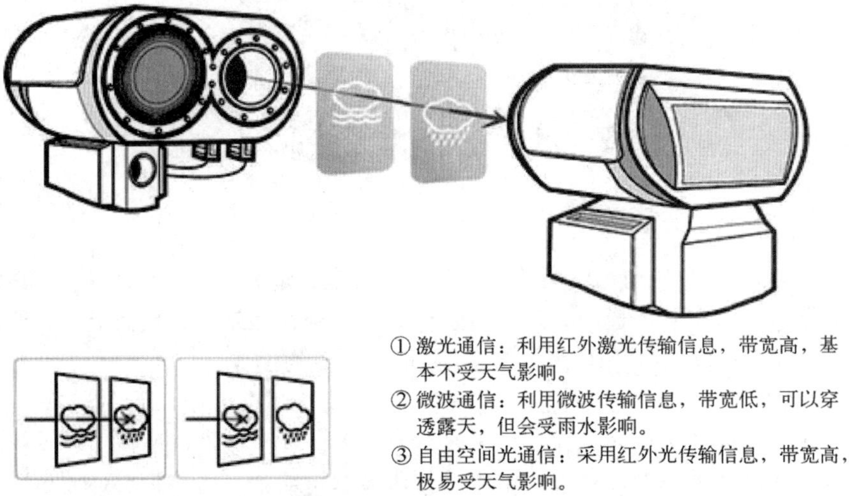

图 2-11　激光通信

优点：

① 通信容量大。在理论上，激光通信可同时传送 1 000 万路电视节目和 100 亿路电话信息。

② 保密性强。激光不仅方向性强，而且可采用不可见光，因而不易被敌方所截获，保密性能好。

③ 结构轻便，设备经济。由于激光束发散角小，方向性好，激光通信所需的发射天线和接收天线都可做得很小，一般天线直径为几十厘米，质量不过几千克，而功能类似的微波天线，重量则以几吨、十几吨计。

缺点：

① 通信距离限于视距（数千米至数十千米范围），易受气候影响，在恶劣气候条件下甚至会造成通信中断。大气中的氧、氮、二氧化碳、水蒸气等大气分子对光信号有吸收作用；大气分子密度的不均匀和悬浮在大气中的尘埃、烟、冰晶、盐粒子、微生物和微小水滴等对光信号有散射作用。云、雨、雾、雪等使激光受到严重衰减。地球表面的空气对流引起的大气湍流能对激光传输产生光束偏折、光束扩散、光束闪烁（光束截面内亮斑和暗斑的随机变化）和像抖动（光束会聚点的随机跳动）等影响。

② 瞄准困难。激光束有极高的方向性，这给发射和接收点之间的瞄准带来不少困难。为保证发射和接收点之间瞄准，不仅对设备的稳定性和精度提出很高的要求，而且操作也复杂。

几种常用的传输介质比较如表 2-1 所示。

表 2-1　传输介质比较

传输介质	优　点	缺　点
双绞线	价格便宜	传输距离、速度受限
同轴电缆	支持高带宽通信	价格贵、不能承受压力
光纤	长距离通信、抗干扰	信号转换时会有一定的数据丢失
微波	长距离电话通信、卫星通信、雷达通信	需要基站
红外线	短距离通信、安全性高	不灵活
激光	用于大气空间通信、保密性强	易受天气影响
卫星	通信距离长、容量大	传输时延大

4．计算机网络的功能

（1）数据通信

数据通信是计算机网络最基本的功能。它用来快速传送计算机与终端、计算机与计算机之间的各种信息，包括文字信件、新闻消息、图片资料、报纸版面等。利用这一特点，可实现将分散在各个地区的单位或部门用计算机网络联系起来，进行统一的调配、控制和管理，实现实时高效的信息传递，提高了管理效率，也使沟通变得快捷。

（2）资源共享

“资源”指的是网络中所有的软件、硬件和数据资源。“共享”指的是网络中的用户都能够部分或全部地享受这些资源。例如，某些地区或单位的数据库（如飞机机票、饭店客房等）可供全网使用；某些单位设计的软件可供需要的地方有偿调用或办理一定手续后调用；一些外围设备如打印机，可面向用户，使不具有这些设备的地方也能使用这些硬件设备。如果不能实现资源共享，各地区都需要有完整的一套软硬件及数据资源，将大幅度增加投资费用。

例如，网上精品课等教学资源，用户可以通过浏览或下载的方式共享资源，提高了资源的利用率。

（3）提高计算机的可靠性和可用性

计算机网络的资源共享性使结点计算机的可用性大大增强，网络虽然能带来高效的数据传递，但不能保证数据的完整性，因此给计算机技术带来了新的挑战，即数据安全问题。随着数据加密技术和数据完整性鉴别技术的发展，数据的安全性得到了有力的保障。

（4）易于进行分布式信息处理

当某台计算机负担过重时，或该计算机正在处理某项工作时，网络可将新任务转交给空闲的计算机来完成，这样处理能均衡各计算机的负载，提高处理问题的实时性。对大型综合性问题，可将问题分成几部分交给不同的计算机分头处理，充分利用网络资源，扩大计算机的处理能力，增强实用性。对于复杂问题的解决，可以把多台计算机联合使用构成高性能的计算机体系。这种协同工作、并行处理要比单独购置高性能的大型计算机便宜得多。通过网络互联的计算机，可以彼此独立地工作，若需要对分布在不同地点的数据进行集中处理，可以将分布式数据上传至服务器。

5．计算机网络的类型

（1）按网络覆盖的地理范围分类

按网络覆盖的地理范围可分为局域网（LAN）、城域网（MAN）、广域网（WAN）。详述如下：

① 局域网：使用一种高速的通信线路将不同的计算机相互连接成网络，其覆盖的地区范围较小，对计算机的数量没有太多限制，少的可以只有两台，多则可达几百台。一般来说，该网络所涉及的地理距离在 10 km 以内。局域网一般位于一个建筑物或一个单位内。

局域网的主要特点：为一个单位所拥有、使用专用的传输介质、数据传输速率高、可靠性高、通信延迟低。

② 城域网：使在一个城市但不在同一地理区域范围内的计算机互连。这种网络的连接距离为 10～100 km。MAN 与 LAN 相比，距离更长，计算机数量更多，在地理范围上可以说是 LAN 的延伸。在一个大型城市或都市地区，通常情况下一个 MAN 连接着多个 LAN。光纤连接的引入，使高速的 LAN 互连成为可能。

③ 广域网：又称远程网，其覆盖的范围比 MAN 更广，它一般使不同城市之间的 LAN 或者 MAN 互连，地理范围可从几百千米延伸至几千千米，例如 Internet。

WAN 的主要特点：一般不用专用的通信线路而借用已有的通信线路（如电话线等）、数据传输速率不高、可靠性差、采用点对点的通信方式。

（2）按网络的所有权分类

按网络的所有权分类可以分为：公共网络（Public Network）和专用网络（Private Network）。公用网络如 Internet，专用网即私用网络。一般情况下，企业会租用数字专线把不同地点的职能部门互连，以保证私用性。

6．网络拓扑结构

网络拓扑结构是指网络中结点计算机的连接方式。常用的网络拓扑结构有环状结构、总线结构、星状结构、树状结构、网状结构等。

（1）环状结构

环状结构中各个结点计算机连接成环状，信息沿着一个方向传递，通过中间结点转发，最后到达目的结点，如图 2-12 所示。

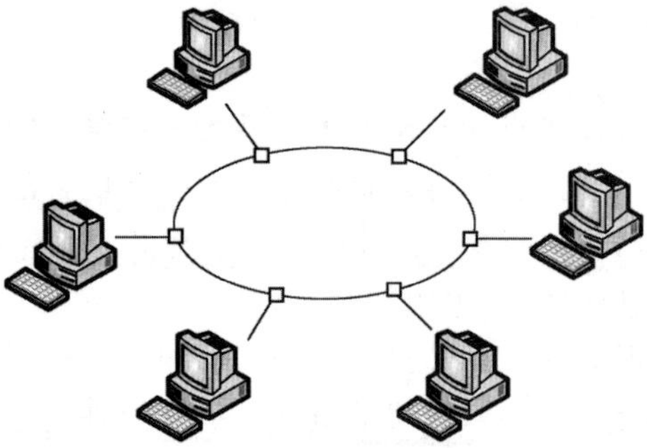

图 2-12　环状拓扑结构

优点：这种拓扑结构管理简单、实时性强。

缺点：可靠性差，一旦一个结点出现故障，整个网络将不能工作，传输效率低；当中间结点过多时，响应时间较长。

（2）总线结构

总线结构中各结点都连接在一条公共的传输线路上，如图 2-13 所示。

优点：由于节省了电缆和连接设备，安装容易，连接成本较低，一个结点出现故障将不会影响整个系统。

缺点：网络线路一旦出现故障，系统将无法正常工作，而且常会因为负载过重而使传输速度降低。

（3）星状结构

星状结构有一个中央结点，任何两个结点计算机的通信都要经过中央结点，如图 2–14 所示。

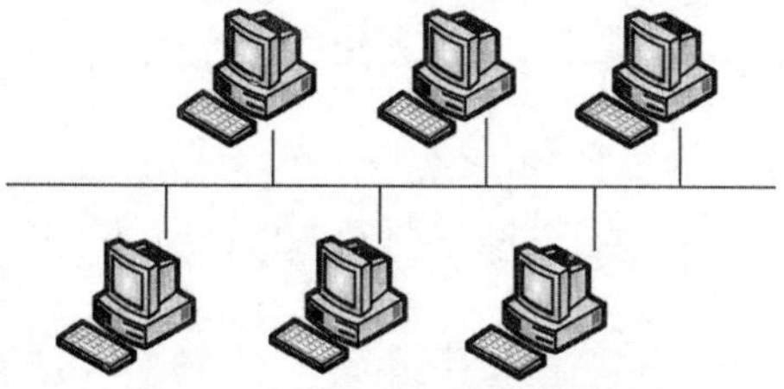

图 2–13　总线拓扑结构

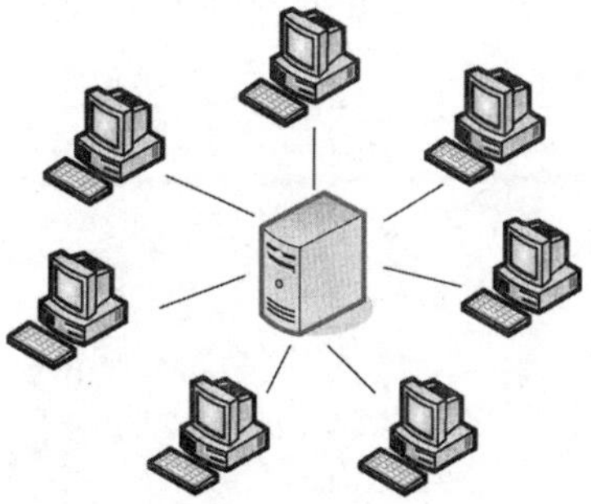

图 2–14　星状拓扑结构

优点：结构简单、便于管理、建网容易。

缺点：星状结构属于集中控制，结点计算机对中央结点的依赖性大，一旦中央结点出现故障，整个网络就会瘫痪，可靠性低，主机负载过重，通信线路利用率低。

（4）树状结构

树状结构是一种类似于总线拓扑的局域网拓扑，可以包含分支，每个分支又可包含多个结点，如图 2–15 所示。在树状拓扑中，从一个站发出的信息要传播到物理介质的全长，并被所有其他站点接收。

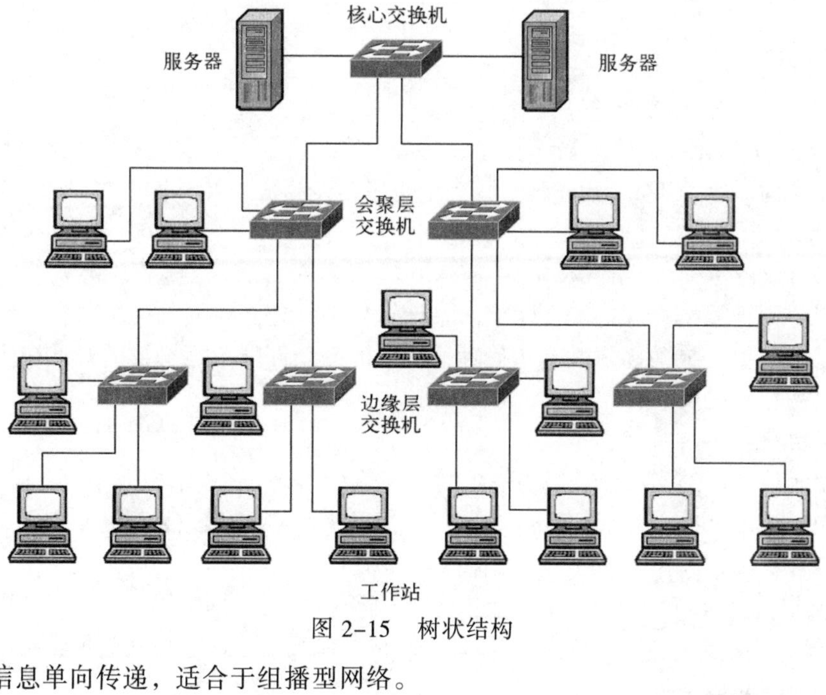

图 2–15　树状结构

特点：信息单向传递，适合于组播型网络。

（5）网状结构

网状结构是结点接入情况最复杂的拓扑结构，极端情况是任意两个结点间均有链路可达，这种拓扑结构主要指各结点通过传输线连接起来，并且每一个结点至少与其他两个结点相连，如图 2–16 所示。网状拓扑结构具有较高的可靠性，但其结构复杂，实现起来费用较高，不易管理和维护，不常用于局域网，适用于大型网络。

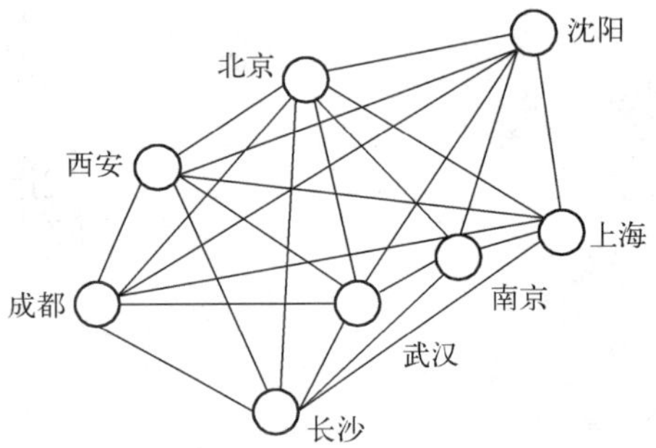

图 2–16　网状结构

优点：

① 网络可靠性高，一般通信子网中任意两个结点间，存在着两条或两条以上的通信路径，这样，当一条路径发生故障时，还可以通过另一条路径把信息送至结点交换机。

② 网络可组建成各种形状，采用多种通信信道，多种传输速率。

③ 网内结点共享资源容易。

④ 可改善线路的信息流量分配。

⑤ 可选择最佳路径，传输延迟小。

缺点：

① 控制复杂，软件复杂。

② 线路费用高，不易扩充。

③ 在以太网中，如果设置不当，会造成广播风暴，严重时可以使网络完全瘫痪。

网状拓扑结构一般用于 Internet 骨干网上，使用路由算法来计算发送数据的最佳路径。

7. 网络协议

（1）网络协议的定义

为了实现不同计算机之间的相互通信，各计算机必须遵守相同的网络协议。网络协议是为保证各结点之间数据交换的有序性和正确性而制定的一个网络数据交换的标准或规定。各种通信设备只有遵循相同的协议，才能彼此通信。

（2）网络协议

目前，使用最广泛的网络协议是传输控制协议（Transition Control Protocol，TCP）与网际协议（Internet Protocol，IP），例如，Internet 采用 TCP/IP 作为网络通信协议。事实上，网络通信协议包含 100 多种协议，而 TCP 和 IP 是两个最重要的协议。

TCP/IP 协议分为 4 个层次，自底向上依次为网络接口层、网际层、传输层和应用层，它与 OSI（开放系统互连参考模型）的对应关系是：网络接口层对应物理层和数据链路层、网际层对应网络层、传输层对应传输层和会话层、应用层对应表示层和应用层。

2.1.4　物联网技术

1. 物联网的概念

物联网是新一代信息技术的重要组成部分，也是“信息化”时代的重要发展阶段。顾名思义，物联网就是物物相连的网络。这有两层意思：其一，物联网的核心和基础仍然是互联网，是在互联网基础上的延伸和扩展的网络；其二，其用户端延伸并扩展到任何物品与物品之间，进行信息交换和通信，也就是物物相息。物联网通过智能感知、识别技术等感知技术，广泛应用于网络的融合中，也因此被称为继计算机、互联网之后世界信息产业发展的第三次浪潮。物联网是互联网的应用拓展，与其说物联网是网络，不如说物联网是业务和应用。因此，应用创新是物联网发展的核心，以用户体验为核心是物联网发展的灵魂。

物联网是一个基于互联网、传统电信网等信息承载体，让所有能够被独立寻址的普通物理对象实现互联互通的网络。它具有普通对象设备化、自治终端互联化和服务智能化 3 个重要特征。

物联网定义为通过各种信息传感设备，如传感器、射频识别（RFID）技术、全球定位系统、红外线感应器、激光扫描器、气体感应器等各种装置与技术，实时采集任何需要监控、连接、互动的物体或过程，采集其声、光、热、电、力学、化学、生物、位置等各种需要的信息，与互联网结合形成的一个巨大网络。其目的是实现物与物、物与人、所有物品与网络的连接，方便识别、管理和控制。图 2-17 所示为物联网示意图。

图 2-17　物联网示意图

物联网技术与管理信息系统的结合点在于管理信息系统可以利用物联网中的各种传感技术收集数据，并利用先进的数据分析模型对数据进行处理，最终为管理者提供决策支持。

2. 物联网的特征

与传统的互联网相比，物联网有其鲜明的特征。

（1）以感知技术为载体

物联网上部署了海量的类型繁多的传感器，每个传感器都是一个信息源，不同类别的传感器所捕获的信息内容和信息格式不同。传感器获得的数据具有实时性、周期性，且传感器中的数据具有动态性。

（2）以互联网为基础

物联网技术的重要基础和核心仍旧是互联网，通过各种有线和无线介质与互联网融合，将物体的信息实时准确地传递出去。传感器定时采集的信息需要通过网络传输，由于其数量极其庞大，形成了海量信息。在传输过程中，为了保障数据的正确性和及时性，必须适应各种异构网络和协议。

（3）具有智能处理的能力

物联网不仅提供了传感器的连接，其本身也具有智能处理的能力，能够对物体实施智能控制。物联网将传感器和智能处理相结合，利用云计算、模式识别等各种智能技术，扩充其应用领域。从传感器获得的海量信息中分析、加工和处理出有意义的数据，以适应不同用户的不同需求，发现新的应用领域和应用模式。

3. 物联网的关键技术

① 传感器技术：也是计算机应用中的关键技术。到目前为止，绝大部分计算机处理的都是数字信号。因此，需要把传感器传回的模拟信号转换成数字信号后，计算机才能处理。

② RFID 标签：也是一种传感器技术。RFID 技术是融合了无线射频技术和嵌入式技术为一体的综合技术，RFID 在自动识别、物品物流管理方面有着广阔的应用前景。

③ 嵌入式系统技术：它是综合了计算机软硬件、传感器技术、集成电路技术、电子应用技术为一体的复杂技术。经过几十年的演变，以嵌入式系统为特征的智能终端产品随处可见；小到人们身边的 MP3，大到航天航空的卫星系统。嵌入式系统正在改变着人们的生活，推动着工业生产以及国防工业的发展。

4. 物联网的应用

（1）用途范围

物联网用途广泛，遍及智能交通、环境保护、政府工作、公共安全、平安家居、智能消防、工业监测、环境监测、老人护理、个人健康、花卉栽培、水系监测、食品溯源、敌情侦查和情报搜集等多个领域。

物联网把新一代 IT 技术充分运用在各行各业之中，具体地说，就是把传感器嵌入和装备到电网、铁路、桥梁、隧道、公路、建筑、供水系统、大坝、油气管道等各种物体中，然后将“物联网”与现有的互联网整合起来，实现人类社会与物理系统的整合。在这个整合的网络当中，存在能力超级强大的中心计算机群，能够对整合网络内的人员、机器、设备和基础设施实施实时的管理和控制。在此基础上，人类可以更加精细和动态的方式管理生产和生活，达到“智慧”状态，提高资源利用率和生产力水平，改善人与自然间的关系。

（2）应用案例

物联网传感器产品已率先在上海浦东国际机场防入侵系统中得到应用。

① 系统铺设了 3 万多个传感结点，覆盖了地面、栅栏和低空探测，可以防止人员翻越、偷渡、恐怖袭击等攻击性入侵。

② ZigBee 路灯控制系统。ZigBee 无线路灯照明节能环保技术的应用使照明实现了无线路灯控制。

2.1.5 WWW 技术

Internet 的应用技术主要指基于万维网服务器的应用技术。

WWW（万维网）技术是由分布在 Internet 上的网页文件链接而成。WWW 是互联网上的一种信息检索与服务工具，将 Internet 上的各类信息综合集成起来提供给用户，具有交互式的查询方式、直观统一的用户界面和便于多媒体信息的发布与查询等优点。其便于商业应用的功能和特征，极大促进了互联网的商业应用，同时也成为互联网上最主要的获取信息的手段。

WWW 通过网页向用户提供服务，用户可以输入网址获得相应的服务。

WWW 可以将图、文、声、像进行整合，提供超媒体信息检索，用户通过点击网页中的链接，实现不同网页间的跳转；用户还可以根据自己的兴趣和爱好，同时浏览多个网页的内容。

2.1.6　Intranet、Internet 和 Extranet

1. Intranet

Intranet 是企业内部网，只为一个组织内部所有，主要用于企业内部的信息交流，外部用户无法访问 Intranet 中的资源。

Intranet 要与 Internet 互联才能发挥作用。Internet 是全球范围的信息网，它允许任何人任何时间在任何地点访问它的资源，而 Intranet 中的信息大多是企业内部的信息，需要保证信息的安全。常用的信息安全技术有访问控制技术、加密技术等。

2. Internet

Internet 是目前最大、最流行的计算机网络，它把全世界范围内的数以万计的计算机连接在一起，是一个全球性的资源网络。Internet 已成为人与人之间、企业与企业之间，甚至国家与国家之间的信息沟通工具，它对信息的有效获取产生了深刻的影响。网上拥有很多学术资源，如中国知网、万方数据资源等，专业数据库的资源促进了学术研究成果的百花齐放。

3. Extranet

Extranet 即企业外部网，是 Intranet 的延伸和扩展，它不仅局限于一个企业内部，而是把合作企业的 Intranet 网络连在一起。

Extranet 较 Intranet 更为灵活，可以有选择地将不同的企业连接起来，兼具 Internet 和 Intranet 的优点，可作为 Internet 和 Intranet 之间的桥梁。

总的来说，企业不一定采用单一的网络结构，可能是几种网络的融合，但基本要遵循先建立内部网，适时建立外部网，最后接入 Internet 的原则。

管理信息系统可以利用互联网技术，扩大信息收集的范围，变换信息加工的方式，以高效高质的信息传递更好地服务客户。同时，利用 WWW 技术可以给用户提供良好的可操作性的界面，使用户参与进来，以便及时地获取反馈信息。网络技术给管理信息系统的发展带来了更广阔的空间，是企业信息化建设中不可或缺的关键环节。

2.2　数据库技术

信息系统的主要功能是对数据进行加工处理，因此需要相应的数据管理技术来支撑。数据库顾名思义，就是存放数据的仓库，但数据库中的数据不是散乱的，而是以一定的数据模型组织在一起，要求有最小的冗余度和最大的共享性。

2.2.1　数据管理

1. 数据管理的定义

数据是一种重要的资源，数据管理是信息管理的一部分，如果没有数据及处理数据的能力，组织就无法完成日常的业务活动，所以数据管理技术对管理信息系统的发展是至关重要的。

数据管理是利用计算机硬件和软件技术对数据进行有效收集、存储、处理和应用的过程。其目的在于充分有效地发挥数据的作用，为管理和决策提供数据支持。数据库是数据管理的手段。

2. 数据管理技术的发展过程

根据数据的存储结构和处理方式，数据管理技术的发展大体可归为 3 个阶段：人工管理、文件系统和数据库管理系统，如图 2-18 所示。

图 2-18　数据管理技术的发展

（1）人工管理

这一阶段计算机主要用于科学计算。外部存储器只有磁带、卡片和纸带等；软件只有汇编语言，尚无数据管理方面的软件；数据处理方式基本是批处理。这个阶段的特点如下：

① 计算机系统不提供数据管理功能。用户编制程序时，必须定义数据的逻辑结构和存储结构。数据与程序不具有独立性，如果数据的存储结构和设备有改变，就必须修改相应的应用程序。数据不能长期保存在计算机内，只有在计算机需要时才将有关数据输入，用完就撤走。

② 数据不能共享。数据是面向应用的，程序用到的数据必须由程序员自己进行管理，每一组数据都对应一个程序。不同的程序即使使用了相同的一组数据，这些数据也不能共享，这必然导致程序与程序之间存在大量的重复数据，浪费了存储空间。

③ 不单独保存数据。数据与相应的程序一起保存，成为程序不可分割的一部分，因此程序员需要规定数据的逻辑结构，而且还要设计数据的存储结构、存取方式等。

（2）文件系统

这一阶段计算机不仅用于科学计算，还应用在信息管理方面。随着数据量的增加，数据的存储、检索等问题成为人们关注的焦点，于是数据管理技术迅速发展起来。此时，外部存储器已有磁盘、磁鼓等存储设备。软件领域出现了操作系统和高级软件。数据处理方式有批处理，也有联机实时处理。这个阶段的特点如下：

① 数据以"文件"形式存在，可长期保存在外部存储器的磁盘上。需要对文件进行大量的查询、修改和添加等操作，处理数据的各种转换以及存储位置的安排，完全由文件系统统一管理，而无须程序员考虑。

② 程序和数据存在相对的独立性，数据已经组织成文件，独立于程序而单独存在；每个数据文件都被给定一个文件名，由操作系统中的文件管理系统专门予以管理和维护。程序只需用文件名就可与数据打交道，不必关心数据存在哪里。

③ 文件形式多样化。例如，索引文件、链接文件和直接存取文件（顺序文件）等。

④ 数据不再属于某个特定的程序，可以重复使用，但仍局限于特定的用途。一个应用

程序可以使用多个文件，且不同的应用程序可以使用同一个文件，比人工管理阶段有很大的改进。

⑤ 对数据的操作以记录为单位。记录包含若干字段或数据项，数据项也叫数据元素，是描述数据的基本单位。例如，学生的信息可以通过学号、姓名、籍贯、出生年月、专业、院系等描述，学号、姓名等都是数据项。一个学生信息构成一条记录。

⑥ 数据冗余。应用程序都有对应的文件，有可能同样的数据在多个文件中重复存储。

⑦ 不一致性。在数据更新时，因为文件和文件彼此孤立，不能反映出数据之间的内在联系，如果不能保证相同的数据在不同文件中都得到修改，就会出现数据的不一致。因此，文件系统不太适用于大量数据的集中存储管理和数据需要为多用户共享、统一控制的场合。

（3）数据库管理系统

事物之间联系的复杂程度及信息量的增多，导致数据管理规模庞大，数据量剧增，文件系统的管理模式已经不能满足人们对数据管理的需要，这一时期数据管理进入新的阶段，即数据库管理阶段。数据库系统克服了文件系统的缺陷，这个阶段的程序和数据的联系通过数据库管理系统来实现，如图 2-19 所示。

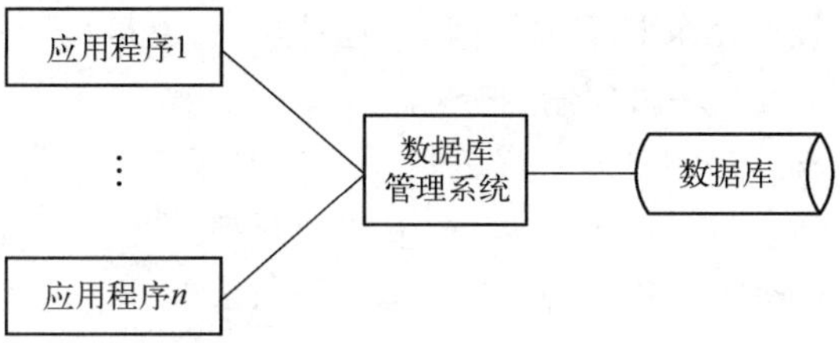

图 2-19　程序与数据间的联系

数据库系统阶段的数据管理具有以下特点：

① 采用数据模型表示复杂的数据结构。数据不再面向特定的某个或多个应用，而是面向整个应用系统。数据冗余明显减少，实现了数据共享。数据库中的数据模型不仅描述了数据的特征，还描述了数据之间的关系。使数据结构化是数据库系统与文件系统最本质的区别。

② 有较高的数据独立性。数据库系统提供了三级数据抽象和三种数据库模式，实现了数据的逻辑独立性和物理独立性，数据和程序相互独立，用户可以通过简单的逻辑结构操作数据而无须考虑数据的物理结构。

③ 数据库系统为用户提供了方便的用户接口。用户可以使用 SQL 语句操作数据库，也可以通过程序方式（如 C 语言、Java、SQL 语句编写的程序）操作数据库。

④ 数据库系统提供了数据控制功能。例如，数据库的并发控制、数据库的恢复技术、数据完整性技术、数据安全性技术等。并发控制：控制多个事务的并发运行，避免并发程序相互干扰。数据库的恢复：由于故障或破坏导致数据不可靠时，系统将数据库恢复到最近的正确状态。数据完整性：包括数据的正确性、有效性和相容性。数据安全性：可以通过身份验证、设置权限、审计跟踪、数据加密、防火墙技术等实现。

3 种数据管理阶段的特点如表 2-2 所示。

表 2-2　3 种数据管理阶段的特点

特点＼阶段	手工管理阶段	文 件 系 统	数据库系统
时间	20 世纪 50 年代中期	50 年代后期—60 年代初	60 年代中期以后
软件	无 OS，无软件	有 OS、文件系统	有 OS 和 DBMS
硬件	纸带、卡片、磁带	磁盘、磁鼓	大容量磁盘
面向对象	一个应用	几个应用	整个系统
管理的数据	不保存	长久保存	长久保存
数据存取单位	——	记录	数据项

2.2.2　数据库系统

1. 数据库

数据库是数据组织与管理的最新技术，是被存储起来的数据和数据间逻辑关系的集合体。数据库的基本目标是减少数据冗余和增加数据的独立性，它以最佳的方式、最少的数据、最大的共享，以及安全保密性，提供多种应用服务。

简言之，数据库是存放数据的仓库。具体地说，数据库是以一定的组织方式存储在一起的相关数据的集合，要求数据具有最小的冗余度、最大的独立性、共享性及较高的数据安全性，允许并发地使用数据库，并能保证数据的一致性和完整性。

2. 数据库系统

（1）数据库系统的定义

数据库系统是指组织、存取和维护大量数据的人机管理系统，由计算机系统、数据库、数据库管理系统（DBMS）及人员组成，如图 2-20 所示。

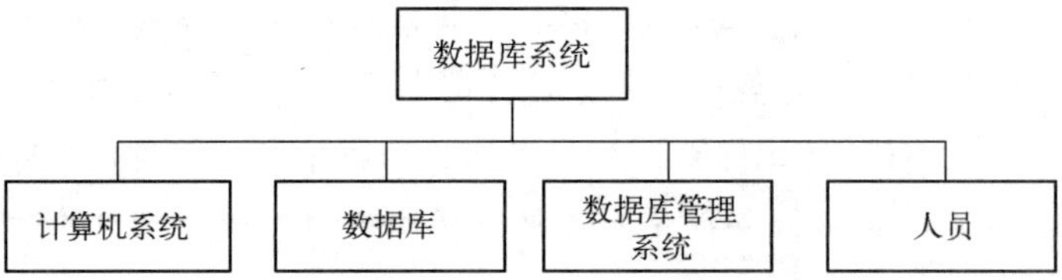

图 2-20　数据库系统的组成

① 计算机系统：指用于数据库管理的计算机硬件及软件系统。数据库需要大容量的存储空间存放数据、应用程序及数据库管理系统程序，外存需要大容量的直接存取设备。此外，系统还应具有网络功能以实现数据的共享。

② 数据库管理系统：指对数据进行管理的软件系统，在数据库和用户之间搭建一个桥梁，用户通过 DBMS 管理数据库，DBMS 与数据库系统中各个部分都有着密切联系。用户对数据库的一切操作都是在数据库管理系统的控制下完成的，具体内容如下：

- 数据定义：DBMS 提供数据定义语言（Data Definition Language，DDL），供用户定义数据库的三级模式结构、两级映像以及完整性约束和保密限制等约束。DDL 主要用于建立、修改数据库的库结构，它所描述的库结构仅仅给出了数据库的框架，数据库的框架信息被存放在数据字典（Data Dictionary）中。

- 数据操作：DBMS 提供数据操作语言（Data Manipulation Language，DML），供用户实现对数据的追加、删除、更新、查询等操作。
- 数据库的运行管理：数据库的运行管理功能是 DBMS 的运行控制、管理功能，包括多用户环境下的并发控制、安全性检查和存取限制控制、完整性检查和执行、运行日志的组织管理、事务的管理和自动恢复，即保证事务的原子性。这些功能保证了数据库系统的正常运行。
- 数据组织、存储与管理：DBMS 要分类组织、存储和管理各种数据，包括数据字典、用户数据、存取路径等，需确定以何种文件结构和存取方式在存储上组织这些数据，如何实现数据之间的联系。数据组织和存储的基本目标是提高存储空间利用率，选择合适的存取方法提高存取效率。
- 数据库的保护：数据库中的数据是信息社会的战略资源，所以数据的保护至关重要。DBMS 对数据库的保护通过四方面来实现：数据库的恢复、数据库的并发控制、数据库的完整性控制、数据库安全性控制。DBMS 的其他保护功能还有系统缓冲区的管理以及数据存储的某些自适应调节机制等。
- 数据库的维护：这一部分包括数据库的数据载入、转换、转储，数据库的重组合、重构，以及性能监控等功能，这些功能分别由各个使用程序来完成。
- 通信：DBMS 具有与操作系统的联机处理、分时系统及远程作业输入的相关接口，负责处理数据的传送。对网络环境下的数据库系统，还应该包括 DBMS 与网络中其他软件系统的通信功能以及数据库之间的互操作功能。

③ 数据库。数据库是数据库系统的核心，是最重要的资源，是企业中数据最主要的存在形式，同时也是数据库管理系统管理的对象。

④ 人员：包括数据库用户、数据库设计人员及数据库管理人员。数据库的用户指组织中的业务和管理人员及程序设计人员；数据库设计人员指从事数据库开发的人员；数据库管理员负责数据库的全面管理，其职责包括定义并存储数据库的内容、数据库的日常维护、控制数据库的使用等。

（2）数据库系统的优点

① 以数据模型为基础。客观世界中存在纷繁复杂的信息，如何把这些信息表述成便于计算机处理的信息并能长期保存下来，需要研究数据之间的关系，这就是数据模型。数据模型包括：层次模型、网状模型、关系模型，其中关系模型是最常用的模型。

② 数据冗余度小，共享性高。数据冗余指系统中存储了重复的数据，在数据库系统中，数据不是服务于某个应用，而是服务整个系统，因此同样的数据不会多次重复出现，这样既节省了存储空间，也提高了检索效率。公用数据库中的数据企业所有部门都可以共享（如工资信息、发展规划信息等），极大提高了信息的利用率和传播速度。

③ 数据和程序间有较高的独立性。较高的独立性指当数据结构发生改变时，程序不需要进行大幅度的修改，具体体现在数据的物理独立性和逻辑独立性上。数据库系统本身提供映像及转换功能，当数据结构发生改变时，系统只需要修改映像，即可保证逻辑结构不变，进而保证架设在逻辑结构上的应用程序不发生改变。

④ 数据的安全性和完整性由数据库管理系统统一管理和控制。数据的安全性指保护数据抵御不合法的访问和使用、有意无意的泄露和破坏。数据库系统通过用户视图、存储过程及触发器来保证数据的安全性。

- 用户视图：数据库系统可以通过视图隐藏重要的字段，使用户看到的数据只是系统中数据的一部分，保证数据的安全性。
- 存储过程：即数据库系统中的函数，用户可以通过指定存储过程名及参数调用存储过程完成指定的操作，在一定程度上保证用户在一定的限制下间接地存取数据。
- 触发器：在特定事件触发之前或之后触发，如更新、插入、删除等，达到安全审核的目的。

数据的完整性指数据的正确性、有效性和相容性。数据库系统提供数据完整性定义的方法，还通过完整性校验提高输出数据的可信度。

（3）数据库系统的结构

① 数据描述：人们对现实世界的认识和对其进行数字化描述的过程经过了如下 3 个不同的世界。

- 现实世界：指客观存在的世界中的事实及其联系。已经被识别的事物称为个体，具有相同特征的个体的集合称为全体，个体或者全体都存在着一定的联系。
- 信息世界：是现实世界中客观事物在人脑中的反映，是一种抽象化、概念化了的世界。现实世界中的客观事物及其联系在信息世界中用概念模型来描述。

实体（Entity）：指客观存在并相互区别的事物如教师、学生等。

属性（Attribute）：实体具有许多特性，每一个特性都称为属性。例如，学生实体可由学号、姓名、性别、系别等属性构成。

主键（Key）：唯一标识实体的属性集称为主键。例如，学生实体的学号可作为学生实体的主键。

实体之间的联系有一对一联系、一对多联系及多对多联系。

一对一联系（1:1）：例如，一个班级中有一个班长，而一个班长只在一个班级中任职，则班级与班长之间具有一对一联系。再如，公司和总经理、系和系主任等。

一对多联系（$1:n$）：例如，一个班级中有若干名学生，而每个学生只在一个班级中学习，则班级与学生之间具有一对多联系。再如，公司和副总经理、系和教师等。

多对多联系（$m:n$）：例如，一门课程同时有若干名学生选修，而一名学生可以同时选修多门课程，则课程与学生之间具有多对多联系。再如，护士和患者、维修人员和设备等、主治医生和患者等。

- 数据世界：是现实世界中的事物及其联系经过信息世界的抽象后，转换到计算机中的表示形式。

字段（Fields）：标记实体属性的命名单位称为字段（或数据项），如学生有学号、姓名、性别、出生年月等字段。

记录（Record）：字段的有序集合称为记录。

文件（File）：同一类记录的集合称为文件。文件是描述实体集的，如所有学生记录组成一个学生文件。

现实世界、信息世界和数据世界的关系如图 2-21 所示。

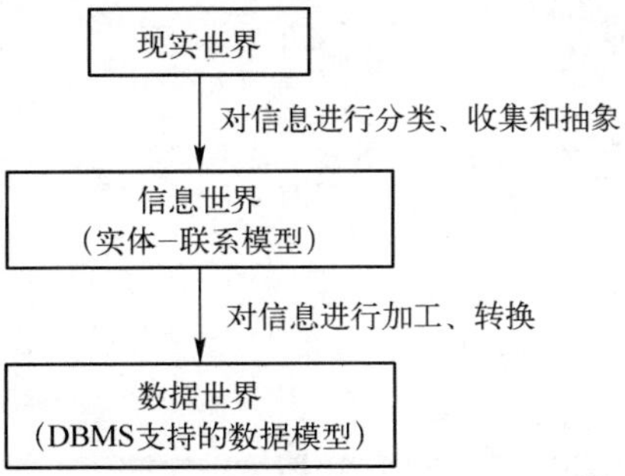

图 2-21 现实世界、信息世界和数据世界的关系

② 数据模型简介：目前，在数据库系统中支持的数据模型主要有 3 种，即层次模型、网状模型和关系模型。

- 层次模型：以层次或树状结构来表示实体之间的联系。一般只描述一对一或一对多的关系。

层次模型的特点：有且仅有一个根结点；其他结点有且仅有一个父结点；叶子结点无子结点，其他结点向下可与多个子结点相连；所有结点都处在某一层上时，同一层上的各结点之间没有联系。

层次模型如图 2-22 所示。

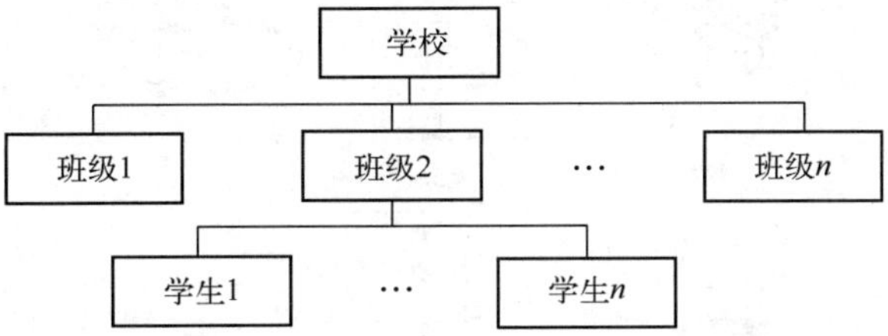

图 2-22 层次模型

- 网状模型：描述数据之间的多对多的关系，取消了层次模型中树状数据结构的限制。其特点是：允许一个结点有多个父结点，允许有一个以上的结点没有父结点，如图 2-23 所示。
- 关系模型是使用最广的数据模型，其实质是用二维表的形式表示实体及其之间的联系。学生基本信息表就是最简单的关系模型，如表 2-3 所示。

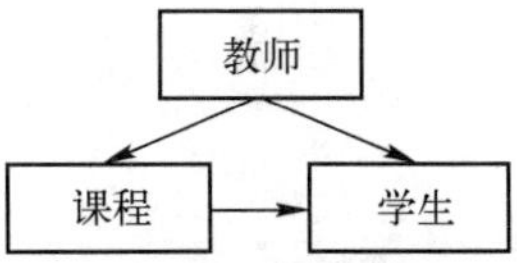

图 2-23 网状模型

表 2-3 关系模型示例

学号	姓名	性别	学号	姓名	性别
0411001	张建平	男	0411003	陈玉东	男
0411002	赵晓丽	女	…	…	…

关系模型中的主要术语如下：

关系：一个关系对应一张二维表。

元组：二维表中的一行称为一个元组。

属性：二维表中的一列称为一个属性。

关键字：二维表中的属性或属性的组合，它的值能唯一地标识一个元组，如学号。

域：属性的取值范围，如性别的域为{0，1}，其中，0表示男，1表示女。

③ E-R图的画法：

- 找实体，一般是名词，绘制成矩形。
- 找属性，一般是名词，绘制成椭圆形。
- 找联系，一般是动词，绘制成菱形。
- 连线。
- 标注联系类型，有1：1，1：n，m：n。

④ 从E-R图转换到关系模式：

- （1：1）—— 一对一联系的E-R图到关系模式的转换规则。

每个实体集各对应一个关系模式。

对于（1：1）的联系既可单独对应一个关系模式，也可以不单独对应一个关系模式。

如果联系单独对应一个关系模式，则由联系属性、参与联系的各实体集的主码构成关系模式，其主码可选参与联系的实体集的任意一端的主码。

如果联系不单独对应一个关系模式，联系的属性及一端的主码加入另一方实体集对应的关系模式中。

典型的一对一联系如图2-24所示。

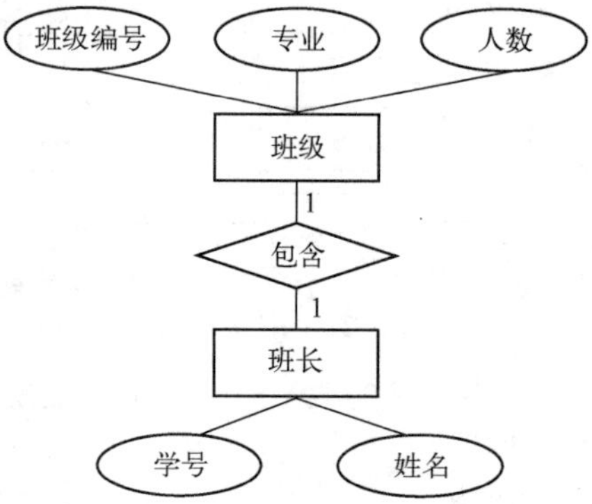

图2-24 班级与班长E-R图

关系模式的形式化描述为：

关系表名（<u>关键字</u>，非主属性1，非主属性2，…，非主属性n）。

需要说明的是：关系表名并不唯一，只需要清楚表示出该关系模式的内容即可。一般来说，需要把关键字放在属性中的第一个位置，并用下画线标注出来，剩下的非主属性则没有次序。

例如，按照上述方法，如果联系不单独对应关系模式，可设计如下关系模式：

班级表（<u>班级编号</u>，专业，人数）；

班长表（<u>学号</u>，姓名，班级编号）；

如果联系单独对应关系模式，可设计如下关系模式：

班级表（<u>班级编号</u>，专业，人数）；

班长表（<u>学号</u>，姓名）；

班长-班级对应表（<u>学号</u>，班级编号）。

- （1：n）—— 一对多联系的E-R图到关系模式的转换规则。

每个实体集各对应一个关系模式。

对于（1∶n）的联系既可单独对应一个关系模式，也可以不单独对应一个关系模式。

如果联系单独对应一个关系模式，则由联系属性，参与联系的各实体集的主码属性构成关系模式，n 端的主码作为该关系模式的主码。

如果联系不单独对应一个关系模式，则将联系的属性及 1 端的主码加入 n 端实体集对应的关系模式中，主码仍为 n 端主码。

一对多的联系如图 2-25 所示。

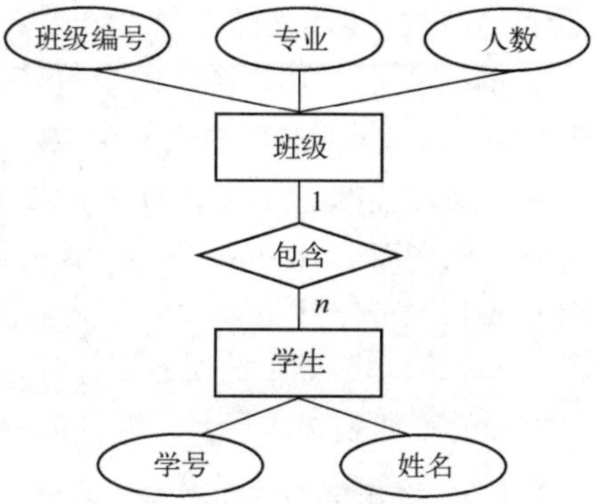

图 2-25　班级与学生的 E-R 图

如果联系不单独对应关系模式，可设计如下关系模式：

班级表（<u>班级编号</u>，专业，人数）；

学生表（<u>学号</u>，姓名，班级编号）。

如果联系单独对应一个关系模式，可设计如下关系模式：

班级表（<u>班级编号</u>，专业，人数）；

学生表（<u>学号</u>，姓名）；

学生-班级对应表（<u>学号</u>，班级编号）。

- （m∶n）——多对多联系的 E-R 图到关系模式的转换。

每个实体集各对应一个关系模式。

对于（m∶n）的联系，必须单独对应一个关系模式。该关系模式包括联系的属性、参与联系的各实体集的主码属性，其主码由各实体集的主码属性共同组成。

多对多的联系如图 2-26 所示。

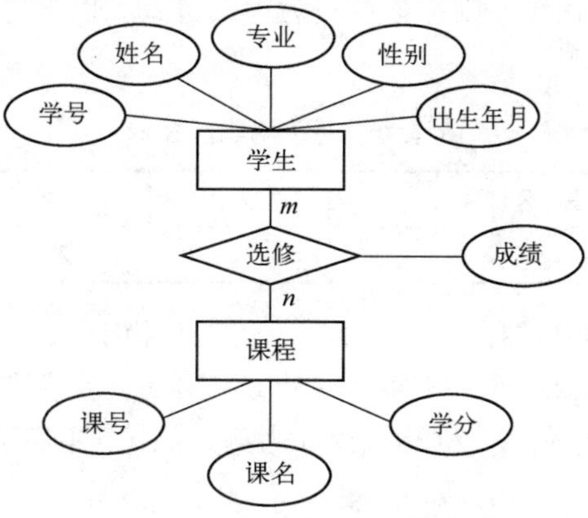

图 2-26　学生与课程的 E-R 图

学生表（学号，姓名，专业，性别，出生年月）；

课程表（课号，课名，学分）；

成绩表（学号，课号，成绩）。

注意，只有（$m:n$）的联系对应的联系表中关键字是两个属性，且有联系属性。

综上所述，每个实体对应一个实体表，（$m:n$）的联系也必须对应一个联系表，（1∶1）、（1∶n）的联系，有两种转换方法，第一种方法是不单独存储（1∶1）、（1∶n）的联系表，则应该修改相应的实体表，则关系表的个数=实体表的个数+（$m:n$）的联系表的个数；第二种方法是单独存储（1∶1）、（1∶n）的联系表，则关系表的个数=实体表的个数+（1∶1）的联系表的个数+（1∶n）的联系表的个数+（$m:n$）的联系表的个数。

推广到一般，若实体个数为 m，则对应的实体表有 m 个；若（1∶1）、（1∶n）、（$m:n$）的联系分别有 a、b、c 个，则关系表最多有 $m+a+b+c$ 个，最少有 $m+c$ 个。

⑤ 关系的规范化。范式（Normal Form，NF）表示的是关系模式的规范化程度。

- 第一范式（1NF）：如果一个关系模式 R 中的所有属性都是不可再分的数据项，则称该模式为第一范式。属性可以再分的表如表 2-4 所示，满足第一范式的关系表如表 2-5 所示。

表 2-4　不满足 1NF 的教师工资表

教师代码	姓名	工资	
		基本工资	附加工资
1001	张兴	500	60
1002	李明	799	70
1003	王进	400	50

表 2-5　满足 1NF 的教师工资表

教师代码	姓名	基本工资	附加工资
1001	张兴	500	60
1002	李明	799	70
1003	王进	400	50

- 第二范式（2NF）：如果一个关系模式 R 满足 1NF，并且所有的非主属性都完全依赖于关键字，即不存在部分依赖，则称该模式为第二范式。以学生成绩表为例，不满足第二范式的关系表如表 2-6 所示。

表 2-6　学生成绩一览表

学号	课程号	班级	专业	成绩
1501010102	0030412014	15-1	会计学	85

表 2-6 中，关键字是学号和课程号，但班级、专业只依赖于学号，因此表 2-6 不满足第二范式。

- 第三范式（3NF）：如果一个关系模式 R 满足 2NF，并且所有的非主属性都不传递依赖于关键字，即不存在传递依赖，则称该模式为第三范式。不满足第三范式的关系表如表 2-7 所示。

表 2-7　产品生产厂商一览表

产品代码	产品名	生产厂名	生产厂址
120078456	双黄连口服液	哈药六厂	哈尔滨市道外区

消除传递依赖的方法是将原关系进行分解，例如，表 2-7 可以分解如下。

产品表（产品代码、产品名、生产厂名）；

生产厂表（生产厂名、生产厂地址）。

3. 数据库管理系统

数据库管理系统是指对数据进行管理的软件系统，负责管理数据库及用户对数据库的操作。数据库的各类人员，如最终用户、数据库设计人员及数据库管理员都通过数据库管理系统与数据库打交道。数据库管理系统为数据库的建立、运行、维护和控制提供了保证。

目前，数据库管理系统可分为两类：一类是小型数据库管理系统，易于开发且适用于少量数据的管理和维护；另一类是大型数据库管理系统，其功能完善，具有更强的安全保障性，支持海量数据处理。目前主流的数据库管理系统产品有 XBase 系统、SQL Server、Oracle 等。

2.3　数据仓库与数据挖掘

随着计算机技术的飞速发展和企业间竞争的加剧，一方面，企业内的各级管理人员都希望能够快速有效地从大量杂乱无章的数据中获取有意义的信息；另一方面，决策者也希望能够利用现有数据指导企业决策和发掘企业的竞争优势。

由于数据经常被分割在不同的运行系统中，不同的管理者在进行决策时参考的信息不够完整，如何快速收集完整的数据是数据仓库需要解决的问题。

1. 数据仓库

（1）数据仓库的定义

数据仓库（Data Warehouse）是支持管理决策过程的、面向主题的、集成的、时变的、相对稳定的数据集合。

① 面向主题的：数据仓库中的信息是按主题组织的；按主题来提供信息。

② 集成的：数据仓库中的数据经过系统的加工整理，是一致的、具有代表性的全局数据。

③ 时变的：数据仓库中存储的是一个时间段的数据，而不仅仅是某一个时间点的数据，一般数据仓库内的数据时限为 5～10 年。

④ 相对稳定的：数据一旦进入数据仓库以后，一般情况下将被长期保留，极少有更新或删除操作。

（2）数据仓库的特点

① 数据仓库将来自不同数据库的信息结合在一起。人们根据企业关心的某些主题来创建数据仓库，面向主题意味着需要根据数据内容及信息的详细程度进行选择，只收集决策所需的信息，所以数据仓库只包含与决策有关的信息。

② 数据仓库是多维的。在关系数据模型中，信息是通过二维表表示的；而在数据仓库中，数据是多维的，数据仓库也称多维数据库。用户只关心自己需要的信息，而不关心数据存在哪里。例如，由时间、产品、销售量可以构成一个三维的数据仓库。数据仓库中的层次根据不同的维度表示信息，这种多维度的信息图表称为超立体结构。

③ 数据仓库支持决策而不是事务处理。在企业中，大多数数据库是面向事务的，但数据仓库不是面向事务的，而是用来支持企业中各类决策任务的。数据仓库主要保存历史性数据，数据一旦进入数据仓库，它们只能被用户检索，不会被改变。这是数据仓库与事务处理系统最大的区别。

④ 数据仓库的应用。数据仓库已成功应用于多个领域。在证券业，数据仓库可进行客户分析、账户分析、证券交易等。在税务领域，通过对大量数据资料的分析来掌握各行各业、各种产品和各类市场的从业人员以及企业的纳税能力，并与其实际纳税额进行对比，从而查出可能的偷税漏税者。在保险业、银行业、保健业及客户关系管理中数据仓库都有广泛的应用。

2. 数据挖掘

数据库中海量数据的背后往往隐藏着许多重要的信息，虽然数据库系统可以实现高效的数据查询及修改，却无法发现数据之间的关系和规则，因此出现了数据挖掘技术。

（1）数据挖掘的定义

数据挖掘是从大量的、不完全的、模糊的、随机的数据中抽取出有效的、新颖的和潜在有用的知识的过程。这种有用的知识隐藏在大量数据的背后，只通过研究表面现象无法推导出知识，我们常说的数据挖掘模型通常指数学模型。

所谓知识，并没有一个完整的、精确的定义，传统的知识库中的知识是由专家或程序人员建立的，是由外部输入的，而数据挖掘的任务是从大量数据中发现尚未被发现的知识，是从系统内部自动获取知识的过程。数据挖掘是一个复杂的过程，充分利用了统计学、人工智能等多个学科的知识。

数据挖掘的过程由 4 个阶段组成：数据准备、数据挖掘、结果表达和解释。

（2）常用数据挖掘方法介绍

① 关联规则。在描述关联规则之前，先看一个有趣的故事：“尿布与啤酒”的故事。

在一家超市里，有一个有趣的现象：尿布和啤酒赫然摆在一起出售，但是这个奇怪的举措却使尿布和啤酒的销量双双增加了。这是发生在美国沃尔玛超市的真实案例，沃尔玛对其顾客的购物行为进行购物篮分析，试图得到顾客经常一起购买的商品种类。沃尔玛数据仓库里集中了其各门店的详细原始交易数据。在这些原始交易数据的基础上，沃尔玛利用数据挖掘方法对这些数据进行分析和挖掘。一个意外的发现是：跟尿布一起购买最多的商品竟是啤酒。

若不是借助数据挖掘技术对大量交易数据进行挖掘分析，沃尔玛是不可能发现数据内存在这一有价值的规律的。

若两个或多个变量的取值之间存在某种规律性，就称为关联。关联可分为简单关联、时序关联、因果关联。有时并不知道数据库中数据的关联函数，即使知道也是不确定的，因此关联分析生成的规则带有可信度。关联规则挖掘能发现大量数据中项集之间的关联。Agrawal 等人于 1993 年首先提出了挖掘顾客交易数据库中项集间的关联规则问题，以后诸多的研究人员对关联规则的挖掘问题进行了大量的研究。最近几年关联规则已被业界广泛研究。

关联规则挖掘过程主要包含两个阶段：第一阶段必须先从资料集合中找出所有的高频项目组（Frequent Itemsets）；第二阶段再由这些高频项目组产生关联规则（Association Rules）。高频的意思是指某一项目组出现的频率相对于所有记录而言，必须达到某一水平。一个项目组出现的频率称为支持度（Support）。

Apriori 算法是一种最有影响的挖掘布尔关联规则频繁项集的算法，其核心是基于两阶段频集思想的递推算法。在这里，所有支持度大于或等于最小支持度的项集称为频繁项集，简称频集。

该算法的基本思想是：首先找出所有的频集，这些项集出现的频繁性至少和预定义的最小支持度一样。然后，由频集产生强关联规则，这些规则必须满足最小支持度和最小可信度。一旦这些规则生成，那么只有那些大于用户给定的最小可信度的规则才被留下来。为了生成所有频集，使用了递推的方法。

以某超市的事务数据为例，事务数据如表 2-8 所示。

表 2-8　某超市的事务数据

事　务	商 品 列 表	事　务	商 品 列 表	事　务	商 品 列 表
T1	I1、I2、I5	T4	I1、I2、I4	T7	I1、I3
T2	I2、I4	T5	I1、I3	T8	I1、I2、I3、I5
T3	I2、I3	T6	I2、I3	T9	I1、I2、I3

具体说明算法的步骤如下：

步骤一：计算单一项集的支持度，如表 2-9 所示，如{I1}的支持度为 I1 出现的次数，结果是 6，依此类推。假定最小支持度为 2。

表 2-9　单一项集的支持度

项　集	支 持 度	项　集	支 持 度
{I1}	6	{I4}	2
{I2}	7	{I5}	2
{I3}	6		

步骤二：剪去支持度小于最小支持度的项集行，由表 2-9 得知，没有可删去的行。

步骤三：计算二项集的支持度。表 2-10 中，如计算{I1，I2}的支持度为 I1、I2 同时出现的次数，扫描原始事务数据，得到结果为 4，其他二项集的计算方法同理可得。

表 2-10　二项集的支持度

项　集	支 持 度	项　集	支 持 度	项　集	支 持 度
{I1，I2}	4	{I2，I3}	4	{I3，I4}	0
{I1，I3}	4	{I2，I4}	2	{I3，I5}	1
{I1，I4}	1	{I2，I5}	2	{I4，I5}	0
{I1，I5}	2				

步骤四：剪去支持度小于最小支持度的项集行，得到表 2-11。

表 2-11　剪枝后的二项集

项　集	支 持 度	项　集	支 持 度
{I1，I2}	4	{I2，I3}	4
{I1，I3}	4	{I2，I4}	2
{I1，I5}	2	{I2，I5}	2

步骤五：同理计算三项集的支持度，并剪枝，得到表 2-12。

表 2-12 剪枝后的三项集

项 集	支 持 度
{I1，I2，I3}	2
{I1，I2，I5}	2

步骤六：由于四项集生成即被剪去，所以算法终止。

步骤七：产生关联规则。

置信度的公式为： $\text{Confidence}(A \Rightarrow B) = \dfrac{\text{Support}(A \cup B)}{\text{Support}(A)}$

通常，把 A 称为规则的条件，B 称为规则的结论,置信度的公式可以解释为条件 A 推导出结论 B 的可信程度为 $A \cup B$ 的支持度除以 A 的支持度。

对于每个频繁项集 l，产生 l 的所有非空子集；

对于 l 的每个非空子集 s，若 $\text{Confidence}(s \Rightarrow l-s) = \dfrac{\text{Support}(l)}{\text{Support}(s)} \geqslant \text{min\_conf}$，则输出规则为 $s \Rightarrow (l-s)$。

其中，min_conf 为最小置信度。

以{I1，I2，I5}为例，l 的非空子集有{I1}、{I2}、{I5}、{I1，I2}、{I1，I5}、{I2，I5}。

- I1，I2 $\Rightarrow$ I5 Confidence=2/4=50%；
- I1，I5 $\Rightarrow$ I2 Confidence=2/2=100%；
- I2，I5 $\Rightarrow$ I1 Confidence=2/2=100%；
- I1 $\Rightarrow$ I2，I5 Confidence=2/6=33%；
- I2 $\Rightarrow$ I1，I5 Confidence=2/7=29%；
- I5 $\Rightarrow$ I1，I2 Confidence=2/2=100%。

若最小置信度为 70%，则第二、三、六项规则可以输出。

读者可以自己推导{I1，I2，I3}诱导出的规则。

② KNN(K-Nearest Neighbor：k 最近邻算法)算法：KNN 算法又称 k 最近邻算法，其核心思想是：如果一个样本在特征空间中的 k 个最相邻的样本中的大多数属于某一个类别，则该样本也属于这个类别，并具有这个类别上样本的特性。该方法在确定分类决策上只依据最邻近的一个或者几个样本的类别来决定待分样本所属的类别。一般来说，KNN 算法用于对象的分类。

其主要过程为：

- 计算训练样本和测试样本中每个样本点的距离（常见的距离度量有欧式距离、马氏距离等），以欧氏距离最为常用，其公式如下：

平面上两点 $a(x_1, y_1)$、$b(x_2, y_2)$ 间的距离公式：

$$d(a,b) = \sqrt{(x_1 - x_2)^2 + (y_1 - y_2)^2}$$

两个 n 维向量 $\boldsymbol{x}(x_1, x_2, \ldots, x_n)$、$\boldsymbol{y}(y_1, y_2, \ldots, y_n)$ 间的距离公式：

$$d(\boldsymbol{x}, \boldsymbol{y}) = \sqrt{\sum_{k=1}^{n} (x_k - y_k)^2}$$

- 对上面所有的距离值进行排序。

- 选前 k 个最小距离的样本。
- 根据这 k 个样本的标签进行投票，得到最后的分类类别。

如何选择一个最佳的 k 值，取决于数据。一般情况下，在分类时较大的 k 值能够减小噪声的影响，但会使类别之间的界限变得模糊。一个较好的 k 值可通过各种启发式技术来获取，例如，交叉验证。另外，噪声和非相关性特征向量的存在会使 k 最近邻算法的准确性减小。

近邻算法具有较强的一致性结果。随着数据趋于无限，算法保证错误率不会超过贝叶斯算法错误率的两倍。

KNN 是通过测量不同特征值之间的距离进行分类的算法。k 通常是不大于 20 的整数。KNN 算法中，所选择的邻居都是已经正确分类的对象。该方法只依据最邻近的一个或者几个样本的类别来决定待分样本所属的类别。

例如，如图 2-27 所示，绿色圆要被决定赋予哪个类，是红色三角形还是蓝色四方形？如果 $k=3$，由于红色三角形所占比例为 2/3，绿色圆将被赋予红色三角形那个类；如果 $k=5$，由于蓝色四方形比例为 3/5，因此绿色圆被赋予蓝色四方形类。

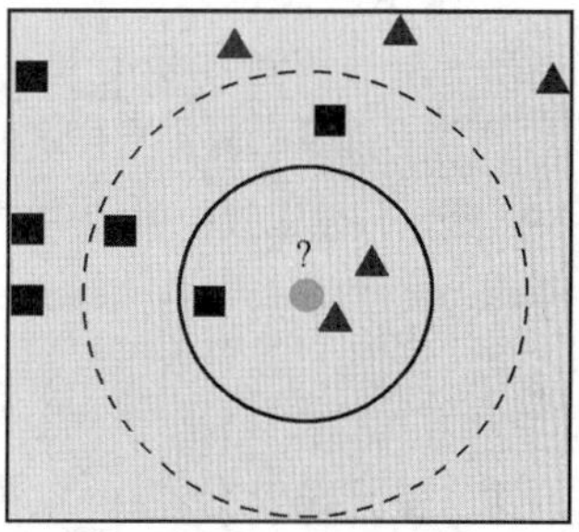

图 2-27　确认类别示意图

由此也说明了 KNN 算法的结果很大程度取决于 k 的选择。

在 KNN 中，通过计算对象间距离来作为各个对象之间的非相似性指标，避免了对象之间的匹配问题。

同时，KNN 通过依据 k 个对象中占优的类别进行决策，而不是单一的对象类别决策。这两点就是 KNN 算法的优势。

③ 贪心算法：又称贪婪算法（Greedy Algorithm），是指在对问题求解时，总是做出在当前看来是最好的选择。也就是说，不从整体最优上加以考虑，所做出的选择仅是在某种意义上的局部最优解。贪心算法不是对所有问题都能得到整体最优解，但对范围相当广泛的许多问题能产生整体最优解或者整体最优解的近似解。

基本思路：

- 建立数学模型来描述问题。
- 把求解的问题分成若干个子问题。
- 对每一个子问题求解，得到子问题的局部最优解。
- 把子问题的局部最优解合成原来解问题的一个解。

举例：把 3/7 和 13/23 分别化为 3 个单位分数的和。

设 a、b 为互质正整数，$a<b$，分数 a/b 可用以下步骤分解成若干个单位分数之和：

步骤一：用 b 除以 a，得商数 q_1 及余数 r_1。

步骤二：把 a/b 记作：$a/b=1/(q_1+1)+(a-r_1)/b(q_1+1)$。

步骤三：重复步骤二，直到分解完毕。

例如：3/7=1/3+2/21=1/3+1/11+1/231；13/23=1/2+3/46=1/2+1/16+1/368。

以上其实是数学家斐波那契提出的一种求解埃及分数的贪心算法，准确的算法表述如下：

- 设某个真分数的分子为 a，分母为 b；
- 把 b 除以 a 的商部分加 1 后的值作为埃及分数的某一个分母 c；
- 将 a 乘以 c 再减去 b，作为新的 a；
- 将 b 乘以 c，得到新的 b；

- 如果 a 大于 1 且能整除 b，则最后一个分母为 b/a；算法结束；
- 或者，如果 a 等于 1，则最后一个分母为 b；算法结束；
- 否则重复上面的步骤。

读者可以自己练习将 11/19 进行分解。

④ OLAP（联机分析处理）：OLAP 是决策支持领域的一部分。传统的查询工具能够告诉用户数据库中有什么，OLAP 则更进一步告诉用户下一步会怎么样，如果采取这样的措施又会怎么样。用户首先建立一个假设，然后用 OLAP 检索数据库来验证这个假设是否正确。例如，一个分析师想得出是什么原因导致了贷款拖欠，他可能先做一个初始的假定，认为低收入的人信用度也低，然后用 OLAP 来验证这个假设。如果这个假设没有被证实，他可能去查看那些高负债的账户，如果还不行，他也许要把收入和负债放在一起考虑，直到找到他想要的结果或最终放弃。

也就是说，首先需要建立假设，然后通过 OLAP 来证实或推翻这些假设得到最终的结论。OLAP 分析过程在本质上是一个演绎推理的过程。

数据挖掘与 OLAP 不同的是，数据挖掘不是用于验证某个假定的模式的正确性，而是在数据库中自己寻找模型，其在本质上是一个归纳的过程。

2.4 多元统计分析技术

1. 多元统计分析

多元统计分析研究客观事物中多个变量(或多个因素)之间相互依赖的统计规律性。多元统计分析在地质、气象、生物、医学、图像处理、经济分析等许多领域得到了广泛的应用，同时也促进了理论的发展。各种统计软件包如 SAS、SPSS 等，使实际工作者利用多元统计分析方法解决实际问题更简单方便。重要的多元统计分析方法有：多重回归分析(简称回归分析)、判别分析、聚类分析、主成分分析、对应分析、因子分析、典型相关分析、多元方差分析等。

2. 因子分析法

因子分析的基本目的就是用少数几个因子去描述许多指标或因素之间的联系，即将相关比较密切的几个变量归在同一类中，每一类变量就成为一个因子，以较少的几个因子反映原资料的大部分信息。因子分析主要用于对数据进行降维处理。

主成分分析主要是一种探索性的技术，在分析者进行多元数据分析之前，用它来分析数据，可以对数据有一个大致的了解，这是非常有必要的。主成分分析一般很少单独使用，在多元回归中，主成分分析可以帮助判断是否存在共线性(条件指数)，还可以用来处理共线性。

① 因子分析中是把变量表示成各因子的线性组合，而主成分分析中则是把主成分表示成各变量的线性组合。

② 主成分分析的重点在于解释各变量的总方差，而因子分析则把重点放在解释各变量之间的协方差。

③ 主成分分析中不需要有假设，因子分析则需要一些假设。因子分析的假设包括：各个共同因子之间不相关，特殊因子之间也不相关，共同因子和特殊因子之间也不相关。

④ 主成分分析中，当给定的协方差矩阵或者相关矩阵的特征值唯一时，主成分一般是独特的；而因子分析中因子不是独特的，可以旋转得到不同的因子。

⑤ 在因子分析中，因子个数需要分析者指定(SPSS 根据一定的条件自动设定，只要是特征值

大于 1 的因子就进入分析)，而指定的因子数量不同而结果不同。在主成分分析中，成分的数量是一定的，一般有几个变量就有几个主成分。与主成分分析相比，由于因子分析可以使用旋转技术帮助解释因子，在解释方面更加有优势。一般来说，当需要寻找潜在的因子，并对这些因子进行解释的时候，更加倾向于使用因子分析，并且借助旋转技术更好地解释。而如果想把现有的变量变成少数几个新的变量（新的变量几乎带有原来所有变量的信息）来进入后续的分析，则可以使用主成分分析。当然，这种情况也可以使用因子得分做到，所以这种区分不是绝对的。

在算法上，主成分分析和因子分析很类似，不过在因子分析中所采用的协方差矩阵的对角元素不再是变量的方差，而是和变量对应的共同度（变量方差中被各因子所解释的部分）。

因子分析法的基本步骤如下：

① 求解相关系数矩阵。这一步是为抽取因子做准备，既然要按照主成分的方差累积贡献率来提取因子，就要知道相关系数矩阵的特征值，特征值即为主成分的方差。

变量间的相关系数大部分均大于 0.3，才可以采用因子分析。

② 提取主因子。在不确定提取几个主因子的条件下，一般可以采用有多少个变量就提取多少个主因子的方法，在结果中分析方差累积贡献率，在确定了主因子个数后再进行第二次因子分析。

值得说明的是提取因子的个数，因子数过多达不到简化问题的目的，因子数过少这些因子解释初始变量信息的能力会降低，会造成很大的信息损失，所以因子个数的选取要在一定原则下完成。

一般来说，需要按因子的方差累积贡献率提取因子，若 n 个因子的方差累计贡献率达到 95% 以上，则可以认为提取出的因子能够反映原始变量的大部分信息。

③ 因子旋转。因子分析的目的不仅仅是提取出几个公因子，更重要的是要知道每个公因子的意义，以便对实际问题做出解释。初始的载荷矩阵载荷值比较平均，即公因子都对变量有影响，但不能突出影响程度的大小，因此不能唐突地决定用一个因子解释哪几个变量，我们更希望载荷值可以向 0、1 两极分化，这样一来可以明显看出哪些变量对该因子的依赖程度大，还可以看出该因子对哪些变量几乎没有影响，同时也完成了因子向变量的映射。载荷值向两极转化的方法，例如正交旋转、斜交旋转等，正交旋转又包括方差最大化旋转、四次方最大化旋转等。一般来说，采用方差最大化对因子进行正交旋转。

④ 计算因子得分。因子分析把研究的问题从变量空间转化到了因子空间，相应的因子也应该具有因子值，也就是因子得分，而且二者应该存在着某种关联，这里采用回归法求因子得分，即可把公因子表示成变量的线性组合，再通过每一个样本数据计算公因子值。

公因子对变量满足的回归方程为：

$$f_i = b_{11}x_1 + b_{12}x_2 + \cdots + b_{1n}x_n + \varepsilon_i (i = 1, 2, ..., m)$$

3．极大似然

极大似然（Maximum Likelihood）估计为用于已知模型的参数估计的统计学方法。

例如，我们想了解抛硬币是正面（head）的概率分布 θ；那么可以通过最大似然估计方法求得。假如抛硬币 10 次，其中 8 次正面、2 次反面；极大似然估计参数 θ 值：

$$\hat{\theta} = \arg\max \theta l(\theta) = \arg\max \theta^8 (1-\theta)^2$$

其中，$l(\theta)$ 为观测变量序列的似然函数。对 $l(\theta)$ 求偏导可得：

$$\frac{\partial l(\theta)}{\partial \theta} = \theta^7 (1-\theta)(8-10\theta) = 0 \Rightarrow \hat{\theta} = 0.8$$

因为似然函数 $l(\theta)$ 不是凹函数（Concave），求解极大值困难。一般来说，使用与之具有相同单调性的对数似然函数。

凹函数与凸函数的示意图如图 2–28 所示。

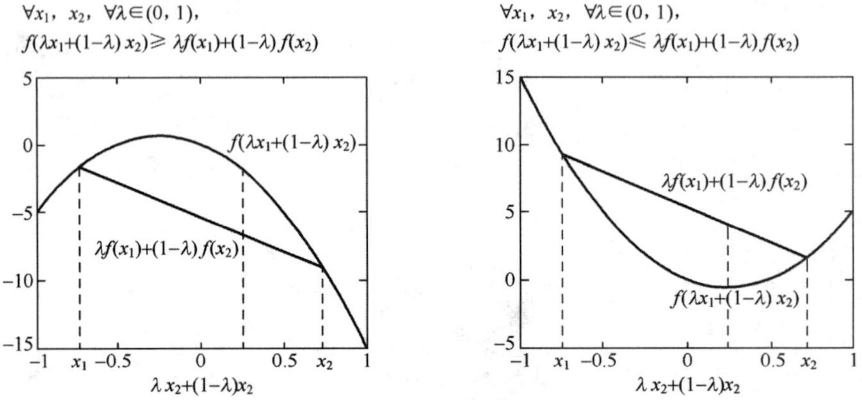

（a）凹函数　　（b）凸函数

图 2–28　凹函数与凸函数示意图

从图 2–28 中可以看出，凹函数容易求解极大值，凸函数容易求解极小值。

2.5　云　计　算

1. 云计算的概念

云计算（Cloud Computing）是一种按使用量付费的模式，这种模式提供可用的、便捷的、按需的网络访问，进入可配置的计算资源共享池（资源包括网络、服务器、存储、应用软件、服务等），这些资源能够被快速提供，只需投入很少的管理工作，或与服务供应商进行很少的交互。云计算是基于互联网的相关服务的增加、使用和交付模式，通常涉及通过互联网来提供动态易扩展且经常是虚拟化的资源。

2. 云计算的特征

云计算使得企业能够将资源切换到需要的应用上，根据需求访问计算机和存储系统。

云计算特点如下：

① 超大规模："云"具有相当的规模，Google 云计算已经拥有 100 多万台服务器，Amazon、IBM、微软、Yahoo 等的"云"均拥有几十万台服务器。"云"能赋予用户前所未有的计算能力。

② 虚拟化：云计算支持用户在任意位置、使用各种终端获取应用服务。所请求的资源来自"云"，而不是固定的有形的实体。应用在"云"中某处运行，但实际上用户无须了解、也不用担心应用运行的具体位置。只需要一台笔记本式计算机或者一部手机，就可以通过网络服务来实现我们需要的一切，甚至包括超级计算这样的任务。

③ 高可靠性："云"使用了数据多副本容错、计算节点同构可互换等措施来保障服务的高可靠性，使用云计算比使用本地计算机可靠。

④ 通用性：云计算不针对特定的应用，在"云"的支撑下可以构造出千变万化的应用，同一个"云"可以同时支撑不同的应用运行。

⑤ 高可扩展性："云"的规模可以动态伸缩，满足应用和用户规模增长的需要。

⑥ 按需服务："云"是一个庞大的资源池，可以像自来水、电、煤气那样计费。

⑦ 极其廉价：“云”的自动化集中式管理使大量企业无须负担日益高昂的数据中心管理成本，“云”的通用性使资源的利用率较之传统系统大幅提升，因此用户可以充分享受“云”的低成本优势，经常只要花费几百美元、几天时间就能完成以前需要数万美元、数月时间才能完成的任务。

⑧ 潜在的危险性：云计算服务除了提供计算服务外，还提供了存储服务。但是，云计算服务当前垄断在私人机构（企业）手中，而他们仅仅能够提供商业信用。对于政府机构、商业机构（特别像银行这样持有敏感数据的商业机构）对于选择云计算服务应保持足够的警惕。云计算中的数据对于数据所有者以外的其他用户是保密的，但是对于提供云计算的商业机构而言则毫无秘密可言。在选择云计算服务时，所有这些潜在的危险是不得不考虑的一个重要的前提。

3．云计算的处理架构

采用面向云计算的设计思想，使用“池”的概念设计整个数据中心系统，将云数据中心分为 4 个资源池：计算池、存储池、网络池和安全池，每个池均可实现动态的资源调整，按需供给和分配资源。采用具有动态架构的云计算操作系统，保证数据中心的先进性、安全性、开放性、兼容性、共享性、可升级及扩充性。

① 计算池：基于统一计算架构的虚拟化计算平台。

② 存储池：基于虚拟化的存储资源整合。

③ 网络池：基于统一的高线速、低延时、无丢包的万兆网络交换架构。

④ 安全池：针对虚拟化的网络安全与管理技术，应用系统优化。

云计算的处理架构如图 2-29 所示。

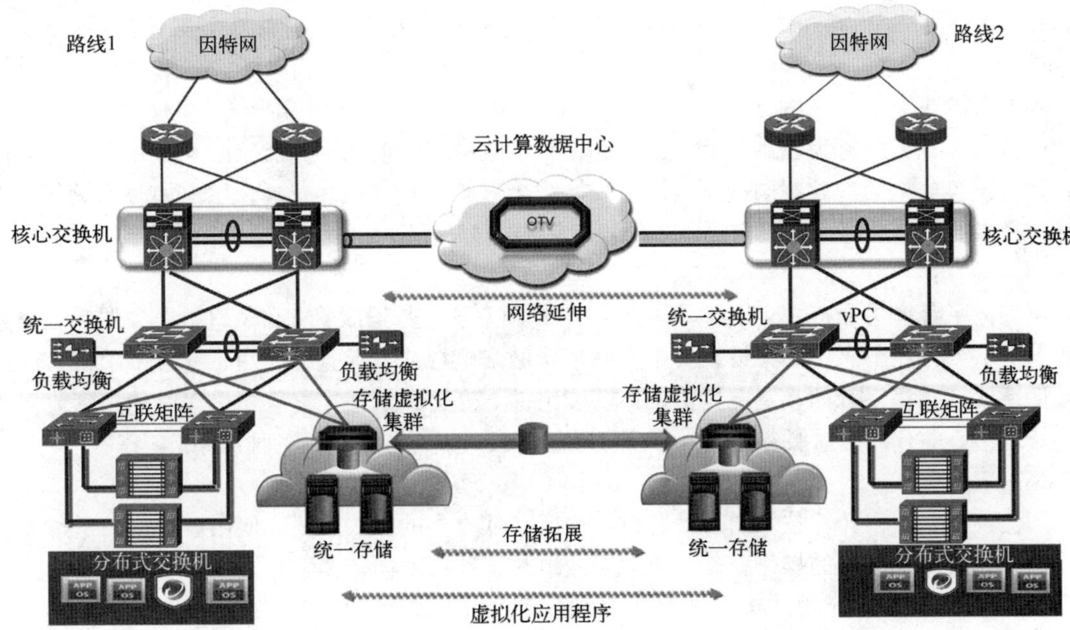

图 2-29　云计算的处理架构

4．云计算的应用

“云应用”是“云计算”概念的子集，是云计算技术在应用层的体现。云应用与云计算最大的不同在于，云计算作为一种宏观技术发展概念而存在，而云应用则是直接面对客户解决实际问题的产品。

“云应用”的工作原理是把传统软件“本地安装、本地运算”的使用方式变为“即取即用”的服务，通过互联网或局域网连接并操控远程服务器集群，完成业务逻辑或运算任务的一种新型应用。

（1）云安全

云安全是一个从“云计算”演变而来的新名词。云安全的策略构想是：使用者越多，每个使用者就越安全，因为如此庞大的用户群，足以覆盖互联网的每个角落，只要某个网站被挂马或某个新木马病毒出现，就会立刻被截获。

“云安全”通过网状的大量客户端对网络中软件行为进行异常监测，获取互联网中木马、恶意程序的最新信息，推送到服务器端进行自动分析和处理，再把病毒和木马的解决方案分发到每个客户端。

（2）云存储

云存储是在云计算概念上延伸和发展出来的一个新的概念，是指通过集群应用、网格技术或分布式文件系统等功能，将网络中大量各种不同类型的存储设备通过应用软件集合起来协同工作，共同对外提供数据存储和业务访问功能的一个系统。当云计算系统运算和处理的核心是大量数据的存储时，云计算系统中就需要配置大量的存储设备，那么云计算系统就转变成为一个云存储系统，所以云存储是一个以数据存储和管理为核心的云计算系统。

（3）私有云

私有云是将云基础设施与软硬件资源创建在防火墙内，以供机构或企业内各部门共享数据中心内的资源。创建私有云，除了硬件资源外，一般还有云设备(IaaS)软件；现时商业软件有VMware的VSphere和Platform Computing的ISF，开放源代码的云设备软件主要有Eucalyptus和OpenStack。

（4）云游戏

云游戏是以云计算为基础的游戏方式，在云游戏的运行模式下，所有游戏都在服务器端运行，并将渲染完毕后的游戏画面压缩后通过网络传送给用户。在客户端，用户的游戏设备不需要任何高端处理器和显卡，只需要基本的视频解压能力即可。

（5）云教育

流媒体平台采用分布式架构部署，分为Web服务器、数据库服务器、直播服务器和流服务器，若有必要可在信息中心架设采集工作站搭建网络电视或实况直播应用，在各个学校已经部署录播系统或直播系统的教室配置流媒体功能组件。这样，录播实况就可以实时传送到流媒体平台管理中心的全局直播服务器上，方便今后的检索、点播、评估等各种应用。

（6）云会议

云会议是基于云计算技术的一种高效、便捷、低成本的会议形式。使用者只需要通过互联网界面，进行简单易用的操作，便可快速高效地与全球各地团队及客户同步分享语音、数据文件及视频，而会议中数据的传输、处理等复杂技术由云会议服务商帮助使用者进行操作。

目前，国内云会议主要集中在以SAAS(软件即服务)模式为主体的服务内容，包括电话、网络、视频等服务形式，基于云计算的视频会议就叫云会议。云会议是视频会议与云计算的完美结合，带来了最便捷的远程会议体验。

（7）云社交

云社交是一种物联网、云计算和移动互联网交互应用的虚拟社交应用模式，以建立著名的

“资源分享关系图谱”为目的，进而开展网络社交。云社交的主要特征，就是把大量的社会资源统一整合和评测，构成一个资源有效池向用户按需提供服务。参与分享的用户越多，能够创造的利用价值就越大。

2.6　大数据技术

1. 大数据的概念

大数据，又称巨量资料，指的是所涉及的数据资料量规模巨大到无法通过人脑甚至主流软件工具，在合理时间内达到撷取、管理、处理、并整理成为帮助企业经营决策更积极目的的资讯。大数据是由结构化和非结构化数据组成的，其中 10%是结构化数据，90%是非结构化数据，它们与人类信息密切相关。

根据 IDC 做出的估测，数据以每年 50%的速度增长，也就是说每两年就增长一倍（大数据摩尔定律）。

人类在最近两年产生的数据量相当于之前产生的全部数据量。预计到 2020 年，全球将总共拥有 35 ZB 的数据量，与 2010 年进行对比，数据量将增长近 30 倍。

大数据并非大量数据的简单无意义的堆积，数据量大并不意味着一定具有可观的利用前景。由于最终目标是从大数据中获取更多有价值的“新”信息，所以必然要求这些大量的数据之间存在着直接或间接的关联性，才具有相当的分析挖掘价值。数据间是否具有结构性和关联性，是“大数据”与“大规模数据”的重要差别。

为了从大数据对象中快速挖掘更多有价值的信息，需要综合运用灵活的、多学科的方法，包括数据聚类、数据挖掘、分布式处理等，这就需要拥有对各类技术、各类软硬件的集成应用能力。可见，大数据技术是使大数据中所蕴含的价值得以发掘和展现的重要工具。

2. 大数据的特征

（1）数据量巨大

截至目前，人类生产的所有印刷材料的数据量是 200 PB(1 PB=2^{10} TB)，而历史上全人类说过的所有的话的数据量大约是 5 EB(1 EB=2^{10} PB)。当前，典型个人计算机硬盘的容量为 TB 量级，而一些大企业的数据量已经接近 EB 量级。

（2）数据类型繁多

这种类型的多样性也让数据被分为结构化数据和非结构化数据。相对于以往便于存储的以文本为主的结构化数据，非结构化数据越来越多，包括网络日志、音频、视频、图片、地理位置信息等，这些多类型的数据对数据的处理能力提出了更高要求。

（3）价值密度低

价值密度的高低与数据总量的大小成反比。以视频为例，一部 1 h 的视频，在连续不间断的监控中，有用数据可能仅有一两秒。如何通过强大的机器算法更迅速地完成数据的价值“提纯”成为目前大数据背景下亟待解决的难题。

（4）处理速度快

这是大数据区分于传统数据挖掘的最显著特征。根据 IDC 的“数字宇宙”的报告，预计到 2020 年，全球数据使用量将达到 35.2 ZB。在如此海量的数据面前，处理数据的效率就是企业的生命。

3. 大数据的处理架构

Hadoop 是 Apache 软件基金下的一个开源分布式计算平台，为用户提供了系统底层细节透明的分布式基础架构。

Hadoop 是基于 Java 语言开发的，具有很好的跨平台特性，并且可以部署在廉价的计算机集群中。

Hadoop 的核心是分布式文件系统（Hadoop Distributed File System，HDFS）和 MapReduce(映射–规约)。

Hadoop 被公认为行业大数据标准开源软件，在分布式环境下提供了海量数据的处理能力。

几乎所有主流厂商都围绕 Hadoop 提供开发工具、开源软件、商业化工具和技术服务，如谷歌、雅虎、微软、思科、淘宝等，都支持 Hadoop。

Hadoop 是一个能够对大量数据进行分布式处理的软件框架，并且是以一种可靠、高效、可伸缩的方式进行处理的，它具有以下几方面的特性：高可靠性、高效性、高可扩展性、高容错性、成本低、运行在 Linux 平台上、支持多种编程语言。

Hadoop 的应用架构如图 2–30 所示。

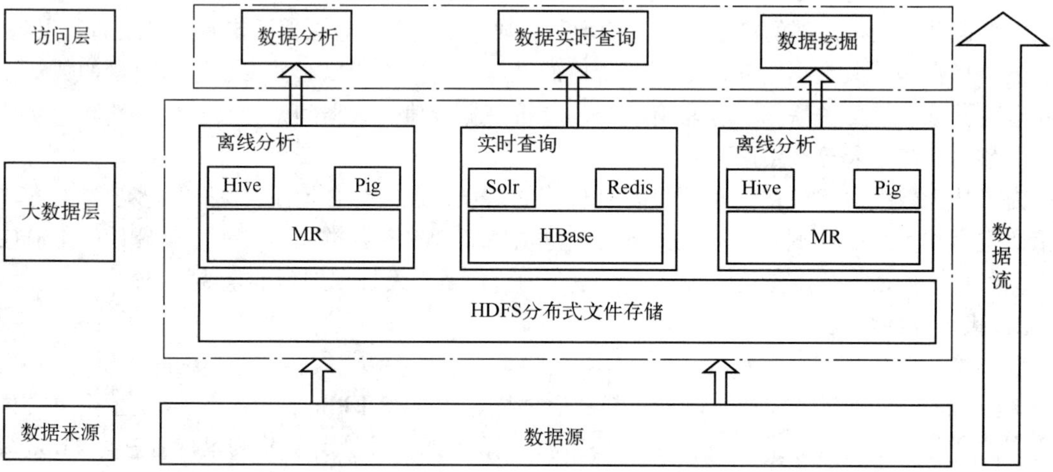

图 2–30 Hadoop 在企业中的应用架构

4. HDFS

HDFS 把文件分布存储到多个计算机结点上，成千上万的计算机结点构成计算机集群。

与之前使用多个处理器和专用高级硬件的并行化处理装置不同的是，目前的 HDFS 所采用的计算机集群，都是由普通硬件构成的，这就大幅降低了硬件上的开销。

HDFS 采用了主从（Master/Slave）结构模型，一个 HDFS 集群包括一个名称结点（Name Node）和若干个数据结点（Data Node）。名称结点作为中心服务器，负责管理文件系统的命名空间及客户端对文件的访问。集群中的数据结点一般是一个结点运行一个数据结点进程，负责处理文件系统客户端的读/写请求，在名称结点的统一调度下进行数据块的创建、删除和复制等操作。每个数据结点的数据实际上是保存在本地 Linux 文件系统中的。

5. MapReduce 模型

MapReduce 将复杂的、运行于大规模集群上的并行计算过程高度地抽象到了两个函数：Map 和 Reduce。其特点如下：

（1）编程容易

不需要掌握分布式并行编程细节，也可以很容易地把用户的程序运行在分布式系统上，完成海量数据的计算。

（2）数据分片，“分而治之”

MapReduce 采用“分而治之”的策略，一个存储在分布式文件系统中的大规模数据集，会被切分成许多独立的分片（Split），这些分片可以被多个 Map 任务并行处理。

（3）计算向数据靠拢

MapReduce 设计的一个理念就是“计算向数据靠拢”，而不是“数据向计算靠拢”，因为移动数据需要大量的网络开销。

（4）采用 Master/Slave 架构

Master/Slave 架构，包括一个 Master 和若干个 Slave。Master 上运行 JobTracker，Slave 上运行 Task Tracker，Hadoop 框架是用 Java 实现的，但是，MapReduce 应用程序则不一定要用 Java 来写。

Map Reduce 的工作流程如图 2-31 所示。

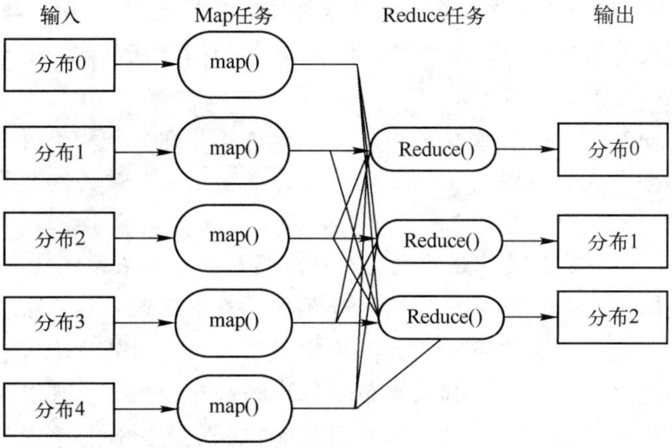

图 2-31　MapReduce 工作流程

6. 大数据的应用

（1）大数据与医疗

Seton Healthcare 是采用 IBM 最新沃森技术医疗保健内容分析预测的首个产品。该技术允许企业找到大量病人相关的临床医疗信息，通过大数据处理，更好地分析病人的信息。在加拿大多伦多的一家医院，针对早产婴儿，每秒有超过 3 000 次的数据读取。通过这些数据分析，医院能够提前知道哪些早产儿出现问题并且有针对性地采取措施，避免早产婴儿夭折。

也许未来数年后，专用的 APP 搜集的数据能让医生的诊断变得更为精确，例如，不是通用的成人每日三次一次一片，而是检测到你的血液中药剂已经代谢完成会自动提醒你再次服药。

（2）大数据与电子商务

电子商务行业最早利用大数据进行精准营销，它根据客户的消费习惯提前采购生产资料、进行物流管理等，有利于提高企业的生产、服务效率。由于电子商务领域的数据较为集中，数据量足够大，数据种类较多，因此未来电子商务数据应用将会有更多的想象空间，包括预测流行趋势、消费趋势、地域消费特点、客户消费习惯、各种消费行为的相关度、消费热点、影响消费的重要因素等。

（3）大数据与传统领域

在传统领域大数据同样将发挥巨大作用：如帮助农业根据气候、土壤作物状况进行超精细化耕作；在工业生产领域全盘把握供需平衡，挖掘创新增长点；交通领域实现智能辅助乃至无人驾驶；能源产业将实现精确预测及产量实时调控。

个人的生活数据将被实时采集上传，饮食、健康、出行、家居、医疗、购物、社交，大数据服务将被广泛运用并对用户生活质量产生革命性的提升，一切服务都将以个性化的方式进行量身定制，为每一个行为提供更加智能的决策。

【案例分析】

农夫山泉用大数据卖矿泉水

这里是上海城乡结合部九亭镇新华都超市的一个角落，农夫山泉的矿泉水堆头静静地摆放在这里。来自农夫山泉的业务员每天例行公事地来到这个点，拍摄 10 张照片：水怎么摆放、位置有什么变化、高度如何……这样的点每个业务员一天要跑 15 个，按照规定，下班之前 150 张照片要传回杭州总部。每个业务员，每天会产生的数据量在 10 MB，这似乎并不是个大数字。

但农夫山泉全国有 10 000 个业务员，这样每天的数据就是 100 GB，每月为 3 TB。当这些图片如雪片般进入农夫山泉在杭州的机房时，这家公司的 CIO 胡健就会有这么一种感觉：守着一座金山，却不知道从哪里挖下第一锹。

胡健想知道的问题包括：怎样摆放水堆更能促进销售？什么年龄的消费者在水堆前停留更久，他们一次购买的量多大？气温的变化让购买行为发生了哪些改变？竞争对手的新包装对销售产生了怎样的影响？不少问题目前也可以回答，但它们更多是基于经验，而不是基于数据。

从 2008 年开始，业务员拍摄的照片就这么被收集起来，如果按照数据的属性来分类，“图片”属于典型的非关系型数据，还包括视频、音频等。要系统地对非关系型数据进行分析是胡健设想的下一步计划，这是农夫山泉在“大数据时代”必须迈出的步骤。如果超市、金融公司与农夫山泉有某种渠道来分享信息，如果类似图像、视频和音频资料可以系统分析，如果人的位置有更多的方式可以被监测到，那么摊开在胡健面前的就是一幅基于人消费行为的画卷，而描绘画卷的是一组组复杂的“0、1、1、0”。

SAP 全球执行副总裁、中国研究院院长孙小群接受《中国企业家》采访时表示，企业对于数据的挖掘使用分三个阶段，“一开始是把数据变得透明，让大家看到数据，能够看到数据越来越多；第二步是可以提问题，可以形成互动，很多支持的工具来帮我们做出实时分析；而 3.0 时代，信息流来指导物流和资金流，现在数据要告诉我们未来，告诉我们往什么地方走。”

SAP 从 2003 年开始与农夫山泉在企业管理软件 ERP 方面进行合作。彼时，农夫山泉仅仅是一个软件采购和使用者，而 SAP 还是服务商的角色。

而等到 2011 年 6 月，SAP 和农夫山泉开始共同开发基于“饮用水”这个产业形态中，运输环境的数据场景。

关于运输的数据场景到底有多重要呢？将自己定位成“大自然搬运工”的农夫山泉，在全国有十多个水源地。农夫山泉把水灌装、配送、上架，一瓶超市售价 2 元的 550 ml 饮用水，其中 3 毛钱花在了运输上。在农夫山泉内部，有着“搬上搬下，银子哗哗”的说法。如何根据不同的变量因素来控制自己的物流成本，成为问题的核心。

基于上述场景，SAP 团队和农夫山泉团队开始了场景开发，他们将很多数据纳入了进来：高速公路的收费、道路等级、天气、配送中心辐射半径、季节性变化、不同市场的售价、不同渠道的费用、各地的人力成本、甚至突发性的需求（比如某城市召开一次大型运动会）。

在没有数据实时支撑时，农夫山泉在物流领域花了很多冤枉钱。比如，某个小品相的产品（350 ml 饮用水），在某个城市的销量预测不到位时，公司以往通常的做法是通过大区间的调运，来弥补终端货源的不足。“华北往华南运，运到半道的时候，发现华东实际有富余，从华东调运更便宜。但很快发现对华南的预测有偏差，华北短缺更为严重，华东开始往华北运。此时，如果太湖突发一次污染事件，很可能华东又出现短缺。”

这种状况让农夫山泉头疼不已。在采购、仓储、配送这条线上，农夫山泉特别希望大数据获取解决三个顽症：首先是解决生产和销售的不平衡，准确获知该产多少，送多少；其次，让 400 家办事处、30 个配送中心能够纳入到体系中来，形成一个动态网状结构，而非简单的树状结构；最后，让退货、残次等问题与生产基地能够实时连接起来。

也就是说，销售的最前端成为一个个神经末梢，它的任何一个痛点，在大脑这里都能快速感知到。

“日常运营中，我们会产生销售、市场费用、物流、生产、财务等数据，这些数据都是通过工具定时抽取到 SAP BW 或 Oracle DM，再通过 Business Object 展现。”胡健表示，这个“展现”的过程长达 24 小时，也就是说，在 24 小时后，物流、资金流和信息流才能汇聚到一起，彼此关联形成一份有价值的统计报告。当农夫山泉的每月数据积累达到 3 TB 时，这样的速度导致农夫山泉每个月财务结算都要推迟一天。更重要的是，胡健等农夫山泉的决策者们只能依靠数据来验证以往的决策是否正确，或者对已出现的问题做出纠正，仍旧无法预测未来。

2011 年，SAP 推出了创新性的数据库平台 SAP Hana，农夫山泉则成为全球第三个、亚洲第一个上线该系统的企业，并在当年 9 月宣布系统对接成功。

胡健选择 SAP Hana 的目的只有一个，快些，再快些。采用 SAP Hana 后，同等数据量的计算速度从过去的 24 小时缩短到了 0.67 秒，几乎可以做到实时计算结果，这让很多不可能的事情变为了可能。

这些基于饮用水行业实际情况反映到孙小群这里时，这位 SAP 全球研发的主要负责人非常兴奋。基于饮用水的场景，SAP 并非没有案例，雀巢就是 SAP 在全球范围长期的合作伙伴。但是，欧美发达市场的整个数据采集、梳理、报告已经相当成熟，上百年的运营经验让这些企业已经能从容面对任何突发状况，他们对新数据解决方案的渴求甚至还不如中国本土公司强烈。

这对农夫山泉董事长钟睒睒而言，精准的管控物流成本将不再局限于已有的项目，也可以针对未来的项目。这位董事长将手指放在一台平板电脑显示的中国地图上，随着手指的移动，建立一个物流配送中心的成本随之显示出来。数据在不断飞快地变化，好像手指移动产生的数字涟漪。

以往，钟睒睒的执行团队也许要经过长期的考察、论证，再形成一份报告提交给董事长，给他几个备选方案，到底设在哪座城市，还要凭借经验来再做判断。但现在，起码从成本方面已经一览无遗。剩下的可能是当地政府与农夫山泉的友好程度，这些无法测量的因素。

有了强大的数据分析能力做支持后，农夫山泉近年以 30%～40%的年增长率，在饮用水方面快速超越了原先的三甲：娃哈哈、乐百氏和可口可乐。根据国家统计局公布的数据，饮用水领域的市场份额，农夫山泉、康师傅、娃哈哈、可口可乐的冰露，分别为 34.8%、16.1%、14.3%、4.7%，农夫山泉几乎是另外三家之和。对于胡健来说，下一步他希望那些业务员搜集来的图像、视频资料可以被利用起来。

获益的不仅仅是农夫山泉，在农夫山泉场景中积累的经验，SAP 迅速将其复制到神州租车身上。“我们客户的车辆使用率在达到一定百分比之后出现瓶颈，这意味着还有相当比率的车辆处于空置状态，资源尚有优化空间。通过合作创新，我们用 SAP Hana 为他们特制了一个算法，优化租用流程，帮助他们打破瓶颈，将车辆使用率再次提高了 15%。

（资料来源：http://group.vsharing.com/Article.aspx?aid=1689715）

案例思考题

根据上述案例，我们可以获得哪些启迪？

小　结

信息技术是主要用于管理和处理信息所采用的各种技术的总称；网络拓扑结构是指网络中结点计算机的连接方式。常用的网络拓扑结构有环状结构、星状结构、总线结构、树状结构、网状结构等；数据库简单地讲就是存放数据的仓库，具体地说，数据库是以一定的组织方式存储在一起的相关数据的集合，要求数据具有最小的冗余度、最大的独立性和共享性及较高的数据安全性；数据库系统的优点包括：以数据模型为基础、数据冗余度小、共享性高、数据和程序间有较高的独立性、数据的安全性和完整性由数据库管理系统统一管理和控制；在数据库系统中支持的数据模型主要有 3 种：层次模型、网状模型和关系模型；关系模型是使用最广的数据模型，用二维表的形式表示实体及其之间的联系；数据仓库是支持管理决策过程的、面向主题的、集成的、时变的、相对稳定的数据集合；云计算相当于一个计算池和存储池；大数据技术的核心是 HDFS 和 Map Reduce。

习　题

一、选择题

1. 以下（　　）网络拓扑结构适合复杂的网络。

A. 环状结构　　B. 网状结构　　C. 树状结构　　D. 星状结构

2. 下面关于网络传输介质的说法中不正确的是（　　）。

A. 双绞线价格较低，性价比高

B. 光纤质量轻，抗干扰能力强

C. 红外通信可以进行远距离传输

D. 微波通信最常用，需要设置中间站

3. 使用最广的数据模型是（　　）。

A. 层次模型　　B. 网状模型　　C. 关系模型　　D. 树状模型

4. （　　）是计算机系统软件。

A. 程序语言处理系统　　B. 计算机系统

C. IP 协议　　D. PDF

5. 最不常用的网络拓扑结构是（　　）结构。

A. 环状　　B. 网状　　C. 总线　　D. 树状

6. 架设在一栋大楼内的网络是（　　）。

A. WAN　　B. INTERNET　　C. LAN　　D. MAN

7. 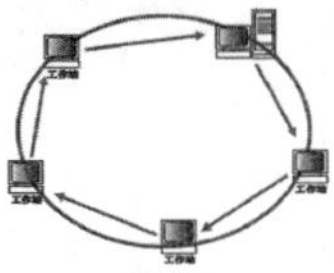 是以下（　　）网络拓扑结构。

A. 网状　　B. 环状　　C. 树状　　D. 星状

8. 下面关于网络传输介质的说法中不正确的是（　　）。

A. 双绞线采用绞合的结构是为了减少对相邻导线的电磁干扰

B. 信号在光纤中的传播是利用了光的全反射原理

C. 红外通信是以红外线作为传输载体的一种通信方式

D. 在双绞线、同轴电缆和光纤中，同轴电缆的抗干扰能力最强

9. 关于关系的规范化处理的描述错误的是（　　）。

A. 1NF 是最低的要求

B. 2NF 要求不存在部分函数依赖

C. 有时为了兼顾查询效率，只要满足 1NF 即可

D. 3NF 要求不存在可再分的属性

10. 数据库的概念结构设计对应的是（　　）。

A. E-R 图　　B. 关系模式

C. 关系的规范化　　D. 数据的准备和录入

11. 关系表的形式化定义不包括（　　）。

A. 关系表的表名　　B. 主码

C. 联系属性　　D. 非主属性

12. （　　）是用于电话上网的一个装置，用来进行模拟信号和数字信号的转换。

A. 调制解调器　　B. 中继器　　C. 网桥　　D. 网卡

13. （　　）是一种能够将个人计算机、手持设备等终端以无线方式互相连接的技术。

A. WAP 技术　　B. 蓝牙技术

C. 移动 IP 技术　　D. Wi-Fi 技术

14. 下面（　　）不是数据库的特点。

A. 数据有较高的独立性　　B. 能够对数据进行完整性鉴别

C. 支持管理决策　　D. 通过字段描述实体的性质

15. E-R 图中，E 表示（　　）。

A. 联系　　B. 实体　　C. 属性　　D. 一对多

16. 数据仓库与数据库的操作相比最主要的特点是（　　）。

A. 面向主题　　B. 面向决策

C. 时变的　　D. 查询操作较多，极少更新或删除

17. 第二范式意味着，关系中所有的非主属性都（　　）。

A. 完全依赖于主键　　B. 依赖于主键

C. 完全依赖于第 1 个数据项　　D. 依赖于外码

18. 可以用关系表描述的是（　　）。

A. 逻辑模型　　B. 概念模型　　C. 物理模型　　D. 数据模型

19. 以下不属于数据库系统特点的是（　　）。

A. 数据的独立性高　　B. 数据冗余度大

C. 数据的安全性高　　D. 数据的共享性高

20. 在下列设备中，不能作为计算机的输入设备的是（　　）。

A. 激光打印机　　B. 鼠标　　C. 键盘　　D. 光笔

21. 为一个单位所拥有，数据传输速率高，可靠性高，误码率低的是（　　）。

A. 互联网　　B. 城域网　　C. 广域网　　D. 局域网

22. 下列（　　）传输介质的传输速率最低，误码率最高。

A. 双绞线　　B. 同轴电缆　　C. 光纤　　D. 卫星通信

23. 假设一个 E—R 图有 m 个实体集，1:1 的联系有 a 个，$m:n$ 的联系有 b 个，该 E-R 图转换成关系模型，最多可以转换成（　　）个关系模式。

A. $m+a+b$　　B. $m+b$　　C. $a+b$　　D. $m+a$

24. 调制解调器的作用是（　　）。

A. 实现模拟信号和数字信号转换　　B. 延长网络距离

C. 发送和接收数据　　D. 连接类型不太相同的网络

25. 以下（　　）不是网络的功能是。

A. 数据通信　　B. 集中式信息处理

C. 信息共享　　D. 提高计算机安全性

二、填空题

1. 数据库的规范化设计中，2NF 要求不存在________，3NF 要求不存在________。

2. 数据库中可以将数据组织成层次模型、________和________。

3. 实体间的联系有一对一联系、________联系和________联系。

4. 两个或多个变量取值间存在某种规律性，称为________，一个项目组出现的频率称为________。

5. 按网络的覆盖范围可以分为局域网、________和________。

6. 举出 3 种常用的网络拓扑结构________、________和________。

7. 1NF 要求所有属性均________。

8. 关联规则有两个阶段，第一个阶段要从给定的数据集中找出所有的________。

9. 系统软件包括________、________、程序语言处理系统及服务程序。

10. Hadoop 架构的核心是________和________。

三、简答题

1. 简述数据库的概念。

2. 简述 E-R 图的绘制步骤。

3. E-R 图中存在 m 个实体、a 个多对多的联系，可以转换成多少个关系表？并写出转换规则。

4. 简述数据挖掘的概念。

5. 简述计算机病毒的防范措施。

四、实务题

1. 某超市的事务数据如表 2-13 所示，设最小支持度为 3，最小置信度为 75%，请推导关联规则。

表 2-13　某超市的事务数据

事　务	商 品 列 表	事　务	商 品 列 表	事　务	商 品 列 表
T1	I1、I2、I4	T4	I1、I3、I4	T7	I1、I2、I3、I4
T2	I1、I2、I3	T5	I2、I3、I4		
T3	I2、I3	T6	I1、I2、I4		

2. 某购物网站有各种商品信息，用户需要注册并登录，填写收货信息后才能购买商品，订单信息后台需要审核，除此之外，用户还能看到购买商品的物流信息。请根据以上描述设计关系表。

3. 经过需求分析得到如下数据：

学生的属性有学生编号、姓名、性别、年龄、登录名、登录密码、电话、地址、学历；管理员的属性有管理员编号、登录名、登录密码；公告信息有公告编号、标题、类型、发布时间、内容；商品信息有商品编号、商品名称、所属项目、商品价格、商品类型、图片、商品介绍；项目信息有项目编号、项目名称、图片、负责人及电话。

规定：一个管理员可管理多个学生、多种商品；一个管理员可以编辑多个项目；一种商品只属于一个项目；一个学生可以购买多种商品，一种商品可以被多个学生购买。请画出系统的 E-R 图。

4. 在学生运动会管理系统中，假定一个班级有多名运动员，每名运动员可参加多项比赛，每个项目可有多名运动员参加，要求公布比赛成绩和名次。假定各实体属性为：

班级：班号，班级名，专业，人数；

运动员：运动员号，姓名，性别，年龄；

项目：项目号，项目名称，比赛地点。

根据上面的描述，设计 E-R 模型并转换成关系模式。

5. 设某连锁药店数据库要管理如下信息：一是“药厂”，属性有药厂编号、药厂名、地址、电话；二是“药店”，属性有药店号、药店名、地址；三是“药品”，属性有药品编号、药品名、单价、类别、有效期、批号；四是“员工”，属性有员工号、姓名、入职时间、工资。

设药店与药厂之间存在“订货”联系，每个药店可从多个药厂进货，每个药厂可以向多个药店供货，需要记录订货量；每个药店可以销售多种药品，每种药品可在多个药店销售，需要记录销售量；每种药品只由一个药厂生产，每个药厂可以生产多种药品；每个药店有多名员工，每个员工只属于一个药店。

根据上面的描述，设计 E-R 模型并转换成关系模式。

6. 根据如图 2-32 所示的 E-R 图，转换成对应的关系模式。

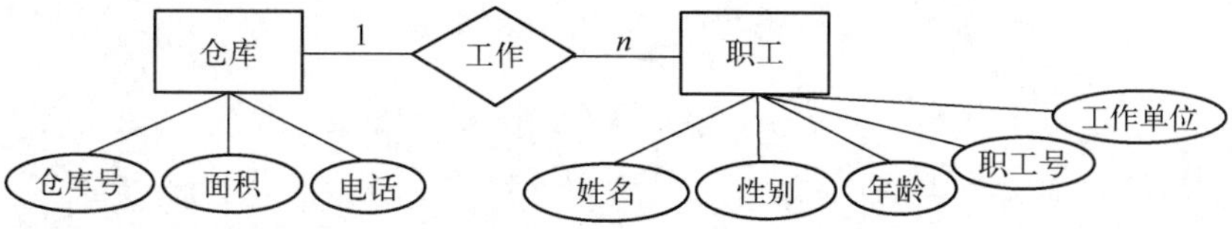

图 2-32　第 6 题图示

7. 根据如图 2-33 所示的 E-R 图，转换成对应的关系模式。

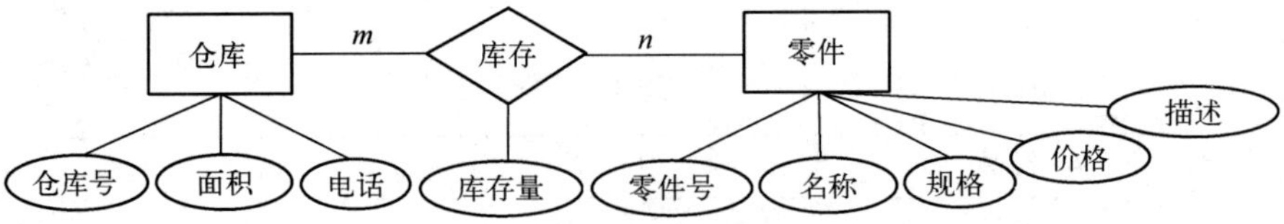

图 2-33　第 7 题图示

第3章 管理信息系统的战略规划

【学习目标】

- 了解信息化与信息系统的关系。
- 理解和掌握诺兰阶段模型，正确认识诺兰模型的作用。
- 理解和掌握战略规划的概念、作用和任务。
- 理解和掌握企业系统规划法的基本思路、步骤和作用。
- 理解和掌握关键成功因素法的思想、步骤及作用。
- 了解战略目标集转化法的基本思路和步骤。
- 理解可行性研究的定义、内容，并能撰写可行性研究报告。

【关键术语】

管理信息系统战略规划　诺兰阶段模型　企业系统规划法　关键成功因素法　战略目标集转化法　可行性研究

规划，一般指对较长时期的活动进行的总体的、全面的计划。管理信息系统的建设是一项耗资大、时间长、技术复杂且涉及面广的系统工程，如果没有事前科学合理的规划，很可能会导致失败。系统规划是管理信息系统建设成功的关键之一，所以在正式开发之前，必须认真地制订有充分依据的 MIS 战略规划（或称总体规划）。

信息系统战略规划是信息系统生命周期的第一阶段。本章首先介绍了信息系统发展阶段论，其次介绍战略规划的相关概念，然后介绍信息系统战略规划的常用方法，最后介绍可行性研究。

3.1 信息系统发展阶段论

信息系统的战略规划是关于管理信息系统的长远发展计划，对系统的成功建设具有重要的意义。战略规划要根据企业信息系统发展所处的阶段，把握好战略规划的时机，规划的时机既不能过早也不能过晚。

3.1.1 信息化与信息系统

人类社会发展的三大资源是物质、能源和信息。工业革命使人类在开发、利用前两种资源上取得巨大成功，其结果是开启了工业时代。当今，随着以计算机技术、通信技术、网络技术为代表的现代信息技术的飞速发展，人们越来越重视对信息资源的开发和利用。信息化水平的高低已经成为衡量一个国家、一个地区现代化水平和综合国力的重要标志。

信息化是由工业社会向信息社会过渡的一个转变过程，它反映了从有形的可触摸的物质产品起主导作用的社会到无形的难以触摸的信息产品起主导作用的社会演化和转型的动态过程。在这一过程中，整个社会通过普遍地采用信息技术和电子信息设备，更有效地开发信息资源，使信息资源创造的价值在国民生产总值中的比例逐步上升直至占主导地位。

信息系统与信息化又是什么关系呢？我们可以这样理解，如果将企业信息化比喻为建设一座宏观的大厦，那么，各种类型、各种规模的信息系统的建设，就是为这座大厦添砖加瓦，是必不可少的重要因素。具体的行业、部门、单位实现信息化，主要体现在各种各样的信息系统的建设，例如，现在遍布所有企业和部门的财务管理系统、联系世界的错综复杂的通信系统、政府部门的税务管理系统、社会生活中的户籍管理系统等。可见，信息化的基础是全社会信息技术的普及（包括基础设施的迅速完善）。信息化的效益则是通过一个个具体的信息系统体现出来的。例如，交通与运输信息系统为保证城市的交通顺畅创造了有力条件；各种电子政务系统和办公自动化系统大大提高了政府工作的效率和透明度；各种电子商务系统不仅拓展了商务的内容，提高了交易的效率，而且缩短了经济活动中资金周转的周期。

信息系统规划的任务就是要把信息化与具体的信息系统建设联系起来，考虑如何通过信息系统的建设来推进信息化的进程。信息化不是一朝一夕能够完成的，是一个相当漫长的过程，即使把视野局限在一个具体的组织或者行业中，它也需要五到十年的时间去完成。具体的信息系统建设，它的目标是要紧紧围绕整个组织或企业的战略方向来确定，也要考虑很多技术和管理细节。一般来说，具体的项目安排不能超过两年，否则不确定因素就会超出可以控制的范围，难以按照预定的计划去实施。整个企业的信息化建设就好比是搭建一架很长的梯子，通过梯子可以使得企业的竞争力更上一层楼，而每个信息系统建设项目就是这架梯子上的一个个阶梯，离开这些阶梯，梯子就散架了，上楼的目的也就不能达到。

3.1.2 诺兰阶段模型

任何企业的信息化建设都不可能一步到位，总是分阶段实施的。美国信息化专家诺兰教授认为，任何组织由手工信息系统向以计算机为基础的信息系统发展时，都存在一条客观的发展规律。1973 年，他提出了信息系统发展的四阶段论。1980 年，进一步完善了该模型，将计算机信息系统的成长过程划分为 6 个阶段，即著名的诺兰阶段模型，如图 3-1 所示。

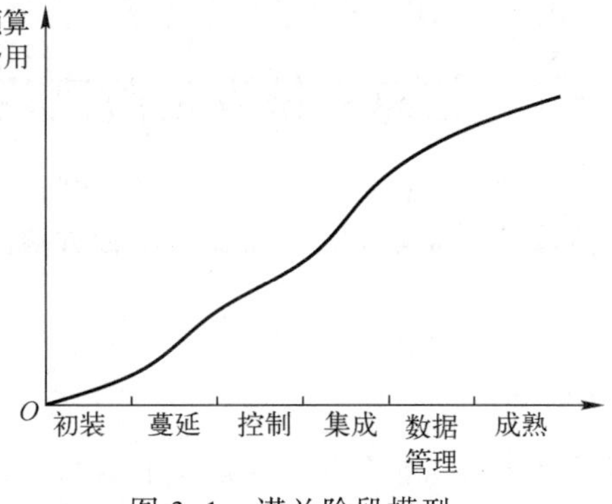

图 3-1 诺兰阶段模型

1. 初装阶段

初装阶段从企业购置第一台计算机并初步开发管理应用程序开始，一般发生在数据处理量大的财务部门。该阶段的特点是计算机的作用被初步认识，少数人具有了初步使用计算机的能力，计算机是分散控制的，没有统一规划。

2．蔓延阶段

广大管理人员都认识到了计算机信息系统的优越性，纷纷购置设备，开发支持自身管理的信息系统。信息系统从少数部门扩散到各个部门，各部门组织、开发了大量的应用程序，使得硬件、软件投资和开发费用急剧增长，以至于在对信息系统的管理和费用方面都产生了危机，这就是所谓的“蔓延”阶段。

在该阶段，数据处理能力发展得最为迅速，但同时在组织内部出现了许多诸如数据冗余、不一致性以及难以共享等有待解决的问题。

3．控制阶段

随着计算机应用的进一步发展，预算每年以 30%～40%或更高的比例增长，投资的回收却不理想。企业管理者成立领导小组开始对计算机信息系统的开发使用进行控制，除了控制各项投资费用之外，还要求完善各个子系统的功能，以提高计算机应用的效益，其发展速度与前两个阶段相比要缓慢得多。同时，在控制阶段出现分散开发的系统不能互通及信息不能共享等一系列问题，因此产生了从全局出发建立一个支持全企业的信息系统需求的数据库。

4．集成阶段

在集成阶段，信息系统的开发首先考虑总体，对子系统中的硬件进行重新连接，建立集中式的数据库，基于集中式的数据库实现各子系统的需求，从而使整个企业做到资源共享，提高管理效率。该阶段支持全局信息系统的需求，势必需要重新购买大量设备，预算费用又一次迅速增长，但是开发速度加快了。

5．数据管理阶段

管理信息系统通过集成、综合之后才有可能进行有效的数据管理，实现数据共享。在数据管理阶段，企业开始使用一体化的管理软件，日常数据处理工作已经普遍由计算机完成，并对数据进行协调一致和深入使用，真正做到对整个企业的数据进行统一的规划和应用，提高信息的使用效率，充分发挥计算机信息系统的功能，把计算机应用推到了更高的层次和更新的领域。

6．成熟阶段

到了成熟阶段，信息系统可以满足企业中各个管理层次（高层、中层、基层）的需求，从简单的事务处理，到中间层的控制管理，到支持高层管理的决策。企业真正把信息技术同管理过程结合起来，将组织内部、外部的资源充分整合和利用，从而提高了企业的竞争力和发展潜力。

诺兰阶段模型是对计算机信息系统发展历程的总结。诺兰曲线反映了一定的发展规律，跳跃某个或某几个阶段是不大可能的，但是随着人们对信息系统认识的提高，可以压缩某些阶段的时间，特别是蔓延阶段的时间。这就要适时地进行总体规划，变分散开发为有计划、有步骤的开发。总体规划的时机可选择在控制或集成阶段。如果总体规划的时机过早，会导致规划出的结果因实际企业的各方面的条件不成熟而无法实现，对今后的开发不具有指导意义。如果规划时间越晚，分散开发的系统越多，有的已经运转多年，对它们进行改造的代价就越高，也会影响企业计算机应用的进程。一般认为，对那些有一定计算机应用基础，或有了一两年数据处理系统开发经验的企业，考虑建设企业信息系统的时候，可先安排一段时间从事规划工作。

【案例分析】

春兰的信息之“链”——制造业与信息化

春兰集团在信息化建设中根据企业实际，以“效益驱动”为原则，斥亿元巨资锻造出面向研发的科技信息链、资源整合的管理信息链、信息互动的市场信息链、客户满意的服务信息链，并由这些信息链构造成春兰的信息化价值链,从而为春兰的经营和发展“链”出了又一个春天。

1. 信息化价值链三步走

据春兰集团信息中心主任邵伯余介绍，春兰的信息化建设大致分为三个阶段进行：基础信息化、信息集成和电子供应链。

从 1994 年开始，春兰投资 8 000 万元逐步建立了企业光纤网 ChunLanNet 和各单位的局域网，并采用 IBM 公司的 LotusDomino 平台建立了春兰企业邮件系统，初步实现了集团各单位之间数据交换的网络化与无纸化。同时，春兰研究院等单位注重技术创新，相继引进了 UGII、Pro/E、AutoCAD、ALIAS 等软件，全面建立了以三维设计为主、二维设计为辅的 CAD/CAM 系统，用以开展新产品的研发和设计。后来，春兰又在 CAD/CAM 系统基础上，建立了以 EDS 公司的 IMANPDM 软件为核心的技术信息集成系统，以实现技术信息和管理信息的集成。

1998 年以后，春兰的信息化建设开始进入快速发展阶段。他们与东软公司合作，共同开发、建立了 ERP 系统，主要运行 PT(生产计划)、MM(物资管理)、FI(财务管理)、AM(资产管理)、CO(会计管理)、SD(销售分销管理)等模块。此后，春兰新产品的仿真化设计、大型数据库的建立、核心技术的研制，以及信息资料的整合、共享和远程设计的开展与扩大、管理的整合升级等，均依靠 ERP 系统的运行而取得。1999 年，他们又投资 3 000 万元与东软公司合作开发、建立了 CRM 系统，利用 CallCenter 为客户提供“金牌保姆”服务。

从 2001 年开始，春兰的信息化开始全面向上、下游延伸，实施了春兰现代企业资源动态管理信息系统和集中采购系统、决策支持系统等，以完善其电子化供应链系统。

2. 四链共建信息化

邵伯余说：“企业信息化不是‘保健品’而是‘止疼药’。信息化一定要从核心业务着手。”

据他介绍，春兰根据自己的核心业务，已成功构建由科技、管理、市场和服务等分信息链组成的企业信息化价值总链。通过科技信息链，春兰不但实现了以 PDM 为基础的技术信息集成，而且还将其技术信息系统与实验系统和国内一流科研机构连接到一起，通过管理信息链，春兰总部与下属各单位、各分支机构能顺利沟通，为春兰内部信息的上传下达提供了坚实保障。通过市场信息链，春兰又将它的全国批发网、零售网、海外销售网和互联网连接起来，为营销信息的“速递”提供了保证。通过“800 全国免费服务热线电话”、全国计算机联网的“客户服务系统”以及数千个服务点，春兰又成功地打造了企业服务信息链。

以他们的科技信息链为例。在其投资达 15 亿元的春兰研究院科技大厦中，建立了智能控制中心、计算机中心、仿真分析工程中心、同声翻译会议中心等专用设施。21 层的大厦内，信息网络光纤四通八达，大厦内各部门使用的网络运行管理平台、数据库开发平台、通信软件、办公自动化软件、多媒体制作软件以及各种服务器等均采用最新产品和技术，使春兰在技术和产品的研发、设计上实现了全网化运作。

据介绍，通过科技信息链，春兰利用以 PDM 为基础的 CAD/CAM/CAE/CAPP 系统，进行新产品的设计、分析与加工，极大地缩短了研发周期，提高了设计质量。春兰研究院院长、春兰技术兼信息副总裁沈建兴奋地说：“信息化使我们由原来的全年全公司只能开发 4 个空调新品、一个产品要画 2 000 多张图纸，变成了现在仅一个生产企业每年就能开发 70 多个新产品，所有研发流程都在网上进行。”

据春兰集团新闻中心汤年华介绍，春兰的管理信息链为春兰各级管理者提供了精细的数据、定量化的方法和有效的辅助决策手段，使春兰的劳动生产率提高了近 10 倍，而服务信息链则将春兰设在全国 400 多个城市的 1 200 家春兰星威连锁店连成一体，各机构之间的信息流通和共享更加广泛和迅捷，实现了信息反馈与服务调度一体化；其市场信息则显著地提高了其市场响应能力，实现了营销管理与物流管理的网络化、无纸化。

从春兰的信息化价值链所取得的显著成效可以看出：信息化为春兰“链”出了又一个春天。

（资料来源：http://www.doc88.com/p-986393489367.html）

案例思考题

请全面收集春兰集团信息化建设的相关信息和材料，并从战略层面解释春兰集团信息化建设的重要意义。

3.2　管理信息系统战略规划概述

“凡事预则立，不预则废”，科学的规划对信息系统建设非常重要。战略规划可以避免企业陷入信息化建设的泥潭，帮助企业克服“重硬件、轻软件”的片面现象。战略规划应该站在企业组织的战略层次，根据企业所处的内外部环境、结合自身的潜力、具备的条件以及组织进一步发展的需要，确定组织在一定时期内所需开发的各类信息系统，采用“自顶向下”的方式，逐步达到建立企业管理信息系统的目标。

3.2.1　管理信息系统战略规划的概念和作用

企业战略规划是企业长期的发展计划，是组织领导者关于组织概念的集合。它围绕企业的战略目标，从方向与目标、环境约束和政策、计划和指标体系三方面在企业的不同层次间进行平衡和协调。MIS 战略规划是关于企业管理信息系统长远发展的计划，它规划企业信息系统的发展目标、方向、规模和发展进程等，是企业整体战略规划的重要组成部分。它服务于企业的整体战略规划，目的是保持信息系统功能体系和经营战略的一致性。MIS 战略规划是企业战略规划的重要组成部分。现有的信息系统可以为企业制定或者调整企业战略规划提供各种必要的信息支持。因此，MIS 战略规划应当与企业战略规划有机地配合，与企业的发展战略保持一致。

一个科学有效的战略规划可以使信息系统和用户有较好的关系，可以做到信息资源的合理分配和利用，可以使信息系统的各个组成部分之间能够相互协调工作，还可以促进信息系统应用的深化。例如，ERP 的应用，可以为企业创造更多的利润。一个好的规划还可以作为一个标准，可以考核信息系统人员的工作，明确他们的方向，调动他们的积极性。进行一个规划的过程本身就是迫使企业领导回顾过去的工作，发现可以改进的地方。综上所述，MIS 战略规划的作用包括如下几点：

① 明确管理信息系统发展的目标、任务、方法、步骤和原则，从而指导管理信息系统的建设工作。MIS 战略规划明确规定了系统开发的目标、任务、方法和步骤，系统开发人员和管理人员要共同遵守规划规定的内容，可以说信息系统规划是指导信息系统建设的纲领性文件。

② 通过规划可以合理利用信息资源，使得信息被全企业所共享，节省管理信息系统投资。由于企业或组织内外的信息源很多，其内外之间都有大量的信息需要交换和共享，收集、存储、加工和利用这些信息以满足各种不同层次的需要，必须有来自高层的、统一的、全局的规划，才能实现信息的共享。

③ 通过制定规划，找出企业存在的问题，有利于改善企业的管理模式，特别是根据新技术

条件下信息处理的特点，寻求业务处理的最佳流程和组织的最佳结构。

④ 信息系统规划是系统验收、评价的标准。新系统建成后，应该对该系统运行后的情况进行测定验收，对系统的目标、功能、特点、可用性等进行评价，这些工作都是以信息系统规划为标准的。

3.2.2 管理信息系统战略规划的任务

管理信息系统战略规划的任务如下：

① 制定管理信息系统的发展战略。管理信息系统应该服务于企业管理，其发展战略必须与整个企业的战略目标一致。制定管理信息系统的发展战略，首先要调查分析企业的目标和发展战略，评价现行信息系统的功能、环境和应用状况；在此基础上确定管理信息系统的使命，制定管理信息系统的目标及相关政策。

② 制定管理信息系统的总体方案，安排项目开发计划。剖析原系统（或业务过程）的不合理之处，重组业务流程。在调查分析企业信息需求的基础上，提出管理信息系统的总体结构方案。根据发展战略和总体结构方案，确定系统和应用项目开发次序及时间安排。

③ 分析管理信息系统开发的可行性。可行性分析是指根据系统的环境、资源等条件，判断所提出的信息系统项目是否有必要、有可能开始进行，如果要进行，应采取什么建设方案。对于可行性分析，将在 3.4 节给出详细介绍。

④ 制订系统建设的资源分配计划。提出为实现开发计划所需要的硬件资源、软件资源、技术人员、资金、服务等资源计划，做整个系统建设的概算。

3.2.3 管理信息系统战略规划的组织

管理信息系统战略规划的制定，决定着管理信息系统能够最终成功开发，因此，信息系统规划需要成立一个领导小组，并进行有关的人员培训，同时要明确规划工作的进度。

① 信息系统规划领导小组。为了实现系统规划目标，首先必须成立一支规划领导小组。这个小组要在企业最高层管理者的直接领导之下，由一名负责全面规划工作的信息系统规划负责人和企业各部门的业务骨干组成，他们的主要任务是完成有关数据和业务的调研和分析工作。

② 人员培训。进行信息系统规划需要采用一套成熟科学的规划方法，这套方法对大多数参加者来说是陌生的，因此应对高层管理人员、分析员以及领导小组的成员进行培训，使他们掌握制定管理信息系统规划的方法。

③ 制定进度。在明确掌握和制定战略规划的方法之后，应该为规划工作的每个阶段给出一个大体上的时间限制，以便对规划过程进行严格管理，避免因拖延而造成损失、丧失信誉或被迫放弃。

3.2.4 管理信息系统战略规划的步骤

管理信息系统战略规划的步骤如下：

① 确定总体规划的基本问题。应明确管理信息系统总体规划的年限及规划方法，确定是集中式规划还是分散式规划，是进取的规划还是保守的规划。

② 收集相关信息。这些信息包括企业内部信息，如发展目标、发展战略等；企业外部信息，如行业状况、市场动态、竞争对象等。可以从企业各个部门入手，与相关管理人员沟通获取，也可以从各类文件、书籍和杂志以及竞争对手等处收集信息。

③ 进行总体战略分析。对管理信息系统的目标、开发方法、功能结构、计划活动、信息部

门的情况、财务情况、风险度和政策等进行分析。

④ 定义约束条件。根据单位的情况，确定需要的软硬件资源、数据通信设备、人员、资金、技术、服务等限制，定义管理信息系统的约束条件和政策。

⑤ 明确规划目标。根据前几个阶段的调查分析，结合组织内外的约束条件，确定管理信息系统的开发目标，明确管理信息系统应具有的功能、服务范围和质量等。

⑥ 提出未来的略图。根据目前组织在决策支持和事务处理方面的信息需求，为整个组织或其主要部门提出管理信息系统的总体结构方案，给出初步框架，包括各子系统的划分。

⑦ 选择开发方案、确定开发顺序，提出实施进度。通过比较分析选定开发方案，并且选择优先开发的项目，确定总体开发顺序、开发策略和开发方法，最终提出实施进度。

⑧ 通过总体规划。把信息系统的规划撰写成文档，然后将规划报告上交给单位（企业、部门）高层领导审批。若是批准通过，则信息系统规划工作完成，开始实施项目；若审批未通过，则规划工作需要重新进行。

【案例分析】

青钢管理信息系统的系统规划

青岛钢铁集团公司（以下简称青钢）杨总经理上任后发现，青钢在信息管理手段上较为落后，所有信息管理方面的工作极大部分都手工进行。即便是有些单项业务使用了计算机，如生产经营日报的汇总打印，也极具形式化的特征（例如，生产经营日报的汇总打印实际上是管理人员手工将经营日报的各项数据计算出来后再录入计算机并打印出来而已）。杨总与高层领导们商量以后，决定拨出相应经费建立企业管理信息系统。

杨总指派有很高协调能力的宣传部部长傅希岭组织协调这项工作。傅部长接手这项任务后第一件事就是组建青钢信息中心，并亲自担任信息中心主任。组建的信息中心除傅部长外，还有一位懂技术且原则性很强、能全身心投入的马副主任，熟悉计算机硬件及系统软件的小范及其同事们，共 10 人左右。

傅部长及马副主任接手这项工作以后，找到了北京科技大学管理学院的李教授，通过向李教授咨询，决定：为了使企业中上层领导对企业管理自动化有一个知识性的了解并配合企业管理信息系统的开发工作，傅部长请示杨总后邀请李教授及其他北科大相关专家在青钢举办了针对处级以上领导的企业管理及其信息化的培训班。

之后，李教授组织北科大管理学院及信息工程学院管理信息系统方面的专家到青钢搜集青钢相关资料，了解目前的业务情况，并分别与各部门的主要管理人员面谈，以了解青钢管理信息系统的需求范围与内容。

几周后，李教授及各位专家根据收集来的资料及对其他企业的管理信息系统的了解（之前青钢信息中心马副主任带领其中心成员曾到已有管理信息系统的企业进行过参观考察），列出了青钢管理信息系统的主要功能需求及信息需求，并应用一些方法对各项功能进行了整理分析，得到了青钢管理信息系统的总体功能结构，并据此与计算机及网络公司初步进行了经费估算，规划了人力分配、进度计划。最后经杨总同意，决定将整个系统的建设分为三期工程来完成。第一期工程开发建设物资管理、销售管理、技术管理、生产计划管理、生产调度、财务管理及总经理综合信息服务等 7 个子系统。李教授的课题组通过几周的工作写出了《青钢管理信息系统可行性研究报告》。

青钢随后组织了一次研讨会，由李教授及其他专家向青钢的各级主管领导和外请专家对青钢管理信息系统的系统规划工作作了详细报告。外请专家及青钢各级领导确认了报告的内容并对一些问题提出了修改意见与建议。

随后，杨总指派青钢信息中心与北京科技大学课题组就经费与完成时间进行了谈判，最后双方同意以三百五十万元的经费及一年半的时间完成这个系统的第一期工程并签署了合作协议。

之后，在李教授的组织下，组成了由北科大专家和青钢信息中心工作人员组成的联合项目组，开始进入了青钢管理信息系统建设的第二阶段——系统分析阶段。

（资料来源：https://wenku.baidu.com/view/807dc9f1f61fb7360b4c65bb.htm）

案例思考题

结合所学的知识，回答为了完成系统规划阶段的任务，需要进行哪些工作？

3.3 管理信息系统战略规划的常用方法

信息系统的规划是一项复杂、难度大、不确定性程度高的任务，需要有科学的实施方法。目前用于信息系统规划的方法有很多，比较常见的有企业系统规划法、关键成功因素法、战略目标集转化法和企业信息分析与集成技术法等。下面着重介绍前 3 种方法。

3.3.1 企业系统规划法

1966 年，IBM 公司在其数据处理总部内专门成立了一个负责该企业信息系统控制和计划的部门，对信息系统开发方法进行研究和探索，企业系统规划法（Business System Planning，BSP）就是他们研究的成果。随后经过几年发展，BSP 法越来越成熟，并作为商品出售，旨在帮助企业形成信息系统的规划和控制机制，以满足企业近期和长期的信息需求。

1. BSP 法的基本思路

BSP 法是最早也是影响最广的一种总体规划方法，同时它也是一种结构化的方法论。BSP 法的基本思路是：建立的信息系统必须支持企业目标，是企业的有机组成部分并对企业的总体目标实现起关键性作用；应该表达所有管理层次的要求，必须建立一个合理的框架定义信息结构；应该向整个企业提供一致性信息；对组织结构的变革具有适应性。BSP 法从描述企业战略目标入手，逐步将企业目标转化为管理信息系统的目标和结构，从企业最基本的业务过程出发，进行数据分析，分析决策所需的数据，定义支持企业过程的数据类，这些数据类可以用于开发信息系统的数据库，然后自下而上设计系统，以支持系统目标的实现。从该意义上来看，BSP 法是一种综合了“自上而下”策略和“自下而上”策略的信息系统规划方法，如图 3-2 所示。

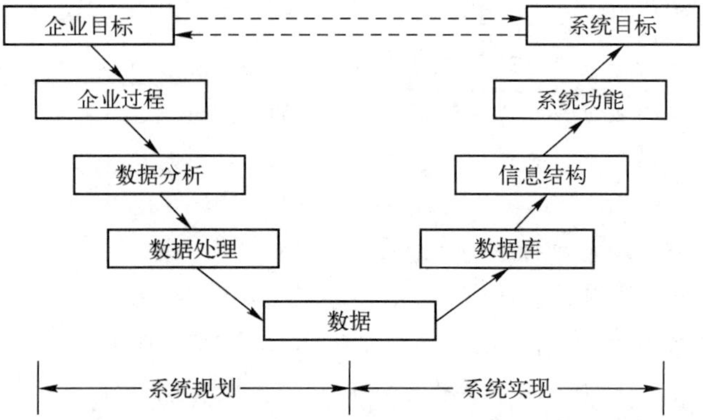

图 3-2 企业系统规划法

2. BSP 法的工作步骤

① 准备工作。准备工作包括成立专门的委员会，企业的总经理或者副总经理是委员会的最高负责人，下设专门的规划研究组，研究组不仅要有信息技术人员，还要包括各部门的业务骨干，明确规划目标和范围，制订进度计划，并进行必要的人员培训。在研究工作开始之前，还要有一些必要的组织支持：一个工作控制室、一个采访交谈计划、一个最终报告的提纲，还有一些必要的经费。这些都是保证规划研究顺利进行的必要条件。

② 调研。规划研究组成员深入各级管理层，通过多种方式调查、搜集有关材料，深入了解企业有关决策过程、组织职能、部门的主要活动以及企业存在的主要问题。调研以采访的方式为主，因此应事先准备好采访的提纲，事后进行分析总结。例如，常用的主要采访问题有：

- 你的责任领域是什么？基本目标是什么？
- 你去年达到目标所遇到的 3 个最大问题是什么？是什么妨碍你解决问题？
- 什么是你最有用的信息？如何测量？
- 你的领域明年或三年内的主要变化是什么？

③ 定义业务过程。业务过程即企业过程或管理功能组，是为了实现企业的目标而进行的一系列跨越时空的、逻辑相关的业务活动。在 BSP 法中，非常重要也非常关键的工作是识别企业过程。因为对于一个项目规划来说，其所有的工作都是基于过程展开的。一个组织的业务过程有很多，但是总有一些是最基本、最核心的。例如，财务处最基本的业务是管理资金，人事处最基本的业务是管理人员，医院的核心业务是治疗患者，等等。失去了这些核心业务，组织也就失去了存在的意义。因此，根据 BSP 法的基本思想，弄清楚业务过程，明确表达出来，并写出文档资料，这是规划工作的前提。

可以根据企业目标和系统总体需求分析，从战略规划与控制、产品与服务以及辅助资源等三方面来识别企业业务处理过程。

首先从战略规划与控制出发，经过分析、讨论、研究、切磋，可以把企业战略规划与控制方面的过程列在表格中，如表 3-1 所示。战略规划与控制不仅仅是针对某一资源（产品和服务）而做的，所以识别过程时应单独考虑。

表 3-1　识别战略规划和管理控制过程

战略规划	管理控制	战略规划	管理控制
组织规划	市场产品预测	员工水平规划	预算
经济预测	员工水平规划	预测管理	测量与评价
目标开发	工作资金计划	产品线模型	运营计划

围绕企业组织的工作目标，从要求、获得、服务与退出四阶段组成的生命周期入手，梳理识别出产品和服务的每个生命周期阶段涉及的业务过程，如表 3-2 所示。

表 3-2　识别产品和服务过程

要求	获得	服务	退出
市场计划	工程设计开发	库存控制	销售
生产能力计划	产品说明	接受	订货服务
预测	生产调度	质量控制	运输
材料需求计划	工程记录	包装储存	运输管理

辅助资源是一个企业必需的部分，包括人事、资金、材料、设备。类似于产品和服务，也可以从辅助资源的生命周期出发来识别业务过程，如表 3-3 所示。

表 3-3 识别辅助资源过程

辅助资源＼生命周期	要 求	获 得	服 务	退 出
人事	人事计划 工资管理	招聘 转业	补充和收益 职业发展	终止合同 退休
资金	财务计划 成本控制	资金获得 接收	公文管理 会计总账	会计支付
材料	需求产生	采购 接收	库存控制	订货控制 运输
设备	主设备计划	设备购买 建设管理	机器维修	设备报废

从以上三方面识别出的企业过程需要进行合并、补充、删除和修改等，确定最终的过程，并进行较详细的定义和命名。

识别企业过程还有另外一种方法，称为通用模型法。它首先引用一个较粗的通用模型，(见图 3-3)，通过对这个模型不断扩展，以适应特殊企业的需要。例如，“需求”可以扩展为“商品化”和“销售”；“供应”可以扩展为“产品开发”和“制造”等。这里“供应”是联系于生产产品和得到资源的过程，其外部接口是供应商或卖主。“需求”联系于使产品或服务生效的过程，其外部接口是顾客。“要求”包括定义和确定产品或服务过程。“行政管理”联系于人事、资源和设备管理，而“经营管理”和其他四方面有紧密联系，对其他四方面进行计划、控制和测量。通用模型法是由宏观到微观的识别过程，在使用这种方法时往往可参考一些典型的案例，同类企业之间有很多相似之处，可在寻找过程中作参考。

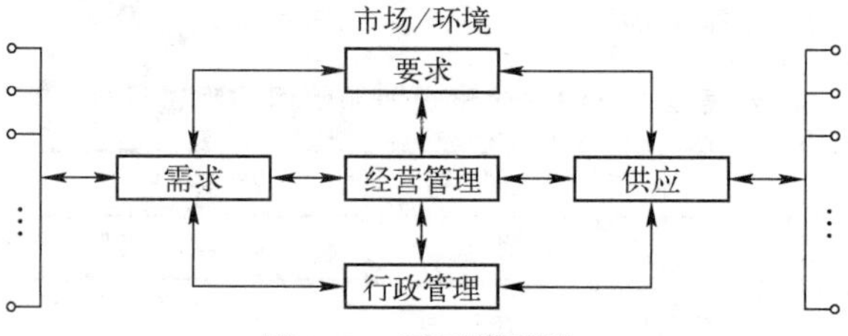

图 3-3 通用模型法

④ 业务过程重组。在定义业务过程的基础上，对业务过程进行优化，分析哪些是冗余的、哪些是需要合并撤销的，也可能需要新增某个过程。主要是分析哪些过程是低效的，需要在信息技术条件下优化；哪些不适合计算机处理的特点，要予以取消。总之，要根据组织目标，对基本业务过程进行归并、组合和消冗，得到新的基本业务过程和管理功能组，并据此对组织机构进行重组。

⑤ 定义数据类。数据类是支持业务过程所必需的逻辑上相关的数据，如产品数据包括产品种类、产品数量、产品需求量等。系统中存在很多数据类，例如客户、合同、库存、材料等。识别企业数据类有两种方法：企业实体法和过程法。

- 实体法。实体法首先需要识别系统的实体。所谓实体是数据存储的载体，它可以是一个实际的对象（如人员、设备），也可以是抽象的对象（如数据中心、预算等）；然后，用 4 种类型的数据来描述每个实体，这 4 种类型的数据为计划型、统计型、文档型、事务型。计划型数据包括战略计划、预测、操作规程、预算和模型，可以是数据的形式，也可以是文本的形式。统计型数据包括历史的和综合的数据，用作对企业的度量和控制。文档型数据记录企业资源的状况，支持经营管理活动，每类数据仅和一个资源直接有关。事务型数据反映由于获取或分配活动所引起的文档型数据的变更；最后把实体和数据类型作在一张二维表上就得到了实体/数据类型表，如表 3-4 所示。

表 3-4　实体/数据类型表

实体 / 数据类型	产　品	材　料	设　备	人　员
计划型	产品计划	材料需求计划	设备计划（采购、维护）	人员需求计划
统计型	月、季、年度产品需求	材料耗用	设备利用率	各类人员统计
文档型	产品规范文档	材料入库、出库记录	工作负荷状况	职工档案
事务型	订货记录，生产调度表	采购订货、收发	设备调度表	调动、晋升记录

- 过程法。它利用以前定义的企业过程，分析每一个过程利用什么数据、产生什么数据，或者说每一个过程的输入和输出的数据是什么，按逻辑上的相关性进行分析，归并成各个输入数据类和输出数据类，以减少数据的冗余。它可以用"输入—过程—输出"图来形象地表达（见图 3-4），再与用第一种方法得到的数据类进行比较并调整，最后归纳出系统的所有数据类。

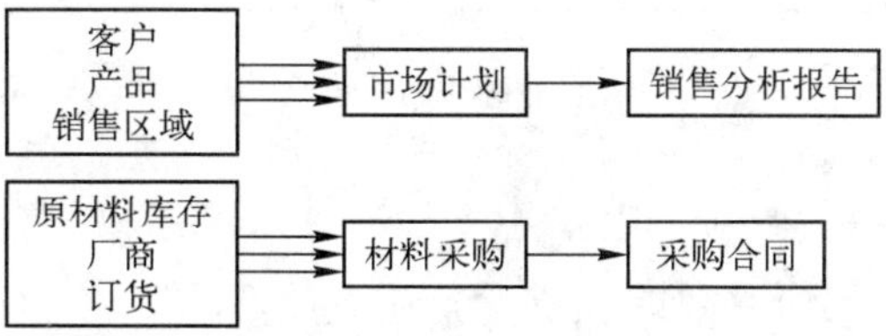

图 3-4　"输入—过程—输出"数据类图

⑥ 定义信息系统总体结构。定义信息系统总体结构的目的是刻画未来信息系统的框架和相应的数据类，其主要工作是划分子系统，具体实现可利用 U/C 矩阵。

- U/C 矩阵即过程/数据类矩阵，用于描述组织的业务过程和数据类的关系，主要用来对系统功能进行划分。U/C 矩阵是一个进行内容分析的二维表，其中的行表示过程，列表示数据类，过程和数据类交叉点上的符号 C（Create）表示这类数据由该过程产生，用交叉点上的 U（Use）来表示在这类过程中使用相应的数据类，没有符号表示的交叉点表示过程和数据类无关。
- U/C 矩阵的求解过程就是对系统总体结构划分的优化过程，具体步骤如下：

首先，在 U/C 矩阵的第一列写出企业的管理功能（业务过程），在第一行列出数据类。

其次，分析管理功能和数据类的关系，在表中填入 U 或 C，这就建立了初始 U/C 矩阵，在图中 U、C 在矩阵中的排列也是分散的，如表 3-5 所示。

表 3-5 初始 U/C 矩阵

过程 \ 数据类	客户	订单	产品	工艺路线	材料表	供应商	成本	物料清单	原材料库存	成品库存	职工	销售区域	财务	计划	设备负荷	材料供应	工序
企业计划							U						U	C			
财务规划							U				U		C	U			
产品预测	U		U									U		U			
设计、开发	U		C		U			C									
产品工艺			U		C			U	U								
采购						C			U								
库存控制									C	C						U	U
调度			U			U									U		C
能力计划				U		U									C	U	
材料需求			U		U	U										C	
生产流程				C											U	U	U
区域管理	C	U	U														
销售	U	U	U									C					
订货服务	U	C	U														
运输		U	U							U							
会计总账	U		U			U											
成本核算		U				U	C										
人员计划											C						
招聘考核											U						

在建立了初始 U/C 矩阵图以后，需要对其进行完备性、一致性和无冗余性检验。其中，完备性检验指每一个数据类必须有一个产生者(即 C)和至少有一个使用者(即 U)，每个功能必须产生或者使用数据类，否则这个 U/C 矩阵是不完备的。一致性检验指每一个数据类仅有一个产生者，即在矩阵中每个数据类只有一个 C。如果有多个产生者的情况出现，则会产生数据不一致的现象。无冗余性检验是指每一行或每一列必须有 U 或 C，即不允许有空行空列。若存在空行空列，则说明该功能或数据的划分是没有必要的、冗余的。

再次，调换过程行和数据类列的顺序。对过程行按功能组排列，组内按业务过程发生的先后次序上下移动重新排列；对数据类列进行左右移动，使矩阵中所有的 C 尽量靠近主对角线。

最后，进行分组。用一个合适的矩形将 U 和 C 密集的地方框起来，所有 C 都必须包括在框里，沿对角线一个接一个地画框，既不能重叠，也不能漏掉任何一个过程，并命名，这就是子系统。方框的划分是不唯一的，但 C 都包含在方框内。表 3-6 所示为排序之后的 U/C 矩阵。

⑦ 确定总体结构中子系统开发的先后顺序。由于资源的限制，系统的开发总有先后次序，而不可能全面开发。划分子系统之后，根据企业目标和技术约束确定子系统实现的优先顺序。一般来讲，对企业贡献大的、需求迫切的、容易开发的优先开发。以下是确定子系统实施顺序的原则。

表 3-6　调整后的 U/C 矩阵

过程 \ 数据类		计划	财务	产品	物料清单	材料表	供应商	原材料库存	成品库存	工序	设备负荷	材料供应	工艺路线	客户	销售区域	订单	成本	职工
经营计划	企业计划	C	U														U	
	财务规划	U	C														U	U
技术准备	产品预测	U		U										U	U			
	设计、开发			C	C	U								U				
	产品工艺			U	U	C		U										
生产制造	采购						C	U										
	库存控制							C	C	U		U						
	调度			U			U			C	U							
	能力计划						U				C	U	U					
	材料需求			U		U	U					C						
	生产流程									U	U	U	C					
销售	区域管理			U										C		U		
	销售			U										U	C	U		
	订货服务			U										U		C		
	运输			U					U							U		
财会	会计总账			U			U							U				
	成本核算						U									U	C	
人事	人员计划																	C
	招聘考核																	U

第一步，系统需求程度与潜在的效益评估。通过对管理人员、决策者的调查访问，进行定性评估。根据评估标准（如潜在效益、对企业的影响、迫切性），对每个子系统在管理人员和决策人员中用评分的方法进行评估，将每个子系统的得分作为优先顺序的参考。例如，难度低、见效快的库存子系统可以先开发。

第二步，技术约束分析。对子系统之间的关联，可借助表 3-6 进行分析。落在方框外的 U 表示子系统之间的数据交换关系。例如“计划”数据类，由经营计划子系统产生，而技术准备子系统要用到这一数据类。这类数据资源今后应考虑放在网络上供子系统共享或通过网络来相互传递数据。利用该表很容易评出每个子系统产生的数据有多少被其他子系统所共享。有较多子系统共享的数据应较早实现。当然，也要考虑数据的重要性及关联的紧密程度。

⑧ 完成最终的规划报告。整理研究结果，提出建议书和制订开发计划。

3．BSP 法的作用

① 确定出未来管理信息系统的总体结构，明确整个系统的子系统组成以及开发这些子系统的先后顺序。

② 对数据进行统一规划、管理和控制，明确各子系统之间的数据交换关系，保证信息的一致性。

BSP 法的优点在于它能保证管理信息系统独立于企业的组织机构，即使企业的组织机构和管理体制发生变化，管理信息系统的结构体系也不会受到太大冲击，这就保证了信息系统具有对环境变化的适应性。

3.3.2 关键成功因素法

关键成功因素法（Critical Success Factors，CSF）是信息系统规划方法之一，在 1970 年由哈佛大学教授 William Zani 提出。20 世纪 80 年代初，麻省理工学院的教授 John Rokart 把 CSF 法应用于 MIS 战略规划。关键成功因素指的是对企业成功起关键作用的因素。关键成功因素法就是通过分析找出使得企业成功的关键因素，然后再围绕这些关键因素来确定系统的需求，并进行规划。需要注意，不同行业、不同企业有不同的关键成功因素。例如，制造企业更加关注的是产品的成本和质量，服务企业关注的是客户满意度，对保险企业来说最重要的应该是险种的开发和工作人员的工作效率等。即使是同一个企业，当面临不同的市场、处于不同的时期时，关键成功因素也会动态变化。例如，处于初创期的制造企业，产品的设计生产能力、业务能力和销售能力非常重要，而进入正常经营阶段，要想在行业中占据优势地位，成本控制、服务能力、综合经营管理素质就变得十分重要。因此，采用 CSF 法时一定要结合企业的实际情况来制定信息系统规划。

CSF 方法的核心思想是采用围绕关键成功因素的方式来制定组织的信息系统规划。CSF 方法的实施步骤如下：

① 明确企业战略目标。规划工作必须针对组织的总的战略目标，这是战略管理的首要基本任务。

② 识别影响这些战略目标的所有成功因素。可以使用树枝因果图，采用逐层分解的方法找出影响企业或管理信息系统目标的各种因素以及这些因素的子因素。图 3-5 所示为识别成功因素的树枝因果图。

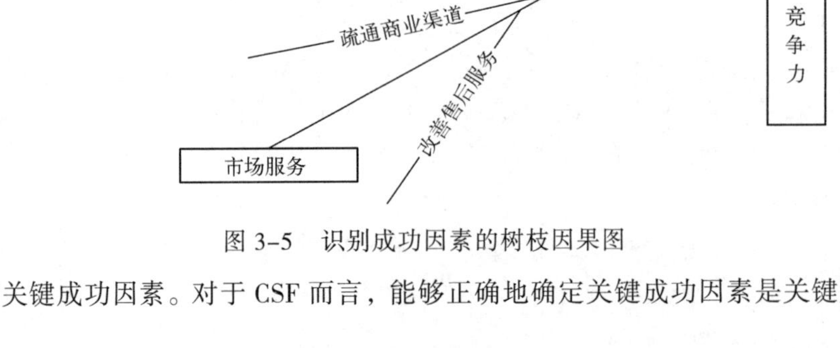

图 3-5　识别成功因素的树枝因果图

③ 确定关键成功因素。对于 CSF 而言，能够正确地确定关键成功因素是关键成功因素法成

功的关键，在第二步识别出所有成功因素之后，需要讨论这些因素与目标之间的关系以便明确诸因素地位、作用的大小及相互关系，进而确定哪些因素应该合并，哪些应该忽略，经过筛选后保留那些确实有关键作用的因素。

④ 明确各关键成功因素的性能指标及要求。在确定了关键成功因素以后，需要进一步对这些因素进行分析和评价，即确定性能指标和标准。在战略层次上，很多因素是定性的、笼统的。这给进一步的分析带来了一定的障碍和困扰，所以需要尽量对这些因素进行分析，尽可能地使之具体化。当某些性能指标无法定量时，分成若干等级或者做定性的判断。在确定了性能指标以后，还要确定期望的标准，如基础设施的水平应当达到什么程度、人员的培训工作应当达到什么水平等。

⑤ 确定信息系统体系架构。根据关键成功因素的性能指标及要求，包括决策和行为，确定影响这些决策和行为性能目标的关键数据，确定能够提供这些关键数据的信息系统体系结构。

关键成功因素法的优点是能够使所开发的系统具有很强的针对性，能够较快地取得收益。例如，为企业的管理人员提供了一种关注核心信息需求的信息系统规划方法，企业可以集中有限的资源进行信息系统规划；与 BSP 法相比，CSF 方法比较简单，可操作性强。但是，CSF 法也有很多问题，其一是由于在关键成功因素确定过程中，管理者的个人主观看法比较强，因此得到的信息系统规划的主观色彩较强，随意性较大。其二是当关键成功因素解决后，又会出现新的关键成功因素，就必须再重新开发系统。

3.3.3　战略目标集转化法

战略目标集转化法（Strategy Set Transformation,SST）又称战略集合转移法，它是由 William King 于 1978 年提出的。它将企业的战略目标看成是一个“信息集合”，由使命、目标、战略和其他战略变量（如管理的复杂性、发展的趋势、重要的环境约束）等组成。战略规划过程是把组织的战略目标转变为信息系统的战略目标的过程，如图 3-6 所示。

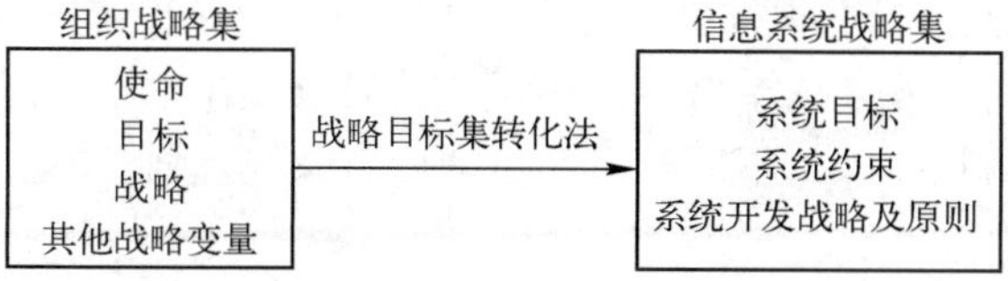

图 3-6　战略目标集转化法

这种方法的第一步是识别企业的战略集，先考察该企业是否有成文的战略和长期发展规划，如果没有，就要去构造这种战略集合。可以采取以下步骤：

① 描绘出组织各类人员结构，如雇员、供应商、顾客、贷款人、政府代理人等。

② 识别每类人员的目标。

③ 对于每类人员识别其使命及战略。

当企业战略初步识别后，应立即送交领导审阅和修改。

第二步是组织战略集转化成信息系统战略集。信息系统战略集应包括系统目标、约束以及开发策略及原则等。这个转化过程包括对应组织战略集的每个元素识别对应的信息系统战略约束，然后提出整个信息系统的结构。

下面给出一个组织目标转化的例子，如图 3-7 所示。例如，组织目标 O3 是由顾客引出的，组织战略 S2 是由目标 O1，O2 和 O3 引出的，以此类推，这样就可以列出信息系统的目标、约束以及开发策略及原则等。

	组织目标	组织战略	组织属性
组织战略集	O1：年增收入10%（S，M） O2：改善现金流（S，Cr，M） O3：提高顾客满意度（Cu） O4：增加社会义务（G，P） O5：高质量产品生产（M，Cu，E） O6：提高生产可持续性（S，Cr，M，E）	S1：拓展新业务（O1，O6） S2：改进信贷（O1，O2，O3） S3：重新设计产品（O3，O4，O5，O6）	A1：管理水平较高（M） A2：当前经营状况不好，有改革现状的要求（S，M） A3：大部分管理者有使用计算机的经验（M） A4：管理者权力的高度分散（M）
	P—公众；Cu—顾客；S—股东；G—政府；Cr—债权人；E—雇员；M—管理者		

⇩

	系统目标	系统约束	系统开发策略
信息系统战略集	MO1：改善财务系统（S2） MO2：提供产品需求的信息（S3） MO3：提供新业务机会的信息（S1） MO4：提供对组织目标实现水平的估计信息（O2） MO5：及时、准确地提供组织运行情况的信息（A2） MO6：能对管理系统进行整体协调（A4） MO7：支持对顾客咨询的快速响应（O3）	C1：开发资金有限（A2） C2：必须采用决策模型和管理技术（A1，A3） C3：需要来自内部和外部信息（MO2，MO3，MO4） C4：必须提供在不同综合水平上的报告（A4）	D1：使用模块化设计方法（C1） D2：要求系统具有较强的独立性（C1） D3：系统面向不同类型的管理者（A4，C4） D4：系统应当考虑使用者提出的要求（A1，A3，A4） D5：系统具有实时应答能力（MO7，O3）

图 3-7　战略目标集转化法示例

3.3.4　三种规划方法的比较

关键成功因素法是一个帮助组织最高领导确定重要信息需求的高度有效的方法。它的主要思想是“抓主要矛盾”，使目标的识别突出重点。由于高层领导比较熟悉这种方法，所以使用这种方法所确定的目标，高层领导乐于努力去实现。其局限性在于它只注重特定管理者的信息需求，而不是整个系统的信息需求，不能给出完整的信息系统规划，不能用于指导整个信息系统的开发过程。

企业系统规划法虽然也首先强调目标，但它没有明显的目标引导过程，而是通过定义业务流程引出系统目标，可以定义出新系统以支持业务流程，即把企业目标转化为系统目标。也就是说，BSP 方法没有明显的目标引出过程。识别企业过程是 BSP 法的核心，但是绝不能把 BSP 法的中心内容当成 U/C 矩阵。然而，BSP 法并没有对于计划和控制给出有效的识别过程，对于综合性的公共组织资源也难以识别。而且，收集分析资料花费时间、精力过多，使用 U/C 矩阵进行结构分析也有一定困难。

战略目标集转化法有利于将组织的战略目标转变为管理信息系统的战略目标。这种规划方法保证了开发出的管理信息系统能够支持组织战略目标的实现，提高管理信息系统的有效性。它将组织战略目标转化为管理信息战略目标，所给出的目标集完整地体现了组织的目标，可以整体用于指导管理信息系统的规划过程，保证系统规划的工作不迷失方向。

这 3 种规划方法都各有优缺点，没有一种规划方法是完美无缺的，因此在进行实际规划时可以把 3 种方法结合起来使用，称为 CSB 方法（即 CSF，SSF 和 BSP 的结合）。这种方法先采用 CSF 法确定企业目标，然后用 SSF 方法补充完善企业目标，并将这些目标转化为信息系统目标。用企业系统规划法校核两个目标，并确定管理信息系统结构，这样就补充了单个方法的不足，当然这也使得整个方法过于复杂，而削弱了单个方法的灵活性。可以说，迄今为止管理信息系统总体规划没有一种十全十美的方法，由于战略规划问题本身的非结构化程度比较高，可能永远也找不到一个唯一解。企业进行规划时应当具体问题具体分析，灵活运用规划方法。

【案例分析】

工程项目管理信息系统的规划

某工程公司经常承担一些大规模的建筑项目，主要是公路、大桥、地下隧道等。由于大型建筑项目的施工复杂性，通常很难准时完成工程项目，受到发包方的罚款。为改变此种状况，公司希望依靠信息系统处理诸多复杂的施工因素，以辅助管理者高质量、低消耗、按期完成工程项目。

在建设工程项目管理信息系统之前，公司进行了认真的系统规划。工程施工管理信息系统是以工程项目为核心，以项目的进度、质量、合同、成本及文档管理为对象，通过对项目管理中诸多复杂的、关联性强的数据进行处理，为从事施工项目管理工作的有关人员提供信息服务及辅助决策。

系统规划中根据工程施工项目管理的特点，决定采用企业系统规划法（BSP）。通过企业目标的确定、业务流程的分析，并通过深入调查，结合企业过程与数据类的基本特征，识别出系统中的企业过程与数据类，建立二者之间的信息结构，从而完成子系统的划分。

企业过程是描述企业活动与决策的集合，将其映射到信息系统中，可以描述为具有某种特定功能的逻辑上相对独立的功能模块。企业过程应具有这样一些基本特征：

- 具有交互式的操作功能。
- 具有特定的数据处理功能。
- 具有辅助管理或辅助决策功能。

1．施工项目管理过程

① 计划网络参数确定过程：通过项目的分解，得到项目网络计划，确定网络中各工序的编号、名称、持续时间、资源消耗及各工序间的逻辑关系，产生工序集数据类和资源消耗数据类。

② 网络时间参数、资源计算过程：利用工序关系及工序持续时间，计算各工序的最早开始时间、最早结束时间、最迟开始时间、最迟结束时间及总时差和某时间区段中各工序的资源消耗等有关时间参数。

③ 网络优化过程：利用已制订出的网络计划，选择优化目标，再通过对网络中相关工序的调整，得到优化后的新网络计划。

④ 网络计划生成过程：根据形成的项目网络计划，生成相关的图表，如横道图、网络图和资源消耗图等。

⑤ 实验、质检数据收集过程：收集实验数据和质检数据。

⑥ 实验数据处理过程：通过对实验数据的分析、处理，得到处理结果。

⑦ 质量统计、分析过程：根据系统中已建的常量数据（如规范），对质检数据进行统计、分析，得到分析结果。

⑧ 质量评定与验收过程：根据质量评定标准及质检统计数据，对工程质量进行评定，得到评定结果与验收报告。

⑨ 单价文件录入过程：根据对市场情况的充分调查，收集各种资源的单价，建立单价文件。

⑩ 计量与支付过程：通过实测，估算所完成的工程数量，计算应发生的成本，生成计量报表和支付报表。

⑪ 成本分析过程：根据成本分析法，对实际工程的成本进行分析，并用图表形式显示分析结果。

⑫ 合同文档生成过程：完成对合同文件的填写、编辑工作，生成所需的合同文档。

⑬ 合同法规检索与查询过程：根据工程管理中所出现的问题，查询有关的合同条款。

⑭ 合同动态控制过程：实时更新合同条款，动态跟踪、控制工程项目的实施。

2．工程项目中的数据类

工程项目中的数据是随着管理系统中的各种企业过程而存在、发生、应用，它与相对应的企业过程有着密切的联系，形成了很多逻辑内容相关互联的数据类。

通过对公路工程施工项目管理中企业过程输入、处理、输出的分析，进行归类、整理，设计出描述这些企业过程属性的数据类。

① 工序集数据类：对项目分解后所得到的工序集合，包括工序的编号及工序之间的逻辑关系。

② 资源消耗数据类：关于各工序所消耗的时间、人工、材料和机械的数据集合。

③ 时间参数数据类：通过对完善计划中有关时间参数的计算而得到的计算结果组成的数据集合。

④ 优化数据类：根据一定的优化目标，对网络计划进行优化后而得到的新网络计划的数据集合。

⑤ 图表数据类：横道图、网络图和资源使用图等各种图表的集合。

⑥ 常量数据类：质量管理过程中所用到的质量常量数据集合。

⑦ 质检数据类：工程实施中对质量进行检查所得到的数据集合。

⑧ 实验数据类：进行质量实验工作过程中所涉及的数据集合。

⑨ 质量分析结果数据类：反映质检数据分析结果的数据集合。

⑩ 质量统计结果数据类：反映质检数据统计结果的数据集合。

⑪ 质量评定结果数据类：质检数据评定结果的数据集合。

⑫ 单价数据类：工程项目相关资源单价的数据集合。

⑬ 成本数据类：对工程计量后所发生的成本数据集合。

⑭ 成本分析结果数据类：根据成本分析法对成本进行分析后，得到的数据集合。

⑮ 合同数据类：各种合同资料的集合。

⑯ 合同查询数据类：对合同条款进行相关查询后所得结果的集合。

3．定义信息系统结构

定义信息系统结构就是建立企业过程与数据类之间的关系，即通过建立过程数据类矩阵（U/C 矩阵）划分子系统，本系统的 U/C 矩阵如表 3-7 所示。

表 3-7　工程项目管理系统 U/C 矩阵

过程		工序集合	资源消耗	参数	优化	图表	质检数据	实验数据	分析结果	统计结果	评定结果	单价	成本	成本分析	合同	合同查询
进度管理	网络参数输入	C	C			U										
	时参计算	U	U	C												
	网络优化	U	U	U	C											
	计划输出					C										
质量管理	数据输入						C									
	数据处理						U	C								
	统计分析						U	U	C	C						
	评定验收						U	U	U	U	C					
成本管理	单价录入											C				
	计量支付	U	U	U								U	C		U	U
	成本分析			U								U	U	C		
合同管理	合同生成														C	
	检索查询														U	C
	动态控制														U	U

根据规划所确定的系统结构，目前公司的信息系统可以分为三类：

① 已经建立、待完善升级的系统，主要是合同管理。已建立的合同管理系统主要是合同生成和检索查询，这两项功能主要是单机系统，不能满足现场管理人员的需要；同时，还缺乏合同的动态控制功能。

② 目前可以建立的系统，主要是进度管理与质量管理。因为目前对公司承接工程项目影响最大的就是进度和质量两大问题，需要通过工程项目管理信息系统的建设，解决这两个影响到企业发展的关键问题。

③ 时机成熟后再建立的系统，主要是成本管理，因为成本的核算涉及工程项目的协同设计（一体化）系统的联结，而该系统是过程设计部分，并不属于工程项目管理部分。没有该系统就不能统计单项工作的成本，也就无法进行效益分析。因此，需要在完成工程项目的协同设计（一体化）系统后，再实现成本核算子系统。

（资料来源：陈京民.管理信息系统.清华大学出版社，北京交通大学出版社）

案例思考题：

① 该公司的管理信息系统规划有何特点？

② 为什么要采用企业系统规划法进行管理信息系统规划？其他的系统规划方法能否在该规划中采用？

3.4　可行性研究

在做完总体规划之后，根据规划的结果确定近期需要开发的信息系统。这时就要仔细分析信息系统的开发是否可行，对目标系统进行可行性研究，要从初步调查入手，再进一步从技术、经济和社会效益等方面论证其可行性，最后提交一份可行性分析报告。

3.4.1 初步调查

用户提供了管理信息系统的开发要求后，要调查一个企业的总貌以及对信息系统的需求，根据企业的具体情况确定用户的开发要求是否可行。初步调查阶段的主要目标就是从系统分析人员和管理人员的角度看新项目开发有无必要和可能。调查的范围大致包括如下几方面：

1. 企业基本情况调查

企业基本情况包括企业的规模、性质、组织结构的性质、内部的组织结构，产、供、销的概貌，人员、设备与资金状况等。这些与系统开发可行性研究、系统开发初步建议方案以及进行详细调查直接相关，应该在初步调查中查清。

2. 现行系统运行状况调查

对现行系统不满意是企业要求开发新系统的原因之一。现行系统可以是以计算机为基础的信息系统，也可能是手工系统。在决定是否开发新系统之前，一定要了解现行系统的运行状况、特点、所存在的问题、可利用的各种资源、可利用的技术力量以及可利用的信息处理设备等。

3. 新系统的目的和要求

初步调查的第一步要从用户对新系统的要求和提出新系统开发要求开始，调查用户对新系统的需求以及新系统预期达到的目的，包括对新系统的功能、性能的要求以及新系统的运行环境、限制条件等。

4. 管理方式和基础数据管理状况

企业现有的管理方式和基础数据管理状况是整个系统调查工作的重点，它与将要开发的系统密切相关。但是，在初步调查阶段只需要对这些进行大致的了解，并定性了解对今后系统开发是否能够提供支持即可。

3.4.2 可行性分析的内容

可行性研究就是在系统初步调查的基础上，对新系统是否能够实现和值得实现等问题做出判断，主要从技术、经济和社会因素等方面研究并论证本项目的可行性，编写可行性分析报告。

1. 技术上的可行性

首先，分析所提出的要求在现有技术条件下是否有可能实现以及所需要的物理资源是否具备，例如，软硬件配置是否达到系统目标要求，能否满足系统在管理模型、处理精度、存储能力、通信能力等方面的要求等。特别注意，现有技术条件下是指社会上已经普遍使用了的技术，而不应该将尚在实验室和尚不确定的管理方法作为分析的依据。除此之外，还要考虑开发人员的技术水平是否满足系统建设的需要，因为管理信息系统开发属于知识密集型工作，因此对技术的要求较高，如果缺乏足够的技术力量，或者单纯依靠外部力量进行开发，是很难成功的。

2. 经济上的可行性

经济上的可行性包括对项目所需费用的结算和对项目效益的估算，这一点是非常重要的。新系统的费用包括系统软硬件费用、辅助设备费用、机房及附属设施费用、系统开发和维护费用、人员培训费用、其他（差旅等）费用。新系统的效益则应从两方面综合考虑：一部分是可以用钱衡量的效益，如减少人员费用、加快流动资金周转、减少资金积压等；另一部分是难以用钱表示的，例如提供了以前提供不了的统计报表和分析报告，提高取得信息的速度等。根据估算的直接效益和各种间接效益，评价新系统经济上的可行性。通常在估算费用的过程中容易

（故意）估计过低，而估算项目效益的过程中常常把收益估计过高。

3. 社会因素方面的可行性

除了技术、经济外，还要考虑系统本身所处的其他社会因素。例如，与项目有直接关系的管理人员对新系统的态度，如果管理人员不支持甚至有抵触态度，那说明条件还不成熟，不能进行新系统的开发。又如，新系统的开发必然会引起组织结构和管理体制的变化，组织是否已经做好迎接变革的准备。再如，某些工作环节的工作人员水平和能力是否能够满足新系统的需要。所有这些因素均必须考虑在内。有时候，因为社会因素而带来的风险远远大于技术和经济上的风险。

可行性研究的时间取决于系统的规模，一般为几周到数月。经费为整个项目的 5%～10%。大型项目可能要开发原型，并根据原型进行可行性研究。

3.4.3　可行性分析报告

根据初步调查了解的情况，系统分析员对建立管理信息系统的必要性和可能性进行全面的分析，将分析的结果以书面形式表达出来，这就是可行性分析报告。

可行性分析报告目前尚无统一的格式，一般内容有以下几点：

① 引言。说明系统的名称、系统目标和系统功能、项目的由来。

② 系统建设的背景、必要性和意义。报告要用较大的篇幅说明总体规划调查、汇总的全过程，要使人相信调查是真实的，汇总是有根据的，规划是可信的。

③ 拟建系统的候选方案。这部分要提出信息系统的逻辑配置方案，可以提出一个主要方案及几个辅助方案。

④ 可行性论证。从技术、经济、社会因素三方面对规划进行论证。

⑤ 几个方案的比较。若结论认为是可行的，则给出系统开发的计划，包括各阶段人力、资金、设备的需求及开发进度。

可行性分析报告需要提交到正式会议上进行认真讨论和审查，可行性分析的结论可能是立即开发、改进原系统、目前不可行或推迟到某些条件具备以后再进行开发 3 种情形之一。

可行性分析报告要尽量取得有关管理人员的一致同意，并经主管领导批准，才可付诸实施。同时，也意味着系统规划阶段的结束，开始进入系统分析阶段。

3.4.4　可行性研究举例

下面通过一个实例来看一下可行性分析的内容。这是一个工贸公司的业务管理系统的例子，该系统可行性研究的主要内容如下：

1. 基本情况

某工贸公司是经省人民政府批准成立的、经国家外经贸部批准具有对外经营权的国有公司，是由数十家大中型工厂、科研机构、高等院校共同投资组成的股份制经济实体，于 1980 年成立。公司本部设在××市××××路×××号。

该公司以工贸结合、技贸结合、内外贸结合的方式开拓国内外市场，具备完整的国际国内贸易、仓储运输、新产品开发、技术咨询和服务等功能。公司设有 10 个分部、分公司，主营国际贸易；还设有一个化工基地，专门生产化工类产品。公司正向着贸、工、技、金融为一体的多元化经营的集团公司方向发展。

近年来，随着外贸业务量的快速增长，原有的手工处理方式已不能满足需要。在这种情况下，公司提出了管理信息系统的开发要求。

2. 初步调查和可行性分析

经过初步调查之后，我们认为在该公司建立管理信息系统是可行的。

首先，公司领导重视，管理层普遍支持，公司业务人员同样也表现出对管理信息系统的迫切需求。当然，部分领导对计算机管理信息系统存在过高的期望，错误地认为新系统建立后，什么问题都可以解决。经过与系统分析人员的交流，公司领导层对新系统的目标有了较正确的认识。显然，用户能够积极参与系统开发，这是系统开发的前提和基础。

其次，技术方面具有可行性。技术可行性可从以下几方面进行分析：

① 公司管理规范，特别是在贸易业务的处理上，管理部门与业务部门之间的来往文档规范，审批手续比较齐全，可以保证新系统数据的规范和全面。

② 公司有一定的计算机应用基础，大部分人员对计算机技术有一定的了解，也有一定的计算机操作能力，实施新系统后只需经过简单的培训即可。公司原有的计算机管理和维护工作由综合管理部门下属的微机室负责，有两名以上的具有一定软硬件维护能力的计算机专业人员。

③ 软件覆盖业务范围。根据公司的业务情况，采用常见的数据库应用程序开发工具实现公司本部的业务管理是完全可行的。业务部门之间采用共享数据库的方式可以方便地实现数据信息的传递。与外地分公司或工厂的业务联系的实现与网络的连接方式有关，考虑暂缓实现。

④ 硬件设备的可行性。公司原有部分 PC，配置较高，可运行 Windows 操作系统，也可作为网络工作站连接到 Novell NetWare 或 Windows NT 服务器上。根据这些条件，增加一台微机服务器、若干网络无盘工作站和一些网络连接设备即可建立一个基本局域网，满足信息系统运行的需要。

3. 新系统设想方案

根据对公司情况的初步调查和可行性分析研究，可以得出结论：在公司总部开发实施管理信息系统是可行的。对新系统的建设方案主要有以下几点设想：

① 新系统的功能覆盖公司的业务流程管理、人事劳资、档案管理、财务管理等。这涉及公司的综合管理部门、各业务部门、财务部门、办公室等主要部门。

② 系统以委托外单位开发为主，本单位人员配合并参与开发的全过程，以消化吸收并掌握技术，为今后负责系统的管理和操作运行打下基础。开发过程可采用如下几步:

第一步：开发者在用户的配合下展开全面的系统调查和系统分析。

第二步：开发者进行系统分析和系统实现（编程）工作。

第三步：开发者进行系统调试，并逐步培训各岗位的操作人员。

第四步：系统调试工作完成后，将系统和所有开发文档移交给该公司，由公司自行管理系统的运行。

③ 由于财务管理部分数据处理复杂，对可靠性要求较高，开发费用也较高，拟采用购买财务软件（如金蝶、用友等流行的财务软件）的方法来实现，由开发人员完成财务软件与系统其他部分数据交换程序的开发。人事劳资和档案管理也可以采用购买通用软件的方法来解决，以降低系统的开发费用，加快开发进度。

④ 开发方法采用自顶向下的方法，先调查、分析，理顺所有的管理环节，然后再根据实际情况制定并实现新系统方案。

⑤ 系统拟投入的人力有：开发人员 2 名，公司电信室 2 名计算机管理人员参与系统的分析工作，调试阶段有 4～5 名操作人员参与。预计开发时间为 1 年，其中调查时间为 1.5 个月，系统分析与设计时间为 1.5 个月，编程时间为 3 个月，调试和试运行时间为 6 个月。

⑥ 系统的软硬件。购买一台高性能微机或 PC 服务器作为文件服务器，将公司原有微机通过网络设备连接到文件服务器作网络工作站，并根据需要增加部分无盘工作站。文件服务器的操作系统采用 Windows 系统。网络工作站由于用户数较少，同时将文件服务器作为数据库服务器，数据库服务器软件采用微软的 SQL Server。网络设备包括两台 16 端口的集线器和文件服务器及网络工作站使用的网络接口卡。

系统开发工具拟采用 Inprise 公司的 Delphi 或 C++ Builder，这两种开发工具可视化程度高，数据库连接和操作方便，可快速完成系统的编程工作。

⑦ 开发费用估算。可行性研究涉及系统初步开发计划的制订，需要对开发工作量做出初步的估计，可以使用软件工程学的成本估算方法。

小　　结

MIS 战略规划是一个企业的战略规划的重要组成部分，是关于管理信息系统长远发展的规划。战略规划的时机既不能太早也不能太晚，战略规划的主要任务是制定管理信息系统的发展战略，确定管理信息系统的总体方案，安排项目开发计划，分析管理信息系统开发的可行性，并且制订系统建设的资源分配计划。

诺兰阶段模型描述信息系统发展经历的阶段，主要有初装、蔓延、控制、集成、数据管理和成熟 6 个阶段。总体规划的时机可选择在控制或集成阶段。

管理信息系统的总体规划方法有多种，本书主要介绍企业系统规划法（BSP 法）、关键成功因素法（CSF 法）和战略目标集转化法（SST 法）。BSP 法从描述企业战略目标入手，逐步将企业目标转化为管理信息系统的目标和结构，从企业最基本的活动过程出发，进行数据分析，分析决策所需的数据，定义支持企业过程的数据类，这些数据类可以用于开发信息系统的数据库，然后自下而上设计系统，以支持系统目标的实现。BSP 法是一种综合了自上而下策略和自下而上策略的信息系统规划方法。CSF 方法的核心思想是采用围绕关键成功因素的方式来制定组织的信息系统规划。SST 法有利于将组织的战略目标转变为管理信息系统的战略目标，保证了开发出的管理信息系统能够支持组织战略目标的实现，提高管理信息系统的有效性。这 3 种规划方法都各有优缺点，没有一种规划方法是完美无缺的，企业进行规划时应当具体问题具体分析，灵活运用规划方法。

可行性研究就是在系统初步调查的基础上，对新系统是否能够实现和值得实现等问题做出判断，主要从技术、经济和社会因素等方面研究并论证本项目的可行性，编写可行性分析报告。

习　　题

一、选择题

1. 诺兰模型主要揭示了（　　）。

   A. 管理信息系统发展的规律　　　B. 开发管理信息系统的方法

   C. 生命周期法的表现形式　　　　D. 管理信息系统的规划方法

2. 在诺兰模型中，开始对计算机的使用进行规划和控制是在（　　）。

A. 集成阶段　B. 成熟阶段　C. 控制阶段　D. 数据管理阶段

3. BSP 法的优点在于能保证（　　）独立于企业的组织机构。

A. 信息系统　B. 数据类　C. 管理功能　D. 系统规划

4. U/C 矩阵的正确性检验不包含（　　）。

A. 完备性检验　B. 准确性检验　C. 一致性检验　D. 无冗余性检验

5. U/C 矩阵是一张表格，表中的内容表达了（　　）与（　　）的关系。

A. 模块、数据　B. 模块、数据项

C. 数据类、功能　D. 数据项、记录

6. 对某公司进行调查分析，确定是否值得开发一个新系统的工作是进行（　　）。

A. 可行性研究　B. 系统分析　C. 系统详细调查　D. 系统设计

7. 在进行技术可行性分析中，人员方面主要指的是（　　）。

A. 人员的学历层次　B. 人员的职称结构

C. 人员的技术水平和知识结构　D. 人员的年龄结构

8. 属于关键成功因素法工作内容的是（　　）。

A. 明确企业的战略目标　B. 定义企业过程

C. 定义企业数据类　D. 业务过程重组

9. 某企业的计算机应用初见成效，信息系统从少数部门扩散到多数部门，并开发了大量的应用程序，使单位的事务处理效率有了提高，该单位处于诺兰阶段模型的（　　）阶段。

A. 初装　B. 蔓延　C. 控制　D. 集成

10. 企业系统规划法（BSP）的核心是（　　）。

A. 确定企业的目标　B. 定义数据类

C. 定义企业过程　D. 定义信息结构

二、填空题

1. 管理信息系统战略规划的组织包括成立信息系统规划领导小组、________和________。

2. 识别企业数据类有________和________两种。

3. 可行性分析的内容包括技术上的可行性、________和经济上的可行性。

4. 总体规划的时机可选择在诺兰阶段模型的________或________阶段。

三、简答题

1. 简述识别企业数据类的两种方法。

2. 简述 U/C 矩阵的工作步骤。

3. 试述企业系统规划法（BSP 法）的工作步骤及作用。

4. 请绘制诺兰阶段模型。

第4章 管理信息系统开发

【学习目标】

- 了解系统开发的任务和原则。
- 掌握管理信息系统的开发方法。
- 掌握管理信息系统的开发方式。
- 掌握信息系统分析的主要工具。
- 了解系统设计的任务和原则。
- 掌握代码设计、功能结构设计。
- 了解管理信息系统实施的内容。
- 掌握信息系统切换方式。

【关键术语】

系统生命周期　结构化系统开发方法　原型法　面向对象法　开发方式　用户需求　业务流程图　数据流程图　数据字典　结构化语言　决策树　决策表　总体结构设计　功能结构设计　详细设计　代码设计　程序设计　系统测试　系统切换

管理信息系统开发的目标是根据系统规划所确定的总体结构方案和项目开发计划，把拟定的项目计划转化成可以运行的实际系统。信息系统项目建设有不同的开发方法、策略和方式，按照结构化系统开发方法，管理信息系统开发过程分为系统分析、系统设计和系统实施3个阶段。

4.1　系统开发的任务和原则

管理信息系统的开发是一个复杂的过程，涉及面广，耗资巨大，历时比较长，因此成功率不高。究其原因是多方面的，其中一个原因可能是开发人员对管理信息系统开发的任务、特点及原则等理解得不够深刻和全面。

4.1.1　系统开发的任务

信息系统开发是根据企业管理的战略目标、规模、性质等具体情况，运用系统工程的方法，为企业建立起一套以计算机为基础的软硬件结合的管理信息系统。例如，制造型企业需要根据市场的要求安排生产和作业计划，为了满足生产的需要需进行物料的采购、库存管理、设备和人员的管理、组织产品销售等，信息系统的建设需要围绕这条主线进行。如果是商业，企业需要围绕管理商品的进销存过程建立信息系统。

信息系统开发的任务主要是软件的开发，除此之外还包括很多基础性建设，要根据软件开发的要求，进行计算机软硬件的购置、网络系统的设计、物理场所的准备以及相关的管理环境的配套等多方面的工作。显然，软件的开发是信息系统开发中处于核心地位的工作。信息系统开发工作要取得成功，必须从企业的实际需求出发，选择最经济、有效的方式建立信息系统；同时，在具体的信息系统开发过程中，应注意从系统整体出发，运用结构化、系统化的方法指导整个管理信息系统开发的全过程。

4.1.2 系统开发的原则

信息系统的开发是一项复杂的系统工程，系统开发的技术要求高、内容复杂、目标多样，投入资金大且开发周期长。针对管理信息系统开发的任务和特点，在开发过程中应遵循以下原则：

①“一把手”原则。“一把手”泛指企业部门的厂长、经理、书记等。“一把手”亲自参与和拍板是管理信息系统开发成功的关键。原因在于，首先“一把手”最清楚自己组织存在的问题，最能合理地确定系统目标；其次，“一把手”拥有人、财、物的指挥权和决策权，能够合理地确定投资、调整机构、确定计算机平台等；最后，管理信息系统开发的过程必然要涉及组织结构的调整和业务流程的再设计，会涉及工作关系的重新组合、人事变动等，在开发过程中会受到既得利益者的阻力，因此也需要“一把手”运用自己的权力和权威去解决。

② 面向用户原则。信息系统是为用户开发的，最终是要交给用户使用的，只有用户通过运行才能对系统做出客观的评价。因为系统开发人员和用户所处的角度不同，他们对系统关注的侧重点也不同。系统开发人员注重的是计算机使用效率而不是用户使用效率，虽然这两种效率有着密切联系，但也存在差别。因此，从系统的总体方案规划设计到系统开发过程中的每一个环节，都必须坚持一切为了用户、一切服务于用户的观点，这是信息系统开发的首要前提。

③ 阶段性原则。阶段性原则是指系统的开发要严格地按照系统开发工作阶段的步骤来进行。每一个阶段都应该制定各自的目标、任务和进度计划。每一个阶段的工作完成情况和取得的阶段性成果，都必须建立详细的文档资料，并通过开发领导小组或技术负责人的审核、鉴定后方可转入下一阶段的工作。

④ 适用性和先进性原则。在近几年管理信息系统开发实践中，有些企业盲目追求技术的先进性而采取不成熟的技术，从而出现系统不稳定、不可靠甚至是无法运行的情况；而有些企业在开发过程中采用过分落后的技术，造成系统功能弱、性能差，不能满足用户需求。鉴于这一实际情况，在管理信息系统开发过程中应注重适用性和先进性相结合，在管理信息系统的开发中应该遵循既把实用性放在第一位，满足现行管理的实际需求，尽快解决管理工作中的实际问题，又要突出系统在技术上、管理上的先进性，开发出功能全、起点高的系统。

⑤ 系统工程原则。系统工程是从系统的整体出发，为了合理、经济、有效地达到系统的目标而运用的思想、程序、组织、方法的总称。必须运用系统工程的方法，使得系统开发在系统目标的确立、系统功能的设计、系统实施中的资源配置以及系统的运行维护等工作都得到通盘的考虑，使得系统开发工作有序进行，并达到整体最优的效果。

⑥ 四统一原则。信息系统开发的四统一原则是指“统一领导、统一规划、统一目标、统一软硬件环境”。这个原则是信息系统开发人员和管理人员共同遵守的准则。它对加强系统过程的管理与控制、提高系统开发的质量和水平、缩短开发时间、减少开发费用、方便系统的管理与维护等，都将起到重要的指导作用。

4.2　管理信息系统的开发方法

在系统开发过程中，选择开发策略时，应采取“总体规划，分期实施，逐步投资，逐步见效”的原则。具体的开发策略主要有两种：

①“自下而上”的开发策略。“自下而上”的开发是从各个基层业务子系统（如物资供应、财务管理、生产管理等）的日常业务处理开始进行分析和设计。完成下层子系统的分析和设计后，再进行上一层子系统的分析和设计。实现一个个具体的功能后，逐步由低级到高级建立管理信息系统。这种方法边实施边见效，容易开发，可以避免大规模系统可能出现运行不协调的危险；但由于在实施具体子系统时，不能像想象的那样完全周密，难以从整个系统出发考虑问题，易导致功能和数据的重复和不一致。随着系统的进展，往往要做许多重大修改，甚至重新规划、设计。

②“自上而下”的开发策略。“自上而下”的开发是从企业高层管理入手，强调从整体上协调和规划，由全面到局部，由长远到近期，从探索合理的信息流出发来设计信息系统。它首先考虑企业的总体目标、总功能，划分子系统，然后进行各子系统的具体分析与设计。这种开发策略具有系统性、逻辑性强的优点；缺点是对制定较大的系统来说，由于工作量大而影响具体细节，系统开发费用大。“自上而下”是一种更重要的策略，是信息系统的发展走向集成和成熟的要求。

在实际应用中一般是将两种策略相结合，即“自上而下”规划、分析、设计，“自下而上”实施。

在系统开发中，开发方法的选择也是很重要的。20 世纪 70 年代提出了“生命周期法”，后来对结构化方法和原型法的形成产生了重要影响。结构化方法是生命周期法的延伸和扩展，而原型法是结构化方法的补充和发展。由于生命周期法较好地对开发过程进行了定义，大大改善了开发过程，因此生命周期法仍然是最常用的一种方法。

4.2.1　管理信息系统的生命周期

任何事物都有其产生、成长、成熟、衰退，直至被淘汰的过程，这个过程称为事物的生命周期。管理信息系统也不例外，其生命周期包括系统规划阶段、系统分析阶段、系统设计阶段、系统实施阶段和系统运行和维护阶段。在系统运行过程中，系统会不断衰退（由于软件功能无法适应环境变化和用户需求变化），为了延长其寿命，需要不断维护，直至被新系统所取代，旧系统彻底退出，其生命周期宣告结束。而新系统也将经历同样的过程。管理信息系统的生命周期模型如图 4-1 所示，由于各个阶段首尾相连，形如一个瀑布，也称瀑布模型。

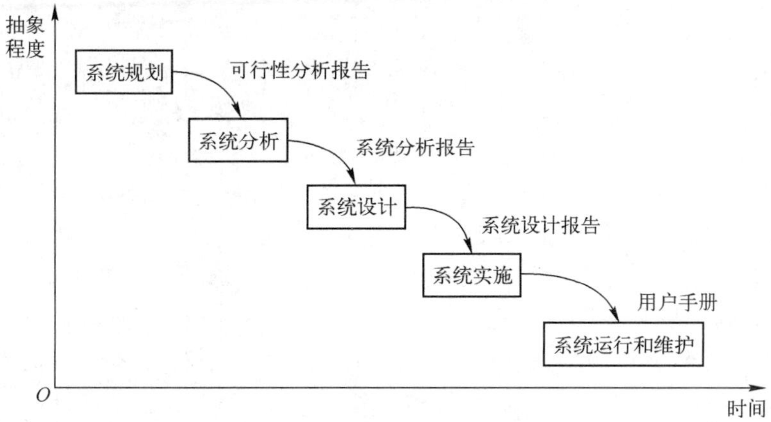

图 4-1　管理信息系统的生命周期模型

各阶段的任务如下：

① 系统规划阶段。系统规划的主要任务是对系统做全面长远的考虑，对企业概况及现行系统的状况进行初步调查，提出拟建系统的备选方案，并对备选方案进行可行性分析，写出可行性报告。

② 系统分析阶段。系统分析阶段的主要任务是解决系统“做什么”的问题。在系统规划指导下，对现行系统进行详细调查，提出新系统的逻辑模型。

③ 系统设计阶段。系统设计阶段的主要任务是解决系统“怎么做”的问题。根据系统分析阶段确定的方案，设计新系统的物理模型。

④ 系统实施阶段。系统实施阶段主要进行系统的具体实施，包括设备购置、安装和调试，程序编制，系统调试与转换以及人员的培训等。

⑤ 系统运行维护阶段。系统运行维护阶段的主要任务是对现行系统进行维护和质量效益评价。系统生命周期法为系统的开发提供了宏观的框架指导。在长期的软件开发实践中，人们总结了很多优秀的软件开发方法，下面介绍常见的几种开发方法。

4.2.2 结构化系统开发方法

结构化系统开发方法是目前应用最普遍的一种开发方法，是在信息系统生命周期模型的基础上发展起来的。在 20 世纪 70～80 年代，该方法非常盛行，在信息系统的开发上取得了较好的效果。该方法强调从系统的角度出发来分析问题和解决问题，面对要开发的系统，从层次的角度，自顶向下地分析和设计系统，认为任何系统都有一个从发生、发展到消亡的生命周期，新系统是旧系统的继续。开发过程强调严格的规范管理，工作文档要成文、要标准。目前，该类方法仍不失为一种有效的信息系统开发方法。

结构化系统开发方法的基本思想是用系统的思想和系统工程的方法，按照用户至上的原则，结构化、模块化、自顶向下地进行系统分析和设计，然后自下而上地进行系统实施，从而构成整个系统。

1．结构化系统开发方法的 3 个阶段

① 系统分析。系统分析是结构化系统开发方法的一个重要阶段。系统分析以系统规划中提出的目标为出发点，首先进行详细的系统调查，包括组织机构、管理功能、业务流程以及数据流程调查，详细了解原系统存在的问题，然后进行系统化分析，与用户协商确定新系统的功能需求和性能需求，建立信息系统的逻辑模型，最后编写系统分析报告。系统分析报告是系统开发过程中最重要的开发文档之一，主要描述新系统的逻辑模型，解决新系统“做什么”的问题，是下一个阶段系统设计阶段的工作依据，也是新系统最后的验收依据。系统分析报告由系统分析人员编写，经有关人员审查批准之后，开发过程进入下一个阶段。

② 系统设计。系统设计的主要任务是根据新系统的逻辑模型进行物理模型设计，详细设计出系统实现的技术方案，即新系统的物理模型，解决新系统“怎么做”的问题。系统设计包括总体结构设计、物理配置方案设计、数据存储设计、代码设计、输入/输出设计等，最后编写系统设计报告。系统设计报告是系统设计阶段的阶段性成果，是下一个阶段系统实施的工作依据。

③ 系统实施。系统实施的主要任务是将设计的系统付诸实施。这个阶段的主要任务包括计算机及网络系统的购置、安装和调试，程序的编写和调试，数据的准备和录入，人员培训与系统转换等。系统实施的主要依据是系统设计报告，最后的成果除了能正常运行的系统之外，还

应包括系统维护手册、系统使用说明书等。

2. 结构化系统开发的优缺点

（1）优点

① 注重开发过程的整体性和全局性，整体思路清楚，能够从全局出发分析和设计整个系统。

② 开发过程严格划分工作阶段，每个阶段都有工作成果出现。

③ 前一个阶段的工作成果是下一个阶段的工作依据，工作进度比较容易把握，有利于系统开发的总体管理和控制。

④ 由于该方法从整体上详细地进行系统分析，可以诊断出原系统中存在的问题和结构上的缺陷。

（2）缺点

① 预先定义用户所有需求。这种方法要求系统开发者在调查中就充分地掌握用户需求、管理状况以及预见可能发生的变化，这不大符合人们循序渐进地认识事物的规律性，因此在实际工作中实施有一定的困难。

② 开发过程烦琐，周期长。结构化系统开发方法要求必须按顺序一个阶段、一个阶段地进行开发，并且每个阶段都有大量的文档和图表，这些都会造成开发周期过长。

③ 灵活性差。由于开发周期太长，有时系统开发尚未完成，而内外部环境已经发生变化，因此系统灵活性比较差，很难适用于运行环境经常变化的信息系统的开发。

3. 结构化系统开发方法的适用场合

结构化系统开发方法适用于一些组织机构相对稳定、业务处理过程规范、需求明确且在一定时期内不会发生大的变化的大型信息系统的开发，特别适合于有较好的信息系统基础的企业。

4.2.3　原型法

原型法（Prototyping）是与结构化系统开发方法完全不同的开发方法。它是 20 世纪 80 年代随着计算机技术的发展，特别是在关系数据库系统、第四代程序语言的基础上发展起来的一种系统开发方法。原型法扬弃了对现行系统全面、系统的详细调查与分析，而是根据系统开发人员对用户需求的理解，在强有力的软件环境支持下，快速开发出一个原型系统，提供给用户，与用户一起反复协商修改，直至实现新系统。其系统开发是一个分析、设计、编程、运行、评价多次重复、不断演进的过程。因此，原型法一经问世，立即得到广泛的重视，迅速得以推广。

1. 原型法的基本概念

在建筑学和机械设计学中，所谓“原型”是指其结构、大小和功能都与某个物体相似的、模拟该物体的原始模型。在信息系统中，原型是新系统的一个“样品”，一个早期可运行版本，它能反映新系统的部分重要功能和特征。原型包括抛弃型和进化型两种，其中，抛弃型原型指在系统真正实现以后就抛弃不用了，主要是用于帮助系统分析人员更充分地了解用户的需求。进化型原型的构造从目标系统的一个或多个基本需求出发，通过修改和追加的过程使功能逐渐丰富，演化成为最终的系统，可以说进化型原型是最终系统的一部分。

原型法不同于结构化系统开发方法，它采用的是“自下而上”的开发策略，不区分系统开发的各个阶段，而是同时完成阶段的活动，并快速反馈给用户，通过反复迭代，完成系统的开发过程。

2. 原型法的开发步骤

原型法突出一个“快”字，要求开发人员在初步了解用户需求的基础上，迅速开发出一个能够运行的原型，交给用户使用并做出评价，然后和用户一起反复修改，直到用户满意为止。原型法的开发阶段如图 4-2 所示。

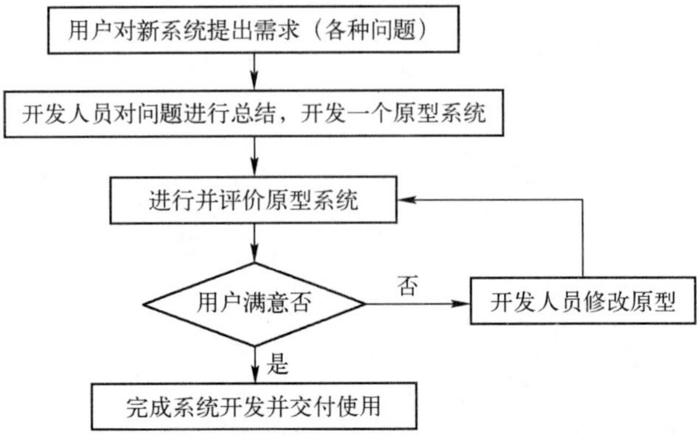

图 4-2　原型法开发过程

3．原型法的优缺点

（1）优点

① 开发周期短，开发费用少。原型法利用最新的软件工具能快速生成原型，并且可以减少大量制作文档的时间，所以开发时间短，费用相对较少。

② 改进了用户和系统开发人员的信息交流方式。原型法将一个实际的、活生生的系统原型提供给用户，用户通过使用来了解系统和纠正偏差，要比说明性的材料生动实际得多。

③ 用户满意度高，开发风险降低。原型法强调用户的参与，特别是对原型的描述和系统运行功能的检验都强调用户的主导作用，用户的满意度自然会提高。用户对系统满意、与开发人员意见一致时，才能继续开发最终系统，所以也会降低开发风险。

④ 应变能力强。原型法在迭代中完善，信息技术的进步、企业经营环境的变化，都能及时地体现在系统中，这就使得所开发的系统能及时适应迅速变化的环境。

（2）缺点

① 对开发环境和开发工具的要求较高。原型法要求开发过程能够快速模型化、快速地进行修改，为此必须借助于快速生成工具的支持，才能快速生成原型。

② 对大型系统或复杂性较高的系统不适用。原型法缺乏对整个系统的全面认识，系统分析比较粗略。对于大型的、复杂的系统，如果不经过系统分析来进行整体性划分，想要直接用屏幕来逐个模拟是很困难的。

③ 对用户的管理水平要求高。如果企业原基础管理不善，信息处理过程混乱，构造原型有一定困难；其次是由于基础管理不好，没有科学合理的方法可依，系统开发容易走上模拟手工系统的轨道。

4．原型法的适用场合

① 对于那些比较新的管理业务或开放型的小系统，如企业信用评估、经济预测、各种决策支持系统等，一般适合采用原型法进行系统开发。

② 与结构化系统开发方法结合起来使用。整体上仍使用结构化系统开发方法，原型法仅代替生命周期法的某一个或几个阶段。由于原型法对问题的定义使用的是启发方式，因而被认为是确定需求的良好策略，所以原型法一般应用在系统分析阶段是比较恰当的。

4.2.4　面向对象方法

面向对象（Object Oriented，OO）方法产生于 20 世纪 60 年代，在 20 世纪 80 年代后获得广泛应用。随着应用系统日趋复杂、庞大，该方法以其直观、方便的优点日益受到重视。

1．面向对象方法的基本思想

面向对象方法学的出发点和基本原则是尽可能模拟人类习惯的思维方式，使开发软件的方法与过程尽可能接近人类认识世界、解决问题的方法与过程。

面向对象方法学认为，客观世界是由各种各样的对象组成的，每种对象都有各自的内部状态和运动规律，不同的对象之间的相互作用和联系就构成了各种不同的系统。当设计和实现一个客观系统时，如果能在满足需求的条件下，把系统设计成由一些不可变的（相对固定）部分组成的最小集合，这个设计就是最好的。因为这种设计把握了事物的本质，因而不再会被周围环境（物理环境和管理模式）的变化以及用户不断的需求变化所左右，而这些不可变的部分就是所谓的对象。

面向对象方法使设计的软件尽可能直接地描述现实世界，构造模块化、可重用、维护性好的软件且能控制软件的复杂性和降低开发费用。

2．面向对象法的基本概念

（1）对象

对象是现实世界中具有相同属性、服从相同规则的一系列事物的抽象，也就是将相似事物抽象化，其中的具体事物成为对象的实体。任何事物在一定前提下都可以看成是对象。从一本书到一家图书馆，从简单的整数到庞大的数据库、极其复杂的自动化工厂、航天飞机都可看作对象，它不仅能表示有形的实体，也能表示无形的（抽象的）规则、计划或事件。从计算机角度看，对象是由数据及其操作所构成的封装体，是系统中用来描述客观事物的一个封装，是构成系统的基本单位。用计算机语言描述，对象是由一组属性和对这组属性进行操作的一组服务构成。

对象包含 3 个基本要素：对象标识、对象状态和对象行为。每一个对象必须有一个名字以区别于其他对象，这就是对象标识；状态用来描述对象的某些特征；对象行为用来封装对象所拥有的业务操作。例如，对于教师 Joe 而言，包含性别、年龄、职位等个人状态信息，同时还具有授课的行为特征，那么 Joe 就是封装后的一个典型对象。

（2）类

类是具有相同属性和相同行为描述的一组对象的抽象，它为属于该类的全部对象提供统一的抽象描述。可以说，对象的抽象是类，类的具体化就是对象；也可以说，类的实例是对象，类是对象的模板。可以这样理解类和对象的关系，如果将对象比作房子，那么类就是房子的设计图纸。类中包含了属性和操作：属性是对象的状态的抽象，用数据结构来描述类的属性；操作是对象的行为的抽象，用操作名和实现该操作的方法来描述。同时，类可有其子类，也可有其他类，形成类层次结构。

（3）消息

消息是面向对象发出的服务器请求。在面向对象方法中，完成一件事情的方法就是向有关对象发送消息。消息体现了对象的执行和独立性，对象间可以通过消息实现交互，模拟现实世界。一般消息由三部分组成：接收消息的对象、消息名及变量。

（4）关系

关系是指现实世界中两个对象或多个对象之间的相互作用和影响。例如，师生关系、上下级关系、机器与配件的关系等。

（5）接口

接口指对象受理外部消息所指定操作的名称或外部通信协议，是对操作规范的说明。接口只是说明操作应该做什么，但没有定义操作如何做。接口可以理解成类的一个特例，它只规定实现此接口的类的操作方法，而把真正的实现细节交由实现该接口的类去完成。接口在面向对象分析和设计过程中起到了至关重要的桥梁作用，系统分析员通常先把有待实现的功能封装并定义成接口，而后期程序员依据此接口进行编码实现。

（6）继承

继承表示类之间的层次关系，指一个类承袭另一个类的能力和特征的机制。继承的优点是避免了系统内部类或对象封闭而造成的数据与操作冗余现象，并保持结构的一致性。假设类 B 继承类 A，即类 B 中的对象具有类 A 的一切特征（包括属性和操作）。类 A 称为基类或父类或超类，类 B 称为类 A 的派生类或子类，类 B 在类 A 的基础上还可以有一些扩展。继承又可分为单继承和多继承，单继承是子类只从一个父类继承，而多继承中的子类可以从多于一个的父类继承。继承最主要的优点是支持重用，在层次方面优于传统结构化方法中的过程调用。

3．面向对象方法的特点

面向对象方法是以对象为中心的一种开发方法，具有下述 4 个特点：

① 封装性。在面向对象方法中，程序和数据封装在一起，对象作为一个实体，从外部可以了解它的功能，但是其内部细节是被“隐藏”和不受外界干扰的，对象之间的相互依赖性很小。封装性是一种信息隐蔽技术，是面向对象方法的基础。

② 抽象性。在面向对象方法中，抽出实体的本质和内在属性而忽略一些无关紧要的属性称为抽象。这样，就可以把所有对象都抽象成各种对象类。类是抽象的产物，对象是类的一个实例。同类中的对象具有类中规定的属性和行为。例如，荧光屏上不同位置显示半径不同的几个圆，都是 Circle 类的不同对象，这些对象都具有 Circle 类中规定的属性和行为。

③ 继承性。继承性是指子类拥有父类的属性和操作。类可以派生出子类，子类不必重新定义已在父类中定义过的属性和操作，而是自动地、隐含地拥有父类的属性和操作。按照子类与父类的关系，可以把若干个对象类组成一个层次结构的系统，通过继承大大提高软件的可重用性。

④ 动态链接性。动态链接性是指各种对象之间统一、方便、动态的消息传递机制。

4．面向对象方法的开发过程

按照面向对象方法的基本思想，可将其开发过程分为 3 个阶段：

① 面向对象的分析（Object-Oriented Analysis，OOA）：根据用户对系统开发的需求进行调查研究，在繁杂的问题域中抽象地识别出对象以及其行为、结构、属性、方法等。面向对象分析的关键，是识别出问题域内的对象，并分析它们相互间的关系，最终建立起问题域的正确模型。通常，面向对象分析过程从分析陈述用户需求的文件开始。需求陈述的内容包括：问题范围、功能需求、性能需求、应用环境及假设条件等。总之，需求陈述应该阐明 “做什么”而不是“怎样做”的问题，它应该描述用户的需求而不是提出解决问题的方法。面向对象分析大体上按照下列顺序进行：建立功能模型、建立对象模型、建立动态模型、定义服务。

② 面向对象的设计（Object-Oriented Design，OOD）：根据系统分析阶段的文档资料，

对分析的结果做进一步的抽象、归类、整理，并最终以范式的形式将它们确定下来。它是把分析阶段得到的需求转变成符合成本和质量要求的、抽象的系统实现方案的过程。

③ 面向对象的程序（Object-Oriented Programming，OOP）实现：根据系统设计阶段的文档资料，用面向对象的程序设计语言将上一步整理的范式直接映射（即直接用程序设计语言来实现）为应用软件。面向对象程序实现主要包括两项工作：把面向对象设计结果翻译成用某种程序语言书写的面向对象程序；测试并调试面向对象的程序。

5．面向对象方法的优缺点

面向对象方法更接近于现实世界，可以很好地限制由于不同的人对系统的不同理解所造成的偏差；以对象为中心，利用特定的软件工具直接完成从对象客体的描述到软件结构间的转换，解决了从分析和设计到软件模块结构之间多次转换的繁杂过程，缩短了开发周期，是一种很有发展潜力的系统开发方法。

但是，面向对象方法需要一定的软件基础支持才可以应用，并且在大型管理信息系统开发中不进行自顶向下的整体划分，而直接采用自底向上的开发，很难得出系统的全貌，会造成系统结构不合理、各部分关系失调等问题。

4.2.5　各种开发方法的比较

首先，如果系统开发人员能做出准确、完整、严格的需求分析时，则建议采用传统的结构化系统开发方法。但是，由于这种方法采用功能分解、瀑布模型的方法，在完成了功能需求定义后，系统分析员就算完成了任务，交给后续人员去处理；后续人员以完成功能为主要目标，往往使得各功能模块之间联系复杂，且最终实现模型与人工系统模型在结构上有很大差别，不利于理解和维护。这样，系统开发周期就比较长，开发效率很低。按目前国内开发效率统计，企业开发一个完整的信息系统常常需要两年多时间，然而经验表明，一个系统的开发时间如果超过半年，其应用效果就要打折扣。

其次，如果对于需求具有很大的模糊性，可以采用原型法。用户和开发人员随着对系统理解的加深，会不断地对这组模糊的需求进行补充和细化，因而系统的需求分析设计是在逐步发展过程中进行的。但是，原型法的原型是局部的，这样就难以符合管理信息系统的整体特性；此外，对于基础管理不够完善的企业，系统建设容易走上机械地模拟原来手工系统的轨道，这样就不能体现管理信息系统改进企业管理的特性。

最后，针对开发时效性问题，可以采用面向对象方法。它以对象为基础，利用特定的软件工具直接完成从对象的客观描述到软件结构之间的转换，这是面向对象方法最主要的特点和成就，它使系统的重用性好。但是，这种方法也需要一定的软件工具支持才可以应用，另外在大型的管理信息系统建设中如果不经自顶向下地整体划分，而是一开始就自底向上地采用面向对象方法开发系统，同样也会造成管理信息系统整体结构差的结果。

综上所述，只有结构化开发方法是相对实用并较全面地支持整个系统的开发方法。其他方法尽管有许多优点，但或不成熟或只能作为结构化开发方法在局部开发环节的补充，暂时不能替代其在管理信息系统开发过程中的主导地位。

【案例分析】

原型法在管理信息系统开发中的应用

原型法是一种根据用户需求，利用系统快速开发工具，建立一个系统模型，在此基础上与用户交流，最终实现用户需求的快速管理信息系统开发方法。原型法开发过程包括系统需求分析、系统初步设计、系统调试、系统转换、系统检测与评价等阶段。用户仅需在系统分析与系统初步设计阶段完成对应用系统的描述，开发者在获取一组基本需求定义后，利用开发工具生成应用系统，快速建立一个目标应用系统的最初版本，并把它提交给用户试用、评价，根据用户提出的修改补充建议，再进行新版本的开发，反复这个过程，不断地细化和扩充，直到生成一个用户满意的应用系统。

例如，在某银行计划信息管理系统开发中，利用原型法进行系统开发的主要过程有以下几方面：

1. 系统需求分析、系统初步设计

设计人员通过与计划处交流，明确了本系统的设计目标，即通过对计划处中的资产负债表、损益表及计划处信贷收支表数据进行收集、存储、检索、传输、加工和分析，为计划处及其他管理部门的科学决策服务，并根据确定的设计目标初步完成系统基本数据流程图、主要功能模块、网络结构图的设计。

2. 系统模型的确定

为实现不同部门间信息资源的共享，本系统的基本模式设计为典型的 Client/Server 体系结构，在分行计划处设立数据库服务器，作为数据处理中心。计划处及其他管理部门的客户机，通过局域网与服务器相连进行操作。Server 端采用 Sybase 数据库为数据库系统，Client 端采用 Delphi 作为开发工具，网络协议采用 TCP/IP 通信协议。

3. 系统模型的实现

使用面向对象的 Delphi 设计界面快速且美观，因此本系统的 Client 端设计重点不是在界面设计上，而是在提高系统的通用性上。由于计划处报表统计条件改变频繁，这给生成报表数据带来一定的难度。本系统设计采用"参数表驱动法"，使数据与程序相分离，即基于通用报表结构的报表程序，极大地减轻了报表的编程工作量。Server 端设计主要是建立账务类、字典类、控制类系统数据库表。

4. 用户审核

将本系统的最初版本提交给计划处使用，根据计划处在使用过程中提出的修改意见，不断完善系统，如此重复，直至计划处满意为止。

5. 系统维护与评价

本系统提交给计划处正式投入使用，为维护方便，建立了对应的系统开发档案。至此，本系统的开发过程基本结束。

（资料来源：陈京民.管理信息系统.清华大学出版社，北京交通大学出版社）

案例思考题

结合上述案例，考虑原型法和结构化系统开发方法相比有哪些优缺点？

4.3 管理信息系统的开发方式

管理信息系统的开发方式主要有自主开发、委托开发、合作开发和购买现成商品软件等几种方式。这些开发方式有各自的优点和不足，具体需要选择哪种开发方式，需要根据使用单位的技术力量、资金情况、外部环境等各种因素进行综合考虑和选择。不管选择哪种开发方式都需要使用单位的领导和业务人员的参与，并在系统整个开发过程中培养、锻炼出自己的开发人员队伍。

4.3.1 自主开发方式

自主开发是由用户根据自己的力量独立完成系统开发的各项任务。通过自行开发可以降低开发费用，容易得到适合本单位需要的、满意的系统；同时，在系统开发过程中还可以培养自己的技术力量。缺点是由于开发队伍不专业，缺少经验，还容易受业务工作的限制，所以开发周期往往较长，开发水平较低。

自主开发适合于有较强的管理信息系统分析与设计队伍、程序设计人员、系统维护队伍的组织和单位，如高等院校、研究所、计算机公司等单位。采用自主开发方式时需要强有力的领导及足够的技术力量，需进行一定的调研，必要时可以向专业开发人士或公司进行技术咨询。

4.3.2 委托开发方式

使用单位通常委托有丰富开发经验的机构或专业开发人员，按照用户的需求承担系统开发的全部任务。从用户角度来讲，委托开发是最省事的一种开发方式，但必须配备精通业务的管理人员参加，经常检查和督促。这种开发方式的优点是省时、省事，开发的系统技术水平较高；缺点是一般费用高、系统维护困难，需要开发单位的长期支持。

委托开发方式适合于使用单位无管理信息系统分析、设计及软件开发人员或开发队伍力量较弱但资金较为充足的组织和单位。采用这种方式尤其需要注意的是一定要派出使用单位的业务骨干参与系统的论证工作，开发过程中需要开发单位和使用单位双方及时沟通，进行协调和检查。

4.3.3 合作开发方式

合作开发方式是指由使用单位和有丰富开发经验的机构或专业开发人员共同完成开发任务，实际上是一种半委托的开发方式。合作开发方式的优点是相对于委托开发方式来说比较节约资金，可以培养、增强使用单位的技术力量，便于系统维护工作，系统的技术水平较高。缺点是双方在合作中沟通易出现问题，需要双方及时达成共识，精密协作和配合，不断进行协调和检查。

合作开发方式适合于使用单位有一定的管理信息系统分析、设计及软件开发人员，但开发队伍力量较弱，希望通过管理信息系统的开发完善和提高自己的技术队伍，便于系统维护的工作单位。

4.3.4 购买现成的商品软件

商品软件指的是预先编制好的、能完成一定功能的、供出租或出售的成套软件系统。目前，市场上商品软件种类繁多、大小不一、档次分明，并且都是经过规范研制、反复调试和广泛应用的，所以这些商品软件的性能大多都很稳定。该开发方式的优点是可加快信息系统的开发进度，缩短开发周期，节省开发费用，系统技术水平高。商品软件虽然有上面提到的诸多好处，但是通用软件专用性较差，同本单位的实际工作需要可能有一定的差距，有时可能需要做二次开发工作；其次，规范化的商品软件对组织变革、流程改革有较大的推动力度，这为企业获得成功带来难度，并且具有一定的风险。

总之，不同的开发方式有不同的优点和缺点，需要根据使用单位的实际情况进行选择，也可以综合使用各种开发方式。例如，采用购买现成的商品软件方式的最大问题是每个组织个性要求难以满足，不能解决所有管理问题。可以采用购买现成的商品软件与专门开发并举的集成方式，购置管理过程较稳定、模式较统一的功能模块；专门开发稳定性差、个性化强的功能模块。

两者有机结合，可构成一个完整的信息系统。表 4–1 对上述 4 种开发方式做了简单的比较。

表 4–1　四种开发方式的比较

系统开发方式	对开发能力的要求	系统维护的难易	开发费用	说明
自主开发	非常需要	容易	少	开发时间较长，但可得到适合本单位的满意系统，并培养自己的系统开发人员
委托开发	不太需要	相当困难	多	最省事、开发费用最多，必须配备精通业务的人员参加，并经常进行检查、监督和协调
合作开发	需要	比较容易	较少	较理想的方式，但必须注意搞好双方关系，大家都建立在真诚合作的基础上
购买现成的商品软件	不太需要	困难	较少	要有鉴别软件包功能与适应条件的能力，即使完全适合本单位的情况，仍需要编制一定的接口软件

【案例分析】

管理信息系统开发方式选择

一个大中型国有企业，有一整套富有特色的管理制度和管理方法，但传统观念较重，也较保守，变革不力，呈现出竞争不力的预兆，经济效益逐年下滑。近来，企业领导层开始有危机感，想通过建设新的信息系统来推动变革，因此招聘了一些信息管理与信息系统专业的人才。

（资料来源：http://www.educity.cn/tiku/75182.html）

案例思考题

现在请你为该企业在信息系统的自主开发、委托开发、购置商品软件、自主开发和购置并举等方式中做出选择，并详细说明你的选择依据。也可以选择两种开发方式，供企业领导做最后决策，但要详细说明这两种开发方式的适应情况。

【案例分析】

信息系统外包

信息系统外包的趋势正变得越来越明显。进行外包的公司常常雇佣外面的开发商完成各种数据处理业务，包括数据中心运作、电子通信、软件维护、硬件支持及应用程序的开发。外包最主要的优点之一就是成本低。外部合约者提供的服务成本通常要比公司内部数据中心自行管理的成本低一些。

外包的主要好处之一是使 MIS 工作人员从传统的、维护型的项目中解脱出来，从事更具战略价值的应用开发项目。例如，托民联邦储蓄信贷（Talman Federal Saving and Loan）决定外包数据中心运作业务，以便使公司的信息系统人员开发出复杂的分支银行产品和服务，在储蓄与贷款市场中获得竞争优势。其中一项服务是家庭银行（Bank-at-Home），让客户可以在家中、在账户之间调用资金，处理金融业务。还有一项服务是让客户通过按键式电话处理金融业务。从这个例子中可以看到，公司可将没有战略意义的活动外包出去，例如数据中心的管理，而将注意力集中到对经营活动有重要影响的项目上。这种方法符合将业务范围缩小至必须完成的核心经营活动这一总的战略思想。

外包的缺陷是一旦管理层决定外包数据中心业务，就很难再将这些业务重新进行组织。例如，最初没有认真地计划，外包机构提供的服务不会比内部管理运作好。圣路易斯市农业信贷银行的管理层在 20 世纪 80 年代中期外包了一个项目。外包合同包括网络管理、数据中心运作、计算机处理、应用程序开发、PC 支持系统维护、人员配置和数据库管理。然而，外包机构提供的服务效果不好，主要问题是缺少了解银行业务的系统分析人员。为改变这种情况，该银行购进一台中型计算机，并雇用了熟识银行业务的开发人员。这些银行内部开发人员致力于开发关键的系统项目，而数据中心的管理与运作则外包给外部签约人。

外包的另外一个弊端是将自己限制在不灵活的合同里。合约应该是发展变化的，这样公司才能不断地追求新技术和开发方法。合同还应把双方的关系看成是互利互惠的合作。固定成本的合同一旦商议通过，缺少奖励，开发商只会提供最小限额的服务。但是，如果将收入与项目的成果挂钩，公司和外包商就会获益。

有这样一个案例，安德森咨询公司是一家外包商，它为客户公司开发了一个应收账款系统。直到客户由于提高了追踪应收账款的能力而增加收入时，安德森公司才赚到了钱。客户的收入增加，安德森公司的收入也随之增加。对于一个外包项目来说，合同是一条双行道。毫无疑问，外包为许多公司开发 MIS 铺平了道路，使这些公司将精力集中在能获得经营成果的重要项目上。

（资料来源：史益芳，王志平.管理信息系统.人民邮电出版社）

案例思考题

借助互联网查阅信息系统外包可以分成那几种？信息系统外包和委托开发一样吗？信息系统外包需要注意什么问题？

4.4　管理信息系统的系统分析

系统分析是开发管理信息系统的第一个阶段，也是决定管理信息系统开发成败的最重要阶段，主要解决信息系统“能做什么”的问题。系统分析的过程是一个由具体到抽象的过程，即对收集到的大量反映旧系统现状的材料进行分析归纳和提炼，最后抽象出反映系统功能的逻辑模型。

4.4.1　系统分析的任务

系统分析的任务：在充分认识原信息系统的基础上，完成新系统的逻辑模型设计，解决系统“做什么”的问题。系统分析在很大程度上决定了系统开发工作的成败。系统分析主要包括分析用户要求、现行系统的详细调查、组织结构和业务流程分析、系统数据流程分析、建立新系统的逻辑模型、编制系统分析报告等六大步骤。其工作流程如图 4-3 所示。

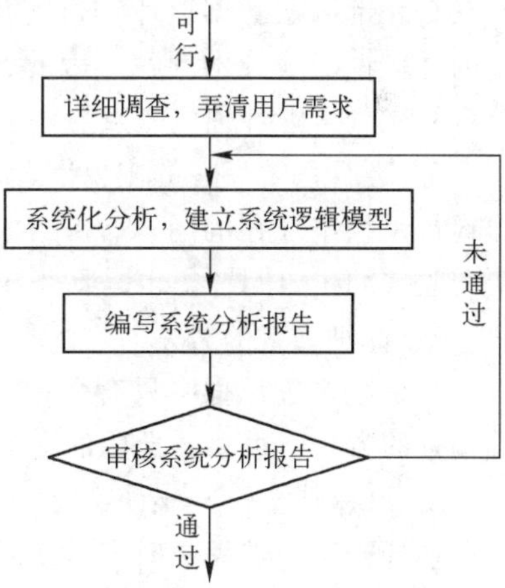

图 4-3　系统分析的工作流程

4.4.2　详细调查

详细调查是系统分析工作中最重要的环节之一。全面真实的调查是分析和设计的基础，也就是说，详细调查的质量对于整个系统开发工作的成败来说是决定性的。同时，系统调查的工作量很大，所涉及的业务、人员、数据和信息都非常多，如何科学地组织和恰当地展开这项工作是非常重要的。

1. 详细调查的任务

详细调查是为了完整掌握现行系统的现状，发现问题和薄弱环节，收集资料，为下一步的系统化分析和提出新系统的逻辑方案设计做好准备。详细调查和总体规划阶段的初步调查相比，在调查的目的、内容、深度上都有区别。

详细调查要目标明确，重视用户的参与，做到系统开发人员和管理人员互补不足，共同研究存在的问题和解决方案。调查中要注意灵活采用各种调查方法，本着真实、全面、规范的原则围绕系统的任务不断积累和分析有关资料，并利用各种系统分析技术和工具，把系统需求确切地描述出来。

2．详细调查的内容

① 组织机构和人员调查。调查的第一步就是了解组织的机构情况，除了组织机构的框架，还要了解各职能部门的职责、工作内容、内部分工、人员配备等情况。

② 功能业务调查。通过对组织的功能业务进行调查，用功能层次图来描述从系统目标到各项功能的层次关系，据此能比较容易地分析原系统功能业务的不足，为提出新系统的功能需求做准备。

③ 业务流程调查。通过调查分析，系统分析员要全面了解整个业务流程，熟悉用户业务，掌握业务处理过程中的信息流向，明确系统的输入、输出和信息处理过程。

④ 数据与数据流程调查。了解系统各种输入数据的来源、形式、准确性、时效性和数量，以及处理过程中要求的各种单据、报表等，并预测未来信息量需求的发展趋势；对收集的数据和处理数据的过程进行分析整理，只考虑数据的流向、处理和存储等，并绘制原系统的数据流程图，为进一步的分析做准备。

⑤ 可用资源和限制条件调查。调查用户人力资源的情况，开发人员的水平和经验，物资、设备和资金情况以及在一定的环境中，时间、资金、技术等的限制和约束；另外，还要考虑国家的有关制度、政策、法规等约束。

⑥ 系统运营环境分析。决定一个系统能否正常运行的因素有很多，有些是系统本身的原因，有些是外部因素。据统计，目前我国很多企业的信息系统处于停滞状态的主要原因是系统对环境的适应性而非技术问题。因此，在开发系统之前，必须对系统的应用环境进行认真的调查和分析，充分考虑各种可能发生的变化，以提高系统开发的有效性。

⑦ 现行系统存在的主要问题。在详细调查中，应特别注意收集用户的各种意见和要求，找出现行系统中存在的问题，并分析产生的原因。现行系统的各个薄弱环节正是目标系统中要解决和改进的主要问题，也是新系统目标的重要组成部分。

3．详细调查的方法

在系统调查过程中只有采用正确的方法和步骤，才能确保调查工作的客观性和正确性。详细调查的方法有很多，常用的有如下几种：

① 开座谈会。开座谈会是一种集中征集意见的方法，适合于对系统做定性调查。座谈会应根据系统开发的进程来确定座谈对象。系统开发之初，应召集企业的高层领导和各部门的主管，主要了解现行系统的总体状况以及对新系统的具体要求。随着调查的深入，应分部门座谈，以便了解各部门的业务流程及信息载体。

② 走访面谈。开调查会由于时间限制等因素，不能完全反映参加者的意见，因此需在会后进行个别访问。另外，对于特殊问题、个别细节的调查也需要对有关人员做专题访问。

③ 问卷调查。把要调查的问题设计成调查问卷，让被调查者填写，从返回的问卷中获取所需要的信息。这种方式有很多优点，例如调查面广、善于保护个人隐私、反馈迅速等，但是问

卷调查也存在很多缺点，如返回数量低、不能把模糊的回答解释清楚等。图 4-4 所示为一张典型的会计凭证调查表。

填表日期：　　　　填表单位：　　　　填表人：

1. 本单位据以登记明细账、总账的凭证包括哪些？请将每一种凭证的格式附在表后。
2. 本单位会计分录为多借多贷时，最多借贷数目为多少？
3. 最长摘要约为多少汉字？
……

系统分析人员意见：

审核人：　　　　审核结果：

图 4-4　会计凭证调查表

④ 直接参加业务实践。如果条件允许，直接参加业务实践是了解当前系统的最好方法。一方面，对于复杂的处理过程如能亲自参与，更容易发现问题。另一方面，在业务实践中，可以和用户广泛接触，进行交流，使开发人员和用户之间加深了解。

不同的调查方法有不同的侧重点和适用情况，实际工作中应结合具体情况，综合采用各种方法，完成调查任务。

4.4.3　组织结构和业务流程分析

1. 组织结构分析

组织结构分析通常是通过组织结构图来实现的，是将调查中所了解的组织结构具体地描绘在图上，作为后续分析和设计的参考。组织结构图是用图形的形式来描述组织的总体结构以及组织内部各部分之间的联系，能显示部门之间的隶属关系。根据组织结构图可以分析各部门间的内在联系，判断各部门的职能是否明确，是否真正发挥作用，组织横向、纵向结构是否合理等，找出存在的问题。根据计算机管理的要求，为决策者提供调整机构设置的参考意见。图 4-5 所示为组织结构图的实例。

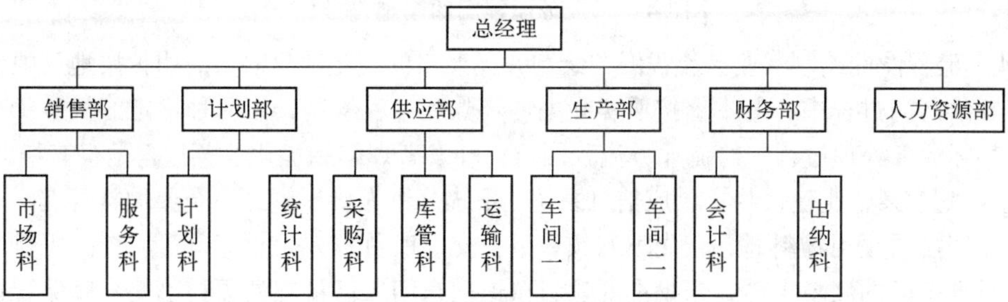

图 4-5　组织结构图

2. 管理功能分析

为了实现系统的目标，系统必须具有各种功能。功能是指完成某项业务工作的能力，每个信息系统都具有一定的功能，以组织结构图为背景，对调查资料进行整理。分析清楚各部门的功能后，分层次将其归纳、整理出以系统目标为核心的整个系统的树状功能结构图，如图 4-6 所示。

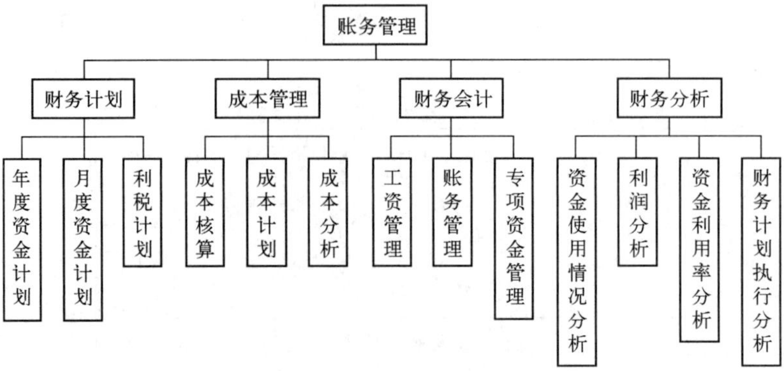

图 4-6　树状功能结构图

3. 业务流程分析

在对系统的组织结构和管理功能进行分析后，需要从一个实际业务流程的角度将系统调查中有关业务流程的资料都整理出来。

业务流程分析的主要任务是分析各环节的管理业务活动，掌握管理业务内容、作用及信息的输入、输出，数据存储和信息的处理方法和过程，发现原系统流程的不合理部分，并提出优化方案。在此基础上，画出业务流程图。

（1）业务流程图

业务流程图（Transition Flow Diagram, TFD）是一种描述管理系统内各单位、人员之间业务关系、作业顺序和管理信息流向的图表，它用一些规定的符号及连线表示某个具体业务的处理过程，可以帮助分析人员找出业务流程中的不合理流向。

① 业务流程图的基本符号。业务流程图的基本图形符号有 6 个，如图 4-7 所示。

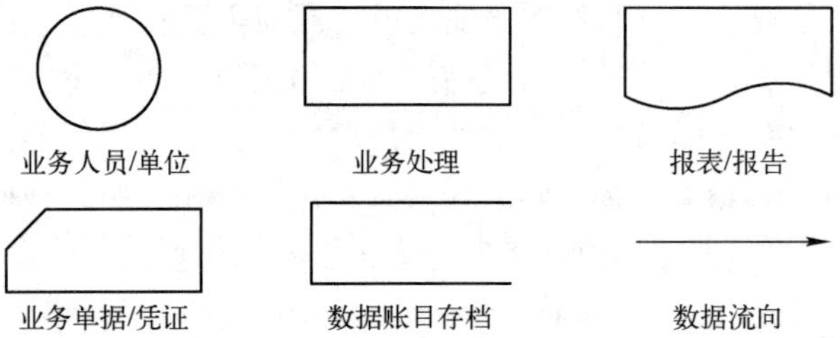

图 4-7　业务流程图的基本符号

② 业务流程图的绘制。业务流程图的绘制并无严格的规定，只需要简明扼要地反映出实际业务即可。在绘制的过程中，基本上按照实际处理步骤和过程绘制，用几种规定的符号所组成的图形来表示实际业务处理过程。绘制业务流程图对于开发者理解和优化业务过程是很有帮助的。

【例 4-1】 某企业建设物资供应信息系统，系统分析人员了解到该企业物料管理的业务流程如下：当车间需要领用物料时，首先填制领料单，交仓库负责人。仓库负责人查阅用料计划，以决定是否批准车间的领料申请，未批准的领料单退回车间，已批准的领料单交仓库保管员备货。仓库保管员检查库存账，查看是否有足够的物料供领用，如果物料足够，则通知车间领料，同时登记用料计划，并修改库存台账；如果缺货，则仓库保管员填写缺料通知单，交采购员订货。到货后，采购员填写入库单交仓库保管员准备验货入库，修改库存台账。此外，仓库保管员定期进行库存盘点，并填制库存报表送有关部门。根据以上调查资料，系统分析人员画出了该企业物资管理的业务流程图，如图 4-8 所示。

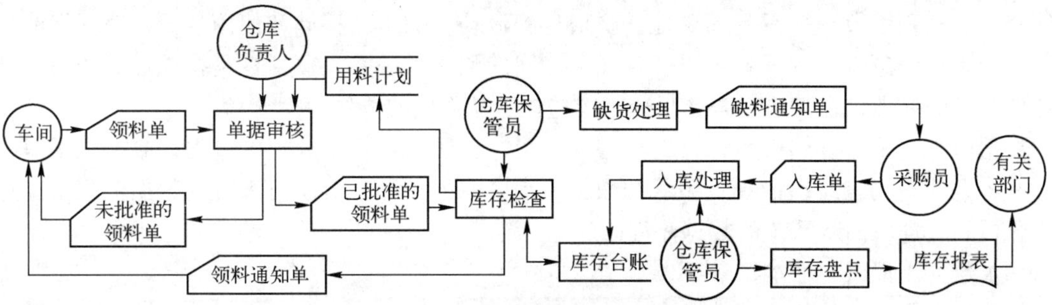

图 4-8　某企业物资业务流程图

业务流程图的优点是它的符号简单明了，所以易于阅读和理解业务流程；缺点是对一些专业性较强的业务处理细节缺乏足够的表现手段。

（2）表格分配图

为了传递信息，管理部门经常将某种单据或报告复印多份分发到其他多个部门，在这种情况下，可以采用表格分配图来描述有关业务。图 4-9 所示为一张能反映采购过程的表格分配图，其中每一列表示一个部门，箭头表示复制单据的流向，每张复制报告上都标有号码，以示区别。图中采购部门准备采购单一式四联：第一联送供货单位；第二联送收货部门，用于登入待收货登记表；第三联交会计部门做应付款处理，记入应付账；第四联留在采购部门备查。表格分配图表达清楚，可以帮助系统分析人员描述系统中复制多份的报告或单据的数量以及这些报告或单据都与哪些部门发生业务联系。

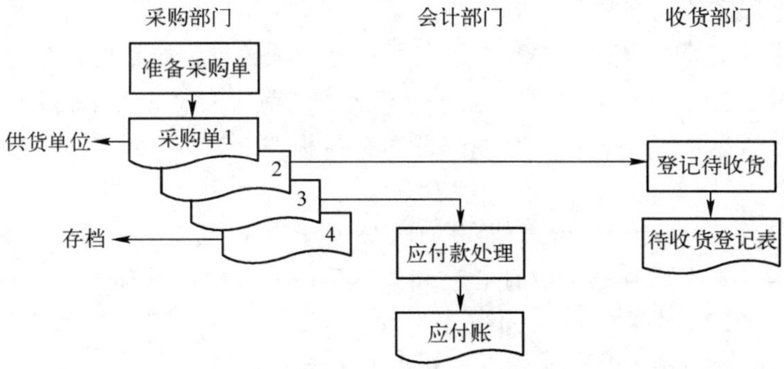

图 4-9　表格分配图

4.4.4　系统数据流程分析

数据流程分析是系统分析的核心和重点，它是从数据流动过程来考查实际业务的数据处理模式。系统流程分析主要包括对信息的流动、存储、处理等的分析，其目的是要发现数据流通中是否存在数据流程不畅、前后数据不匹配、数据处理过程不合理等问题，如果存在问题要尽量地暴露并加以解决。现有的数据流程分析多是通过分层的数据流程图来实现的。

1．数据流程图

（1）数据流程图的定义

数据流程图（Data Flow Diagram，DFD）是进行数据流程分析的主要工具，也是描述系统逻辑模型的主要工具。数据流程图用几种基本符号反映了信息在系统中的流动、存储和处理情况。

（2）数据流程图的特征

数据流程图具有抽象性和概括性。抽象性是指不考虑具体的物理因素，如具体的物理场所、存储介质、处理手段等，只是抽象地反映信息的流动、加工、存储和使用情况，使人们能抽象地总结出管理信息系统的任务，以及各任务之间的顺序和关系。概括性是指通过数据的流动能把各种业务的处理过程联系起来，形成一个整体，从而给出系统一个全貌。

数据流程图不仅能够表示计算机处理的过程，还能表示手工处理的过程。数据流程图有两种，一种是通过调查绘出的现行系统的数据流程图；另一种是对现行系统的数据流程图经过系统化分析和改进后的新系统的数据流程图。

（3）数据流程图的基本符号

数据流程图由 4 种基本符号组成，如图 4-10 所示。

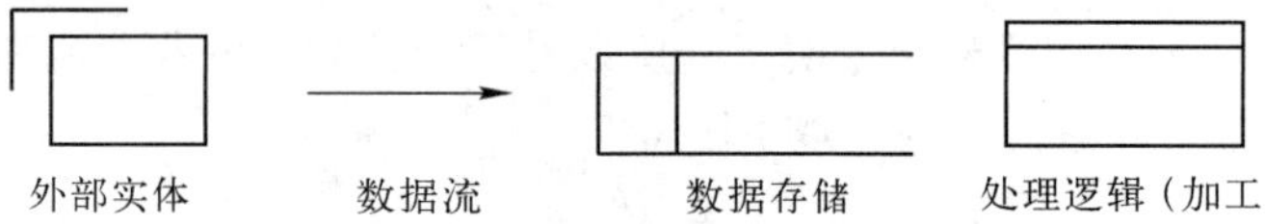

图 4-10 数据流程图的基本符号

① 外部实体。外部实体是指在所研究系统之外但又和系统有某种联系的实体，它表示数据的外部来源和去向。它可以是某个人员、部门或某种事物，也可以是另外一个信息系统，它是系统的数据来源或数据终点。例如，银行系统中的顾客是数据的源头，存取款人的信息、金额、密码等都需要由顾客提供；经过银行系统一系列的处理之后，现金、存折等还需要返还给顾客，顾客是数据的终点。我们用一个正方形，并在其左上角外边加一个直角来表示外部实体，在正方形内写上这个外部实体的名称。

② 数据流。数据流表示流动着的数据，它可以是一项数据（如某位顾客的编号），也可以是一组数据（如订货单、统计表等）。数据流用带有名字的箭头表示，名字是对每个数据流的简单描述，箭头则表示数据的流动方向。名字一般写在箭头的上方，一些含义十分明确的数据流，其名字也可以省略。

③ 数据存储。数据存储表示数据保存的地方，它指逻辑意义上的数据存储环节，即系统信息处理功能需要的、不考虑存储的物理介质和技术手段的数据存储环节，如数据文件、文件夹或账本等。数据存储用一个右边开口的长方形条来表示。在长方形条内填写存储的数据和数据集的名字。为了区分和引用方便，通常会在左边填入该数据存储的标识，标识号通常以“D”开头，后面跟数字。指向数据存储的箭头，表示送数据到数据存储；从数据存储发出的箭头，表示从数据存储读取数据。

④ 处理逻辑（加工）。处理逻辑又称功能，是对数据进行的操作。它包括两方面内容：一是变换数据组成，即改变数据结构；二是在原有的数据内容基础上增加新的内容，形成新的数据。它用一个长方形来表示处理逻辑，长方形分上下两部分，图形下部填写处理的名字，如开发票、出库处理等，上部填写标志号，通常以“P”开头，后面跟数字。

（4）数据流程图的画法

数据流程图是分层次的，绘制时采取自顶向下逐层分解的办法。即把一个系统看成一个整体功能，明确信息的输入与输出，系统为了实现这个整体功能，内部必然会有信息的处理、传递、存储过程。这些处理又可以分别看作整体功能，其内部又有信息的处理、传递、存储过程。如此一层一层地分解，直到所有处理步骤都很具体为止。具体步骤如下：

① 确定与本系统有关的外部实体，即确定与本系统有关的单位、部门和人等。

② 确定系统的整体功能即整体处理逻辑，围绕处理确定输入、输出数据流。

③ 确定系统的存储单元，即确定系统中需要存储的文件和数据。

④ 绘制顶层的数据流程图。按照系统功能结构绘制顶层的数据流程图，即按照从左到右、自顶向下的顺序，将各个处理单元、外部实体和存储单元通过数据流连接起来。顶层的数据流程图是概要性的，不涉及细节，不考虑特殊情况。

⑤ 绘制低层的数据流程图。将顶层的数据流程图中的处理单元分解，分解成多个子处理，逐个分析每个处理逻辑的信息传递、处理、存储过程，并加入特殊情况的处理。通过数据流将所有的元素联系在一起。

⑥ 组织用户领导、管理人员和业务人员等各方面代表反复讨论、分析、比较，直到得到一个用户和开发人员都能理解的、满意的数据流程图。

下面通过一个实例来说明数据流程图的绘制过程。

【例 4-2】 车间填写领料单给仓库要求领料，库长根据用料计划审批领料单，未批准的退回车间，已批准的领料单送到仓库保管员处，由他查阅库存账。若账上有货则通知车间前来领料，并修改库存账，否则进行订货处理，生成缺货通知单给采购人员。

根据数据流程图的步骤，第一步确定与本系统有关的外部实体——车间和采购人员，还要确定系统的整体功能——领料处理。领料处理的输入数据流是来自于车间的领料单，处理之后的结果分两种情况：一种是仓库有料，给车间发领料通知单，通知车间来领料；另一种结果是仓库没有物料，给采购员发缺货单。根据分析，绘制顶层的数据流程图，如图 4-11 所示。

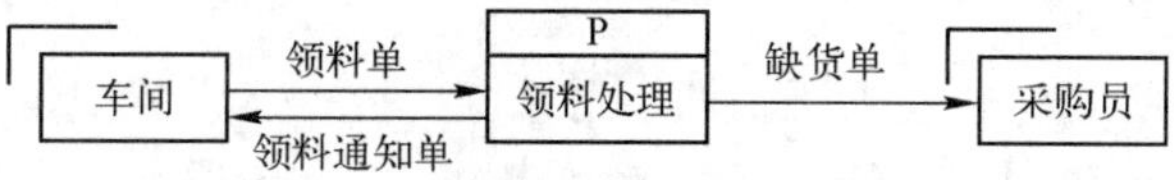

图 4-11　库存管理领料业务的顶层数据流程图

第二步，对顶层数据流程图的分解从“领料处理”开始，将领料处理分解成 3 个主要的处理逻辑，逐个分析每个处理逻辑的信息传递、处理、存储过程。

- 审批处理 P1。审批处理的输入是来自车间的领料单和来自用料计划的数据，经过审批处理后，结果是合格的领料单送到下一步“库存处理”，不合格的领料单退回车间。
- 库存处理 P2。库存处理是根据合格的领料单，查阅库存账，处理结果分两种情况，若账上有货则将领料通知单给车间，并修改库存账，否则送到下一步“订货处理”。
- 订货处理 P3。开缺货通知单给采购员。

通过数据流将所有的元素联系在一起，如图 4-12 所示。

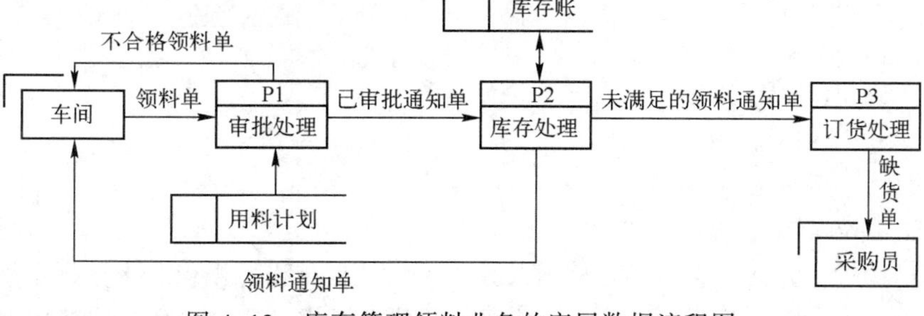

图 4-12　库存管理领料业务的底层数据流程图

（5）绘制数据流程图的注意事项

① 任何一个数据流至少有一端是处理逻辑（加工）。也就是说，数据流不能从外部实体直接到数据存储，不能从数据存储到外部实体，也不能在外部实体之间或数据存储之间流动。

② 加工处理是对数据进行处理的单元，要遵循数据守恒的原则，即输入数据与输出数据要匹配。数据不守恒有两种情况：一种是某个处理过程用以产生输出数据，而没有输入数据，这肯定是遗漏了某些数据流；另一种是某些输入在处理之后，没有输出数据流，这样的处理逻辑将没有意义。

③ 数据流方向“文件→加工处理”表示读文件，数据流方向“加工处理→文件”表示写文件（例 4-2 中，库存处理与库存账之间有读和写的两个过程，所以是双向箭头）。

④ 父图中的某一处理框的输入、输出数据流必须出现在相应的子图中，否则就会出现父图和子图的不平衡。这是比较常见的错误，而不平衡的分层会使人无法理解。

⑤ 需要说明的是，数据流程图的表示方法不是唯一的。系统分析员的个人经验和水平不同，对问题的理解不同，所绘制的数据流程图可能也有所不同。

2．数据字典

数据流程图从数据流向的角度描述了系统的组成和各部分之间的联系，但却没有具体说明各个组成部分和数据流的含义。为此，需要其他工具对数据流程图加以补充说明，数据字典就是这样的工具。数据字典能描述系统中数据流程图中全部组成部分的清单，它能弥补数据流程图对数据的具体内容不能详细说明的不足。可以说，数据流程图配上数据字典，就能从图形和文字两方面对系统的逻辑模型进行完整的描述。

（1）数据字典的定义

所谓数据字典是以特定格式记录下来的、对系统的数据流程图中各个基本要素（数据流、加工、存储和外部实体）的内容和特征所做的完整的定义和说明。它是结构化系统分析的重要工具之一，是对数据流程图的重要补充和说明。

（2）数据字典的内容

数据字典的内容包括六方面：数据项、数据结构、数据流、处理逻辑、数据存储和外部实体。既然数据流程图中只有 4 种元素，为什么数据字典中却有 6 种元素呢？这是因为数据流是由数据项或数据结构组成，为了更方便地定义数据流，需要先定义数据项和数据结构。

数据字典的定义可以采用卡片式，也可以采用表格式，不管采用哪种格式，其内容是一致的。

① 数据项：也称数据元素，是具有独立逻辑含义的最小数据单位。在数据字典中对其进行定义包括：数据项的名称、编号、别名和简述、数据项的类型、长度和取值范围。

【例 4-3】 数据项定义。

数据项编号：I01

数据项名称：员工编号

别　　　名：员工编码

简　　　述：企业内职工的代码

类型及宽度：字符型，6 位

取值范围：“000001”～“999999”

② 数据结构：描述某些数据项之间的关系。一个数据结构可以由若干数据项组成，也可以由若干个数据结构组成，还可以由若干个数据项和数据结构组成。在数据字典中对其进行定义包括：数据结构的编号、名称、简述、数据结构的组成等。

【例 4-4】 数据结构定义。

数据结构编号：DS01

数据结构名称：订货单

简　　　述：来自于用户的订货单

组　　　成：I03+DS001+DS002+I05

③ 数据流：用来描述数据的流动过程，由数据项或数据结构组成。在数据字典中对其进行定义包括：数据流的编号、名称、简述、来源、去向、组成、流通量、高峰期流通量等。

【例 4-5】 数据流定义。

数据流编号：D0001

数据流名称：出库单

简　　述：来自于销售科的产品出库单

来　　源：销售科

去　　向：审核出库单处理模块

组　　成：I003+I004+DS01+DS03+I007

流　　量：10 份/小时

④ 处理逻辑（加工）：在数据字典中，仅对数据流程图中最基本的处理逻辑加以说明。在数据字典中对其进行定义包括：处理逻辑的编号、名称、简述、输入、处理过程、输出、处理频率等。

【例 4-6】 数据处理定义。

处理逻辑编号：P01

处理逻辑名称：审批处理

简　　　述：审批车间填写的领料单是否符合用料计划

输入的数据流：领料单。来源是外部实体"车间"

处　　　理：审批领料单，看是否符合用料计划

输出的数据流：合格的领料单，去向是处理逻辑"库存处理"；不合格的领料单，去向是外部实体"车间"

处 理 频 率：50 次/天

⑤ 数据存储：数据流动的暂时或永久保存的地方，在数据字典里只描述数据的逻辑存储结构，而不涉及它的物理组织。在数据字典中对其进行定义包括：数据存储的编号、名称、简述、组成、关键字、相应的处理等。

【例 4-7】 数据存储定义。

数据存储编号：F001

数据存储名称：出库流水账

简　　　述：存放出库单信息

组　　　成：I003+I005+DS08+I006

关　键　字：I003

相关联的处理：P03、P04

⑥ 外部实体：指数据的来源和去向。在数据字典中对其进行定义包括：外部实体的编号、名称、简述、输入的数据流、输出的数据流等。

【例 4-8】 外部实体定义。

外部实体编号：S01

外部实体名称：车间

简　　　述：使用库存货物的用户

输出的数据流：D0002（“领料单”）

输入的数据流：D0003（“不合格领料单”）、D0004（“领料通知单”）

编写数据字典可以有两种方式：人工方式和计算机方式。人工方式就是由人工将有关内容随时建立在一叠卡片上，对卡片进行分类、排序从而得到数据字典。计算机方式就是把条目存储在计算机内，由专门的自动化数据字典软件对数据进行管理。对于大型的管理信息系统，为了提高工作效率一般采用计算机方式。

数据字典实际上是“关于数据的数据库”。在整个信息系统开发过程中，数据字典都是必不可少的工具。数据字典一旦建立，就是系统所有开发人员的工作参考、是系统开发工作统一的标准。需要注意的是，在数据字典的建立、修改和补充过程中，要注意始终保持数据的完整性和一致性。

3．表达处理逻辑的工具

数据流程图中的处理逻辑可以在数据字典中做简单的描述，但是这种描述是高度概括的。在数据字典中，不可能也不应该过多地描述各个处理功能的细节。为此，对于一些复杂的、难以说明的处理逻辑，需要另外几种专门描述处理逻辑的工具来完成。

（1）结构化语言

结构化语言是一种模拟计算机语言的处理逻辑描述方法，是受结构化程序设计思想启发而扩展出来的。它使用自然语言和结构化程序设计语言混杂的形式，用有限词汇来描述处理逻辑，具有语句类型少、结构规范、表达清晰、易于理解的特点。

① 结构化语言中使用的主要词汇：

- 关键字：IF、THEN、ELSE、ENDIF、SELECT CASE…CASE、OTHERWISE、WHILE、UNTIL、SO 等。
- 关系运算词汇：>、<、>=、<=、!= 、==等。
- 逻辑运算词汇：and、or、not 等。

② 结构化语言语句类型：

- 祈使句：说明要做的事情，一般用动词加宾语构成，动词表示要执行的功能，宾语表示动作的对象，例如，计算总分、审核入库单等。
- 条件语句：说明在满足一定条件下要做的事情，类似结构化程序中的判断结构。

条件语句的一般形式为：

IF<条件>THEN 执行语句 A

ELSE 执行语句 B

- 循环语句：说明在满足某种条件下反复要做的事情，由循环条件和重复执行语句构成。

循环语句的一般形式为：

WHILE<条件>成立

执行语句

【例 4-9】 以公司的折扣策略的确定为例，采用结构化语言可以描述为：

IF 年购货额>=5 万元

　　IF 欠款时间<=3 个月

　　　　THEN 八折

```
ELSE
    IF 与公司业务史>=5 年
      THEN 九折
    ELSE 九五折
ELSE 无折扣
```

（2）判断树

判断树也称决策树，是采用树形分叉图表示处理逻辑的一种工具。它由两部分组成，左侧用分叉表示条件，右侧树梢表示采取的行动。判断树的最左边为树根，从左向右依次排列各种条件，左边的条件比右边的优先考虑。根据每个条件的取值不同，树可以产生很多分支，各分支的最右端（即树梢）即为不同的条件取值状态下采取的行动（也称策略）。

例如，某翻译公司的收费标准为：翻译字数少于或等于 3 000 字，类型是一般读物，每千字收费 180 元；类型是专业读物，每千字收费 220 元。字数大于 3 000 字少于 8 000 字，若类型是一般读物，每千字收费 160 元；类型是专业读物，每千字收费 200 元。字数大于等于 8 000 字，不管何种读物，收费都是每千字 150 元。决策树如图 4-13 所示。

从图 4-13 可以看出，采用决策树的优点是形象直观，可以清楚地看出各种条件下的不同取值状态下应当采取的行动，还可以看出根据条件的优先级别逐步判断、决策的过程。

（3）判断表

判断表也称决策表，是采用表格来表示处理逻辑的一种工具。决策表分成四大部分，左上角为条件说明，左下角为行动说明，右上角为各种条件的全部组合，右下角为各种条件组合下采取的行动，表结构如图 4-14 所示。

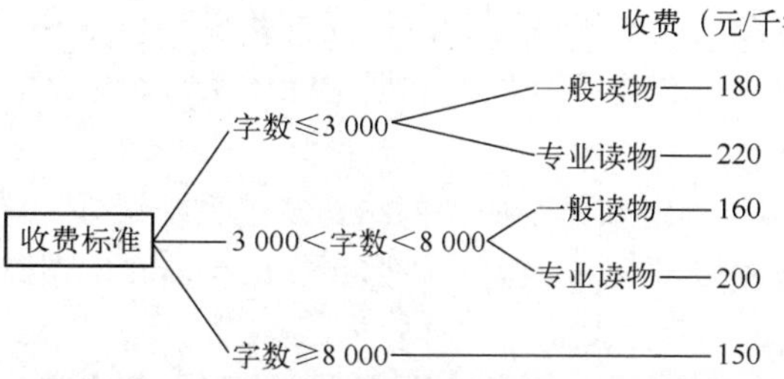

图 4-13　某翻译公司收费方案的决策树

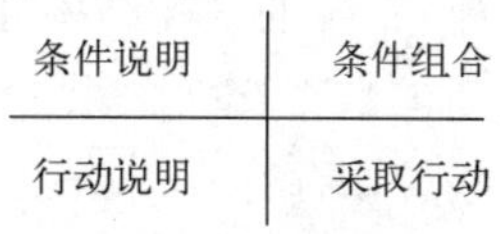

图 4-14　决策表结构

上述翻译公司制定收费标准的例子，可以用表 4-2 表达。

表 4-2　某翻译公司收费方案的决策表

条件组合和采取行动 / 条件和行动	1	2	3	4	5
C1：字数≤3 000 字	Y	Y	N	N	N
C2：字数<8 000 字	Y	Y	Y	Y	N
C3：一般读物	Y	N	Y	N	–
A1：每千字 150 元					√
A2：每千字 160 元			√		
A3：每千字 180 元	√				
A4：每千字 200 元				√	
A5：每千字 220 元		√			

从表 4–2 可以看出，采用决策表可以清晰地表达条件、决策规则和处理方案之间的逻辑关系，将复杂的决策问题简洁、明确地描述出来，容易为管理人员和系统设计人员所接受。判断表是描述条件比较多的决策问题的有效工具。

这 3 种表达工具各有优点，使用范围可以概括为：对于一个不太复杂的判断逻辑，即条件只有 2～3 个，条件组合及行动在 10～15 个之间，使用决策树最好；对于一个复杂的判断逻辑，条件多、组合多、相应的动作也多，使用决策表最好；对于一个处理逻辑既包含了一般的顺序执行动作，又包含了判断或循环逻辑，则使用结构化语言最好。

4.4.5 建立新系统的逻辑模型

目标系统的逻辑模型是经分析和优化后，新系统信息处理的方法和拟采用的管理模型。前面介绍的详细调查、系统业务流程和数据流程分析等都是为最终建立新系统的逻辑模型做准备。所以，新系统逻辑模型的建立是系统分析阶段的最终成果，也是下一步系统设计和系统实现的依据。

在逻辑模型中，必须明确以下几方面的内容：

① 分析系统目标。根据详细调查和系统化的分析，再重新考察可行性分析报告中提出的系统目标，结合目前系统建设的环境和条件对项目的可行性和必要性重新思考，使系统的目标更适合组织的管理需要和战略目标。

② 新系统的业务流程。对原系统进行业务流程分析之后，找出原业务流程的不足并进行优化重组，从而确定新系统的业务流程。

③ 新系统的数据流程。对原系统进行数据流程分析之后，找出原数据流程的不合理之处并进行优化更改，最终确定新系统的数据流程图，指出哪些部分由计算机系统自动完成，哪些需要用户配合完成；和用户共同确认最终的数据字典内容，确认数据指标体系是否全面、合理，数据精度能否满足要求等。

④ 新系统的逻辑结构和数据资源的分布。确定新系统的功能结构及子系统划分，确定各子系统之间的数据交换关系，确定新系统的数据资源分布方案，如哪些应该存储在本系统设备内部，哪些应该存储在网络服务器或主机上。

⑤ 新系统的管理模型。确定新系统的管理模型就是要确定今后系统在每一个具体的管理环节上的处理方法。一般应根据系统分析的结果和管理科学方面的知识来定，包括综合计划模型、生产计划管理模型、库存管理模型等。

- 综合计划模型。综合计划模型一般由综合发展模型和资源限制模型两大部分组成。综合发展模型主要用来反映企业的近期发展目标，常用的有：企业的中长期计划模型、生产结构调整模型等。资源限制模型主要反映企业现有的各类资源和实际情况对综合发展模型的限制情况，常用的有：数学规划模型和资源分配限制模型。
- 生产计划管理模型。生产计划的制订主要包括两方面的内容：生产计划大纲和生产作业计划。生产计划大纲主要是安排与综合计划有关的生产量指标，这部分一般涉及物料需求计划（MRP）模型、投入产出模型、设备负荷和生产加工能力模型；生产作业计划要给出产品生产数量、加工路线、时间安排、材料供应以及设备生产能力负荷均衡等方面的具体要求，具体方法有：投入产出矩阵模型、网络计划（PERT）模型/关键路径法（CPM）模型、甘特图模型、排序模型等。

- 库存管理模型。库存管理有很多不同的模型，如订货点、经济订货批量等控制模型及物资 ABC 分类模型等。
- 成本管理模型。对于成本管理主要包括成本核算模型、成本预测模型、成本分析模型等。

4.4.6　编制系统分析报告

系统分析报告是系统分析阶段的成果，它反映了这一阶段调查分析的全部情况，是下一步设计和实现系统的纲领性文件。系统分析报告的内容如下：

① 引言：包括系统名称、用户名称、开发单位名称、参考资料、专门术语解释等。

② 项目概述：

- 项目的主要工作内容。简要说明本项目在系统分析阶段所进行的各项工作的主要内容。这些是建立新系统逻辑模型的必要条件，而逻辑模型是系统分析报告的主要内容。
- 现行系统的调查情况。列出现有系统的目标、主要功能、组织结构、用户要求等，并简要指出主要问题所在。以组织结构图、功能结构图、业务流程图、表格分配图、数据流程图、数据字典等为主要工具，说明现行信息系统的概况。
- 新系统的逻辑模型。通过对现行系统的分析，找出现行系统的主要问题所在，进行必要的改动，即可得到新系统的逻辑模型。

③ 实施计划：对开发任务中各项工作进行分解，并估算各项工作的时间进度和先后顺序，列出本项目所需要的开发费用。

系统分析报告是系统开发人员与用户之间的合约，也是系统开发人员进行系统设计和系统实施的基础，同时也是验收系统的依据，所以，系统分析报告的编写很重要。系统分析报告编写完成之后需要经过研制人员、企业领导、管理人员、局外系统分析专家等人员的审议。审议通过之后，系统分析报告就成为系统开发人员和企业对该项目共同意志的体现，系统分析作为一个工作阶段，宣告结束。

【案例分析】

分析一个企业系统中的业务流程

新产品快速上市，良好的客户服务及低成本是保持竞争力的主要因素。管理者正在寻求一些方法可以使企业的运作更有效率，这将由检查订单流程开始。

客户通常以电话、传真、邮寄的方式下订单。客户服务代表就在订单表上记下订单的信息，包括顾客姓名、运送地点、账单地址、产品编号、产品说明、数量及运送说明（如打电话给收货经理约定送货时间）。在收集所有相关信息后，客户服务代表与客户确认订单的所有内容。

当记录这些订单时，客户服务代表就可以利用公司的订单输入系统并检查每个产品的库存量。客户服务代表首先检查最靠近客户运送地址的仓库。如果该仓库没有足够的产品，他会去检查别的仓库。如果是电话接单，则客户服务代表建议配送时间在 4～5 个工作日之后。假如客户需要快速处理订单，客户服务代表可查询目前的订单输入信息系统查看哪个仓库将满足这个订单。一般来说，靠近客户运送地址的仓库都能满足订单的需求。

所有正在处理的订单都是人工收集并输入公司的订单输入系统。一定要有客户的编号、运送地址及账单地址、系统才会接受这份订单（如果订单来自一个新客户，系统自动给客户一个新代号）。如果订单的送货日期在未来的 8～10 个工作日之后，则这个订单会以人工的方式被放几天后再输入系统。而如果一张送货时间超过 10 天的订单输入系统时，则被认为是一个延误的订单。系统每天会产生延误订单的报表去提醒客户服务代表有延误的订单。

当每一个订单被输入后，系统会对客户执行信用检查。有些客户可能被列入“信用保留”状态而不会运送他们的订单，直到收到客户支付的货款。其他客户的订单会被立即处理，而客户在收到货物与发票后支付采购货款。一份信用保留的报表会立即送给信用部门，而且客户服务代表每天也会收到列入信用保留的订单列表。

公司里不用的业务单位对于相同的产品使用不同的确认系统。公司总部对某产品的代号与制造工厂的代号不同。

（资料来源：http://www.doc88.com/p-7784067859799.html）

案例思考题

① 订单流程是怎样的?

② 在订单流程之外有什么其他企业流程会受订单流程影响?

③ 如何使流程更有效?

4.5 管理信息系统的系统设计

系统分析阶段回答的中心问题是系统要“做什么”的问题，即明确系统的功能，建立系统的逻辑模型。系统设计是回答系统“怎么做”的问题，它是利用系统分析的成果，以系统分析报告为依据，把系统逻辑模型转换成物理模型，即实现系统分析报告所规定的系统功能。

4.5.1 系统设计的任务和原则

1. 系统设计的任务

系统设计的总任务主要包括如下两方面：

① 系统总体结构设计：内容包括功能结构图设计和功能模块图设计。

② 详细设计：指为各个具体任务选择适当的技术手段和处理方法，包括代码设计、数据库设计、输入/输出设计、处理流程设计、物理配置方案设计等。

2. 系统设计的原则

① 系统性。系统是作为统一整体而存在的，因此在系统设计中，要从整个系统的角度进行考虑，应做到信息编码、采集、信息通信等内容的一致性，要有良好的设计规范和标准，传递语言要尽量一致。

② 系统的可修改性。系统的可修改性是指系统容易修改的程度。它并没有一个定量的标准，而是通过比较得出的结果。假设有两种设计方案均可满足系统需求，根据这两种方案可以建立系统 A 和系统 B。在投入运行后，当用户提出新的需求要求更改系统某项功能时，如果修改 A 需要 20 h，修改 B 需要 60 h，那么 A 的可修改性要高于 B。在系统设计时要采用合适的原则，如尽量提高模块的独立性，减少各模块之间的数据依赖性等，这些都能使系统的各个部分独立性增强，容易进行变动。

③ 系统的可靠性。系统的可靠性是指系统在运行过程中，抵御外界干扰的能力以及受外界干扰后的恢复能力。系统的可靠性包括软件和硬件可靠性两种，它取决于系统本身的性质。提高系统可靠性的途径主要有：设置完善的检错、纠错的功能，建立运行日志和信息追踪，规定

文件的存取限制，通过可靠性指标进行检验等。一般来说，提高系统可靠性在经济上要花费较大的代价，还要增加相应的软件和硬件，同时还会影响到系统的运行效率。

④ 经济性。系统的经济性是指系统的收益大于系统支出的比例。在满足系统需求的前提下，应该尽可能减少系统的开销。一方面，在硬件投资上不能盲目追求技术上的先进性，而应以满足应用需求为前提；另一方面，系统设计中应尽量避免不必要的复杂化，各模块应尽量简洁，以便缩短处理流程，减少处理费用。

以上原则既是相互联系又是相互制约的，甚至是相互矛盾的。在设计时，不同系统的具体情况各不相同，侧重点就有所不同。例如，某些系统对可靠性要求很高，就要选取高可靠性的设备，甚至采用双机结构，并采取一些校验措施，否则不但经济性原则不能满足，还会影响系统的质量。

4.5.2　总体结构设计

总体结构设计是在系统分析的基础上，结合组织的实际情况，对新系统的结构进行设计。子系统划分和功能结构设计是系统设计阶段需要首先考虑的问题。从开发的角度来看，它属于逻辑设计的范畴，其主要任务是根据系统的总体目标和功能，将整个系统划分为具有独立性的子系统和模块。正确处理模块之间的调用关系，合理安排模块内功能结构设计的问题是模块结构设计的关键。

1．子系统的划分

（1）子系统的划分方法

① 功能划分法：系统按业务处理功能划分。例如，按职能部门的管理功能，把系统划分为生产管理子系统、销售管理子系统、库存管理子系统、财务管理子系统、人力资源管理子系统等。这种划分方法是目前最常用的方法之一，它与企业内部的管理模式相适应，功能划分明确，易于运行管理。

② 顺序划分法：系统按业务的处理顺序划分。例如，在财务管理功能的划分中，按财务处理的顺序，把功能划分为凭证录入模块、凭证汇总模块、记账模块等。这种方法由于与管理事务的流程一致，模块之间的关系清楚，结构紧凑，比较适用于子系统内部的功能模块分解。

③ 性质划分法：系统按业务处理的性质划分。例如，在生产统计管理功能的划分时，按各种台账（通常是几十个）的相同处理，把功能划分为台账录入模块、台账汇总模块和台账统计打印模块等。这种方法针对业务处理的性质，把具有相同性质的操作都归在同一个模块中，而把不同性质的操作分别放在不同的模块中。模块功能单一，聚集性能好，适合于处理对象多而功能性质又比较统一的情况。

④ 时间划分法：系统按业务处理的时间先后关系划分。例如，一般所说的初始化处理，通常是将需要同时处理的事务归在同一个模块，而把不同时间执行的功能分开。这种方法把若干联系不大的功能，仅仅因为它们需要在同一时间内处理就组合在一起，因此，模块内部的功能多元化，聚合性比较差。

（2）子系统的划分原则

① 子系统要具有相对独立性。子系统的划分必须使得子系统的内部功能、信息等各方面的内聚性较好。每个子系统或模块都要相对独立，尽量减少各种不必要的数据、调用和控制联系。另外，为了便于查询、调试和调用，需要将联系比较密切、功能相近的模块相对集中。

② 子系统之间的数据依赖性尽量要小。子系统之间的联系要尽量减少，接口简单、明确。一个内部联系强的子系统对外部的联系必然是相对很少的。所以，划分时应将联系较多的都划入子系统内部。这样划分的子系统，将来调试、维护、运行都非常方便。

③ 子系统划分的结果应使数据冗余最小。如果忽视这个问题，可能会使相关的功能数据分布在各个不同的子系统中，导致大量的原始数据需要调用，大量的中间结果需要保存和传递，大量的计算工作将要重复进行。从而使得程序结构紊乱、数据冗余，不但给软件编制工作带来很大的困难，而且系统的工作效率也会大幅降低。

④ 子系统的设置应考虑今后管理发展的需要。子系统的设置只依赖系统分析的结构还远远不够，因为现存的系统由于这样或那样的原因，可能没有考虑一些更高层次管理决策的要求。因此，为了适应现代管理的需要，子系统的设置应该从长远角度出发进行设计，便于日后扩展升级。

2．功能结构设计

管理信息系统功能结构设计常用的方法是结构化设计（Structured Design，SD）方法。SD 介于结构化分析（Structured Analysis，SA）和结构化编程（Structured Programming，SP）之间。

结构化设计的基本思想是以系统的逻辑结构设计和数据流关系为基础，根据数据流程图和数据字典，借助于一套设计标准和图标工具，通过“自上而下”和“自下而上”的反复，逐层把系统划分为多个大小适当、功能明确、具有一定独立性并容易实现的模块，从而把复杂系统的设计转变为多个简单模块的设计。

（1）模块结构图

结构化设计涉及模块功能、模块结构与模块调用关系等问题。为了使这些问题能够清晰地表达出来，需要借助一定的图形工具来设计模型，如模块结构图或 HIPO 图。

模块结构图又称控制结构图、系统结构图，是由美国的 Yourdon 于 1974 年提出的。它用一组特殊的图形符号按照一定的规则描述系统整体结构。它可以描述的问题包括模块化分解后的系统结构层次，模块间组成层次的调用关系、模块间涉及的数据信息和控制信息等。它既反映了整个系统的结构（即模块划分），也能反映模块间的联系，是结构化设计的主要工具。

模块结构图是由模块、调用、数据信息、控制信息、判断等基本符号组成的，如图 4-15 所示。

图 4-15 模块结构图的基本符号

① 模块：模块是组成目标系统逻辑模型和物理模型的基本单位，它可以被组合、分解和更换。系统中任何一个处理功能都可以看作是一个模块。一个模块应具备 4 个要素，即输入/输出、处理功能、内部数据和程序代码。其中，前两个要素是模块的外部特性，后两个要素是模块的内部特性。模块用矩形框表示，矩形中间标上模块名称，模块名通常能够反映模块的处理功能。

② 调用：用连接两个模块的箭头表示调用。箭头总是由调用模块指向被调用模块。一个模块是否调用另一个从属模块，决定于调用模块内部的判断条件，称为模块间的判断调用，用菱形表示。如果一个模块通过其内部的循环功能来循环调用一个或多个从属模块，则称为循环调用，用弧形箭头表示，如图 4-16 所示。

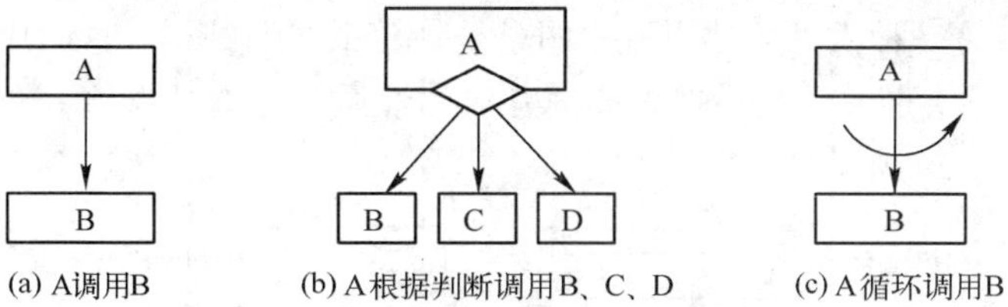

图 4-16　调用、判断调用和循环调用

③ 数据信息：当一个模块调用另外一个模块时，需要传递一些数据，这些数据信息用带空心圆圈的箭头表示，并在旁边标上数据名。例如，图 4-17（a）表示模块 A 调用模块 B 时，A 将数据 X、Y 传送给 B，B 将处理结果数据 Z 返回给 A。

④ 控制信息：为了指导程序下一步的执行，在模块间有时需要传递某些控制信息。控制信息采用带实心圆圈的箭头表示，旁边标上控制信息。例如，图图 4-17（b）表示 A 调用模块 B 时，将 A 模块中的物资编码传送给 B，同时 B 模块将库存量返回给 A，如果调用的物资没有了，需要返回无此物资。

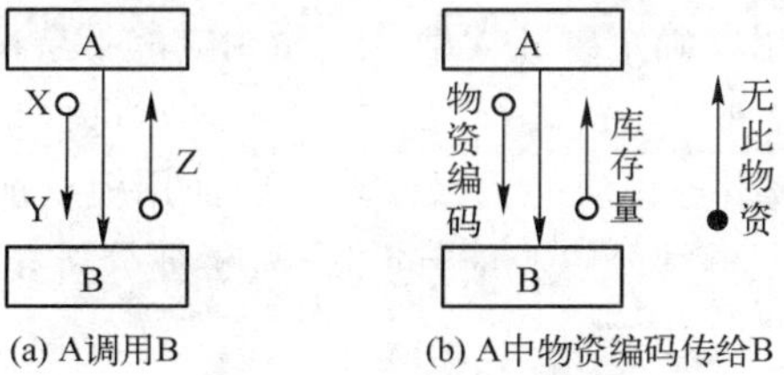

图 4-17　模块间的通信

（2）从数据流程图导出初始模块结构图的方法

① 变换流分析：其设计的要点是分析数据流程图，确定输入流、输出流边界，根据输入、变换、输出 3 个数据流分支，按一定规则将它们映射为模块结构图。

例如，某高校的学生选课系统的数据流程图如图 4-18 所示。

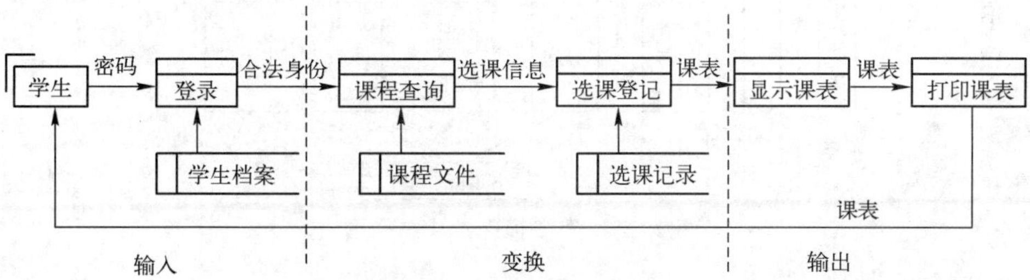

图 4-18　选课数据流程图

这是一个简单的具有明显变换流特征的数据流程图，按基本映射规则得到如图 4-19 所示的模块结构图。

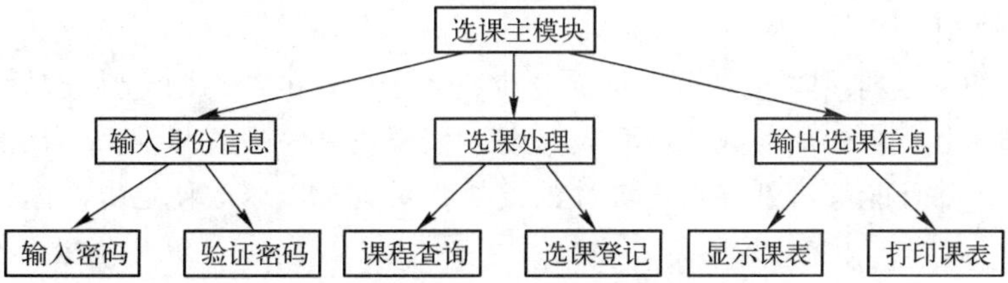

图 4-19　选课模块结构图

② 事务流分析：另一种常见的数据流程图是呈现“束状”结构，这时应采用事务分析的设计方法。即在接受某一项事务后，根据事务的特点和性质，选择分派给一个适当的处理单元，然后给出结果，如图 4–20 所示。

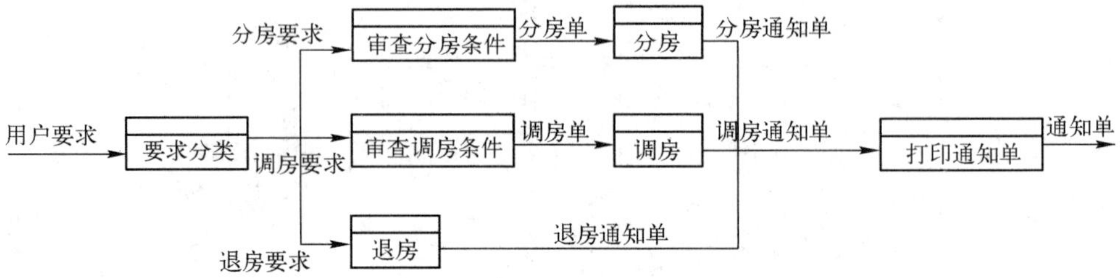

图 4–20 房产管理数据流程图

通过事务分析技术可以将上面的数据流程图转换为模块结构图。采用“自顶而下，逐步细化”的原则进行，先设计顶层主模块，其功能是整个系统的功能，第一层包括一个“类型分析模块”和一个“调度模块”，用以确定事务类型及调用相应的下层事务处理模块。对每种类型的事务，分别建立专门的事务处理模块，进行独立的处理。对每种事务所引起的每个处理动作，要分别建立一个直接从属于该事务模块的下级模块，要使用模块的分解原则，允许有公共处理动作模块,必要时可将动作模块继续分解成细节模块。按事务分析技术可将图 4–20 变换成图 4–21 所示的模块结构图。

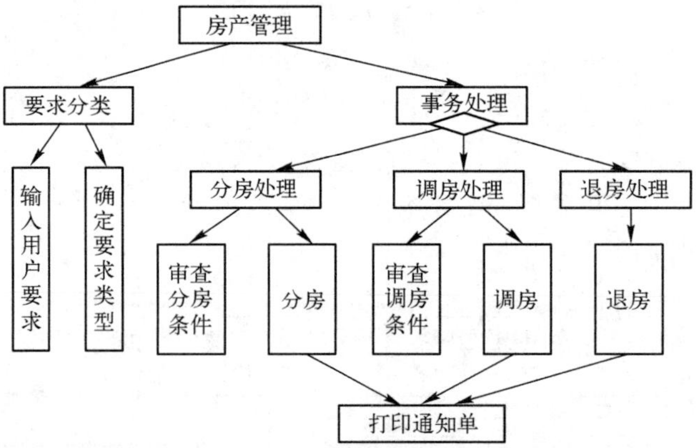

图 4–21 房产管理模块结构图

（3）模块结构图的改进

由数据流程图经过简单的变换可以得到初始的模块结构图，但是初始模块结构图会存在很多问题，例如模块间的耦合过大，某个模块的负担过重等。应该仔细分析和审核，通过模块的分解与合并等多种方法，降低模块间的耦合，提高模块的内聚，改进系统结构。改进模块结构图需要遵循以下原则：

① 高内聚、低耦合原则。模块间的联系越少，各个模块的相对独立性就越强，系统结构就越理想。同时，一个模块内部各成分联系越紧密，该模块越易理解和维护。在设计模块时应力争做到高内聚性，并且能够辨别出低内聚性的模块，对其加以修改使之提高内聚性，并降低模块间的耦合度。

② 作用范围应在控制范围之内。在进行模块划分设计时，可能会遇到在某个模块中存在着

判定处理的功能，某些模块的执行与否取决于判定语句的结果。为了做好这类模块的设计，首先需要明确两个概念，即作用范围和控制范围。一个判定的作用范围是指所有受这个判定影响的模块。一个模块的控制范围是指模块本身及其所有的下级模块的集合。例如，如图 4-22 所示，模块 M 有条件地调用模块 A、B、C，说明 M 属于这个判定的作用范围，当然，模块 A、B、C 也属于这个判定的作用范围。而模块 M 的控制范围是模块 M、A、B、C、D。

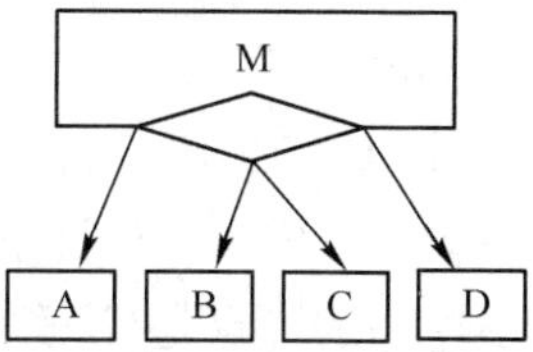

图 4-22　作用范围与控制范围

③ 合理的模块扇入和扇出数。模块的扇入表达了一个模块与其直接上级模块的关系。模块的扇入数是指模块的直接上层模块的个数。模块的扇入数越大，表明被多个上层模块所调用，其公用性越强，因此要尽量提高模块的扇入数。模块的扇出表达了一个模块对它的直接下属模块的控制范围。模块的扇出数是指一个模块拥有的直接下层模块的个数。模块的扇出数不能太大，一般要控制在 7 个以内。比较理想的系统结构是"两头小，中间大"，即上层、底层模块较少，中间模块较多。

④ 合适的模块大小。如果一个模块很大，那么它的内部组成部分必定比较复杂，或者它与其他模块之间的耦合度可能比较高。一般来说，一个模块所包含的语句条数为几十条较好，但这也不是绝对的。在分解大模块时，主要是按照功能分解比较好。

4.5.3　代码设计

代码是人为确定的能代表事物名称、属性、状态等的符号。为了便于计算机进行处理，代码一般用数字、字母或者它们的组合来表示。在管理信息系统中，代码是人和计算机的共同语言，是两者交换信息的工具，除此之外还具有标识、分类、排序等作用。因此，代码设计是系统设计中很重要的一个环节，能否设计出一套能为系统各个部分所共用的、优化的代码系统是实现计算机管理的前提。

1. 代码设计的原则

① 唯一性：每个代码都仅代表唯一的实体或属性。

② 通用性：国家有关编码标准是代码设计的重要依据，已有标准的必须遵循。在一个代码体系中，代码结构、类型、编写格式必须统一。

③ 合理性：代码结构要合理，尽量反映编码对象的特征，并与事务分类体系相适应，以使代码具有分类的标识作用。

④ 可扩充性：代码系统要考虑系统的发展变化，留有充分的余地。当增加新的实体或属性时，直接利用原代码加以扩充，而不需要变动代码系统。

【例 4-10】 若已知码的位数为 P，每一位上可用字符数为 S_i，则可以组成码的总数为

$$C=\prod_{i=1}^{P}S_i$$

例如，对每位字符为 0～9 的三位码，共可组成 $C=10\times10\times10=1\,000$ 种码。若实体对象的总数是 S，那么：当 $C>S$ 时，代码方案可行；当 $C=S$ 时，代码方案目前可行，但今后无法扩充；当 $C<S$ 时，代码方案不可行，需要重新设计。

⑤ 可识别性。一般来说，代码的长度应以短小为好，代码的长度会影响所占据的存储单元和信息处理速度，也会影响代码输入时出错的概率及输入、输出速度。当代码很长时，应分成小段，便于记忆。

2．代码的种类

代码的种类很多，典型的代码有以下几种：

（1）顺序码

顺序码也称序列码，是一种用连续数字代表编码对象的码。例如，课程学科门类代码：01——哲学、02——经济学、03——法学。

顺序码的优点是代码简单、易于管理、便于添加。缺点是代码本身没有列出对象的任何其他信息，没有逻辑性，不方便记忆；另外，这种编码缺乏分类组织，一旦确定后没有弹性，不适宜分类。在信息系统的设计工作中，纯粹的顺序码是很少被使用的，通常作为其他码分类中细分类编码的一种补充手段。

（2）区间码

区间码也称“块码”，区间码把代码分成若干区间，每一区间代表一个组，每组中码的值和位置都代表一定意义。例如，我国的邮政编码采用四级六位编码制，前两位表示省、市、自治区，第三位代表邮区，第四位代表县、市，最后两位代表投递邮局，代表从这个城市哪个投递区投递的。区间码又可分为以下多种类型：

① 多面码。多面码中各区之间没有层次隶属关系，代码的某个位或某几位表示编码对象的某一种特征。例如，对于机制螺钉，可按表 4-3 表示。代码 2342 表示材料为黄铜的ϕ1.5 mm 方形头镀铬螺钉。

表 4-3　机制螺钉规格表

材　　料	螺钉直径/mm	螺钉头形状	表 面 处 理
1—不锈钢	1—ϕ0.5	1—圆头	1—未处理
2—黄铜	2—ϕ1.0	2—平头	2—镀铬
3—钢	3—ϕ1.5	3—六角形状	3—镀锌
		4—方形头	4—上漆

② 层次码。按实体类别的从属层次关系，将代码分成若干组，一般在码的左端组表示最高层次类别，右端组表示最低层次类别，即右端组为左端组的子分类，组内仍然按顺序编码。用这种方法编制的区间码成为层次码。例如，某大学的学生学号编码由 9 位数字组成，前 4 位表示入学年份、第 5、6 位表示学院，第 7 位表示学院内专业代码，第 8 位表示班级号，第 9、10 位表示班内序号，如图 4-23 所示。

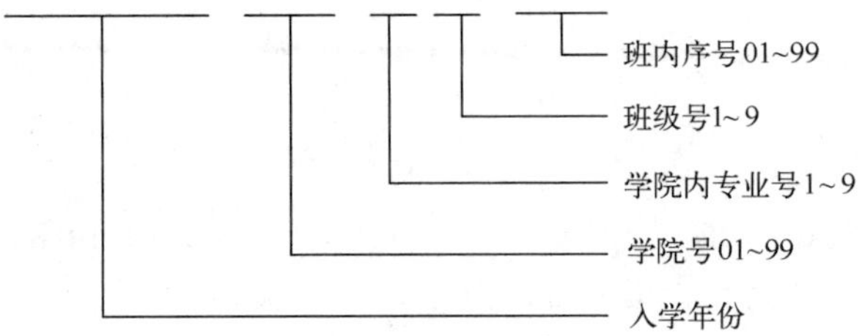

图 4-23　学号的层次结构示意图

③ 十进位码。当编码实体的数量不能预先估计时，十进位编码是一种较为合适的结构类型。这是因为十进位码在区间码的前提下采用层次码的原理，同时可以采用小数点符号，在小数点

后添加新的数位以不断增加新的子分类。因此，十进位码常用于图书、文摘、设备零部件的分类编码。例如，在本书中用十进位码表示的章节如下：

4 管理信息系统开发

4.1　系统开发的任务和原则

4.1.1　系统开发的任务

4.1.2　系统开发的原则

十进位码容易添加新的分类，但位数比较多，且长短不一，不便于程序处理。

多面码、层次码、十进位码都属于区间码，区间码的优点是能够明确表示分类对象的类别，排序、分类、检索等操作易于进行，但是这种码的长度与其分类属性的数量有关，有时可能造成很长的码，而且区间码的维护也很困难。

（3）助忆码

助忆码也称表意码，是将编码对象的名称、规格等属性作为代码的一部分，一般由数字和字母共同组合而成。例如，用 TV–B–12 代表 12 英寸黑白电视机，用 TV–C–20 代表 20 英寸彩色电视机。

助忆码的优点是可以通过联想帮助记忆，但是只适用于编码对象很少的情况，否则会引起联想出错。此外，太长的助忆码占用计算机容量较多，不宜采用。

3．代码结构中的校验位

代码作为计算机的重要输入内容之一，它的正确性将直接影响系统的质量。当人们在重复抄写代码和将它录入到计算机时，发生错误的可能性很大。例如，抄写错误、移位错误、双移位错误，以及上述两种或两种以上的错误等都可能出现。因此，为了保证输入代码的正确性，应在原有代码的基础上加一个校验位，使其变成代码的一个组成部分。校验位是通过事先规定的数学方法计算出来的。代码一经输入，计算机会用同样的数学方法按输入的代码数字计算出校验位，并将它与输入的代码中的校验位进行比较，以证实输入是否有错。校验位的生成方式如下：

① 对代码本体的每一位加权求和。

- 代码本体：C_1，C_2，C_3，…，C_n。
- 加权因子：P_1，P_2，P_3，…，P_n。
- 加权求和：$S=\sum C_iP_i$（i=1，2，3，…，n）

其中，加权因子可以取自然数，如 1，2，3，⋯；可以取几何级数，如 2，4，6，⋯；可以取质数，如 2，3，5，7，⋯。

② 以模除和得到余数，将余数作为检验位。模的取值应大于代码中字符的个数；模与代码各位上对应的权应互为质数；模最好为质数。通常取 11 为模数，这样，余数最大为 10。由于校验位一般为 1 位，当余数为 10 时，规定校验位仍取 0；当余数为小于 10 的数时，校验位就是余数本身。

【例 4–11】 校验位的确定。设计代码校验位的方案如下：若原代码为 135678，共 6 位，从左至右取权 12，10，8，6，4，2，取模为 11，请计算出原代码的校验位。

原代码：	1	3	5	6	7	8
权：	12	10	8	6	4	2

乘积之和：S＝12+30+40+36+28+16＝162

模取 11 求余数：162/11=14，余 8

校验位为：8

4．代码的设计步骤

① 确定编码对象，考察是否已有标准代码。如果国家标准局对编码对象已经规定了标准代码，那么应遵循这些标准代码。如果没有标准代码，那么在设计代码时要参考国际标准化组织、其他国家、其他部门、其他单位的编码标准，设计出便于今后标准化的代码。

② 根据编码对象的数量、使用范围和使用时间，根据实际情况确定代码的位数和种类。

③ 考虑检错功能。对于一些比较重要的代码，可以通过设计校验位来保证代码的正确性。

④ 编写代码表。代码编写后，要编制代码表，做详细说明，通知有关部门组织学习，以便正确使用。

4.5.4 数据库设计

数据库设计是根据用户需求研制数据库结构的过程。具体地说，就是对于给定的应用环境，建立一个性能良好的、能满足不同用户使用要求的、又能被选定的数据库管理系统所接受的数据库系统模式。数据库设计的步骤包括：用户需求分析、概念结构设计、逻辑结构设计和物理结构设计 4 个阶段。

4.5.5 输入/输出设计

输入/输出（I/O）设计是系统设计的重要内容。管理信息系统设计的最终目的就是要满足用户的需求，输入界面是管理信息系统与用户之间交互的纽带，对信息系统质量有决定性的作用，而输出设计反映了系统开发的目的，其结果是评价系统开发成功与否的重要依据。需要注意的是，在系统的输入/输出设计过程中，应先根据管理和用户的需要进行输出设计，然后再根据输出所要求获得的信息进行输入设计。

1．输出设计

输出是系统运行后产生的结果或提供的中间信息。输出设计是系统实现业务和管理功能所不可缺少的部分，输出信息的质量、及时性以及输出界面是否友好是评价信息系统优劣的标准之一。输出信息的使用者是用户，所以输出的内容与格式都是用户较关心的问题。因此，在设计过程中，开发人员必须深入了解用户的要求，及时与用户沟通。输出设计的主要内容如下：

① 确定输出信息使用方面的情况。包括信息的使用者、使用目的、信息量、输出周期、有效期、输出份数等。

② 确定输出信息的内容。包括确定输出项目、位数、精度、信息形式（文字、数字）。

③ 设计输出格式。输出格式要满足使用者的要求和习惯，达到格式清晰、美观、易于阅读和理解的要求。常见的输出格式有：表格、图形、报表等。

④ 选择输出设备和介质。常见的输出设备和介质如表 4-4 所示。

表 4-4 输出设备和介质

输出设备	打印机	卡片/纸带输出机	磁带机	磁盘机	显示终端	绘图仪	缩微胶卷输出机
介质	打印纸	卡片/纸带	磁带	磁盘	屏幕	图纸	缩微胶卷
用途与特点	便于保存，费用低廉	可代替其他系统供输入之用	容量大，适于顺序存取	容量大，存取更方便	响应灵活的人机对话	精度高，功能全	体积小，易保存

2. 输入设计

输入是将机外或外地机的信息转换成机内信息，它是信息处理的“源”，因此保证这个“源”的正确性是输入设计中的一项重要内容。进行输入设计要遵循提高效率和减少错误这两个最根本的原则，具体可以采用控制输入量、减少输入延迟、简化输入过程等提高输入效率，可以增加自动数据检验和检查的功能以减少数据错误。输入设计的主要内容包括如下：

① 设计输入内容。确定输入数据项名称、数据内容、精度、数值范围等。

② 选择输入设备。输入设计首先要确定输入设备的类型和输入介质，目前常用的输入设备包括键盘、光电阅读器、终端输入、光笔、扫描仪等。

③ 设计输入格式。输入格式应该针对输入设备的特点进行设计。若选用键盘方式人机交互输入，则输入格式的编排应尽量做到计算机屏幕显示格式与原始单据格式一致。输入数据的形式一般可采用“填表式”，由用户逐项填入数据，输入完毕后确认输入数据是否正确无误。

④ 确定数据校验方式。为了保证输入数据的正确性，在输入设计时要考虑采用具体的方式检测输入数据的正确性。常见的输入校验方式除了前面介绍的校验位校验之外，还有重复校验、视觉校验、逻辑校验、界限校验等，如表 4-5 所示。

表 4-5　输入校验方法

校验方法	具体内容
重复校验	要求同一个数据内容输入两次，以两次输入内容一致作为正确性判断的依据。对于特别重要的数据输入，也可以要求输入两次以上
视觉校验	采用目测的方法检查输入数据的正确性，目测一般在屏幕前进行，在输入内容复杂的情况下可以打印出来校验
逻辑校验	检查数据项的值是否符合逻辑
界限校验	通过检验数据是否在限定的取值范围内来检测输入数据的正确性
控制总数校验	对所有数据项的值求和进行校验
数据类型校验	从数据类型和数据格式的角度来检测输入数据的正确性
格式校验	检验数据记录中各数据项的位数和位置是否符合预先规定的格式

3. 用户界面设计

用户界面（User Interface，UI）是人和计算机联系的重要桥梁。操作者可以通过屏幕与计算机对话，向计算机输入数据、控制计算机的处理过程，并将计算机的处理结果反映给用户。用户界面设计是否成功将直接影响系统的质量和用户对系统的满意度。

（1）用户界面设计的原则

用户界面是人-机交互的主要界面，其设计应该遵循以下原则：

① 可靠性：保证输入界面提供的环境可靠性高，容错性好。

② 简单性：即输入操作要尽可能地简单。在数据的输入过程中应尽可能减少操作人员的击键次数，采用启发式、交互式的操作过程，以提高输入速度。

③ 易学与易用性：用户界面应该便于非计算机专业人员学习和使用，减少用户回答的难度，多采用菜单、对话等方式。

④ 反馈有效性：一个良好的、效率高的输入界面应能对用户所有输入都立即做出反馈，这个反馈响应时间也称系统延时，取决于软、硬件的性能。

（2）用户界面的基本类型

① 人-机对话：人-机对话方式是指计算机程序运行中，为了进行控制与检验，用户通过显示屏幕与机器对话。操作人员通过屏幕、键盘与系统对话的常见方法有填表式、选单式、回答式等。

② 菜单方式：菜单是传统的系统功能选择操作方式，使用菜单可以使整个页面清晰、简洁。菜单有下拉式、上弹式、按钮式等。

③ 操作提示：当前较为流行的用户界面设计方式和系统风格。在设计系统时，可以把操作要点或提示显示在屏幕旁边，可以设置帮助关键字帮助用户索引具体帮助内容，还可以设置系统运行状态指针等对用户请求快速响应。

4.5.6 处理流程设计

总体结构设计将系统划分成子系统，子系统划分成模块，构成功能结构图，并且用模块结构图表示模块的调用关系、数据传递关系，即确定了模块的外部特征。模块内部算法设计就是确定模块的内部特征，即对每个模块的加工处理逻辑进行分析与设计，它是在功能结构图或模块结构图的基础上具体设计出每个模块内部的功能和处理过程，为程序员提供详细的技术资料。模块的内部处理流程设计工具主要有：IPO（Input-Process-Output）图、流程图、盒图（N-S 图）等。但是，随着计算机系统软件功能的增强，有许多处理不必专门编写程序，所以，处理流程图这一步可以省略。

4.5.7 物理配置方案设计

由于信息系统是一个计算机应用系统，所以离不开一个完整的计算机系统和网络系统。进行物理配置方案设计的目标就是合理地配置计算机这一系统环境，使得用户实现以较少的投资代价获得较高的系统性能。系统物理配置方案设计主要有计算机系统的选择和网络设计。

1. 计算机系统的选择

计算机系统的选择包括硬件和软件两方面，一般应从以下几方面进行：

① 选择的依据。计算机系统方案的提出，要考虑和依据系统的可行性报告、系统分析报告和系统总体结构设计三方面。

② 功能、性能、容量的要求。系统功能要求主要考虑数据处理能力、多媒体处理能力及上网要求等；性能要求主要强调计算机的运行速度、字长等指标要求；容量要求则是根据信息系统的近期、中长期可能的数据处理量对内存、外存容量提出要求。

③ 系统配置。系统配置要从软、硬件两方面来考虑。硬件和软件要兼容，并且要注意可扩充性。此外，还要从用户和系统要求的实际出发，选定计算机系统的外围设备。

④ 市场考虑。计算机的选型不只是要看广告和书面材料，还要进行实地考察，甚至是走访用户，要考虑系统的升级情况、软件使用情况、厂商售后服务承诺、机型的使用率以及国情要求。

2．网络设计

当前的信息系统离不开网络。网络设计不仅要考虑系统集成和结构化布线，还要考虑网络的性能。

① 网络系统结构。网络系统结构有集中式系统和分布式系统两大类。集中式系统包括单机结构和主机结构；分布式系统主要包括文件服务器/工作站模式、客户机/服务器（C/S）模式和浏览器/服务器模式（B/S）。不同结构各有不同的特点和适用场合，设计人员需要根据用户企业的具体情况加以选择，网络系统结构或运行环境会影响到信息系统结构的设计。

② 数据库访问方式。信息系统一般要进行大量的数据库操作，选择不同的网络系统结构，所使用的数据库访问方式也不相同。数据库通常有独立数据库、文件共享性数据库、客户/服务器型数据库、多层数据库应用系统、基于 Web 的数据库等。

③ 性能指标。网络选型要考虑网络的吞吐能力、可靠性、可扩充性、最大的作用距离、可维护性等性能指标，遵循标准化、主流性和实用性等原则选择满足应用需求的网络产品。

4.5.8　编制系统设计报告

系统设计结束后，应该编写系统设计报告来总结系统设计阶段的成果，完成新系统物理模型设计，为系统实施阶段提供依据。系统设计报告的主要内容如下：

① 引言。说明项目的背景、工作条件及约束、引用资料和专门术语。

② 系统总体技术方案。这是最主要的部分，包括子系统划分、模块结构设计、代码设计、数据库设计、输入/输出设计、物理配置方案设计、实施方案说明等。

【案例分析】

某公司管理信息系统

1．系统业务处理功能

某保险公司是区域性财产保险公司，业务范围为除人寿保险以外的所有保险和再保险业务，经营区域为西北、西南地区近 10 个省市。公司与有关网络公司和软件公司合作建成了以网络为基础的公司管理信息系统。该系统主要完成以下几方面处理功能：

① 承保处理子系统；

② 理赔处理子系统；

③ 再保险处理子系统；

④ 财务处理子系统；

⑤ 报表查询与打印子系统；

⑥ 单证查询与打印子系统；

⑦ 客户管理子系统。

2．系统硬件构成

本系统的硬件由服务器、用户工作站、快速以太网（局域网）和帧中继网 FRN（广域网）组成。整个系统采用帧中继技术。通过电信部门的数据通信网（DCN）的广域网系统，将总公司、分公司以及支公司的局域网连接在一起构成公司内部网络平台。一部分业务量比较少的支公司、办事处、代理点通过公共分组电话网（PSTN）与分公司相连。总公司和各分公司局域网上都配有服务器。图 4-24 所示为某公司网络结构示意图。

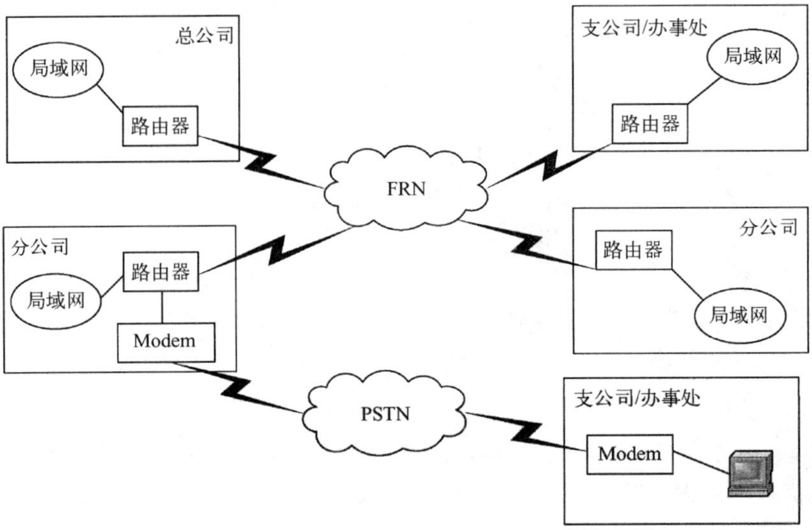

图 4–24　某公司网络结构示意图

3. 系统软件构成

在以上硬件体系结构下，本系统的网络计算模式为客户机/服务器（C/S）结构。通常，用户在客户机（工作站）上发出请求到服务器后，服务器访问本地数据库进行处理，将处理结果返回到客户机。

用户工作站上运行 Windows 操作系统，客户应用程序运行在用户工作站上，一方面负责与用户交互，另一方面根据用户要求与服务器交互。服务器上运行 UNIX 操作系统及 Oracle 数据库管理系统（DBMS），服务应用程序运行在服务器上，业务服务应用程序本身又作为数据库服务器的客户机，通过本地操作访问数据库。

（资料来源：樊耕，李随成. 管理信息系统. 陕西人民出版社）

案例思考题

结合上述案例回答系统物理配置方案设计需要包括哪些内容？

4.6　系 统 实 施

系统实施是管理信息系统开发生命周期的最后阶段，其目的是把系统分析和系统设计阶段的成果转化为可以在计算机上实际运行的系统，交付用户实用。系统实施的主要任务就是按照系统设计报告的要求，购买计算机系统和网络系统并进行安装和调试，编写程序并进行测试，调试新系统，培训操作人员，整理基础数据，最后进行新旧系统的转换。

4.6.1　物理系统的实施

物理系统的实施所做的主要工作是购置设备并进行安装，主要包括计算机系统和网络系统的实施。

1. 计算机系统的实施

① 硬件获取。计算机系统的硬件包括计算机主机、存储设备、输入/输出设备、辅助设备（稳压电源、空调设备等）。这些硬件的获取可按系统设计报告的要求和可行性分析报告对财力资源

的分析，采用购买、租借或租用等方式，获取适当的设备。

计算机系统到货以前，要为其准备好物理场所，即机房建设。一般来说，机房的环境要满足计算机的基本要求，如室内温度和湿度、地板的防静电、UPS 不间断电源的配备等。

设备到货后要根据供货要求进行验收，再由供货方进行安装调试，看是否达到所要求的性能指标。调试成功后，要由用户、专家和管理人员进行验收，可以运行常规的系统诊断校验软件验证系统的可靠性。供货商要负责操作人员的培训。

② 软件获取。软件系统包括操作系统、数据库管理系统，以及一些实用软件。为了保证系统的稳定性，最好选用正版软件。有些系统软件是随机赠送，也有些是自行购买的，不管什么方式，都要保存详细的资料和使用说明书。另外，软件也需要进行安装和调试。

2. 网络系统的实施

按照设计阶段的要求，选购系统所需的网络设备和网络操作系统，并进行有关的网络通信设备和网络线路的架构与连接、网络操作系统的安装与调试、整个网络系统的性能和安全测试及用户权限的设置等。由于现代大型信息系统对网络的要求越来越高，所以网络系统的实施比以前难度更大。一个比较好的办法是把网络系统的实施外包出去，这样一来，既能大大降低工作负担，又能保证实施质量。

4.6.2 程序设计

1. 程序设计的原则

① 可维护性。系统在运行期间会逐步暴露出某些隐含的错误，随着外界环境的变化，用户也可能提出一些新要求需要对程序进行完善。由于计算机软件与硬件的更新换代也需要对程序进行升级，这些工作都是属于程序维护的任务。一个程序如果不容易维护，它的使用价值将大打折扣，所以说可维护性是对程序设计的重要要求之一。

② 可靠性。可靠性是指程序应当具有较好的容错能力，不会因错误数据或错误操作导致系统发生不可恢复性错误。可靠性反映在多个方面，如程序运行的可靠、数据存取的正确性、操作权限的安全可靠等。系统可靠性指标在任何时候都是衡量系统质量的首要指标。

③ 可理解性。程序要求不仅逻辑正确，而且应当层次清楚、简洁明了，便于人们阅读。这是因为程序的维护工作量很大，程序维护人员经常要维护他人编写的程序。如果一个程序不便于阅读，那么将会给程序检查与维护工作带来极大的困难。

④ 效率。程序的效率指程序运行占计算机资源少，运行速度快。程序的效率与可理解性是矛盾的。在当今计算机内存越来越大、速度越来越快，人们宁可牺牲一定的时间和空间，也要尽量提高系统的可读性和可维护性。片面追求程序的运行效率不利于程序设计质量的全面提高。

2. 程序设计的方法与语言选择

目前，程序设计的方法主要有结构化程序设计方法和面向对象程序设计方法。程序设计的语言很多，如基于 C/S 结构的开发语言有 Power Builder、Visual Basic、C++ Builder 等，基于 B/S 结构的开发语言有 ASP、ASP.Net、JSP、PHP 等。具体使用哪一种语言主要取决于程序员对语言的熟悉程度。

4.6.3 系统测试

系统测试是管理信息系统开发过程中十分重要的环节。尽管在系统开发周期的各个阶段都采取了严格的技术审查，但难免还是会遗留下差错。如果没有在投入运行前的系统测试阶段发现并纠正差错，则问题系统实际运行过程中迟早会暴露出来，届时要纠正错误将会付出更大的代价。

测试是对软件计划、软件设计、软件编码进行查错和纠错的活动。测试的目的是为了找出软件开发过程中各个阶段的错误，以便分析错误的性质和确定错误的位置，并纠正错误。系统测试的意义不仅是为了发现系统内部的错误，而且通过某些系统测试可以了解系统的响应时间、事务处理吞吐量、载荷能力、失效恢复能力以及系统实用性等指标，以对整个系统做出综合评价。

根据管理信息系统的开发周期，系统测试可分为 5 个阶段：

① 单元测试。单元测试就是以模块为单位进行测试，即测试已设计出的单个模块的正确性，也称模块测试。模块测试的目的是保证每个模块作为一个单元能够独立运行，在单元测试中所发现的往往是编程和详细设计的错误。

按照在设计测试用例时是否涉及程序的内部结构，单元测试可以分为黑盒测试和白盒测试两种方法。白盒测试时，测试者对被测试程序的内部结构是清楚的、透明的。从程序的逻辑结构入手，按照一定的原则来设计测试用例，设置测试数据。黑盒测试的情况正好相反，此时，测试者把被测程序看成一个黑盒子，完全不用关心程序的内部结构。设计测试用例时，仅以程序的外部功能为根据。一方面检查程序是否完成一切应做的事情，另一方面要考察它能否拒绝一切不应该做的事情。

② 组装测试。在每个模块完成单元测试后，需按照设计时绘制的功能结构图，把它们连接起来，进行组装测试。组装测试的目的是保证各模块无错误地连接、数据有效传输及数据的完整性和一致性、人机界面及各种通信接口满足设计要求等。组装测试往往能发现详细设计和总体设计的错误。

③ 确认测试。组装测试完成后，软件已组装完成，接口方面的错误已经排除，还需进行确认测试。确认测试的目的是检查软件能否按合同要求进行工作，保证系统在功能、性能、安全保密性、可维护性、故障处理能力等方面是否满足要求。确认测试往往能发现系统分析和总体设计的错误。

④ 系统测试。在软件完成确认测试后，应对与它相关的部分或全部软硬件组成的系统进行综合测试。系统测试的目的是通过测试，以及与需求的比较，发现软件与系统定义之间的差异。系统测试的依据是系统分析报告。系统测试一般包括：恢复测试、安全测试、强度测试、性能测试等。

⑤ 验收测试。在整个系统完成测试之后，系统切换并且试运行了一定的时间后，需要进行验收测试，以便确认软件能否达到验收标准。验收测试是开发单位和用户单位的合同执行情况的最后验收手续，这个阶段是在软件实际工作环境下进行验收。

所有的测试环节完成之后，应编写操作说明书，完成程序框图和打印源程序清单。

4.6.4 系统切换

在完成系统测试工作后，即可将其交付使用。所谓交付使用是新系统与旧系统的交替，旧系统停止使用，新系统投入运行。整个交付过程也可以称为系统切换过程，在这个过程中要首先要进行切换前的准备工作，然后选择切换的方式完成新旧系统的切换。

1．系统切换前的准备工作

① 数据准备。数据准备是系统切换工作中的一项重要而艰巨的任务。如果新系统是在手工管理基础上建立起来，就要将手工处理的数据（如各类单证、报表、账册等）按照新系统对数据要求的格式和内容统一进行收集、分类和编码，然后组织人力将整理好的数据输入到计算机内，并存入相应的数据库，成为新系统的数据。

② 文档的准备。总体规划、系统分析、系统设计、系统实施等各项工作完成之后，应有一套完整的开发文档资料。这套资料记录了开发过程中的开发轨迹，是开发人员工作的依据，也是用户运行系统、维护系统的依据，因此文档资料要符合一定的规范。在系统运行之前要将这套文档资料准备齐全，形成正规的文件。

③ 人员培训。管理信息系统是一个人机系统，人员是系统的重要组成部分。这些人员包括企业的各级管理人员、操作人员以及管理和维护信息系统的专业人员。为了保证管理信息系统顺利运行，并最大限度地发挥作用，应该重视这些人员的素质。可根据实际需要采取不同的方式对这些人员进行培训。例如，人员数量少时，可采用面对面、手把手方式，在实际系统中进行演练和培训；当人员数量较多时，可以采用授课方式进行，或者是通过网络的方式进行。

【案例分析】

一汽集团散热器总公司在 MRP II 系统实施过程中重视培训工作

主要培训工作如下:

① 对企业领导的培训。在项目实施初期，公司请有关 MRP II 专家对公司领导和部门领导进行了一次 MRP II 理论知识培训，目的是使领导层对 MRP II 有一个初步的了解，能够结合公司管理情况对系统实施提出明确的意见。随着系统实施的开展，又对领导层进行了 MRPII 理论知识的二次培训。通过这次培训，使领导人员对 MRP II 理论有了更深的理解，基本掌握了 MRPII 知识，对于本系统推行 MRP II 系统起到了至关重要的作用。组织了各级领导的计算机知识和管理软件系统使用培训，使他们掌握计算机知识，能独立使用计算机，掌握管理软件操作，能够通过终端随时查阅有关信息和报表。

② 对项目工作组的培训。项目工作组负责系统的实施，对项目工作组的培训包括较为广泛的内容。为了使项目工作组更好地开展工作，使 MRP II 系统能够尽快实施，公司先后对项目工作组做了 MRP II 理论培训、管理软件初级培训和高级培训、实施方法与项目管理培训和计算机系统知识培训。

③ 对计算机专业人员的培训。对于计算机专业人员来说，掌握系统所选用的计算机机型、性能和使用方法是最基本的要求，尤其是系统软件和系统资源的管理及网络的应用对于计算机专业人员是必须掌握的。另外，由于需要对管理软件的二次开发，计算机专业人员还应熟悉 MRP II 理论及软件结构。根据上述情况，公司先后对计算机专业人员进行了计算机系统初级培训和高级培训、MRP II 理论培训、管理软件应用培训等。

④ 对业务管理人员的培训。业务管理人员是系统的最终用户，对业务管理人员的培训主要包括 MRP II 基础知识、软件应用、操作规程及计算机基础知识。这些培训由项目工作组成员根据不同部门和系统实际情况，有针对性地进行。

通过培训工作，为企业实施信息化工作奠定了人才基础，并培养出了一大批计算机应用人才，为系统运行和今后的维护工作顺利进行创造了条件。

（资料来源：马永涛. 管理信息系统. 机械工业出版社）

案例思考题

结合上述案例和所学知识，讨论系统切换前人员培训需要做哪些工作？

2. 系统切换的方式

系统切换是指系统开发完成后新旧系统之间的转换。系统切换一般有 3 种方式，如图 4–25 所示。

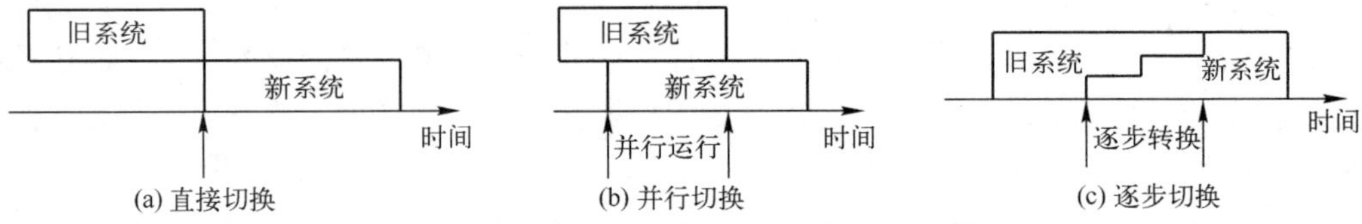

图 4–25　系统切换方式

① 直接切换。直接切换方式是指在某一特定时刻，旧系统停止使用，同时新系统立即投入运行，如图 4–25（a）所示。这种切换方式使用简单，节省人员和设备费用，但是风险较大。例如，电话号码升位就是采用这种方式。这种方式一般适用于系统小、且不重要或时间要求不高的情况。

② 并行切换。并行方式是指在一段时间内新旧系统并存，各自完成相应的工作，并相互对比、审核，如图 4–25（b）所示。这种方式安全可靠，风险较少，但是费用和工作量都很大。一般适用于较复杂处理的中型系统。

③ 逐步切换。逐步切换是指分阶段、按部分地完成新旧系统的交替过程，开发完一部分则在某一时间段内就平行运行一部分，如图 4–25（c）所示。这种方式既可避免直接方式的风险，又可避免并行方式的双倍费用，但是这种方式的不足之处是接口多，一般适用于较大系统。

4.7　图书管理系统开发实例

很多学校和单位都有自己的图书馆或阅览室，需要管理大量的图书或期刊杂志。开发图书管理系统可以有效地管理图书资源，控制借书、还书的流程，对图书馆或阅览室的管理有很大的益处，直接关系到图书的借用率，所以图书管理系统应该能够为管理员和读者提供充足的信息和快捷的查询手段。现在我国的许多学校和单位的图书管理仍采用手工管理方式，经调查发现手工管理图书已经不能适应用户的需求，因为手工管理方式效率低下、保密性差，查询图书、统计图书的库存数量和借出数量较困难。

随着计算机技术、网络技术的发展，微机的使用越来越普及，其强大的功能已被人们深刻认识，它已进入人类社会的各个领域并发挥着越来越重要的作用。信息时代这种传统的图书管理方式必然被以计算机为基础的管理信息系统所取代。因为使用计算机对图书信息进行管理，具有手工管理方式无法比拟的优点，如检索迅速、查找方便、可靠性高、存储量大、保密性好、寿命长、成本低等。这些优点能够极大地提高图书管理的效率，因此有必要在现行手工管理图书的基础上开发图书管理系统，以适应现行图书管理工作的要求，提高工作效率。

4.7.1　系统分析

1．现行系统业务流程的调查

对某学校进行实地调查，该学校的图书室藏书有 10 多万册，还订阅了 50 多种各个学科的杂志，但现行图书管理工作都是采用传统的手工管理。经过对图书管理工作中的图书信息、读者管理及借书管理工作的全面调查研究，将现行手工流程具体分析如下：

① 图书登记。对上级分配、学校购入和社会捐赠的图书进行信息登记。

② 读者登记。图书管理员根据学校有关部门提供的教师花名册和学生花名册进行读者登记，然后填发借书证。学生毕业和教师调出时将其借书证注销。

③ 借书管理。读者持借书证到图书室借书，图书管理员将借书日期填写在书籍卡片上，将卡片夹在借书证中间，存放在图书室。学生看完后，送还所借书籍，收回借书证或另借其他书籍。

这种传统的手工管理方式存在许多缺点，如效率低、保密性差，一方面导致教师、学生对学校图书室藏书情况不了解，也不知道图书室究竟有哪些图书；另一方面图书管理员对图书管理工作倍感头痛、因为时间一长，将产生大量的纸质文档，这给查找、更新和维护都带来了不少困难，耗费劳动力大，难以避免错误的产生，如借书证挂失后，仍有少数学生冒用已挂失的借书证借出图书，造成图书外流。

2．新系统逻辑模型的建立

（1）新开发的图书管理系统的功能分析

在图书管理系统中，主要有三类外部实体：图书管理员、读者、学校领导。图书管理系统的大部分功能是为图书管理员设置的。经调查分析，新开发的图书管理系统应具有以下功能：

① 查询和维护读者基本信息，包括读者信息的增加、修改、删除等。

② 管理读者借书证，包括借书证的办理、挂失和注销等。

③ 登记新书，主要是对上级分配、学校购入和社会捐赠的图书进行登记，即记载图书信息。若图书室有 10 本同样的图书，在图书信息表中只记载一条信息，同时副本数记为 10。

④ 图书编目，即对登记的新书进行编码后入总书目表，总书目表中记载了图书室每一本书的信息，若图书室中有 10 本相同的图书，在总书目表中对应有 10 条记录。

⑤ 图书的流通处理，即借书、还书处理。

（2）绘制数据流程图

绘制数据流程图时，只考虑图书管理员和读者两个外部实体，顶层数据流程图如图 4-26 所示，0 层数据流程图如图 4-27 所示。

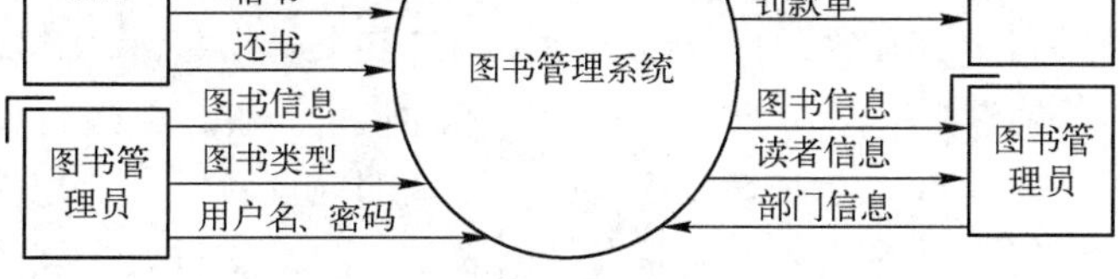

图 4-26　顶层数据流程图

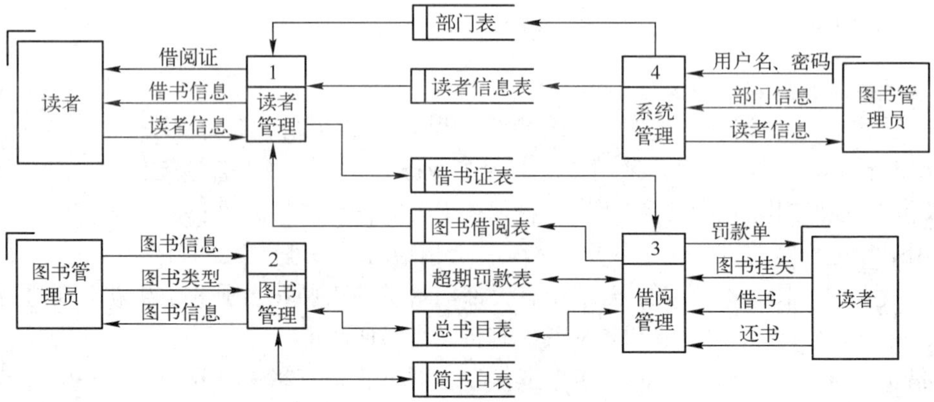

图 4-27　0 层数据流程图

0 层数据流程图通过反映整个系统中不同数据的流向，来揭示系统的组成结构以及各组成部门之间的关系，这种关系主要体现在对数据的操作和处理上。

由于篇幅有限，仅绘制借阅管理的 1 层数据流程图，如图 4-28 所示。

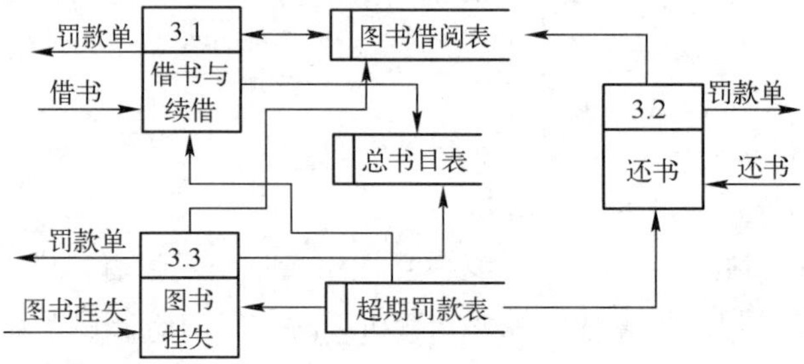

图 4-28　1 层数据流程图（借阅管理部分）

借阅管理的 2 层数据流程图如图 4-29 和图 4-30 所示。

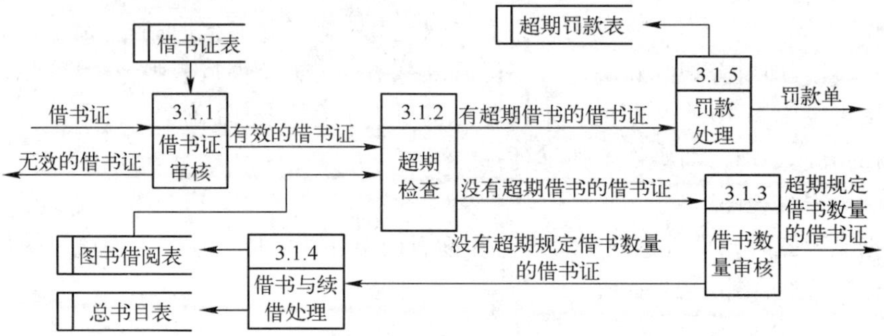

图 4-29　2 层数据流程图（借书与续借部分）

如图 4-29 所示的 2 层数据流程图借书处理部分，首先根据输入的借书证号验证借书证的有效性，包括借书证的状态是否有效，是否已达到图书的最大借书数量；其次，检查该借书证是否存在超期图书未罚款的情况；最后，如果满足所有的借书条件，则进行借书处理，若不满足某个条件，则返回相应的提示，告诉图书管理员做相应的处理。借书处理同时操作总书目表和图书借阅表，将当前所借图书的信息写入图书借阅表中，将总书目表中该图书的状态标志设置为“借出状态”。

如图 4–30 所示的 2 层数据流程图还书处理部分，首先检查图书条形码，判断是否为本图书室的图书。如果为有效条形码则判断图书是否超期，如果已超期，则记录超期应罚金额到超期罚款表；等待汇总读者总罚款，再交罚款且打印罚款单；最后进行还书处理，设置总书目表中该图书为“在藏状态”，同时从图书借阅表中删除当前所还图书的记录。

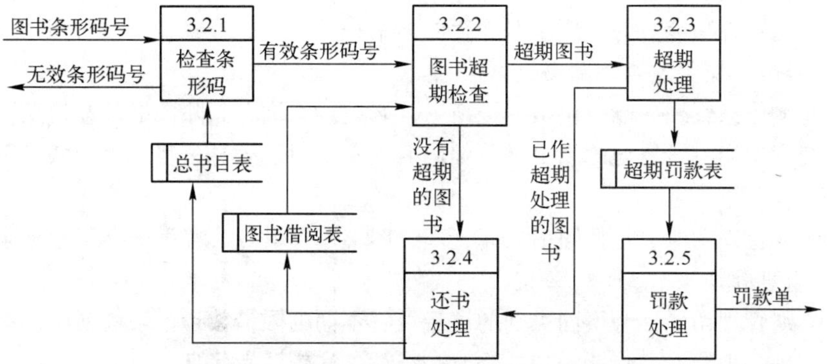

图 4–30　2 层数据流程图（还书部分）

（3）数据字典

数据字典是进行数据收集和数据分析所获得的主要成果，是系统中各类数据描述的集合。数据字典通常包括数据项、数据流、数据存储、处理逻辑，如图 4–31 所示。

·数据项
编号：I001
名称:借书证号
简述:唯一标识一个借书证
类型:字符型
长度:12
取值范围:000000000001-999999999999

·数据流
编号：D001
名称:还书信息
简述:还书时附带的数据
数据流来源:读者
数据流去向:检查条形码
数据流量:300份/天
组成:条形码+借书证号+借出日期+借书标记

·加工逻辑
编号：P3.1.1
名称:审核借书证
输入:借书证号
输出:认定为有效的借书证号
处理逻辑:根据借书证表和读者借书证号判断
If读者借书证号在借书证表中存在
Then借书证有效
Else借书证无效

·数据存储文件
编号：F001
名称:图书借阅表
简述:存储读者借书信息
组成:流通号+条形码+借书证编号+借出日期+应归还日期+挂失日期+借书标记
关键字:流通号
相关联的处理：借书与续借处理、还书处理、图书超期检查

图 4–31　数据字典

4.7.2 系统设计

1. 系统总体结构设计与功能模块划分

本系统的主要功能模块包括如下几部分：

（1）图书管理模块

① 图书分类管理功能。为了便于对库存的图书进行存放、查找，需要对图书进行分类，可以实现添加、修改、删除、查询图书分类信息。

② 图书基本信息管理功能。包括登记新书，修改、查询、删除图书基本信息。

③ 图书编目功能。对登记的新书进行编码后入总书目表，总书目表中记载了图书室每一本书的信息。

④ 图书库存管理功能。包括图书入库管理、图书库存盘点、查询图书库存记录。

（2）读者管理模块

① 读者类别管理功能。为不同类别的读者设置不同的限借数量、限借期限、有效期限。

② 读者信息管理功能。包括添加、修改、查询、注销读者信息。

③ 借书证管理功能。包括添加、修改、查询借书证信息，查询指定借书证的借书信息，借书证挂失。

（3）借阅管理模块

借阅管理模块包括借书、还书、续借、图书挂失、催还、超期罚款、查询等管理功能。

（4）系统管理模块

系统管理模块包括添加、修改、删除、查询系统用户名、密码、身份、数据备份、数据恢复等功能。

2. 绘制功能结构图

图书管理系统的功能结构如图 4-32 所示。

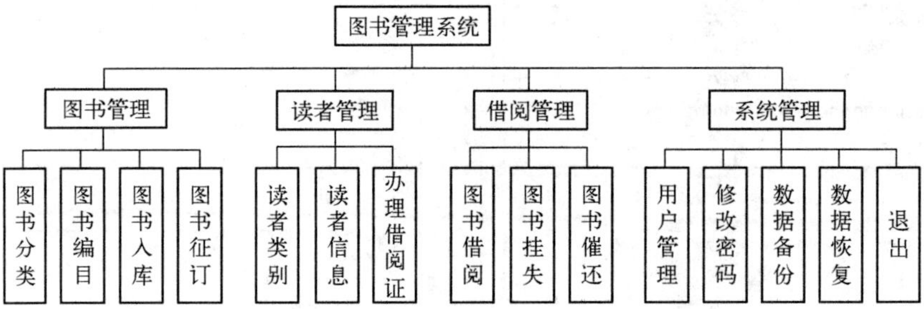

图 4-32　图书管理系统的功能结构图

3. 系统配置方案设计

鉴于本系统的业务性质，必须选择具有较高的可靠性、稳定性和必要的容错能力的计算机硬件和软件系统，以保证任何情况下都不至于丢失、损坏数据。

必须具有较高的响应速度，以保证各项具体业务的顺利进行，应考虑具有良好的可维护性、可操作性和可扩充性，以保证将来系统规模扩展和升级的需要。

4. 开发与运行环境的选用

开发平台：Windows Server 2008。

开发前台工具：Visual FoxPro 6.0。

操作系统对整个网络起着重要的作用，Windows Server 2008 作为一种强健的、多用途的操作系统，不仅能够运行强有力的客户/服务器应用软件，还可以提供可靠的文件与打印服务，再加上其内置的通信与 Internet/Intranet 服务功能，以及安装、使用、管理和维护的方便性。本系统采用 Microsoft Windows Server 2008 作为操作系统。

本系统准备采用客户机/服务器(C/S)结构模式。C/S 结构的最大优势在于广泛采用了网络技术，将系统中的各部分任务分配给分布在网络上的担任不同角色的计算机，把较复杂的计算和管理任务交给服务器完成，而把一些频繁与用户打交道的任务交给客户机完成。通过这种结构完全实现了网络上信息资源的共享。

开发基于 C/S 结构的管理信息系统所用到的开发工具包括前台开发工具和后台数据库管理系统。前台开发工具可以选择 Visual Basic、Visual C++、Visual FoxPro、Delphi、PowerBuilder 等软件工具，可以用它们来设计直观明了的人机界面，主要根据开发者对开发工具的熟悉程度而定。本系统的前端开发工具采用 Visual FoxPro 6.0。

5. 编码设计

① 图书的 ISBN 书号采用中国标准书号。

② 其他编码的设计。图书管理系统中需要设计编码的数据项有读者类别、部门、读者、借书证号、图书条形码等。例如，读者类别编码取 1 位字符，取值分别为 1、2、3、4，分别代表特殊读者、图书管理员、教师、学生；部门编码取 2 位字符；借书证编码取 12 位字符，左起第 1～4 位为办证年份，第 5 位为读者编码，第 6 和 7 位为部门编码，第 8～12 为读者顺序号。

6. 数据库设计

（1）概念结构设计

经过分析后设计出如图 4-33 所示的 E-R 图。为了能够清晰地看出不同实体之间的关系，各实体的属性没有出现在 E-R 图中，而是单独进行了说明。

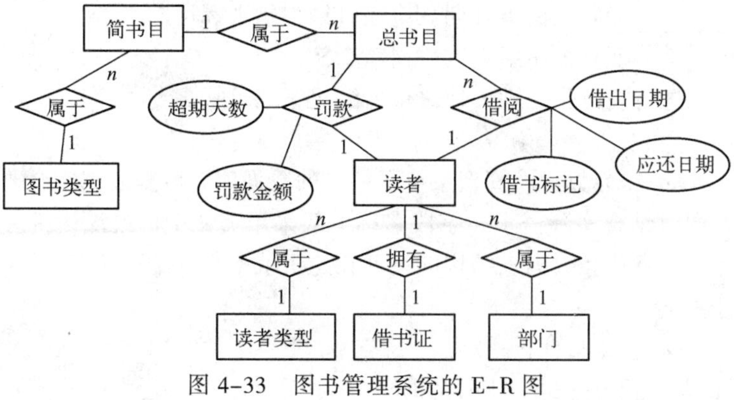

图 4-33　图书管理系统的 E-R 图

① 各实体的属性说明如下：

简书目：图书编号、ISBN、书名、作者、出版社、出版日期、价格、分类号、字数、页码、复本量。

总书目：条形码、入库日期、图书状态。

图书类型：分类号、分类名称、存放位置、描述信息。

读者：读者编号、姓名、证件号码、电话。

读者类型：类别编号、类别名称、限借数量、限借期限、超期日罚金。

借书证：借书证编号、发证日期、借书证状态。

部门：部门号、部门名称、电话、负责人。

② E-R 图中各实体及联系说明如下：

- 简书目记载图书室中所登记的一类书，而总书目记载图书室中的每一本书，这两个实体之间为一对多关系。
- 图书类型中一种类型的图书，在总书目中可以有多本，这两个实体之间为一对多关系。
- 图书借阅表中记载图书借出的情况和总书目之间为一对几关系。
- 超期罚款表中记载在借阅图书中超期未罚的记录和图书借阅是一对 n 关系。
- 读者类型表中的同一类读者对应多个不同的读者，这两个实体之间为一对多关系。
- 一个读者只能拥有一张借书证，这两个实体之间为一对一关系。
- 一个部门有多位职员，这两个实体之间为一对多关系。

（2）逻辑结构设计

将概念模型转化为关系模型，对于图 4-33 所示的图书管理系统 E-R 图，经过转化后的关系模式如下：（表中加下画直线的为关系的主键，加下画波浪线的是外键）

简书目（图书编号，ISBN，书名，作者，出版社，出版日期，价格，分类号，字数，页码，复本量，分类号）

总书目（条形码，入库日期，图书状态，图书编号）

图书类型（分类号，分类名称，存放位置，描述信息）

读者（读者编号，姓名，证件号码，电话，类别编号，借书证号，部门号）

读者类型（类别编号，类别名称，限借数量，限借期限，超期日罚金）

借书证（借书证号，发证日期，借书证状态）

部门（部门号，部门名称，电话，负责人）

借阅（借书证号，条形码，借出日期，应还日期，借书标记）

罚款（条形码，借书证号，超期天数，罚款金额）

对上述关系模式进行规范化处理，使之最低满足第三范式。

（3）物理结构设计

选用了 SQL Server 作为数据库管理系统，相应的数据库、数据表应符合要求。字段的确定根据关系的属性，同时结合实际需求，字段名称一般采用英文字母或汉语拼音表示，字段类型的选取还需要参考数据字典。数据表结构的设计在这里就不再详细列出。

7. 输入/输出设计

输入/输出设计的基本要求如下：

① 输入数据简单方便，并提供实时帮助。

② 输入数据可以复查，但确定输入后不可随意修改，应经过批准才能修改。

③ 输出的数据格式应符合标准，输出操作简单、快捷。

④ 输出数据应提供文本和电子报表两种形式。

8. 用户界面设计

用户界面应充分发挥可视化程序设计的优势，采用图形化操作方式，适应用户的能力和要求，尽量做到简单、方便、一致，为用户提供友好的操作环境。用户界面设计保持风格一致，系统与各子系统的命令或菜单采用相同或相似的形式。数据输入界面的设计应以方便输入为标准。查询用户、数据录入人员及部门管理员只能通过应用系统登录，无权直接对数据库进行任何操作，由系统管理员完成各种对数据库的直接操作。在各个层次和各种操作界面上，尽可能提供在线帮助功能和一定的错误恢复功能。

图书管理系统的界面一般分为登录界面、主界面、子界面、对话框、报表等，子界面的设计要和系统功能联系，以不同的系统功能来构建相应的界面。

9．对话框的设计

对话框一般是应用程序和用户之间的交互窗口，系统通过对话框给用户关于操作的相关信息，一般要求用户进行响应。对话框的类型一般分为“提示”“警告”“帮助”等。

10．报表的设计

管理信息系统中一般需要设计一些报表来进行数据的统计和显示，报表的设计格式要参照应用程序设计的界面，一般分为主从表结构、单表结构、分组统计报表等。

4.7.3　系统实施与测试

系统实施在 4.6 节已详细介绍，进行测试时需根据系统的具体情况进行，这里不再详述。

【案例分析】

某化工厂开发管理信息系统的经验教训

某化工厂是一个生产硼化物的企业。该厂占地面积 10 万平方米，在册职工 500 人。改革开放以来，建立了厂长负责制，改变了经营方式，搞活了企业，经济效益明显增长。1990 年作为全国知名企业家的厂长，为了进一步提高企业管理水平，决定与某大学合作，以委托开发方式为主研究管理信息系统。接受委托单位进行了可行性分析，认为根据当时企业条件，还不适合立即开始管理信息系统的全面开发，最好先研制一些子系统。原因是该厂技术力量薄弱，当时只能从车间中抽调出三名中专生和一名大专程度的技术人员组成计算机室，管理人员对于应用微型计算机也缺乏认识，思想上的阻力较大。但是，厂长决定马上开始中等规模的管理信息系统开发。他认为，做个试验，即使失败了也没有关系，于是开发工作在 1991 年 1 月全面实施，学校抽调了教师和研究生全力投入。

整个项目的研制工作开展得较有条理。首先是系统调研、人员培训，规划了信息系统的总体方案，并购置了以太局域网软件和五台 IBM-PC。在系统分析和系统设计阶段绘制数据流程图和信息系统流程图的过程中，课题组和主要科室人员在厂长的支持下多次进行了关于改革管理制度和方法的讨论。他们重新设计了全厂管理数据采集系统的输入表格，得出了改进成本核算，将产量、质量、中控指标由月末统计改为日统计核算。整个系统由生产管理、供销及仓库管理、成本管理、综合统计和网络公用数据库 5 个子系统组成。各子系统在完成各自业务处理及局部优化任务的基础上，将共享数据和企业高层领导所需数据通过局域网传送到服务器，在系统内形成一个全面的统计数据流，提供有关全厂产量、质量、消耗、成本、利润和效率等 600 多项技术经济指标，为领导做决策提供可靠的依据。在仓库管理方面，通过计算机掌握库存物资动态，控制最低、最高储备，并采用 ABC 分类法，试图加强库存管理。

原计划从 1991 年 1 月开始用 1 年时间完成系统开发，课题组夜以继日地工作，但软件设计还是一直延续到 1992 年 9 月，才开始进入系统转换阶段（即人工系统和基于计算机的信息系统并行运行阶段）。可以说，系统转换阶段是系统开发过程最艰难的阶段。许多问题在这个阶段开始暴露出来，下面举一些具体的表现。

① 手工系统和计算机应用系统同时运行，加重了管理人员的负担。在这个阶段，管理人员要参与大量原始数据的输入和计算机结果的校核。特别是仓库管理系统，需要把全厂几千种原材料的月初库存一一输入，工作量极大，而当程序出错、修改时间较长时，往往需要重新输入。这就引起了管理人员的极大不满。

② 仓库保管员不愿意在库存账上为每一材料写上代码，他们认为这太麻烦，而且理解不了为什么非要这样做。

③ 计算机打印出来的材料订购计划比原来由计划员凭想象编写的订购计划能产生明显的经济效益，计划员面子上过不去，到处说计算机系统不好使，而且拒绝使用新的系统。

④ 厂长说："我现在要了解本厂欠人家多少钱，人家欠我厂多少钱，系统怎么显示不出来？"

以上这些问题，经过努力，逐一得到解决，系统开始正确运行并获得上级领导和兄弟企业的好评。但同时企业环境却发生了很大的变化。一是厂长奉命调离；二是厂外开发人员移交后撤离，技术上问题时有发生；三是原来由该厂独家经营的硼化物产品，由于原材料产地崛起不少小厂而引起市场变化，无暇顾及信息系统发展中产生的各种问题。与此同时，新上任的厂长认为计算机没有太大用，不再予以关心。这时，原来支持计算机应用的计划科长也一反常态，甚至在工作调整中不给计算机人员提工资，结果是已掌握软件开发和维护技术的主要人员调离工厂，整个系统进入瘫痪状态，最后以失败而告终。

（资料来源：改编自陈承欢，彭勇. 管理信息系统基础与开发技术. 人民邮电出版社）

案例思考题

① 该厂关于开发项目规模的决策是否符合诺兰阶段模型？为什么？

② 系统开发比原计划拖延较长时间，说明了什么问题？

③ 只开发成本管理系统而不进行整个财务系统的开发，对不对？

④ 企业管理人员的素质对系统开发有何种影响？

⑤ 通过这个案例，你认为企业一把手在开发管理信息系统中的作用是什么？

⑥ 试用本案例说明管理信息系统不仅是一个技术系统，而且还是一个社会技术系统。

小　　结

管理信息系统开发是根据系统规划所确定的总体结构方案和项目开发计划，把拟定的项目计划转化成可以运行的实际系统。系统开发只有明确开发任务，遵循其原则，科学合理地组织与管理，凝聚高素质的开发人员，选择合适的开发方法和开发方式，才能开发出高质量、符合用户需求的新系统。

管理信息系统开发方法有结构化系统开发方法、原型法和面向对象方法。结构化系统开发方法开发管理信息系统可分为 3 个阶段：系统分析、系统设计、系统实施。用原型法开发管理信息系统，开发人员首先在了解用户需求的基础上，迅速开发出一个能够运行的原型，交给用户使用并做出评价，然后和用户一起反复修改，直到用户满意为止。用面向对象法开发管理信息系统，尽可能模拟人类习惯的思维方式，使开发软件的方法与过程尽可能接近人类认识世界、解决问题的方法与过程。

管理信息系统的开发方式主要有自行开发、委托开发、合作开发和购买现成的商品软件 4 种，每种开发方式都有其特点和适用场合。

系统分析是在充分认识原信息系统的基础上，完成新系统的逻辑模型设计，解决系统"做什么”的问题。系统分析在很大程度上决定了系统开发工作的成败。系统分析主要包括分析用户要求、现行系统的详细调查、组织结构和业务流程分析、系统数据流程分析、建立新系统的逻辑模型、提出系统分析报告共六大步骤。

系统设计是回答系统“怎么做”的问题，它是利用系统分析的成果，以系统分析报告为依据，把系统逻辑模型转换成物理模型，即实现系统分析报告所规定的系统功能。系统设计主要包括总体结构设计和详细设计，其中总体结构设计包括子系统的划分和功能结构设计，详细设计主要包括代码设计、数据库设计、输入/输出设计、处理流程设计、物理配置方案设计等，最后要编制系统设计报告。

系统实施目的是把系统分析和系统设计阶段的成果转化为可以在计算机上实际运行的系统，交付用户使用。系统实施的主要任务就是按照系统设计报告的要求，购买计算机系统和网络系统并进行安装和调试，编写程序并进行测试，调试新系统，培训操作人员，还要整理基础数据，最后进行新旧系统的转换。

习　题

一、判断题

1. 模块化是一种重要的设计思想，它把一个复杂的系统分解成一些规模较小、功能较简单的部分。　(　　)
2. 系统开发的成功与否取决于技术是否先进。　(　　)
3. 系统开发任务是否立项的决策依据是可行性研究报告。　(　　)
4. 结构化系统开发方法通常采用自上而下的方法进行分析和设计，自下而上地进行系统实施。　(　　)
5. 初步调查的主要任务是画出数据流程图。　(　　)
6. 为了检查出数据输入中的错误，通常要在需检验的代码中加校验位，校验位是输入代码的一部分。　(　　)
7. 可行性分析的目的是确定项目开发的逻辑模型。　(　　)
8. 数据字典是对数据流程图各要素进行定义和解释的文字集合。　(　　)
9. 系统并行切换费用高。　(　　)
10. 系统分析的首要任务是尽量说服用户接受系统分析员的意见。　(　　)

二、选择题

1. 系统结构化分析与设计的要点是（　　）。
   A. 自顶向下　　B. 由底向上　　C. 集中　　D. 分散平等
2. 用原型法开发信息系统时，原型是（　　）。
   A. 系统的概念模型　　B. 系统的逻辑模型
   C. 系统的物理模型　　D. 可运行的模型
3. 程序设计是（　　）阶段的任务。
   A. 系统规划　　B. 系统分析　　C. 系统设计　　D. 系统实施
4. 新系统取代旧系统，风险较大的转换方法是（　　）。
   A. 平行转换法　　B. 直接切换法　　C. 逐步转换法　　D. 以上均不正确
5. 在 MIS 各种开发方式中，对企业开发能力要求最高的是（　　）。

A. 合作开发　　B. 委托开发　　C. 自行开发　　D. 购买现成的商品软件

6. 在系统设计过程中采用模块化结构，是为了满足（　　）。

A. 系统性　　B. 可修改性　　C. 可靠性　　D. 经济性

7. 身份证号码属于（　　）。

A. 区间码　　B. 顺序码　　C. 助记码　　D. 缩写码

8. 将代码对象名或缩写符号作为代码的一部分，如 PZBH 表示凭证编号，TV-C-29 表示 29 英寸彩色电视。此种编码属于（　　）。

A. 顺序码　　B. 区间码　　C. 助忆码　　D. 密码

9. 输入数据的界限校验是检查输入数据的（　　）。

A. 值是否在预先指定的范围之内　　B. 类型是否正确

C. 精度是否满足要求　　D. 可靠性

10. 下面关于测试的说法错误的是（　　）。

A. 测试是对软件计划、软件设计、软件编码进行查错和纠错的活动

B. 测试的目的是为了找出软件开发过程中各个阶段的错误，以便分析错误的性质和确定错误的位置，并纠正错误

C. 信息系统测试首先需要进行单元测试

D. 系统经过测试后，就能断定系统是完全正确的

11. 结构化开发方法，其系统开发的主导原则是（　　）。

A. 自底向上　　B. 自顶向下

C. 由具体到抽象　　D. 由外向内

12. 下列不属于输入设备的是（　　）。

A. 键盘　　B. 鼠标　　C. 绘图仪　　D. 光笔

13. 最适合应用原型法开发的系统是（　　）。

A. 数据关系较复杂、数据量大的系统

B. 用户需求较难定义、规模较小的系统

C. 用户需求较明确、规模较大的系统

D. 运算关系复杂、运算工作量大的系统

14. 绘制数据流程图是（　　）阶段的任务。

A. 系统规划　　B. 系统分析　　C. 系统设计　　D. 系统实施

15. 描述处理逻辑常用的方法有：决策树、决策表和（　　）。

A. 结构化语言　　B. 数据字典　　C. E-R 图　　D. 业务流程图

16. 代码设计的原则不包括（　　）。

A. 唯一性　　B. 合理性　　C. 顺序性　　D. 可扩展性

17. 在数据字典中，对外部实体的定义包括外部实体名称、编号、简述及（　　）。

A. 有关数据流的输入和输出　　B. 有关外部实体的处理

C. 有关外部实体的存储　　D. 有关信息的说明

18. 系统实施是根据系统设计将新系统付诸实现的过程，它是真正（　　）的阶段。

A. 完成数据库设计　　B. 完成系统设计

C. 产生应用软件并投入运行　　D. 进行系统详细设计

19. 对于重要的信息系统，由原人工系统向计算机新系统转换时，不宜采用（　　）。
A. 并行切换法　B. 直接切换法　C. 试运行转化法　D. 试点过渡法
20. 系统设计阶段产生的文档是（　　）。
A. 可行性分析报告　B. 逻辑设计报告
C. 系统设计报告　D. 用户说明书
21. 原型法贯彻的是（　　）的开发策略。
A. 自上而下　B. 自下而上　C. 系统调查　D. 系统设计
22. 对一个企业的供、销、存管理信息系统而言，（　　）是外部实体。
A. 仓库　B. 计划科　C. 供应科　D. 销售科
23. 数据字典中的条目有以下 6 种形式：数据项、数据结构、数据流、数据存储、（　　）、外部实体。
A. 数据载体　B. 转换功能　C. 处理功能　D. 数据说明
24. 在数据流程图中，用带箭头的线表示（　　）。
A. 控制流　B. 数据流　C. 数据来源　D. 数据去向
25. 系统分析阶段的工作总结或成果，用（　　）表示。
A. 总体规划　B. 系统分析报告
C. 数据流程图　D. 数据功能格栅图
26. 数据流程图的绘制，采取（　　），逐步求精的方法。
A. 自下而上　B. 由粗到细　C. 自顶向下　D. 由里到外
27. 数据字典的建立是在（　　）。
A. 系统分析阶段　B. 系统设计阶段
C. 系统实施阶段　D. 系统规划阶段
28. 数据流程图具有（　　）。
A. 概括性和具体性　B. 具体性和抽象性
C. 抽象性和概括性　D. 直观性和具体性
29. 下列不属于系统设计阶段工作的是（　　）。
A. 功能结构设计　B. 物理配置方案设计
C. 程序设计　D. 输入输出设计
30. 从设计任务的角度划分，代码设计属于系统设计阶段的是（　　）。
A. 总体性设计　B. 详细性设计　C. 逻辑设计　D. 程序设计
31. 在信息中心的人口资源管理中，对县级以上的城市按人口多少排序，其序号为该城市的编码，如上海为 001，北京为 002，天津为 003。这种编码方式属于（　　）。
A. 助忆码　B. 尾数码　C. 顺序码　D. 区间码
32. 数据流程图是表达系统逻辑模型的主要工具，（　　）及各功能的处理逻辑决策树、决策表等可作为其说明和补充。
A. 事物流程图　B. 数据功能格栅图
C. 数据字典　D. 可行性分析报告
33. 使用单位没有开发人员或开发队伍较弱、但资金充足的单位最好采用（　　）。
A. 自行开发方式　B. 委托开发方式

C. 合作开发方式　　D. 利用现成的软件包开发方式

34. 我国邮政编码属于（　　）。

A. 顺序码　B. 区间码　C. 表意码　D. 合成码

35. 新系统投入运行后，原系统仍有一段时间与它同时运行的转换方法是（　　）。

A. 平行转换法　B. 逐层转换法　C. 逐步转换法　D. 直接转换法

36. 源程序投入运行后，发现的问题或错误应容易修改，这是指源程序的（　　）。

A. 正确性　B. 可读性　C. 可调试性　D. 可维护性

37. 确定了系统转换的方式以后，最重要并且工作量最大的是（　　）。

A. 组织准备　　B. 数据准备和系统初始化工作

C. 物质准备　　D. 人员培训准备

38. 在详细调查中，对于调查面广而且调查的信息量不大的情况，最适合采用的调查方法是（　　）。

A. 访问　B. 发调查问卷　C. 阅读　D. 参加业务实践

39. 为了确保输入代码的正确性，需要在代码中设置（　　）。

A. 标志位　B. 校验位　C. 逻辑判断位　D. 累加和位

40. 信息系统建设的结构化方法中用户必须参与的原则是用户必须参与（　　）。

A. 系统建设中各阶段工作　　B. 系统分析工作

C. 系统设计工作　　D. 系统实施工作

41. 顺序码的特点是（　　）。

A. 码很长　B. 短而简单　C. 容易记忆　D. 有一定逻辑性

42. 信息系统开发方法包括（　　）。

A. 原型法　B. BSP 法　C. CSF 法　D. BPR

43. 详细调查的方法有很多，其中（　　）是了解系统的一种最好的形式。

A. 召开调查会　B. 个别访问　C. 发调查表　D. 参加业务实践

44. 某种代码由三位字符组成，每位上可选择 9 种字符，则代码的总数是（　　）。

A. 1 000　B. 719　C. 729　D. 19 683

45. 识别成功因素的工具是（　　）。

A. 数据流程图　B. 功能结构图　C. 树枝因果图　D. 表格分配图

46. 为保证单元接口的完整性和一致性，应进行的测试是（　　）。

A. 单元测试　B. 组装测试　C. 系统测试　D. 综合测试

47. 系统文档的编制工作应在结构化系统开发的（　　）阶段进行。

A. 系统分析　B. 系统设计　C. 系统实施　D. 所有阶段

三、填空题

1. 管理信息系统开发的 4 种开发方式是自行开发方式、________、________和利用现成的软件包开发方式。

2. 结构化系统开发方法可以分为________、________和系统实施。

3. 三种处理功能表达的工具各有优点：条件有 2～3 个，条件组合及行动在 10～15 个，使用判断树最好；如果条件多、组合多，动作也多的情况使用________最好；若一个处理功能既包含了顺序结构又包含了循环结构，则使用________最好。

4. 为了传递信息，管理部门经常将某种单据或报告复印多份分发到其他多个部门，在这种情况下，可以采用________来描述有关业务。

四、简答题

1. 简述管理信息系统的开发方式的优缺点。

2. 简述系统测试的 5 个阶段。

3. 信息系统开发有哪两种策略？各有何优缺点？

4. 简述代码设计的原则。

5. 试述结构化系统开发方法和原型法的基本思想、优缺点和适用场合。

6. 绘制管理信息系统的生命周期模型。

7. 系统开发过程中为什么要遵循“一把手”原则？

五、实务题

1. 假设一种代码由三位字符组成，第一位是英文大写字母，第二位是阿拉伯数字 1～8，第三位是阿拉伯数字 0～9，问总共可以组成多少种代码？请写出计算公式，并计算出结果。

2. 某代码设计方案如下：代码共 3 位，其中首位只能取 A、B 或 C，第 2 位可取的数字为 1～9，第 3 位可取 26 个大写字母 A～Z。如果需要编代码的对象个数是 700 个，请问该代码设计方案是否合理？请用公式计算结果并说明理由。

3. 试用几何级数法确定原代码为 97521 的校验位和新代码。要求以 11 为模，从左到右依次取 2、4、8、16、32 为权数。

4. 储户将填好的取款单和存折交储蓄所，经查对储户账，将不合格的存折和取款单退回储户，合格的存折和取款单被送交取款处理，处理时要修改储户账和现金账，并将存折、利息和现金交储户，同时将取款单存档。根据上述流程绘制数据流程图。

5. 用户将订货单交给企业的业务经理，业务经理根据信用手册中的用户信用情况和库存账中的库存情况进行检验。如果订货单不合格，将不合格的订货单退给用户。如果订货单合格，将合格的订单交仓库保管员进行出库处理，查阅库存台账，若有货则向用户开发货单并发货，同时修改库存台账；否则通知采购员采购。根据上述流程绘制数据流程图。

6. 系统根据采购计划单验收采购员提交的入库单，若验收发现没有相应的采购计划，则系统向采购员发无效入库单。若验收合格，则系统根据供货方档案文件进行物料检验，如果检验不合格，则向采购员发出退货单，如果检验合格填写物料检验单。接着，进行物料接收处理，根据物料检验单修改物料主文件中的现有库存量。请根据以上描述绘制数据流程图。

7. 某学生选课系统根据系统本学期选课学分的不同，采用不同的处理：

（1）学分总数小于等于 0 分，则进行异常处理。

（2）学分总数大于 0 分，小于或等于 4 分，则直接进行补选课处理。

（3）学分总数大于 4 分，小于等于 20 分，选课结束。

（4）学分总数大于 20 分，则进行调选课处理。

请用决策表描述该决策过程。

8. 航空公司规定，乘客可以免费托运不超过 20 kg 的行李。当行李重量超过 20 kg 时，对头等舱的国内乘客超重部分每千克收费 4 元；对其他舱的国内乘客超重部分每千克收费 6 元。对国外乘客超重部分每千克收费比国内乘客多一倍。试给出优化后的决策表。

9. 某商业中心按以下决策规则确定商品的订货决策：

（1）当某商品的库存量低于最低储备量时，就应订货。

（2）当库存量高于或等于订货点时，不应订货。

（3）当库存量低于订货点（同时高于最低储备量）时，是否订货考虑该商品上月的销售状况：如果该商品上月销售金额大于或等于 5 000 元时就应订货；小于 5 000 元就不订货。

试按此画出库存订货策略的判断表。

10. 在酒店管理信息系统中，“折扣”处理过程是：如果某用户的消费额在 2 000 元以上，用现金结账打八折，记账打八五折；如果消费额在 1 000～2 000 元之间，用现金结账打八五折，记账打九折；如果消费额在 1 000 元以下，用现金结账打九折，记账不打折。画出反映此方案的判断树。

11. 某货运收费标准如下：若收货地点在本省，快件每千克 5 元，慢件每千克 3 元。若收货地点在外省且重量小于或等于 20 kg，快件每千克 7 元，慢件每千克 5 元；若重量大于 20 kg，超重部分每千克加收 1.5 元（重量用 W 表示）。请绘制确定收费的决策树。

12. 在盘点管理流程中，库管员首先编制盘存报表并提交给仓库主管，仓库主管查询库存账和盘点流水账，然后根据盘点规定进行审核，如果合格则提交合格盘存报表给库管员，由库管员更新库存账和盘点流水账。如果不合格则由仓库主管返回不合格盘存报表给库管员。根据以上情况画出业务流程图。

13. 录入员根据业务人员提供的原始凭证和系统管理员提供的科目表将数据录入到临时凭证交给复核人，复核人对临时凭证进行审核，未通过的凭证退回录入员，已通过的凭证给记账人。记账人将数据记入企业银行账。对账人根据企业银行账和银行提供的对账单进行对账，生成余额调节表给信息需求者。请据此绘制业务流程图。

第5章 管理信息系统运行管理与信息系统的评价

【学习目标】

- 掌握管理信息系统运行管理的目标和内容。
- 掌握管理信息系统维护的目标和内容。
- 理解和掌握信息管理机构的组织形式。
- 理解和掌握信息部门的人员构成。
- 理解和掌握信息系统运行管理的相关制度。
- 理解管理信息系统质量评价的内容。
- 掌握管理信息系统经济效果评价的主要指标。
- 理解管理信息系统综合评价的主要指标。
- 理解信息系统评价报告书写的基本思路和组成部分。

【关键术语】

信息系统运行管理与系统维护　运行管理的组织与人员　CIO　信息系统运行管理制度　系统质量评价　系统经济效益评价　系统综合评价　系统评价报告

5.1 信息系统的运行管理和维护

信息系统建设是一项长期的工作，如何充分有效地开发利用组织内外的信息资源，加强信息系统资源的管理以强化竞争实力并获得竞争优势，已成为现代组织管理的重要任务。对信息系统资源的管理可以从信息系统运行和维护管理的角度去考虑。信息系统是一个面向社会、服务于管理领域的人机交互系统，其效益需要人机双方不断努力才能发挥出来，其中人的一方起着积极的、主动的作用，这主要体现在信息系统开发完成后，人们还有大量的工作需要做，包括运行管理制度、系统质量评价和效益分析、信息系统维护等。

5.1.1 信息系统运行管理

1．信息系统运行管理的目标

管理信息系统的运行管理工作就是对管理信息系统的运行进行控制，记录其运行状态，进行必要的修改与扩充，以便使管理信息系统真正符合管理决策的需要，为管理决策者服务。需要注意的是，管理信息系统的运行管理绝不是指对计算机设备和其他附属设备的日常维护与维修。对机器设备的管理只是管理信息系统运行管理的小部分工作，这只属于硬件保障的范畴。除此之外，运行管理还包含软件管理、数据管理等。

管理信息系统的运行管理目标是通过对管理信息系统进行有效的科学的管理与维护，使管理信息系统在一个预期的时间内真正发挥为管理者提供信息的作用，产生其应有的效益。

2. 信息系统运行管理的内容

管理信息系统的运行管理工作是管理信息系统研制工作的继续，其任务和内容围绕着它的目标展开，主要包括如下三方面的工作。

（1）信息系统日常运行的管理

管理信息系统投入使用后日常工作量巨大，运行管理人员必须完成数据的准备工作、例行的信息处理与信息服务工作、硬件设备的运行与维护和系统的安全管理等工作。

① 数据准备工作。对管理信息系统来说，最重要的资源是数据，一切硬件、软件以及其他资源都是为了保证数据的及时、完整和准确，整个管理信息系统的效率和对外的形象都依赖于它所保存的数据。如果系统数据收集工作做不好，整个系统的工作就成了“空中楼阁”。所以，数据准备工作是管理信息系统日常运行管理中的重要环节之一。

管理信息系统在运行中需要将大量的数据录入到系统中，由系统完成处理、存储或统计工作。那么这些数据在进入系统之前要经过数据收集、数据校验和数据录入 3 个必要的环节。因此，信息收集过程流程图如图 5-1 所示。数据收集是数据准备工作的第一个环节。最开始的原始数据往往分散在企业的各个部门，因此它的收集工作也是由各个部门的管理人员或工作人员来完成的。由于这个原因必然造成数据收集工作在组织管理上的难度，如果数据收集得不够完整就会造成信息链的脱节；数据收集的不够及时就会造成统计工作的失真，就不能达到管理信息系统运行管理的目标，从而造成管理和决策的偏差。因此，企业的管理者和系统主管人员应该努力通过各种方法，提高数据收集人员的技术水平和工作责任心，对他们的工作进行评价、指导和帮助，以便提高所收集数据的质量，为管理信息系统运行管理工作打下坚实的基础。数据校验是数据准备工作的第二个环节。对于规模较小的系统，数据校验工作往往由系统管理人员自行完成，而当系统规模较大时，一般需要设立专职数据校验人员来完成这一任务。数据收集人员一般来说由业务人员担任，在行政方面不隶属于与信息处理的专职部门。因此，数据校验这种“数据把关”的工作是不可缺少的。数据录入是数据准备工作的第三个环节。录入人员的责任在于把经过校验的数据录入计算机，工作要求迅速且准确。录入人员不承担对数据在逻辑上、具体业务中的含义进行考证的责任，这一责任是由校验人员来承担，录入人员只需要保证送入计算机的数据与纸面上的数据严格一致。因此，决不能跳过校验工作直接由录入人员完成数据收集过程。

图 5-1　信息收集的过程

② 例行的信息处理和信息服务工作。在数据录入到管理信息系统后，管理信息系统开始进行例行的信息处理工作，例如，数据统计分析、数据保存与复制、数据的更新、报表的生成与输出等。操作人员要严格按管理信息系统使用说明书要求的操作步骤和规则完成各项操作。信息系统的主管人员要做好对操作人员的培训、指导和帮助工作。

③ 硬件的运行与维护工作。硬件设备是管理信息系统正常运行的物质基础，如果没有人对计算机等硬件设备进行日常的运行维护，设备就很容易损伤，造成管理信息系统使用的中断。硬件设备的运行维护工作包括设备的使用管理、各种耗材的使用管理（如光盘、打印纸等）、电源及工作环境

的使用管理、备品配件的准备和使用以及定期检修等。同时在人员配备方面，对于大型计算机要安排较多的专职人员来负责，对于微型计算机可以安排几个专职人员或者兼职人员来负责。

④ 系统的安全管理工作。系统的安全管理工作是日常工作的重要内容之一，是为了防止系统外部对系统资源不合法的使用和访问，保证系统的硬件、软件和数据因偶然或者人为的因素遭受破坏、泄露、修改或者复制，维护正常的信息活动，保证信息系统安全运行所采取的手段。信息系统的安全性体现在保密性、可控制性、可审查性和抗攻击性四方面。

上述四项任务是管理信息系统日常运行管理中必须切实完成、认真组织的工作，如图 5-2 所示。作为企业信息系统的管理人员，必须全面考虑上述问题，组织相关人员按规定的程序实施，并严格要求。否则，管理信息系统将很难发挥其应有的实际效益。除上述例行的工作外，经常还会有一些临时的信息处理和服务的要求，例如，临时的查询、统计、报告等。所以，信息系统管理人员要不断积累经验，寻找规律，在工作中注意总结提炼，以满足各种信息服务的要求。

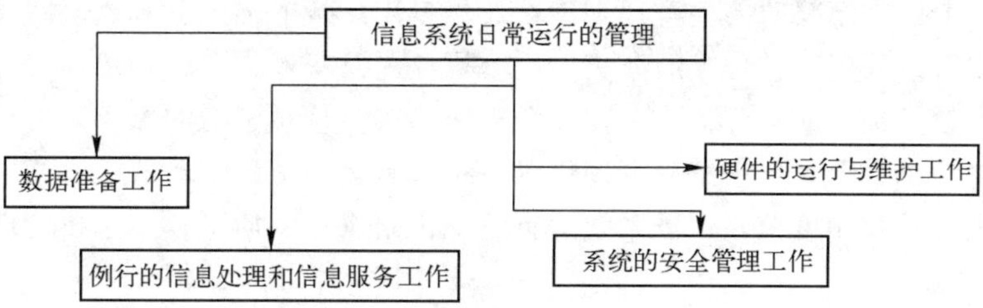

图 5-2　信息系统日常运行的管理

（2）系统运行情况的记录

管理信息系统日常运行情况的积累是对管理信息系统进行有效的管理和科学的评价的重要依据，也是从事管理信息系统管理工作的专业技术人员进行实践数据收集，开展深入研究的宝贵资料。企业的信息系统管理人员常常重视系统发生故障时对有关情况和资料的记载，而忽视了系统正常运行情况下对管理信息系统日常工作情况的记录，且无法保证这种记录的全面性、完整性和及时性。因此，信息系统的主管人员应该从系统运行的一开始就注意积累系统运行情况的详细材料。

在信息系统的运行过程中，需要收集和积累的资料包括以下五方面：

① 有关工作数量方面信息的记录。管理信息系统的工作数量既可以反映信息系统的工作负担，也可以反映信息系统所提供的信息服务的规模。例如，每天开关机的时间、应用系统进入的情况、天周月年数据的录入量、系统中积累的数据量、单位时间内提供的报表数量等都是有关工作数量的信息。

② 有关工作效率方面信息的记录。管理信息系统的工作效率即信息系统为了完成所规定的工作，占用了多少人力、物力及时间。例如，向某个部门的管理人员提供某一方面的统计报表，管理信息系统用了多少时间、多少人力。在市场竞争日益激烈的今天，微利经营已成为不争的事实，企业在经营管理中越来越重视成本的最低化，通过对工作效率的总结记录，有利于管理信息系统在企业的进一步推广和深入应用。

③ 有关服务质量方面信息的记录。管理信息系统的服务质量主要包括提供信息是否满足管理的需要、是否及时、对报表的结构形式是否满意等。这部分记录不可能完全由管理信息系统管理人员来完成，需要由使用者提供，信息系统管理人员可以通过定期或不定期访问或发放调查问卷的形式向使用者征集。

④ 有关系统维护修改情况的记录。管理信息系统中数据的更新、软件和硬件的维护和检修等工作都要有详细的及时的记录，记录的内容一般包括：维护的时间、维护的部门、维护的内容以及执行维护人员的签字等。

⑤ 有关系统故障情况的记录。管理信息系统的故障不是指计算机本身的故障，而是对整个信息系统的故障。例如，由于数据收集不及时，使年度报表的生成未能按期完成，这是整个信息系统的故障导致而非计算机自身的故障。管理信息系统的故障，既包括硬件故障，又包括软件故障。在日常工作中信息系统管理人员有重硬轻软的现象，这是非常错误的。同样，收集来的原始数据有误也不是计算机的故障，然而这些错误的类型、数量等统计数据是非常有用的资料，其中包含的有益信息，对整个系统的扩充和发展起着重要意义。

故障无论大小，都应及时记录。故障记录的内容一般包括：时间、部门、现象、故障发生时的工作环境、处理方法和结果、善后措施以及原因分析等。管理信息系统运行情况的记录要采用固定的表格，并装订成册。在填写时要注意用词确切，尽量用定量的描述，避免使用含糊或有歧义的语言。设计表格时，可以采用分类分级的办法，让填写者选择即可。

由于该项工作较烦琐，在实际工作中往往会流于形式。信息系统的主管人员要特别注意，一是要经常地开展教育培训，要大家了解到管理信息系统日常运行情况记录的重要意义；二是要加强制度建设，严格管理，通过制度监督保证系统运行情况记录工作的质量；三是在管理信息系统中设置自动记录功能。

以上五方面中，通常在正常情况下的运行数据比较容易被忽略。因为发生故障时，人们往往比较重视对相关的情况及时记载，而在系统正常运行时则不那么注意。事实上，要全面地掌握系统的情况，必须十分重视正常运行时的情况记录。如果缺乏平时的工作记录，就无从了解瞬间的情况。如果没有日常的工作记录，则可靠性程度的平均无故障时间指标就无从计算。

（3）对管理信息系统运行情况的检查与评价

对管理信息系统运行情况的检查与评价是对管理信息系统当前各项性能的测评和总结，也是为今后对信息系统进行改进和扩展提供依据。其目的是为了估计管理信息系统的技术能力、工作性能和系统的利用率。信息系统在其运行过程中除了不断进行大量的管理和维护工作外，还要定期对系统的运行状况进行审核和评价。这项工作主要在高层领导的直接领导下，由系统分析员或者专门的审计人员会同各类开发人员和业务部门精英共同参与进行。其目的是为了估计系统的技术能力、工作性能和系统的利用率。它不仅对系统当前的性能进行总结与评价，而且为系统的改进和扩展提供依据。对管理信息系统进行评价一般要考虑以下几方面的因素：

① 对管理信息系统是否达标的评价。管理信息系统是否达到了预期的各项目标、计划目标是否需要修改，这是首要评价的指标之一。在这方面需要做的工作有通过现场观察、座谈、审计运行日志、统计分析等方式检查计划目标的合理性和有效性，考察随时间变化、环境变化和需求变化管理信息系统是否还能满足各级管理者的需求，最后还要给出相应的结论和修改意见。

② 对管理信息系统适应性和安全性的评价。系统的适应性包括系统运行是否稳定可靠，系统使用与维护是否方便，运行效率是否能满足管理人员的管理需求等。随着计算机技术的不断发展和信息系统的广泛应用，系统的安全性和可靠性越来越受到人们的重视，防止信息的被盗、舞弊等利用计算机犯罪事件是任何一个信息系统必须认真考虑的问题，否则将会给整个系统带来重大的损失和混乱，甚至给社会带来极其严重的影响，所以应该对系统信息进行定期的检查和审计。例如，1987年美国由于一名政府人员的疏忽，使美国银行和金融机构的现金总额出现一笔 3.7 亿美元的差错，

这个差错在计算机信息系统中运行了 3 个星期，结果使股票和证券市场遭受 650 亿美元的损失。近年来，无论是我国还是其他国家，利用计算机进行受贿、盗窃等犯罪现象在逐年增加，而案件的破获率却很低，给社会、企业或者组织带来严重的损失，所以要加强系统安全性、可靠性保护，定期对系统进行检查评价。

③ 对管理信息系统经济效益的评价。当产出大于系统投入时，说明管理信息系统是一个成功的、有益的系统，如果产出小于或等于投入时，则要考虑是否重新开发新的管理信息系统。管理人员对管理信息系统经济效益的评价往往着重于短期利益，而忽略了间接的、中长期的、无形的经济效益。

信息系统的价值实际上包括了经济和社会两方面。社会效益与人们对系统的认识、使用直接相关，例如，使用了信息系统可以提高信息的使用质量、提高数据的准确性、减轻人们的劳动强度、提高信息处理的能力、为领导决策提供有利的信息支持等。这方面的效益不直接与企业或者组织的经济效益相关，但对企业或者组织的各项管理活动产生重大影响。

经济效益是指通过信息系统开发与运行的投资，使得企业增加收入、降低成本，进而为企业带来更大的效益。例如，在信息系统建设中的资金投入将在系统运行的多长时间内，通过降低成本、增加收入收回这些投资，继续创造效益，在系统运行中必要的资金投入与所带来的收益的比例如何等，这些都可以用来衡量信息系统的经济效益，它可以看作是各个应用效益的综合。因此，要定期进行有关经济的评价，对系统未来的发展提出合理的意见和建议。然而，对信息系统所带来的经济效益的评价通常不易量化，且信息系统效益的发挥与人的因素密切相关，这就需要综合地进行分析、评价，客观地评价信息系统的效益，才能真正地把握系统的命脉，确定系统未来发展的方向。

综上所述，对系统运行情况的检查与评价工作一般是在企业高层领导的直接领导下，由系统分析员、审计人员、开发人员和各部门负责人员共同参与。通过检查、审计和评价，如果管理信息系统基本适应需要但需改进的，则要做好管理信息系统的维护工作；如果确认管理信息系统不能满足需要的，则说明该管理信息系统已经完成了它的生命周期，必须提出新的开发需求，开始新的管理信息系统的生命周期，整个开发过程又回到系统开发的最初阶段。

3．信息系统运行管理的组织与人员

企业管理信息系统的运行管理工作是系统开发工作的后续，不能简单地与硬件设备的管理工作等同起来。硬件的管理与维护只是这项工作的一小部分，如果缺乏必要的组织与管理，信息系统不可能实现为管理工作提供信息服务以及辅助决策管理的目标。因此，企业管理信息系统的运行与维护工作的首要问题就是建立和完善系统运行的组织。

（1）信息系统运行管理的组织

有效地组织好信息系统运行对提高管理信息系统的运行效率是十分重要的。信息部门参与企业运营的情况及对应的组织形式反映了信息部门在企业的地位和作用。

目前，信息管理机构共经历了以下 3 种组织形式：

① 零散组织形式。使用这种组织设置的各部门都拥有自己独立的信息系统，部门内部由微机室来完成相关信息管理工作，各系统内部资源不能为企业的其他部门所共享，如图 5-3 所示。这对加快部门的信息处理速度、提高部门的工作效率发挥了重要的作用，但相应地也导致了部门管理的局限性，制约了企业信息资源的综合应用。

② 并行组织形式。鉴于零散组织形式下的部门管理的局限性，在并行组织结构下信息系统的管理机构开始独立出来，与企业其他部门并行，享有同等的权利，如图 5-4 所示。这改变了零散组织形式下各部门信息系统各自为政的情况，信息资源可以为整个企业共享。但由于部分管理的并行性

也相应地导致信息部门的决策能力较弱，管理信息系统开发、运行维护中的协调和决策工作也会受到影响。

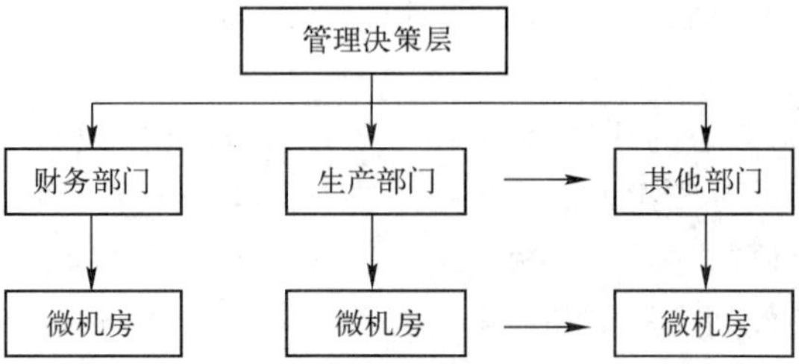

图 5-3　零散组织形式

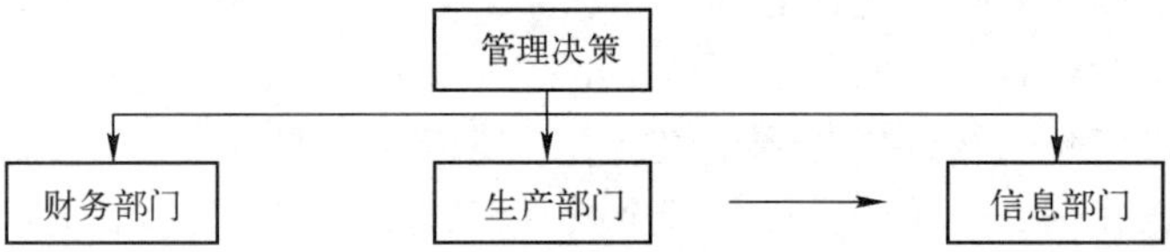

图 5-4　并行组织形式

③ 核心组织形式。这种方式是零散组织形式和并行组织方式的结合体。一方面信息部门独立存在于各业务部门之外，另一方面各业务部门也设立自己的信息处理室（IS 室），配备专人负责该业务部门的信息系统业务，这个专人或 IS 室归信息部门领导，如图 5-5 所示。这种结合方式既有利于加强信息管理和资源的共享，并且能深入了解并满足各业务部门的需要，又能够在系统开发、运行维护过程中便于协调和决策。

（2）信息系统运行管理的人员

由于信息系统需要运用先进技术为管理工作服务，其工作必须要涉及多方面的、具有不同知识水平及技术背景的人员。这些人员在系统中需要各尽其责、互相配合，共同实现系统的功能。这些人员能否发挥各自的作用，他们之间能否互相配合、协调一致，是系统成败的关键之一。因此，人员管理好坏是系统能否发挥作用的关键。没有好的人员管理，分工协作失效，人机系统的整体优化将只是一句空谈。

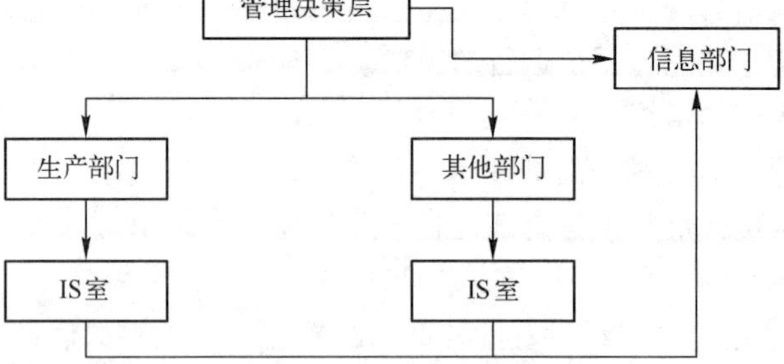

图 5-5　核心组织形式

在管理信息系统的运行管理期间，信息部门的人员构成可划分为 5 个分组，如图 5-6 所示。

① 网络组：负责网络正常运行的维护和扩展，管理网络系统及设备的安全，具备网络问题诊断和初步解决能力。

② 硬件组：负责计算机硬件及相关设备正常运行的维护和管理，保证计算机硬件及相关设备的

安全，组织硬件设备的更新升级和日常维护，解决计算机硬件及相关设备的故障。

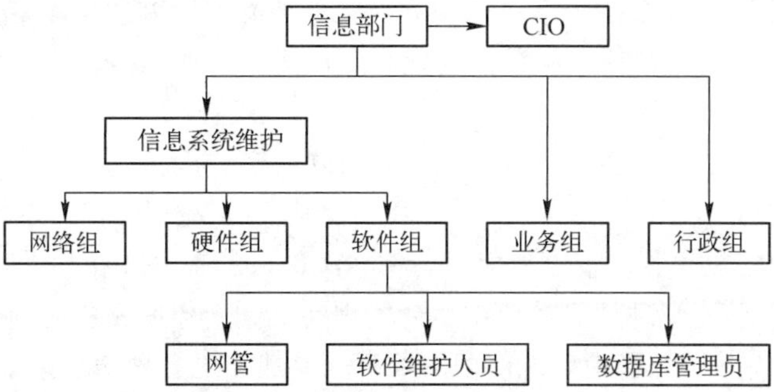

图 5-6　信息部门的人员构成图

③ 软件组：软件组人员包括网管、软件维护人员和数据库管理员。其中，网管负责服务器资源优化配置、用户授权和网络监控；软件维护人员保证软件系统的正常运行，更新和完善信息系统功能；数据库管理员负责制定数据备份和归档策略，确定数据备份和归档方案，发生系统灾难时负责数据恢复，确保输入数据的正确性。

④ 业务组：负责管理信息系统用户与信息管理部门的沟通和联系，及时向信息管理人员反馈信息，具有业务管理和信息使用两方面的责任。

⑤ 行政组：负责信息部门的日常管理工作，收集各层次用户对管理信息系统应用的意见，及时通知有关小组进行处理和改进。

除此之外，信息系统还专门设置了首席信息官（Chief Information Officer，CIO）职位。首席信息官是负责制定组织的信息发展战略、标准和程序，对整个组织的信息资源进行管理和控制的高级行政管理人员。从人员配备方面，作为首席信息官不仅是技术专家，同时还是企业管理变革的领导者，因此首席信息官需要具备很高的领导能力，以调用各方资源，与企业各方（如 CEO、CFO）进行沟通来推进信息化。从工作职责方面，首席信息官不仅要从企业信息的综合开发角度制定和执行企业信息化战略规划，而且需要对信息管理相关工作进行协调与沟通。首席信息官要从企业目标出发，整合信息资源，对企业内外各方面的信息进行综合处理和分析，得到对全局更为重要的信息和知识，提供给相关管理部门，尤其是企业高层管理人员，以支持企业决策，保持并创造企业的竞争优势，进而帮助企业利用 IT 降低成本、提高效率，实现战略经营目标。

（3）信息系统运行管理制度

企业启用新管理信息系统后，便进入了长期的使用、运行和维护期。为保证系统运行的正常工作，就必须建立和健全各项规章制度，这是今后实施有效管理、科学管理的重要依据，也是管理信息系统正常运行的重要保障。这里需要强调的是，在实际工作中制度的建立不存在隐患问题，问题往往出在对制度执行情况的监督检查环节，如果监督检查环节没有实施就等同于没有建立制度。所以，信息管理职能部门的负责人要做好制度的监督检查工作，只有这样才能保证管理信息系统为各层管理服务，充分发挥信息资源的作用。

信息系统运行管理制度是系统正常运行的有效保障。相关管理制度主要包括如下内容：

① 信息系统运行的机房管理制度。机房是指企事业单位管理信息系统的中心结点，即服务器、核心交换机等设备存放的房间。信息系统网络中工作站的计算机一般安装在各部门工作人员的办公室，不属于机房范畴。机房的管理制度一般包括如下 3 个方面的内容：

- 安全方面的制度。主要包括进入机房人员范围的规定、出入机房办理手续的规定、出入机房携带物品的规定、监控及报警系统的使用规定和消防安全方面的规定等。
- 操作方面的制度。主要包括日常操作规程、异常情况处理规程、防病毒等计算机安全方面的规定。
- 环境方面的制度。主要包括机房供电系统方面的规定、机房“四度”方面的规定（温度、湿度、洁净度、照度）等。

机房要由专人管理，机房管理制度要正式行文，汇编成册，并在机房明显位置进行张贴。

② 信息系统运行制度。管理信息系统的运行管理在实际工作中常常随时间的推移被忽视，经常出现不按规程操作等问题。信息管理职能部门的负责人要加强对管理信息系统运行管理工作的监督，使每个操作计算机的人员养成遵守管理制度的习惯。管理信息系统运行管理制度一般包括如下两方面的内容：

- 数据管理方面的制度。主要包括数据修改更新的权限制度、数据恢复备份制度等。
- 运行操作方面的制度。主要包括工作站日常操作规程、异常情况处理规程、设备故障报修制度、定期检修制度等。管理信息系统运行管理制度要正式行文，汇编成册，并在执行制度的岗位的明显位置进行张贴。

③ 信息系统运行日记制度。管理信息系统运行过程中的日记资料，是查找管理信息系统故障的线索，也是今后审计和评价管理信息系统的重要依据。所以，要从表格设计、填写的源头上抓好制度建设工作。管理信息系统运行日记制度一般包括如下两方面的内容：

- 日记的内容方面。要规范日记的内容，日记的内容一般包括：时间、操作人、运行情况、异常情况、值班人签字和负责人签字等，要设计成表格并装订成册。特别是异常情况的记录要设计得更为周密，可以和前面的日记共用一张表格，也可单独设表，但无论采用哪种方式，表中的项目都要尽量详细。异常情况的记录内容一般包括：发生时间、现象、处理人、处理过程、处理记录文件名、在场人员等。
- 日记的管理方面。主要包括：填写要求制度、监督与责任制度、存档保存制度和复印查阅制度等。管理信息系统运行日记制度要正式行文，汇编成册，并在执行制度的岗位的明显位置进行张贴。

4. 信息系统运行安全与保密性

从“信息化高速公路”到“数字地球”，信息化浪潮席卷全球。Internet 的迅猛发展不仅带动了信息产业和国民经济的快速增长，也为企业的发展带来了勃勃生机。企业通过 Internet 可以把遍布世界各地的资源互联互享，但因为其开放性，在 Internet 上传输的信息在安全性上不可避免地会面临很多风险。当越来越多的企业把自己的业务系统放到网络上后，针对网络的各种非法入侵、病毒等活动也随之增多。

（1）信息系统运行面临的威胁性

在现实的网络应用中，威胁是普遍存在的。威胁的描述性定义就是潜在的安全隐患。个人计算机仅仅一个简易的应用便可满足常规用户的需要，而企业的服务器一般要担当多个角色，提供多个服务，这样的后果是节约了成本，却牺牲了安全。安全原理其实就是木桶原理，任何局部的隐患都会使全局的安全性崩溃。这类似于射击，面积大的目标被命中的概率更大。在现有的信息系统中，威胁的种类层出不穷，网络无时无刻在发展，威胁也无时无刻在翻新。目前的企业信息系统中，威胁主要有以下几类：物理威胁、漏洞威胁、病毒威胁、入侵威胁和复合性威胁。

① 物理威胁。物理威胁最简单，也最容易防范，更容易被忽略，许多信息机构服务被中止仅仅因停电、断网和硬件损毁。例如，某处施工时无意破坏了通信电缆或者供电线路都会导致大规模的损失，所以保障企业信息系统的物理安全至关重要。系统维护人员可以通过以下方式保障信息系统的物理安全：一是机房采用 UPS 不间断电源，保障停电后服务器能够不中断运行，从而杜绝因停电损失数据的事件发生；二是对网络设备多清查，多检测；三是机房杜绝外人接近，同时拆除服务器不必要的数据接口，以防信息流失和隐患程序流入；服务器加物理锁，以防恶意关机和非法重启。有条件的企业最好采用 RDP 协议远程登录服务器，避免人员与服务器直接接触。

② 漏洞威胁。仅次于物理威胁的是漏洞威胁，几乎所有的安全事件都源于漏洞。漏洞主要分为系统漏洞、软件漏洞和网络结构漏洞。

系统漏洞相对常见，目前企业中常用的操作系统大致分为两种：Windows 和 UNIX/Linux。基于 NT 内核的 Windows NT 4、Windows 2000、Windows Server 2003/2008/2012/2016 等都是常见的操作系统，需要有效利用组策略构建适合企业现状的安全模型。系统维护人员必须重视 Windows Update，保证系统最新，因为漏出的安全缺陷官方会迅速通过 Windows Update 布置到计算机上。常用 Microsoft Baseline Security Analyzer 检测安全漏洞，及时修复。平时关闭一些不必要的端口和服务，管理员要设置强密码，防止黑客挂字典爆破，保障全局安全。

对于 UNIX/Linux 系统的企业安全漏洞也不容忽略。主流应用于企业的发行版本有 FreeBSD、Red Hat Linux、Suse Linux、Debian Linux，尽量不要使用一些小组织的 Linux 发行版，如果企业有足够的技术资源，可以考虑定制适合自己的 Linux 发行版。众所周知，Linux 为开源软件，无数优秀的特性被加入进来。但这个特性也相当致命，一个完全透明的系统很容易被黑客利用，作为 Linux 用户，采用安全防御措施相当重要。同 Windows 一样，最基本的措施是及时安装安全补丁，留意近期的安全通告，同时根据业务需要，关闭不必要的系统服务。由于 Linux 的账户模型比较复杂，还需要根据需要删除一些诸如 adm、lp、sync、shutdown、halt、mail 等特权账号，同时为存在的账号设置强密码。账号管理上要为不同的 ID 分配不同的权限，并且归并到不同的用户组中。

③ 病毒威胁。操作系统的正确使用和配置很重要，操作系统安全是企业信息系统安全的基础，对企业信息系统杀伤力比较大的是病毒威胁，网络通信服务病毒发生的概率还是比较高的。能够引起计算机故障、破坏计算机数据的程序统称为计算机病毒，但该定义仅能够定义早期的病毒，是一个狭隘的病毒定义，现在的病毒特征更广泛，例如，间谍软件、木马、流氓软件、广告软件、行为记录软件、恶意共享软件等，它们的危害远远超出了传统定义中“占用系统资源”“破坏数据”“阻塞网络”等经典危害。这些新型病毒可以导致重要机密泄露，甚至现有的安全机制全部崩溃。日常应用中，要保证系统经常更新，在常用服务器上部署强大的安全机制和防病毒应用程序，同时多进行员工的安全教育。此外，还应及时进行数据备份，一般中小型非信息企业每日应有增量备份，每周应有全盘备份，在病毒发生时早报警，早恢复。

④ 入侵威胁。大部分病毒攻击只是机械性的执行，但入侵则是人为攻击策略，灵活多变。早期黑客仅为炫耀一下自己高超的技术或发泄一下情绪而已，现在的黑客已经从业余发展到越来越专业化，动机已发生本质的变化。一般来讲，只要不给黑客创造成熟条件，一般的入侵或攻击是难以实现的。所谓的条件，其根源还是系统或软件的漏洞，手段主要以木马为主，通常配合一些远程控制软件。因此，主要防范措施还是要以入侵检测为主，早发现，早处理，对于触犯法律的还要报告相关司法部门。

⑤ 复合性威胁。在现实应用中，任何威胁都以复合形式出现。试想，一次完美的入侵，并非一

个单一的条件就可发生，需要其他条件的配合。因此，保障信息系统任何微小细节的安全，才能使安全事件的发生几率降至最低。

（2）信息系统安全运行的防护措施

信息系统安全运行的防范措施是企业信息系统高效运行的方针，其能在很大程度上确保信息系统安全有效的运行。相应的企业安全运行的措施一般可分为以下几类：

① 安全认证机制：安全认证机制是确保企业信息系统安全的一种常用技术，主要用来防范对系统进行主动攻击的恶意行为。安全认证，一方面需要验证信息发送者的真实性，防止出现不真实；另一方面可以防止信息在传送或存储过程中被篡改、重放或延迟的可能。一般来说，安全认证的实用技术主要由身份识别技术和数字签名技术组成。

② 数据的加密与解密：主要用来防止存储介质的非法被窃或复制，以及信息传输线路因遭窃听而造成一些重要数据的泄露，故在系统中应对重要数据进行加密存储与传输等安全保密措施。加密是把企业数据转换成不能直接辨识与理解的形式；而解密是加密的逆行式，即把经过加密以后的信息、数据还原为原来的易读形式。

③ 入侵检测系统的配备：入侵检测系统（Intrusion Detection Systems，IDS）是最近几年来才出现的网络安全技术，它通过提供实时的入侵检测，监视网络行为进而识别网络的入侵行为，从而对此采取相应的防护措施。IDS 通过从计算机网络系统中若干关键结点收集信息并加以分析，监控网络中是否有违反安全策略的行为或者是否存在入侵行为。它能提供安全审计、监视、攻击识别和反攻击等多项功能，并采取相应的行动，如断开网络连接、记录攻击过程、跟踪攻击源、紧急告警等，是安全防御体系的一个重要组成部分。

④ 采用防火墙技术：防火墙技术是为了确保网络的安全性而在内部和外部之间构建的一个保护层。其不但能够限制外部网对内部网的访问，同时也能阻止内部网络对外部网中一些不健康或非法信息的访问。

⑤ 加强信息管理：在企业信息系统的运行过程中，需要对全部的信息进行管理，对经营活动中的物理格式和电子格式的信息进行分类并予以控制，将所有抽象的信息记录下来并存档。

5.1.2 信息系统维护

管理信息系统的维护是为了应付管理信息系统的环境和其他因素的各种变化，保证系统正常工作而进行的一切活动。它包括系统功能的改进和解决在系统运行期间发生的一切问题和错误。无论在新系统交付使用前还是在交付使用后，系统维护工作始终需要进行，这是管理信息系统运行管理的重要内容。运行与维护阶段的主要任务是做好系统的管理和维护工作，根据环境变化和用户需求不断修改、扩充，使新系统更加完善，保证新系统经常处于良好运行状态。只有不断维护的管理信息系统才能适应这种环境变化。一般管理信息系统的使用寿命，短则两年，长则五六年。在系统的整体使用寿命中，都将伴随着系统维护工作的进行。这一过程，一直延续到企业又提出了开发下一个新系统的需求为止，也有可能是为了适应企业环境的变化，对现有系统进行的升级。

1. 信息系统维护管理的目标

系统维护的目的就是为了保证系统正常、可靠地运行，并能使系统不断得到改善和提高，以充分发挥作用。或者说，系统维护就是为了保证系统中的各个要素随着环境的变化，始终处于最佳的和正确的工作状态。这是系统生命周期的最后一个阶段，也是很重要的一个阶段，新系统是否有生命力取决于这一阶段的工作。

管理信息系统运行与维护的目标，可以归纳为保证新系统的正常、可靠、安全地运行，并不断完善系统，以增强系统的生命力，延长系统的生命周期，不断提高企业的管理水平，为企业创造经济效益。

2．信息系统维护管理的作用

系统开发工作量（包括系统分析、系统设计、系统实施、系统调试）仅占系统生命周期总工作量的 20%～30%，而系统维护工作量要占到总工作量的 70%～80%。由此可见，在开发过程中，强调提高工作质量、追求代码的可读性和可维护性对运行与维护阶段的意义。

新系统开发成功并提交用户以后，维护阶段的工作才刚刚开始，而不是万事大吉。软件开发得再好，如果软件维护工作跟不上，管理信息系统依然会失败。系统维护工作常常被忽视，错误的做法是开发工作完成后，开发队伍解散或撤走，没有配备适当的系统维护人员。这样，一旦系统发生问题或环境发生变化，最终用户将无从下手，这就是为什么有些管理信息系统在运行环境中长期与旧系统并行运行而不能转换，甚至最终被废弃的原因。

随着管理信息系统应用的深入，以及使用寿命的延长，系统维护的工作量将越来越大。系统维护的费用往往占整个系统生命周期费用的 60%以上，因此有人曾以浮在海面上的冰山比喻系统开发与维护的关系，系统开发工作如同冰山露出水面的部分，因为容易被人看到，所以重视这一部分，而系统维护工作如同冰山浸在水下的部分，其体积远不露出水面的部分大得多，但由于不容易被人看到而常被忽视。从另一方面看，和具有“开创性”的系统开发工作相比，系统维护工作属于“继承性”工作，挑战性不强、成绩不显著，使很多技术人员不安心于系统维护工作，这也是造成人们重视开发而轻视维护的原因。经验和教训都在告诫我们，系统维护是管理信息系统可靠运行的重要技术保障，应给予足够的重视。

3．信息系统维护的类型

（1）更正性维护

众所周知，系统测试不可能发现系统中的所有错误，还有许多潜在的错误，只有在系统运行过程中具备一定的激发条件才可能出现，人们把诊断和改正这类错误的维护工作称为更正性维护。

出现这些错误的原因通常是由于遇到了调试阶段从未使用过的输入数据的某种逻辑组合或判断条件的某种组合，即没有测试到这些情况。在系统运行期中遇到的错误，有些可能不太重要或者很容易处理或回避，有的可能相当严重，甚至会使系统无法正常工作。但无论错误的严重程度如何，都要设法去改正。修改工作需要制订修改计划，提出修改要求，经领导审查批准后，并在严格的管理和控制下进行系统的更正性维护。

（2）适应性维护

适应性维护是指信息系统的外部环境发生变化时需要进行的系统维护。计算机技术（包括硬件和软件）的发展速度非常快，而一般的系统使用寿命都超过最初开发这个系统时的系统环境的寿命。计算机硬件系统的不断更新，新的操作系统或操作系统新版本的出现，都要求对系统做出相应的改动。此外，数据环境的变化（如数据库管理系统的版本升级、数据存储介质的变动等）也要求系统进行适应性维护。适应性维护也要制订维护计划，有步骤、分阶段地组织实施。

（3）完善性维护

当信息系统投入使用并成功运行以后，由于企业业务需求变化和扩展，用户可能会提出修改某些功能、增加新的功能等要求，这种系统维护被称为完善性维护。其目的是为了改善和加强信息系统的功能，满足用户对系统日益增长的需求。

此外，还有一些其他的完善性维护工作，例如，系统经过一段时间的运行，发现系统某些地方运行效率太低而需要提高，或者某些功能界面的可操作性有待提高，或者需要增加一些新的安全措施等，这类维护也属于完善性维护。

（4）预防性维护

预防性维护是一种主动性的预防措施，对一些使用时间较长，目前尚能正常运行，但可能要发生变化的部分模块进行维护，以适应将来的修改或调整。与前 3 种维护类型相比，预防性维护工作相对较少。

在信息系统的维护中 4 种维护类型出现的比例如表 5-1 所示。

表 5-1 系统维护的类型

类　型	描　述	在维护中占的百分比
更正性维护	修复系统设计和规划错误	70
适应性维护	因环境改变而修改系统	10
完善性维护	维护系统解决新的问题或者为新问题解决提供有利条件	15
预防性维护	维护系统将来的问题	5

4. 信息系统维护的类型

图 5-7 所示为信息系统维护的全过程步骤，可以看出，在某个维护目标确定以后维护人员必须先理解要维护的系统，然后建立一个维护方案。由于程序的修改涉及面较广，某个模块的修改很可能会影响其他模块，所以建立维护方案后要加以考虑的重要问题是修改的影响范围和波及面的大小，然后按预定维护方案修改程序，还要对程序和系统的有关部分进行重新测试。若测试发现较大问题，则要重复上述步骤。若通过，则可修改相应文档并交付使用，结束本次维护工作。

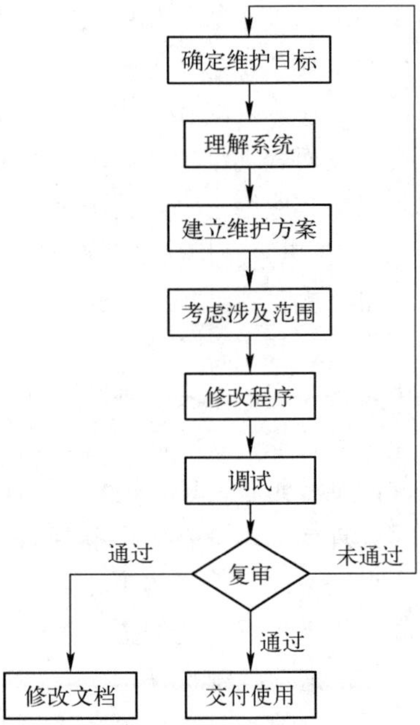

图 5-7 信息系统维护的全程步骤

必须强调的是，维护是对整个系统而言的，因此，除了修改程序、数据、代码等部分以外，必须同时修改涉及的所有相应文档。

5. 信息系统维护的内容

系统维护面向信息系统中的各种构成因素，按照维护对象的不同，系统维护的内容主要包括如下三方面的工作。

（1）硬件系统的维护

硬件系统的维护是指对主机以及外设的维护和管理。硬件维护的目的是尽量减少硬件的故障率，当故障发生时，能在尽可能短的时间内恢复工作。硬件系统的维护应该由专门的硬件维护人员负责，主要分为硬件系统更新和故障维护，如图 5-8 所示。因此，在很多情况下需要同硬件厂商合作来共同完成系统维护工作，定期制订更新计划。对于管理信息系统的硬件系统，系统维护不仅要处理突发性的故障处理，日常维护工作也需要进行定期的预防性维护，例如，在每周或每月固定的时间对系统硬件进行常规性检查和保养。定期地进行硬件系统的维护可以减少以后的系统维护工作量，降低维护的费用。

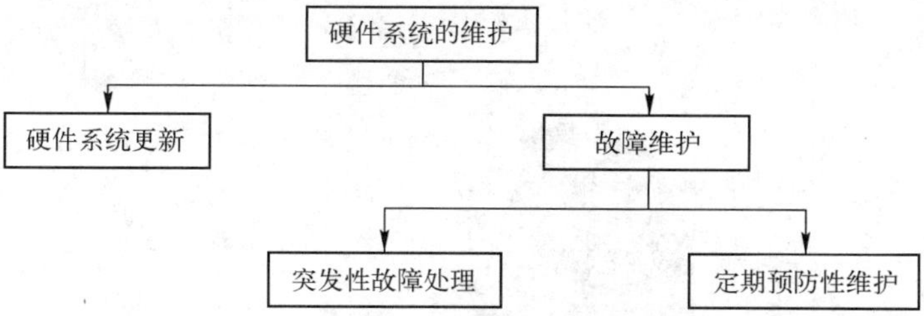

图 5-8 硬件系统的维护类型

（2）软件系统的维护

软件维护是管理信息系统维护的重要内容，搞好软件维护有两个关键：第一，在新系统开发过程中就应保证软件代码的质量，尤其是可维护性，同时还应有与代码一致的开发文档，这是软件维护的基础和保证；第二，有一支胜任工作的系统维护队伍。很多企事业单位的管理信息系统是委托协作单位开发的，但系统维护若也依靠他们，则远水不解近渴，必须培养本单位的员工担负起系统维护工作。

软件系统的维护涉及系统软件维护和应用软件维护两方面。系统软件的维护可参考具体的系统软件使用、维护说明书。这里所讲述的软件维护一般指应用软件维护。

应用软件的维护包含：正确性维护、适应性维护、完善性维护和预防性维护。

① 正确性维护目的是为了保证系统功能的正确。维护内容包括在系统测试阶段尚未发现的错误、键盘屏蔽不全面引起的输入错误和以前未遇到过的数据输入组合或数据量增大引起的错误。

② 适应性维护目的是对软硬件的升级，保证系统的性能。适应性维护是为了使系统适应环境的变化而进行的维护，约占维护活动的 25%。维护内容包括制订维护工作计划、对维护后的软件进行测试、应用软件功能的完善和改进以及网络系统（计算机硬件或操作系统）的升级、更新。一方面，计算机硬件的更新周期越来越短，新的操作系统和原来操作系统的新版本不断推出，外围设备和其他系统部件经常有所增加和修改，这就必然要求管理信息系统能够适应新的软硬件环境，以提高系统的性能和运行效率。另一方面，机构的调整、管理体制的改变、数据与信息需求的变更等都将导致系统不能适应新的应用环境。如编码改变、数据结构变化、数据格式以及输入/输出方式的变化、数据存储介质的变化等，都将直接影响系统的正常工作。因此，有必要对系统进行调整，使之适应企业环境的变化，以满足用户的要求。

③ 完善性维护目的是为了扩展和改善系统功能，是为了改善系统的性能或者扩充应用系统的功能而进行的维护，这些系统的性能或功能要求一般是在先前的功能需求中没有提出的。在系统的使用过程中，用户往往要求扩充原有的功能，或提高其性能，如增加数据输出的图形方式、增加联机在线帮助功能、调整用户界面等，这些要求在需求规格说明书中没有，属于用户需求在原有系统的基础上进一步改善和提高的内容。随着用户对系统的使用和熟悉，这种需求可能会不断提出。为了满足这些需求而进行的系统维护工作就是完善性维护，即完善性维护是指为了满足用户新的需求而进行的功能扩充或优化方面的开发活动。这种类型的维护是系统维护的主要形式，工作量最大，约占维护活动的 50%，如图 5-9 所示。

④ 一些软件工程师还提出了第四种软件维护活动，即预防性维护。预防性维护是为了提高软件未来的可维护性、可靠性，或为未来的修改与调整奠定更好的基础而修改软件的过程。

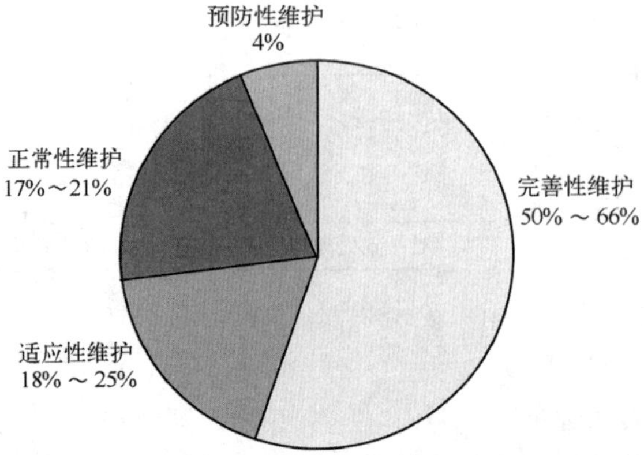

图 5-9　软件维护的时间比例

（3）数据的维护

系统的业务处理对数据的需求是不断变化的，要经常对文件或数据库进行修改（不包括正常更新），增加数据库的新内容和建立新的文件等。数据的维护主要包括：数据备份、数据恢复和数据归档。数据备份是指将计算机硬盘上的原始数据（程序）复制到可移动介质上，如磁带、光盘、移动硬盘等。数据恢复是数据备份的逆过程，即将备份的数据再复制到硬盘上的操作。数据归档将硬盘数据复制到可移动介质上，并在完成复制工作后将原始数据从硬盘上删除，释放硬盘空间。

数据备份与数据恢复主要是为了应对因介质、操作系统、应用软件和其他环境原因导致重要数据库文件严重损坏、系统运行瘫痪等灾难的发生。数据归档一般是在一个时间周期结束或一个项目完成时将相关数据保存到可移动介质上，以备日后查询和使用，同时释放硬盘空间。

6. 信息系统维护的管理

信息系统开发完成并经过严密的测试和系统切换后，就进入了系统日常运行阶段。信息系统是一个面向管理领域的人机交互系统，在其运行过程中要完成管理、维护、评价分析等工作。如果系统的运行管理不善，新系统的优越性就无法充分发挥出来，不能达到系统开发的目标。

（1）完善的组织机构

信息系统的组织管理机构是信息系统开发、维护和管理的综合性部门，在许多大型企业中都设有信息中心（或计算中心），专门负责企业的信息化建设。信息系统的维护部门一般由软硬件维护部门、数据和信息维护部门、行政管理部门等组成。由于负责信息系统运行的组织在企业中的地位不高，往往不被重视，造成我国信息系统组织机构不完善，影响了信息系统的开发和应用。随着我国企业信息化建设的加快，企业对信息化认识的不断提高，信息系统的组织在企业中的地位也在不断提高。

（2）管理制度的建立

完善的管理制度是保证系统正常运行的必要条件之一。只有建立了完善的管理制度，企业信息系统在日常运行中才能做到有章可循，为企业的生产、经营和管理奠定基础。

下面列出了一些信息系统日常运行过程中的管理制度，从系统安全、操作等多个方面规定了系统日常运行的工作以及对意外情况的处理。

①系统运行操作规程。②系统信息的安全保密制度。③系统运行日志及填写规定。④系统定期维护制度。⑤系统安全管理制度。⑥用户操作规程。⑦系统修改规程。

（3）维护人员的配备

作为系统维护人员，不仅要了解系统的开发过程，而且要善于建立良好的维护人员和操作员之间的关系。系统维护人员应能够预测那些可能要出错的地方，还要根据业务需求的改变，考虑必要功能的改变，根据系统需求的改变考虑修改硬件、软件及其接口。因此，维护工作涉及的范围较广，是一项长期复杂的工作。

系统维护人员究竟该由谁来担当?属于自主开发或联合开发的信息系统，可以由程序开发人员或参与系统开发的用户人员作为系统的维护人员，他们清楚系统的构架和程序的体系内容，可以比较轻松地完成系统的维护任务；对于委托开发方式或者购买的商品化软件，企业应该培养系统维护人员或者委托软件公司负责系统的维护工作。

（4）维护任务的安排

信息系统在运行过程中会遇到各种类型的维护任务，必须对其进行统一有效的管理，才能保证系统维护工作有条不紊地进行。换句话说，有的维护任务很紧急，有的维护任务可以推迟一段时间，要采取一定方法对其进行甄别排序，决定哪一项维护任务先被执行，哪一项后被执行或忽略。

一般来说，首先要确定维护任务的类型。例如，对于更正性维护，要判断引起错误故障的重要性，如果非常重要，就需要给它赋予较高的优先权，把它放在任务队列的前面，等待维护处理。再如，有些维护任务不是由错误引起的，而是为了系统适应新技术，或者是为了业务改变而增加新的业务功能。同样，也需要对这些任务进行评估、分类及排序，然后放到任务队列上。需要注意的是，必须有一个共同的标准来评价和判断每一个系统维护任务，并作为其分类和排序的依据，维护任务安排如图 5-10 所示。

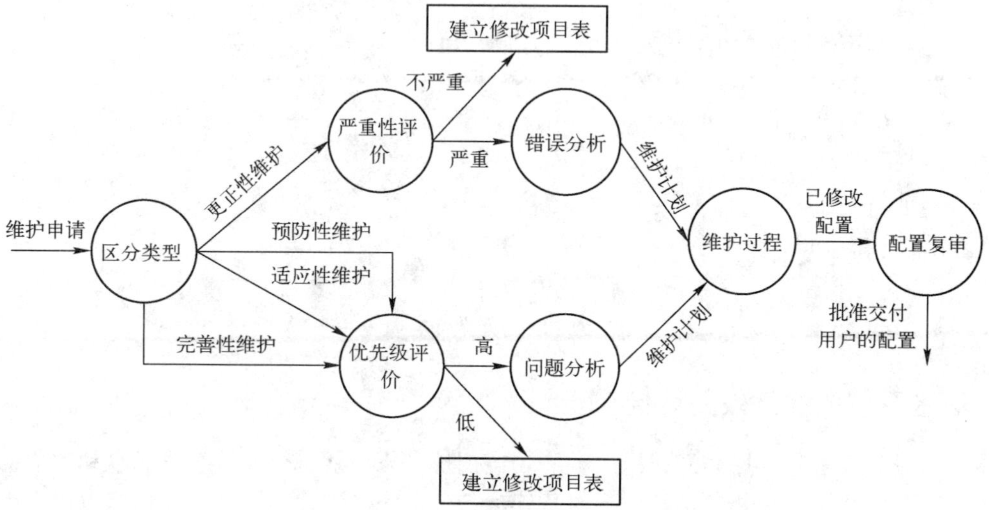

图 5-10　维护任务安排

（5）自动化维护工具的使用

在信息系统的开发过程中，占用时间最多的是系统编码和测试工作。而且，在系统维护中，如果系统修改被批准后，仍然要进行代码修改和测试工作。与此同时，还必须将已修改的信息更新到系统文档和说明书中，目的是为了保证所有的系统文档的一致性。但是，这些工作往往很枯燥、费时，因而往往系统中许多维护工作被维护人员所忽略，这必然会给以后的维护工作带来困难。

为了解决上面的问题并提高维护工作效率，很多公司开发出了支持系统维护的 CASE（计算机辅助软件工程）自动化工具，它们能够实现对代码修改和文档更新同步化，为系统的维护工作提供了支持。特别是在使用一些综合的 CASE 开发环境时，系统能自动生成系统分析、设计以及维护的所有文档，例如数据流图、代码设计、输出设计等。而且，如果对系统设计文档进行了修改，系统会自动修改代码并生成新的版本。同时，大多数文档的维护工作也会自动完成。

5.2 信息系统的评价

新系统的建立花费了大量的资金、人力和物力，系统性能究竟怎样不仅对用户来说是重要的，也是系统开发人员所关心的。只有对新系统质量进行全面考核，才能回答这些问题。新系统不可能尽善尽美，通过评审可以发现问题、解决问题，进行必要的修改与维护。

系统评价是对一个管理信息系统的性能进行估计、检查、测试、分析和评审，包括用实际指标与计划指标进行比较，以及评价系统目标实现的程度。严格地讲，在管理信息系统开发的整个过程中，每当完成了一个工作阶段或步骤，都应该进行评价。对新系统的全面评价是系统运行了一段时间之后进行的。

对企业应用项目的评价，一般都会从技术和经济两方面进行。要么是在一定的经济条件下，获得尽可能多的系统功能和尽可能高的系统性能；要么是在满足一定功能和性能要求的条件下，尽可能地节省消耗，提高效率。因此，对管理信息系统评价一般包括质量评价和经济效益评价，同时作为应用于社会的人机应用系统，还要进行社会效益的评价。

5.2.1 信息系统的质量评价

系统质量和实用性评价的内容包括：

① 系统的应用是否使采购、销售、生产、管理等的工作效率有所提高。

② 系统的使用人员对系统的满意程度如何。

③ 系统的运行是否稳定。

④ 系统的使用是否安全保密。

⑤ 系统运行的速度如何。

⑥ 系统的操作是否灵活，用户界面是否友好。

⑦ 系统对误操作的检测和屏蔽能力如何等。

5.2.2 信息系统的经济效益评价

经济效益是企业首先要探究的问题。经济效益评价主要包括对企业信息化成本和效益的比较研究，如许多企业将投资经济效益系数作为衡量管理信息系统经济效益的基本指标，以确定系统运行后经济效益的提高等。

使用新系统后产生的经济效果是评价新系统的一个决定性因素，对管理信息系统进行经济效果评价的主要指标有间接效果和直接效果。

1. 间接效果

间接经济效益是指应用管理信息系统给企业带来的管理变革、企业管理决策水平的提高，从而为企业创造的经济效益。管理信息系统的经济效益通常主要体现在其运行过程中所产生的间接经济效益。

管理信息系统与其他先进技术的应用一样，必然会给企业带来一系列的变化，促进管理工作的进一步科学化，这类综合性的经济效益称为系统的间接经济效益，这种效益是无法用具体统计数字计算出来的，只能做定性分析。衡量管理信息系统的间接经济效益应从以下五方面进行评价。

① 管理体制是否进一步合理化。任何一个企业都是由技术、生产、经济、组织等多个子系统组成的复杂的整体系统，企业的各个环节都是相互衔接、相互配合和相互制约的。我国现行的企业管理体制和组织机构中还存在着诸多弊端。管理信息系统实行了信息资源的集中管理，应该加强纵向和横向的业务联系，做到纵横结合，使各职能部门在分工的基础上相互协调一致。管理信息系统实质上是尽可能实现完善的信息管理，它与现行的管理方式是有区别的。管理信息系统在实现信息管理的同时，也使企业的管理体制进一步合理化。

② 管理方法是否进一步科学化。管理信息系统的建立，应该使企业的经济管理由静态管理变为动态管理。评价时需审查来之不易的信息系统是否辅助和加强了以计划和控制为核心的动态管理。

③ 管理基础数据是否进一步科学化。与手工信息处理系统不同，录入管理信息系统的数据应该及时和正确。反过来，管理信息系统的运行，应该促进基础数据管理向统一化、规范化的方向发展。

④ 管理效果是否进一步最佳化。管理信息系统辅助企业管理，应当促使管理人员更多地应用经济数学方法和定量分析技术，如生产计划的方案优化和产品销售的统计预测等，从而使定性决策变为定量决策。

⑤ 管理人员的劳动性质是否发生了变化。这方面的评价主要是看管理信息系统运行之后，是否把管理人员真正地从繁杂的数据处理（如记账、汇总）中解脱出来，并且能否帮助管理人员从事更有创造意义的分析与决策活动。

为了对管理信息系统的间接经济效益做出正确评估，可以采用专家评估或直接调查的方式进行。

2. 直接效果

直接经济效益是应用管理信息系统而直接产生的成本的降低和收入的提高，一般采用经济效益评价方法进行评价。例如，计算由于系统应用带来的利润增长、计算投资回收期、投资效果系数法、德尔菲专家评审法等。

管理信息系统直接经济效益的基本指标是年经济效益的变化。直接经济效益主要取决于下列要素：系统正式投入运行后，因合理地利用现有的资源而使产品产量有了增加；因减小工时损失和生产设备停工损失，而使劳动生产率提高，产品生产周期缩短；因改善组织管理，而减少了物资储备，提高了产品质量，降低了非生产费用等。

上述因素可用一些综合性指标进行计算。常用的评价指标有：年利润增长额（年节约额）、年经济效益、系统的投资效益系数、投资回收期等。

5.2.3 信息系统的综合评价

1. 综合评价的基本概念

我们所面对的信息系统是一个复杂的系统。它所追求的不仅仅是单一的经济性目标，除了从费用、经济效益和财务方面考虑外，它还涉及技术先进性、可靠性、适用性、易维护性和用户界面友善性等技术性能方面的要求，以及改善员工劳动强度和企业经营环境，增强市场竞争力等间接效益或企业文化方面的目标。上述目标的多重性产生了对信息系统进行多指标综合评价的必要性。

多指标综合评价的理论和方法研究是一个正在发展的领域，有关它在信息系统评价中的应用研究则更有待人们的努力。这里所谓的信息系统多指标综合评价，是指对信息系统所进行的一种全方位的考核或者判断。综合评价的目的是对信息系统做出一个整体性的判断，并用一个总评价值来反映信息系统的一般水平。

一般来说，信息系统多指标综合评价工作主要包括三方面的内容：

① 综合评价指标体系及其评价标准的建立，这是整个评价工作的前提。

② 用定性或定量的方法确定各指标的具体数值，即指标评价值。

③ 各评价值的综合，包括综合算法和权重的确定、总评价值的计算等。

2. 信息系统综合评价指标

评价的关键是要定出评定质量的指标以及评定优劣标准。由于管理信息系统的评估指标（包括定性指标和定量指标）不仅数量多、比较复杂，而且随着信息系统的发展，指标也在变化，因此建立价值评估体系是当务之急。有一个客观的、科学的价值评估模型，才能对信息系统进行全面综合评价。

借助于运筹学和系统工程领域的层次分析法（AHP），对多指标的信息系统进行综合评估，是一种有意义的尝试。层次分析法是美国运筹学家沙旦于 20 世纪 70 年代提出的，是一种定性分析和定量分析相结合的多目标决策分析方法。采用层次分析法建立的信息系统价值评估模型，在信息系统评价指标中包括：定量指标，即投入指标和产出指标；定性指标，即宏观和微观指标。

（1）定量指标

分析定量指标可以按传统的模式，广义的信息系统的投资回报可以简单写成：

ROI=(成本降低+收入增长)/总成本

① 投入指标（总成本）：

- 系统分析设计费用和实施费用：包括硬件、软件和人员消耗费用等。
- 人力成本：包括人员重新招聘、人员重新部署和人员培训的费用。
- 流程成本：这也是很重要的。因为部署信息系统的企业需要对现有的工作流程进行改造。
- 系统运行成本：诸如集成和测试费用、运行费用、管理费用、数据分析成本、数据转换成本等。
- 信息系统的维护和持续改进费用。
- 机会成本：例如，企业由于选用其中某一家厂商的管理软件系统，而放弃了其他厂商所能够带来的机会效益，就是一种典型的机会成本。

② 产出指标：主要包括收入增加和成本降低。

（2）定性指标

① 宏观指标：

- 企业的经济效益和竞争力是否提高了。如果将其转变为具体的经济指标，可以分为利润率、成本费用利润率、流动资金周转率、存货周转率、全员劳动生产率、计划执行准确率、设备利用率、市场信息准确率、客户满意率、交货准时率、产品优质率等。
- 管理模式、组织结构和业务流程是否有所创新。

② 微观指标：

- 信息系统的应用广度和深度，包括系统的用户数量、用户的职位、系统信息数量、业务信息数量等。

- 信息系统对资源的开发率和利用率。如果把 OA 信息系统比作人体骨骼，信息资源就是肌肉和血液。从信息资源开发利用角度，可以评价信息系统的利用程度和企业的知识管理水平。这可以从挖潜能力以及信息的收集、加工和共享方面进行评估。
- 企业的业务流程、工作流程是否发生了实质性的变化。
- 员工素质的提高和员工参与信息化的程度。人力资源是企业信息化的重要组成部分，也是信息化的参与者，即信息化的主体。在这里，人力资源包括信息技术人员和企业的其他员工。对于前者的评价，主要考察其计算机应用能力、软件设计开发能力以及理论和实践相结合的能力；而对后者，由于企业信息化的深入，员工积累了丰富的经验和教训，这是推动企业信息化的基础。
- 是否改善员工工作满意度。
- 企业不同部分之间是否拥有统一的基础数据环境，以及能否实现协同工作流。
- 系统数据是否能够确保完整，以及能否确保质量。
- 企业各级人员对信息系统所体现的管理思想和管理方法的接受，包括企业文化是否发生变化，销售、市场、服务人员的工作方式是否发生变化，绩效考核方法是否发生变化等。
- 是否减少人工信息处理的工作量，从而节约人工费用和办公开支。
- 是否加快信息收集、传递、处理速度，提高企业的反应速度。
- 是否改善服务水平、提高企业的市场竞争力。
- 信息安全的评价。随着信息技术的发展，各行各业相继建立了不同类型的信息系统，如各类具有信息采集、信息传递、信息存储、信息处理等功能的子系统和分系统。但同时，利用相应的信息系统，既可以窃取信息系统中的信息内容，又可以扰乱信息系统中的信息内容。随着社会信息化程度的提高，信息安全问题也逐步演变为严重限制和制约经济发展的重大问题。因此，对于企业信息化安全的评价应引起足够的重视。
- 系统实施后是否拥有后续的持续改进和升级服务。

信息系统的评价与 IT 审计和企业信息化密切相关，它们有着共同的目的和一致的目标。因此，信息系统评价指标可借鉴国内外相关的规范和条例。当前已经出台的指标体系包括《IT 审计规范》和《企业信息化评估指标》。IT 审计是指根据公认的标准和指导规范对信息系统及其业务应用的效能、效率、安全性进行监测、评估和控制的过程，以确认预定的业务目标得以实现。信息系统审计的目的是保证信息化过程的每个环节经常处在可控之中。按照科学的、符合实际的决策原则，一项信息系统要经历规划阶段、实施阶段以及运行维护阶段的审计。审计不仅是项目完成时验收的需要，而且在信息系统运行和维护过程中更为重要，因为任何一项信息系统不可能在规划和实施阶段就十全十美，又一成不变。这就要求定期或不定期地进行审计，发现问题，解决问题，以适应新的环境变化和业务需求。

5.2.4　信息系统评价报告

系统评价的结果应形成正式的书面文件，即系统评价报告。该报告应包括以下几方面的内容：

① 系统的名称、结构和功能。

② 任务提出者、系统开发者和用户。

③ 有关文档资料。

④ 经济效益评价。

⑤ 系统性能评价。

⑥ 综合评价：提出对各类指标的综合评价结果，系统存在的问题及改进意见。

【案例分析】

高校管理信息系统运行管理

某高校2013年10月以近10万元人民币的价格购置某通用型管理信息系统，该管理信息系统由南方某重点大学研制开发，且在该大学使用近五年。购置后，首先建立了管理信息系统运行管理的组织机构，该机构设在学校教务处，由教务处处长兼任信息系统管理职能部门负责人，教务处内设一名副主任担任信息系统主管人员，数据收集、校验和录入人员由各系部教学秘书担任。该管理信息系统功能强大，在开发单位使用五年中，承担了万余名在校生、近40个系部的教学管理、学籍管理、简单学生管理和公寓管理工作，基本代替了原有的手工纸介质操作。而购置单位使用近两年来只使用了该系统的20%的功能，主要局限在排课和课表生成、学生评教和成绩查询几方面。用户授权比较随意，整个管理信息系统运行过程中各环节无文档记录，可以说该管理信息系统在购置单位没有充分发挥作用，更谈不到收益。

通过本案例不难看出，无论多么优秀的管理信息系统，要想让它最大化地发挥效率，都必须从使用、管理入手。只有真正使用好、管理好管理信息系统，才能使它发挥最大的作用，从而实现开发和购置管理信息系统的初衷。

案例思考题

结合所学的知识，实现管理信息系统运行管理需要进行哪些工作？

小　结

通过本章学习，学生应掌握管理信息系统运行管理和系统维护的目标和内容，掌握信息系统运行管理的方法，能够对信息系统进行质量和经济效益评价，并完成信息系统评价报告。

信息系统投入运行后，运行阶段是信息系统接受实践检验的阶段，对系统的评价、管理、维护与升级是这一阶段的主要内容。信息系统就像机械设备一样，需要不断地维护才能保证信息系统的正常运行，需要有效地评价才能改进或完善信息系统的系统性能和经济效果。随着信息技术的发展和企业管理水平的提高，管理人员对信息系统的功能和安全性方面有着更高的要求，因此在信息系统运行阶段，对系统进行评价、提出改进建议、维护升级等越来越受到企业的高度重视。

习　题

一、选择题

1. 我国企业设置CIO职业是必要的，因为（　　）。

   A. 企业需要设立信息管理部门

   B. 企业决策层需要CIO参与决策

   C. 企业原有的管理人员无法胜任CIO工作

   D. CIO职务和其他管理人员存在职务内容重叠

2. 改正在系统开发阶段已发生而系统测试阶段尚未发现错误的维护称为（　　）。

   A. 适应性维护　　　　B. 预防性维护

   C. 完善性维护　　　　D. 改正性维护

3. 信息系统的安全问题由多种原因造成，随着信息技术及其应用的普及，这些原因也在发生变化。在目前阶段看，最主要的是（　　）。

A. 自然现象或电源不正常引起的软硬件损坏与数据损坏

B. 操作失误导致的数据破坏

C. 病毒侵扰导致的软件与数据的破坏

D. 对系统软硬件及数据的人为破坏

4. 系统运行的异常情况应该记录下来，以便系统的维护和改进。关于记录方式有人工和自动两种。这两种方式各有优缺点，以下对此评述中（　　）是不恰当的。

A. 自动记录省力高效但不利于人们对异常引起重视

B. 手工记录烦琐但有利于人们了解异常问题的细节

C. 自动记录目前还难以做到

D. 手工记录操作起来容易流于形式

5. 信息系统的诸多评价目标或指标中，有些较为重要。从以下内容看，其中（　　）是最重要的。

A. 直接的经济效益指标　　B. 可靠性性能指标

C. 信息资源开发利用程度　　D. 对企业变革所起的重要性

6. 信息系统的折旧率取决于其生命周期。由于信息技术发展迅速，信息系统的生命周期较短，一般在（　　）。

A. 2～3 年　　B. 5～8 年

C. 10～15 年　　D. 20～30 年

7. 在一个管理信息系统生命周期中，系统实施阶段的最后活动是（　　）。

A. 系统评价　　B. 系统维护

C. 系统总结　　D. 质量控制

8. 在评价程序质量时，要求程序的功能必须满足预期的要求，这属于程序的（　　）。

A. 可靠性　　B. 规范性　　C. 可读性　　D. 适应性

9. 首席信息官（CIO）所处的管理层面是（　　）。

A. 战略决策层　　B. 管理控制层　　C. 执行操作层　　D. 网络管理层

10. 为了扩充功能和改善性能而进行的修改，这属于（　　）。

A. 适应性维护　　B. 正确性维护　　C. 完善性维护　　D. 预防性维护

二、填空题

1. 管理信息系统的运行管理的目标是通过对管理信息系统进行________使管理信息系统在一个________内真正发挥为管理者提供信息的作用，产生其应有的________。

2. 系统维护主要包括：硬件维护、________和________。

3. 信息系统________所付出的代价往往要超过信息系统________的代价。

4. 信息系统面临的威胁主要有以下几类：________、漏洞威胁、病毒威胁、入侵威胁和________。

5. ________是指信息系统的外部环境发生变化时需要进行的系统维护。

6. 应用软件的维护包含：正确性维护、适应性维护、完善性维护和预防性维护和________。

7. ________是指对信息系统所进行的一种全方位的考核或者判断，综合评价的目的是对信息系统做出一个整体性的判断，并用一个总评价值来反映信息系统的一般水平。

三、简答题

1. 简述信息系统运行维护的目的和内容。
2. 数据的安全性是指什么？哪些措施可以保障数据的安全性？
3. 简述信息系统维护的类型和比例分配。
4. 简述管理信息系统运行管理人员分类以及 CIO 的主要职责。
5. 什么是管理信息系统的评价？简述管理信息系统评价的分类和内容。
6. 根据管理信息系统评价报告基本要求，请结合具体实例设计信息系统评价报告。
7. 简述信息主管 CIO 应具备的基本素质。
8. 为什么系统的维护与运行始终并存？

四、案例分析题

某企业近几年来发展迅速，经营规模不断扩大，因此在组织结构和管理流程等方面需要变革，相应地信息系统的维护工作量也很大。由于该企业没有重视系统文档管理工作，尽管信息管理部门也随着业务的增加而新招了不少信息人才，但信息系统维护工作仍然不能使企业各层管理人员满意。该状况已经影响到信息系统的正常运转，更谈不上继续开发和购置新的信息系统。企业高层领导和信息主管已注意到这一问题，正研究如何改变局面。请根据该企业信息系统维护工作现状，指出信息系统文档方面必须及时解决的问题，并提出解决问题的建议。

第6章 管理信息系统在企业中的典型应用

【学习目标】

- 掌握管理信息系统在现代企业和社会组织中的应用技术及发展现状。
- 理解和掌握企业资源计划务的基本概念和组成。
- 理解和掌握客户关系管理的基本概念和组成。
- 理解和掌握供应链管理和电子商务的基本概念和组成。
- 了解信息系统典型应用之间的相互联系及区别。

【关键术语】

信息系统在企业中的典型应用　企业资源计划　客户关系管理　供应链管理　电子商务　移动商务　数据挖掘

6.1 企业资源计划

ERP是企业资源计划（Enterprise Resource Planning）的简称，是20世纪90年代美国一家IT公司根据当时计算机信息、IT发展及企业对供应链管理的需求，预测今后信息时代企业管理信息系统的发展趋势和即将发生的变革而提出的概念。

从管理思想的角度看，ERP是一种管理理念，是建立在信息技术的基础上，用系统化的管理思想为企业决策层及员工提供决策运行手段的管理平台。

从软件产品角度看，ERP综合应用了B/S、B/C体系、大型关系数据库、面向对象技术、图形用户界面、第四代语言（4GL）、网络通信等信息技术成果，是面向企业信息化管理的软件产品。

从管理信息角度看，ERP是整合企业管理理念、业务流程、基础数据、制造资源、计算机硬件和软件于一体的企业资源管理系统。

综上所述，ERP是针对物资资源管理（物流）、人力资源管理（人流）、财务资源管理（财流）、信息资源管理（信息流）集成一体化的企业管理软件。它是以管理会计为核心的信息系统，将企业所有资源整合在一起，对采购、生产、成本、库存、分销、运输、财务、人力资源进行规划，从而达到最佳资源组合，使企业获得最高利益。ERP不仅是一种软件，而且是一种先进的企业管理思想和管理模式。

6.1.1 ERP的产生背景

20世纪90年代以来，由于经济全球化和市场国际化的发展趋势，生产制造业所面临的竞争更趋于激烈。以客户为中心、基于时间因素、面向整个供应链成为在新的形势下制造业发展的基本动向。

传统的企业经营战略是以企业自身为中心的。企业的组织形式是按职能划分的层次结构，企业的管理方式着眼于纵向的控制和优化。企业的生产过程是由产品驱动的，并按标准产品组成生产流程。客户对于企业的大部分职能部门而言都被视为外部对象，除了销售和客户服务部门之外的其他部门都不直接与客户打交道。在影响客户购买的因素中价格是第一位的，其次是质量和品牌，最后是交货期，于是企业的生产目标就依次为成本、质量、信誉、交货期。

以客户为中心的经营战略则要求企业的组织为动态的、可组合的弹性结构。客户和供应商被集合到供应链中，成为企业受控对象的一部分。在影响客户购买的因素中交货期成为第一位，企业的生产目标也转变为交货期、信誉、质量和成本。

实施以客户为中心的经营战略就要对客户需求迅速做出响应，并在最短时间内向客户交付高质量低成本的产品。这就要求企业能够根据客户要求迅速重组业务流程，消除业务流程中非增值的无效活动，使顺序作业转变为并行作业，在所有业务环节中追求高效率和及时响应，尽可能采用现代技术手段，快速完成整个业务流程，这就是基于时间的含义。而基于时间的作业方式的真正实现又必须扩大企业的控制范围，面向整个供应链，把从供应商到客户的环节都集成起来。

实施以客户为中心的经营战略涉及企业的再造工程，企业的再造工程是对传统管理理念的重大变革。在这种观念下，产品不再是定型的，而是根据客户要求选配的；业务流程和生产流程不是一成不变的，而是针对客户需要，以减少非增值的无效活动为原则而重新组合的。这种需求变化是传统企业经营管理思想所难以满足的，而必须转向以客户为中心、基于时间、面向整个供应链为基本特点的企业资源计划系统，这就是 ERP 的客观需求背景。而面向对象的技术，计算机辅助软件工程以及开放的客户机 / 服务器计算环境又为实行这种转变提供了技术基础。于是，ERP 应运而生。

6.1.2 ERP 的发展过程

计算机技术特别是数据库技术的发展为企业建立管理信息系统，甚至对改变管理思想起着不可估量的作用，管理思想的发展与信息技术的发展是互成因果的环路。而实践证明信息技术已在企业的管理层面扮演越来越重要的角色。

信息技术最初在管理上的运用也是十分简单的，主要是记录一些数据，方便查询和汇总，而现在发展到建立在全球 Internet 基础上的跨国家、跨企业的运行体系。ERP 是一个庞大的系统，下面沿着其发展的 5 个阶段讲解其发展过程，如图 6-1 所示。

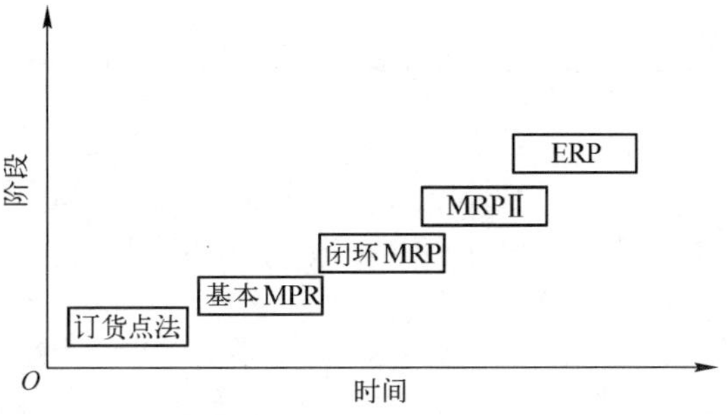

图 6-1 ERP 的发展过程

1. 订货点法

20 世纪 50 年代初期，计算机技术的应用带来了信息处理的新纪元。订货点法是最早使用库存管理的方法，当库存量伴随着物料的消耗减少到一定量时需下达加工订单或采购订单，以确保库存量保持在安全库存水平。企业控制物料的需求通常采用控制数量的方法，为需求的每一种物料设置一个最大库存量和最小库存量。

最大库存量是为库存容量/库存占用资金的限制而设置的，而安全库存量则为最小库存量，这意味着物料的消耗不能小于安全库存量。因为物料供应需要一定的时间，不能等到物料的库存量消耗到安全库存量时才补充库存，必须有一个提前期。对于某种物料或产品，由于生产或销售的原因而逐渐减少，当库存量降低到某一预先设置的点时，即开始发出订货单（采购单或加工单）来补充库存。直至库存量降低到安全库存时，发出的订单所定购的物料（产品）刚好到达仓库，补充前一时期的消耗，此订货的数值点即称为订货点，如图 6-2 所示。

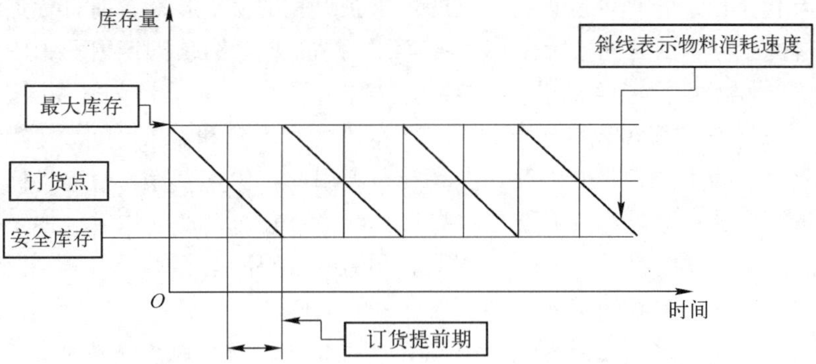

图 6-2　订货点法

（1）基本条件

假设条件：物料消耗相对稳定（均匀）、物料供应比较稳定、物料价格不是太高。

设置：一个最大库存量和一个最小库存量（安全库存）。

（2）重新订货点公式

$$R=L\times U+S$$

式中，R——重新订货点；

L——供应商交付周期（天）；

U——使用率（每天使用或销售的数量）；

S——安全库存水平。

举例说明：假设供应商要花 14 天才能够提供所订购的原料，而每天要使用 10 单位货物，那么在等待供应商完成订单期间需要消耗 140 单位的货物，加上安全库存 16 单位货物，重新订货点为 156。

（3）订货点法的缺点

① 对各种物料的需求是相对独立的。任何产品都是由若干个部件组成，物料需求存在相互依赖关系，但这并不满足它的存在前提。例如，用 10 个零件装配成一件产品，每个零件的供货率都是 90%，而联合供货率却降到 34.8%。一件产品由 20 个、30 个甚至更多个零件组成的情况是常有的。如果这些零件的库存量是根据订货点法分别确定的，那么，要想在总装配时不发生零件短缺，则只能是碰巧遇到。

② 物料需求是连续发生的。企业对物料不是稳定（连续）消耗的，生产计划随市场需求而发生变化。物料消耗存在不稳定性，可能一段时间需求大，要加速生产，大量消耗。假定最终产品是活动扳手，零件是扳手柄，原材料是扳手毛坯。活动扳手不是单件生产的，当工厂接到一批订货时就在仓库中取出一批相应数量的扳手柄投入批量生产。这样一来，扳手柄的库存量就要突然减少，有时会降到订货点以下。这时就要立即下达扳手柄的生产指令，于是又会引起扳手柄毛坯的库存大幅度下降。如果因此引起原材料库存也低于订货点，则对扳手毛坯也要进行采购订货。

③ 库存消耗之后应立即补充。在库存达到或低于订货点就立即订货，以保证一定存货，这是不合理的。这种方法没有考虑需求而定，在需求间断时，必然会造成大量的库存积压。

订货点法的实质是库存补充。发出订单和进行催货是当时库存管理所能做的一切。鉴于订货点法的缺陷，在订货点法的基础上，发展出物料需求计划（MRP），较好地解决了何时订货的问题。

2．基本 MRP——物料需求计划

20 世纪 60 年代中期，管理者认识到真正的需求是订货的交货日期，而订货点法的不足之处是没有按照各种物料真正需用的时间来确定订货日期，往往造成较多的库存积压。IBM 公司约瑟夫·奥列基博士针对制造业物料需求随机性大的特点，提出了物料需求计划（Material Requirements Planning，MRP）方案。该方案可以确定原材料和零部件的需求量和需求时间，排出生产计划，在满足生产的前提下有效均衡生产、降低库存、提高资金利用率、优化库存为管理目标，通过对产品结构的管理，借助计算机的运算能力及系统对客户订单、库存物流、产品构成、加工工时、生产能力的管理，按照产品清单计算物料需求，达到“既降低库存，又不出现物料短缺”的计划方法。后来，计算机技术的进一步发展为方案的实施提供了强有力的支持。

基本 MRP 的目标是控制企业的库存水平，确定产品的生产优先顺序，满足交货期的要求，使生产运行的效率达到最高。其核心是计算物料的需求量和需求时间。在已知主生产计划（Master Production Schedule，MPS）的条件下，根据产品结构以及库存等信息由计算机编制出各个时间段各种物料的生产及采购计划，如图 6-3 所示。

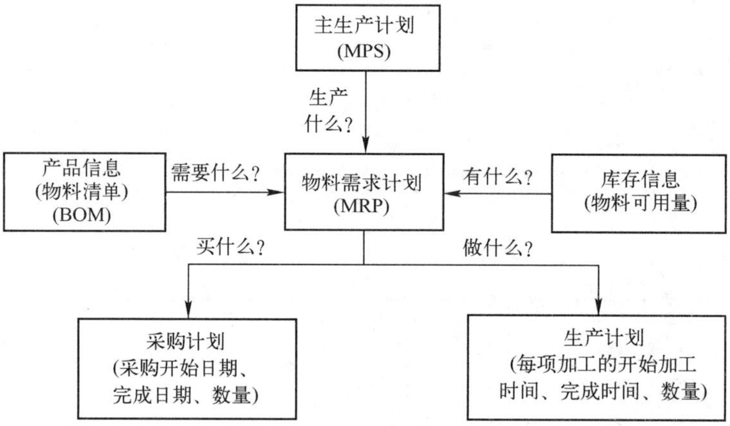

图 6-3　MRP 逻辑流程图

（1）基本 MRP 指标

① 主生产计划。主生产计划是独立需求计划，是企业的经营计划具体化的重要组成部分，如图 6-4 所示。这说明了企业生产什么、生产多少、何时生产的 3 个问题，是企业将要生产产品的品种、数量和时间的具体描述。

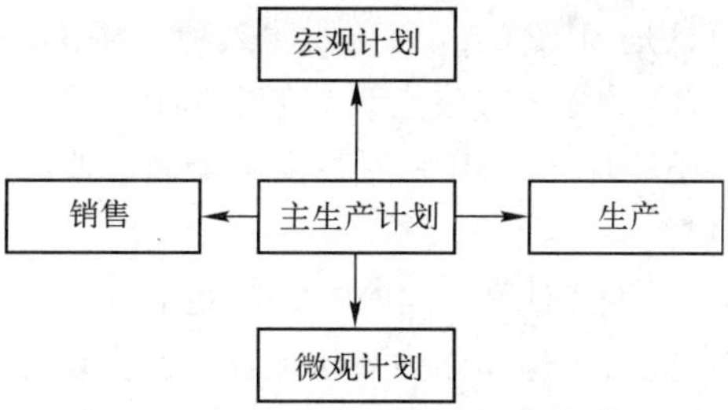

图 6-4 主生产计划

除此之外，主生产计划可以确定每一具体产品（最终产品）在每一具体时间段（周/月/旬）内的生产计划。根据客户合同、市场预测，详细规定生产什么，什么时间段可以产出，是 MRP 的主要输入项，也是展开 MRP 的主要依据和联系销售部门和制造部门的桥梁。

② 物料清单（Bill of Materials，BOM）。BOM 又称产品结构文件，主要解决需要什么的问题。它详细记录一个产品所用到的所有部件、组件、零件、原材料等的组成、装配关系和数量要求，是一个制造企业的核心技术文件。BOM 是由产品结构树所决定，以表现其形式的多样性，并在 MRP 系统中，用二维表形式存储 BOM 文件。图 6-5 所示为眼镜的产品结构树，表 6-1 所示为眼镜产品的 BOM 表。

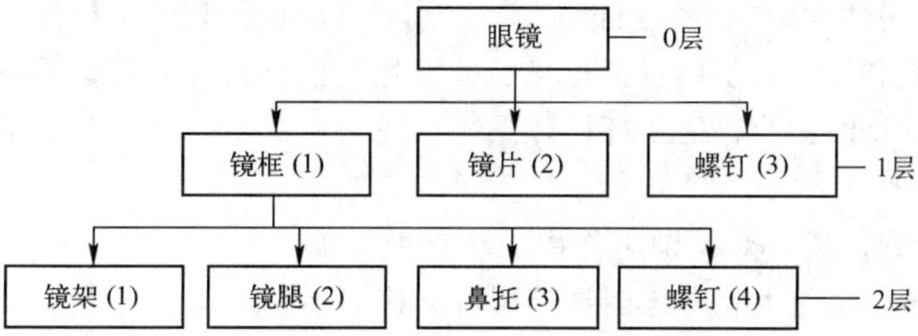

图 6-5 眼镜的产品结构树

表 6-1 眼镜的 BOM 表

层 次	父项编码	子项编码	子项名称	单位用量	单 位	说 明
0	—	J200	眼镜	1	副	
1	J200	100100	镜框	1	副	
1	J200	100200	镜片	2	片	
1	J200	210332	螺钉	2	个	
2	100100	100210	镜架	1	个	
2	100100	100310	镜腿	2	支	
2	100100	100410	鼻托	2	个	
2	100100	210332	螺钉	4	个	

③ 库存记录。库存记录是 MRP 的重要数据，用来解决有什么和有多少的问题。它主要用于说明企业所有产品、零部件、在制品、原材料等的存在状态，包括总需求量、预计到货量、现有数量、净需求量和计划订货量等相关数据。

因此，MPS、BOM、库存信息是 MRP 的 3 个主要输入项。MRP 的处理过程就是读取 MPS 数据，分解 BOM，计算毛需求、静需求，最终生成生产计划和采购计划。通过制造业的通用公式（生产什么、用到什么）- 已有什么 = 还缺什么，MRP 回答了 4 个制造业的主要问题。

（2）基本 MRP 的缺陷

基本 MRP 建立在两个假设上：生产计划是可行的，有足够的人力、设备、资金保证计划的实现；采购计划是可行的,有足够的供货能力和运输能力来保证计划的实现。这直接导致 MRP 存在以下缺陷：

① 没有考虑生产企业现有生产能力和采购有关条件约束。假定已有主生产计划且是可行的，这就意味着在已经考虑了生产能力是可能实现的情况下，有足够的生产设备和人力来保障生产计划的实现。但相反地，生产作业计划可能因没有足够资金、设备和人力而无法完成，物料采购计划也可能因为没有足够的供货能力和运输能力而无法保证物料供应。

② 缺乏根据计划实施情况的反馈信息对计划进行调整控制的功能。假定物料采购计划是可行的，即认为有足够的供货能力和运输能力来保证完成物料采购计划的实现，但计划在执行过程中出现的问题（设备故障、人员问题、运行能力）无法及时反映到控制层。

3. 闭环 MRP

在实际生活中，能力资源和物料资源总是有限的，因而往往出现生产计划无法实现的情况。为保证计划符合实际、适应资源，保证计划的可行性，在基本 MRP 基础上，20 世纪 70 年代形成了闭环 MRP 的基本思想。闭环 MRP 使用运行能力需求计划来验证计划的可行性。在计划执行过程中，取得来自车间、供应商和计划人员的反馈信息，并利用它们进行计划调整平衡。这一系列过程形成了计划—执行—评价—反馈—执行的闭环循环系统，成为一个完整的生产计划与控制系统。

（1）基本概念

① 粗能力需求计划。通过对关键工作中心生产能力和计划生产量的对比，判断主生产计划是否可行。其计划对象为独立需求，主要面向 MPS 计划。

② 能力需求计划（Capacity Requirement Planning，CRP）。CRP 指全部工作中心的负荷平衡，对象为相关需求，面向车间。其运算过程就是计算出人员负荷和设备负荷，进行瓶颈预测，调整生产负荷，做好生产能力与设备负荷的平衡工作。

（2）闭环 MRP 逻辑流程

闭环 MRP 的控制过程包括以下几个环节，如图 6-6 所示。

① 生产能力控制以物料需求计划作为基础，根据计划的物料需求量和生产基本信息，计算设备与人力的需求量、各种设备的负荷量，以便判断生产能力是否足够。若发现能力不足，则进行设备负荷调节和人力补充，若能力无法平衡，则调整产品的生产计划。

② 生产活动控制以调整好的物料需求计划为基础，利用计算机的模拟技术，按照作业优先级的原则，自动地编制各设备或工作中心的作业顺序和作业完成日期。

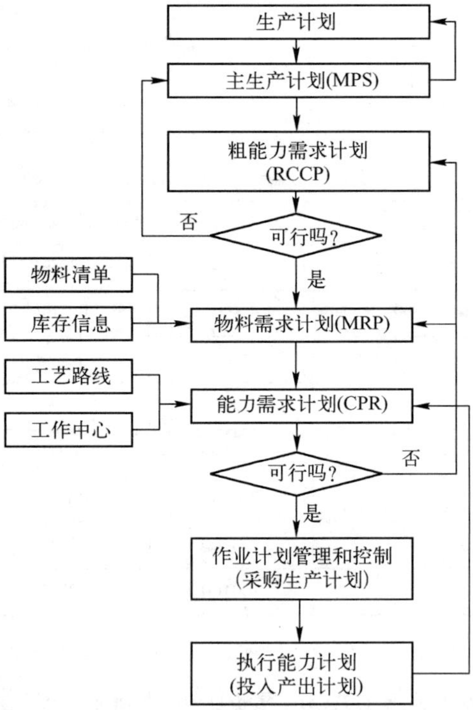

图 6-6　闭环 MRP 逻辑流程图

③ 采购和物料控制以物料需求计划和库存管理策略为基础，编制物料采购计划，并检查该采购计划是否可以实现。

（3）闭环 MRP 缺陷。闭环 MRP 系统的出现，使生产活动方面的子系统得到统一。但其管理仅限于生产中物料的管理，而没有考虑生产过程中所需要的其他资源，如资金信息等。

在企业管理中，生产管理只是其中一方面，它所涉及的是物流，而与物流密切相关的还有资金流。企业的经营状况和效益最终要靠资金流表现出来。这在许多企业中是由财会人员另行管理的，这就造成了数据的重复录入与存储，甚至造成数据的不一致。要实现资金流和物流的统一管理，可将经营、财务与生产管理子系统相结合，形成 ERP 的下一阶段 MRP Ⅱ。

4．MRPⅡ——制造资源计划

针对闭环 MRP 的不足，20 世纪 80 年代，以 MRP 为核心，把生产、财务、销售、工程技术、成本等子系统集成为一个全面的生产管理系统，这就是制造资源计划。

（1）MRPⅡ的基本思想

制造资源计划（Manufacture Resources Planning，MRP Ⅱ）是将企业作为一个有机整体，从整体最优的角度出发，通过运用科学方法对企业各种制造资源和产、供、销、财各个环节有效地进行计划、组织和控制，使其得以协调发展，并充分地发挥作用，从而提高企业的整体效率和效益。它围绕着“在正确的时间制造和销售正确的产品”这样一个中心，将企业的人、财、物进行集中管理，同时运用管理会计的概念，用货币形式说明了执行企业“物料计划”带来的效益，实现物料信息同资金信息集成。因此，无论基本 MRP 还是闭环 MRP，都属于企业局部管理，而 MRPⅡ已是面向企业整体管理的企业级管理信息系统。

（2）MRPⅡ系统的逻辑流程

MRPⅡ系统的逻辑流程如图 6-7 所示。

① 计划与控制的流程。它包括了决策层、计划层和控制执行层，可以理解为经营计划管理的流程；中间是基础数据，要存储在计算机系统的数据库中，并且反复调用。这些数据信息的集成，把企业各个部门的业务沟通起来，可以理解为计算机数据库系统；左侧是主要的财务系统，这里只列出应收账、总账和应付账。各个连线表明信息的流向及相互之间的集成关系。

② 经营计划。企业最高层决策者根据市场调查和需求分析、国家政策、企业资源能力、竞争对手等信息，制定企业的中长期发展规划为 2~7 年，并考虑企业产品的品种、市场份额、年销售额、年利润率等。

③ MRPⅡ可以根据市场需求的变化，结合企业内部资源，利用系统的模拟功能，来编制合理的计划，以使企业的人、财、物等形成最佳组合，提高企业的投入产出率。

④ 成本会计和财务功能。可以由生产活动直接产生财务数据，把实物形态的物料流动直接转换为价值形态的资金流动，保证生产和财务数据一致。财务部门及时得到资金信息用于控制成本，通过资金流动状况反映物料和经营情况，随时分析企业的经济效益，参与决策，指导和控制经营和生产活动。

例如，企业采购了 200 万元原材料，如果不及时告诉财务部门，财务部门不了解企业实际的财务状况和经营效益，就无法有效地指导和控制生产经营活动。

（3）MRPⅡ的特点

① 系统整合性。把企业中各子系统有机结合起来，组成全面生产管理的集成优化管理系统，其中生产和财务系统的关系尤为密切。

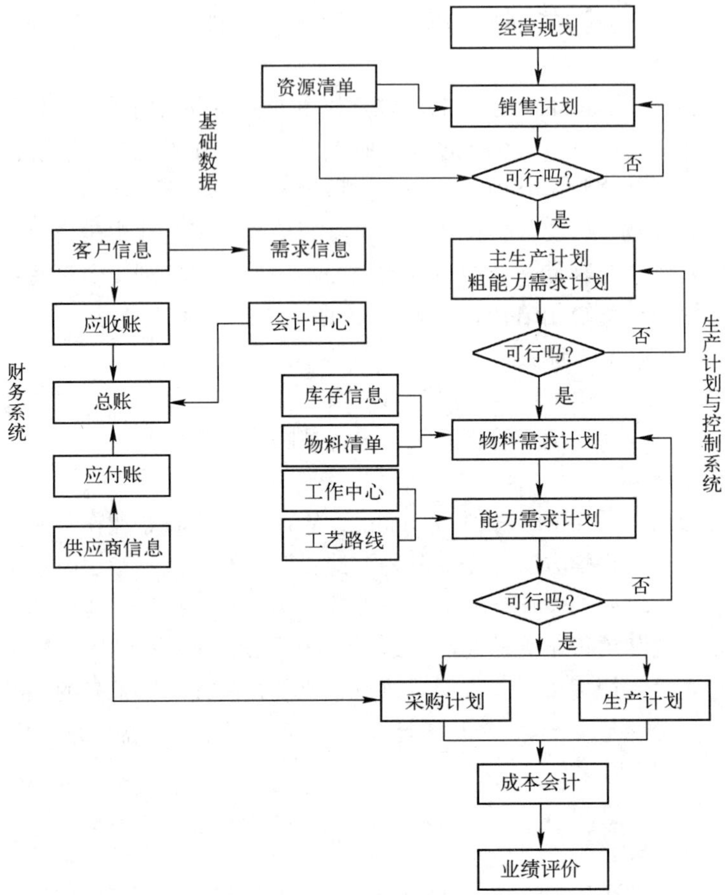

图 6-7　MRPⅡ系统的逻辑流程

② 数据共享性。所有数据来源于中央数据库，实现数据共享，保证数据一致性。

③ 模拟性。具有模拟功能，根据不同决策模拟各种未来将会发生的结果。

它可以解决“如果怎样，将会怎样”的问题，可以预见在相当长的时间内可能发生的问题，如模拟将来物料需求而提出任何物料短缺的警告；模拟生产能力需求，发出能力不足的警告；提高原 MRP 系统的应用效果，是企业高层管理机构的决策工具；使管理人员从忙碌的事务堆中解脱出来。

④ 物流和资金流的统一。包含成本会计和财务功能。

（4）MRPⅡ缺陷

① MRPⅡ对需求与能力的变更，特别是计划期内的变动适应性差，需要较大的库存量来吸收需求与能力的波动。

② 单靠“计划推动”式的管理难以适应，大量企业并未从 MRPⅡ获得预期的效益。

③ MRPⅡ系统已不能满足企业多元化（多行业）、跨地区、多供应和销售渠道的全球化经营管理模式的要求。

④ 企业间竞争范围扩大，要求企业在各方面加强管理，即时通信（Instant Messaging，IM）范畴要求扩大到整个企业资源集成管理而不是仅对制造资源集成管理。

5. ERP——企业资源计划

一般来说，企业资源计划（Enterprise Resources Planning，ERP）是在 MRPⅡ基础上发展起来的，建立在 IT 基础上，利用现代企业的先进管理思想，全面地集成企业的所有资源信息，并为企业提供决策、计划、控制和经营业绩评估的全方位和系统化的管理平台。进入 ERP 阶段后，以计算机为核心的企业级的管理系统更为成熟，系统增加了包括财务预测、生产能力、调整资源调度等方面的功能。配合企业实现准时生产（Just In Time，JIT）管理全面、质量管理和生产资源调度管理及辅助决策的功能，成为企业进行生产管理及决策的平台工具。

ERP 的基本思想可以从管理思想、软件产品、管理系统 3 个层次理解，如图 6-8 所示。

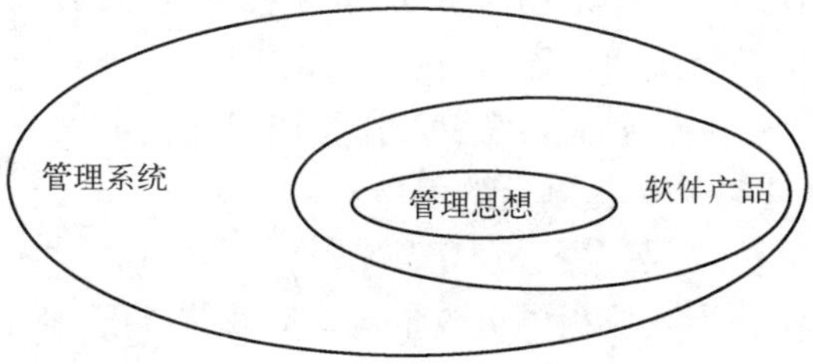

图 6-8　ERP 的概念层次

从管理思想角度，ERP 是由 Garter Group 提出的一整套企业管理系统体系标准。

从软件产品角度，ERP 是综合各种先进计算机技术，以 ERP 管理思想为灵魂的软件产品。

从管理系统角度，ERP 是整合企业管理理念、业务流程、基础数据、人力物力、计算机软硬件于一体的企业资源管理系统。

进入 ERP 阶段后，以计算机为核心的企业级的管理系统更为成熟，系统增加了包括财务预测、生产能力、调整资源调度等方面的功能，配合企业实现 JIT 全面管理、质量管理和生产资源调度管理以及辅助决策功能，成为企业进行管理及决策的平台。

6.1.3　MRP、闭环 MRP、MRPⅡ和 ERP 之间的关系

如图 6-9 所示，MRP 和闭环 MRP 的计算过程是一样的，只是闭环 MRP 在生产物料需求计划后，还会依据生产工艺推算出生产这些物料所需的生产能力。然后与现有的生产能力进行对比，检查该计划的可行性。若不可行则返回修改物料需求计划或主生产计划，直至达到满意。而 MRPⅡ融入了财务会计信息，实现了物料信息同资金信息的集成。ERP 则是在 MRPⅡ的基础上扩展了管理范围，它把客户需求和企业内部的制造活动以及供应商的制造资源整合在一起，形成了面向企业的完整的供应链并对供应链的所有环节进行有效管理。所以，MRP 是 ERP 的核心功能，MRPⅡ是 ERP 的重要组成，而 ERP 是 MRPⅡ的功能和行业的扩展。

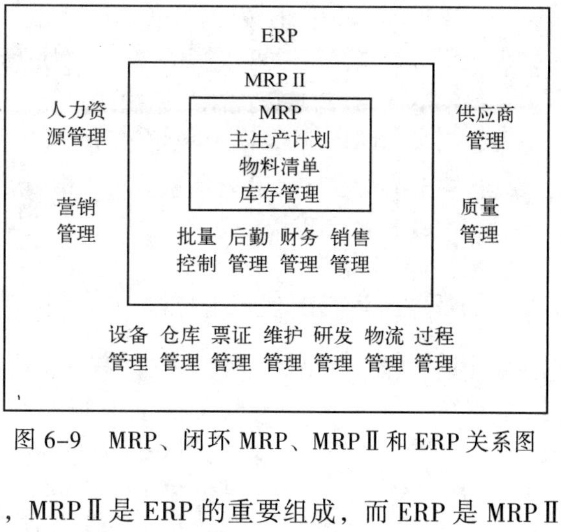

图 6-9　MRP、闭环 MRP、MRPⅡ和 ERP 关系图

6.1.4 ERP 系统的管理思想

企业资源计划的核心管理思想就是实现对整个供应链和价值链的有效管理，主要体现在以下几方面：

1. 体现对企业信息集成管理的思想

为了提高企业在市场中的竞争优势，企业除了依靠自己的资源外，还必须把经营过程中的有关各方（如供应商、制造商、分销商、客户等）信息集成起来，这样才能有效地安排企业的产、供、销活动，满足企业利用内外部资源快速、高效地进行生产经营的需求。企业资源计划系统把客户需求和供应商的制造资源与企业内部制造活动整合在一起，强调有效管理供应链上各个环节，利用计算机网络通信技术在整条供应链上传递信息，对同一需求做出快速反应，实现资源的计划、协调、操作、控制和优化，从而降低库存、运输等经营费用，快速低成本，响应客户的需求。

2. 体现精益生产、同步工程和敏捷制造的思想

企业资源计划通过在线分析处理、售后服务及质量反馈，可将设计、制造、销售、运输等集成起来，并行处理各种相关作业，为企业提供对质量、适应变化、客户满意、绩效等关键问题的实时分析能力。

精益生产是麻省理工学院专家对日本“丰田 JIT（Just In Time）生产方式”的赞誉。精，即少而精，不投入多余的生产要素，只是在适当的时间生产必要数量的市场急需产品（或下道工序急需的产品）；而益，即所有经营活动都要有益有效，具有经济性。精益生产是当前工业界最佳的一种生产组织体系和方式，它旨在消除一切浪费，追求精益求精和不断改善。

敏捷制造指的是当市场发生变化，企业遇有特定的市场和产品需求时，企业的基本合作伙伴不一定能满足新产品开发生产的要求。这时，企业会组织一个由特定的供应商和销售渠道组成的短期或一次性供应链，形成“虚拟工厂”，把供应和协作单位看成是企业的一个组成部分，运用“同步工程（SE）”组织生产，用最短的时间将新产品打入市场，时刻保持产品的高质量、多样化和灵活性，这就是“敏捷制造”的核心思想。

在 MRPⅡ中，许多经典的 MRPⅡ功能变得更加灵活。例如，作业流程将和能力计划、进程管理集成起来，以增加 MRPⅡ的实时特征，减少作业批量和转换时间；物料清单配方管理系统将按成组技术的思想组合，当缺料时可以简便地进行制造等。

3. 体现事先计划与事中控制的思想

制造资源计划的控制是事后控制，而 ERP 为企业的计划和决策提供多种模拟功能和财务决策支持，实现事中和事前控制。其财务系统可以即时获取各业务过程、分析系统的触发信息，实现对整个业务过程的动态监控。

6.1.5 ERP 系统的主要功能模块

企业中，管理主要包括三方面的内容：生产控制（计划、制造）、物流管理（分销、采购、库存管理）和财务管理（会计，财务管理），除此以外还有人力资源管理。由此，ERP 也由相应的四部分组成。

1. 生产控制

这部分是 ERP 系统的核心所在，它将企业的整个生产过程有机地结合在一起，使得企业能够有效地降低库存，提高效率。同时各个原本分散的生产流程自动连接前后贯穿地运行，不会出现脱节、耽误生产交货时间的情况。

① 主生产计划。主生产计划是根据生产计划、预测和客户订单的输入来安排将来各周期中提供的产品种类和数量，是将生产计划转为产品计划，在平衡了物料和能力的需要后，精确到时间、数量的详细的进度计划。主生产计划是企业在一段时期内总活动的安排，是一个稳定的计划，是以生产计划、实际订单和对历史销售分析得来的预测产生计划。

② 物料需求计划。在主生产计划决定生产多少最终产品后，再根据物料清单把整个企业要生产的产品的数量转变为所需生产零部件的数量，并对照现有的库存量，可得到还需采购多少、生产多少、加工多少的最终数量。这是整个部门真正依照的计划。

③ 能力需求计划。能力需求计划是在得出初步的物料需求计划之后，将所有工作中心的总工作负荷在与工作中心的能力平衡后产生的详细工作计划，用以确定生成的物料需求计划是否是企业生产能力上可行的需求计划。能力需求计划是一种短期的、当前实际应用的计划。

④ 车间控制。车间控制是随时间变化的动态作业计划，是将作业排序，再进行作业分配到具体各个车间、作业管理、作业监控。

⑤ 制造标准。在编制计划中需要许多基本生产信息，这些基本信息就是制造标准，包括零件、产品结构、工序和工作中心，都用唯一的代码在计算机中识别。

其中，零件代码是对物料资源的管理，对每种物料给予唯一的代码识别；物料清单用来定义和编制产品结构以及各种计划的技术文件；工序是描述加工步骤及制造和装配产品的操作顺序，它包含加工工序顺序，指明各道工序的加工设备及所需要的额定工时和工资等级等；而工作中心由使用相同或相似工序的设备和劳动力组成，是从事生产进度安排、核算能力、计算成本的基本单位。

⑥ 质量管理。质量管理模块不仅对生产过程中的质量进行管理，在采购过程中也需要对供应商的货物进行质量检验，在生产过程完工后还要对生产的产品进行质量控制。质量管理中的批次管理通过对批次或成品批的系统管理和跟踪，可以精确地计划和控制产品质量，批次跟踪功能还使企业能按照客户的技术条件分配最合适的批次。

2．物流管理

① 分销管理。销售的管理是从产品的销售计划开始，对其销售产品、销售地区、销售客户各种信息的管理和统计，并可对销售数量、单价、金额、利润、绩效、客户服务做出全面的分析，这样在分销管理模块中大致有三方面的功能。

首先，分销管理模块可实现对于客户信息的管理和服务。它能建立一个客户信息档案，对其进行分类管理，进而对其进行针对性的客户服务，以达到最高效率地保留老客户、争取新客户。在此，要特别提到的就是最近新出现的 CRM 软件，即客户关系管理，ERP 与它的结合必将大幅增加企业的效益。

其次，分销管理模块可实现对于销售订单的管理。销售订单是 ERP 的入口，所有的生产计划都是根据它下达并进行安排的。而销售订单的管理贯穿了产品生产的整个流程，它包括：客户信用审核及查询（客户信用分级来审核订单交易）、产品库存查询（决定是否要延期交货、分批发货或用代用品发货等）、产品报价（为客户作不同产品的报价）、订单输入、变更及跟踪（订单输入后变更的修正，及订单的跟踪分析）和交货期的确认及交货处理（决定交货期和发货事务安排）。

最后，分销管理模块可实现对于销售的统计与分析。这时系统根据销售订单的完成情况，依据各种指标做出统计，如客户分类统计、销售代理分类统计等，再就这些统计结果来对企业实际销售效果进行评价。销售统计（根据销售形式、产品、代理商、地区、销售人员、数量、单价、金额来分别进行统计）、销售分析（包括对比目标、同期比较和订货发货分析，从数量、单价、金额、利润及绩效等方面做相应的分析）和客户服务、客户投诉记录（如产品的质量、交货是否准时及服务的态度）原因分析均属于分销管理模块。

② 库存控制。库存控制用来控制存储物料的数量，以保证稳定的物流支持正常的生产，但又最小限度地占用资本。它是一种相关的、动态的、真实的库存控制系统。它能够结合、满足相关部门的需求，随时间变化动态地调整库存，精确地反映库存现状。

这一系统的功能又涉及：为所有的物料建立库存，决定何时订货采购，同时作为交与采购部门采购、生产部门作生产计划的依据；收到订购的物料，经过质量检验入库，生产的产品也同样要经过检验入库以及收发料的日常业务处理工作记录。

③ 采购管理。采购管理通过合理的订货量、优秀的供应商和保持最佳的安全储备，能够随时提供定购、验收的信息，跟踪和催促对外购或委外加工的物料，保证货物及时到达。

建立供应商的档案，用最新的成本信息来调整库存的成本。具体有：供应商信息查询（查询供应商的能力、信誉等）、催货（外购或委外加工的物料进行跟催）、采购与委外加工统计（进度跟踪统计、建立档案，计算成本）以及价格分析（对原材料价格分析、调整库存成本）。

3．财务管理

① 应收、应付账管理。应收账管理模块的功能包括发票管理、客户管理、付账管理、账龄分析等功能。它和客户订单、发票处理业务相联系，同时将各项事件自动生成记账凭证，倒入总账；应付账管理模块的功能包括发票管理、供应商管理、支票管理、账龄分析等。它能够和采购模块库存模块完全集成以替代过去烦琐的手工操作。

② 固定资产管理。固定资产管理模块的主要功能有：基础数据维护、资产折旧管理、资产增减管理、资产维修管理、资产租赁管理。

③ 成本核算。成本是企业经营过程中为达到经营目的所发生的对象化的资金耗费价值的货币表现。主要功能包括标准成本制定、成本费用归依、成本计算等。

④ 财务管理。财务管理的功能主要是基于会计核算的数据再加以分析，从而进行相应的预测、管理、控制活动。它侧重于财务计划、控制、分析和预测。

4．人力资源管理

① 组织管理。组织管理模块包括组织结构管理、员工计划与工作描述、人事成本计划。组织结构管理是战略性的人力资源管理模块，它具备帮助企业重组、管理转型和再造功能，并能提供准确的组织结构图，使人事主管利用组织管理系统创建全新的组织结构；员工计划与工作描述模块可为每个员工制定职务模型，包括职位要求、升迁路径和培训计划。人事成本计划是有关人事活动最终的系统性、前瞻性计划，它为企业的发展预算提供了有力的数据支持。

② 人事管理。人事管理模块包括招聘管理、出差管理和福利管理。人才是企业最重要的资源，优秀的人才才能保证企业持久的竞争力。

招聘系统一般从以下几方面提供支持：进行招聘过程的管理，优化招聘过程，减少业务工作量；对招聘的成本进行科学管理，从而降低招聘成本；为选择聘用人员的岗位提供辅助信息，并有效地帮助企业进行人才资源的挖掘。系统能够自动控制从差旅申请、差旅批准到差旅费报销整个流程，并且通过集成环境将核算数据导入财务成本核算模块中。

③ 工资核算与薪资管理。工资核算与薪资管理包括工资总/净核算、工资处理、薪资管理。能

根据公司跨地区、跨部门、跨工种的不同薪资结构及处理流程制定与之相适应的薪资核算方法。薪资管理与时间管理直接集成，能够及时更新，对员工的薪资核算动态化。同时，薪资管理还具有回算功能，可通过和其他模块的集成，自动根据要求调整薪资结构及数据。

④ 工时管理。工时管理包括班次计划、工时记录管理和考勤管理。其中，班次计划根据企业的要求和员工的出勤情况来计划班次情况；工时记录管理可以追踪总工作时数，以满足工作分析、休假管理和工作分担等业务的需要；考勤管理可以根据企业的当地日历，灵活安排运行时间和作息时间表。

⑤ 人力资源管理的新内容。人力资源管理的新内容包括工作流管理、Internet/Intranet 方案和员工自助服务。其中，业务工作流为人力资源管理提供了新的工作方式，在合适的时间自动把任务分配给合适的员工；Internet/Intranet 方案给人力资源管理带来了新的挑战与机遇；员工自助服务使员工能够查看和更新个人数据，帮助企业提高信息的质量。

6.2　客户关系管理

交付迟缓、服务响应速度缓慢、销售额和利润不断下滑、客户满意度下降……这说明信息系统将面临一个又一个的挑战。所有这些意味着需要一个能立刻与现有所有业务流程相集成的解决方案，其具备的强大功能可快速与企业的整个信息系统相链接，这就是 CRM（Customer Relationship Management，客户关系管理），CRM 从最初的市场营销到后续的销售服务和支持，提供开放式、个性化用户友好的界面，基于角色的企业门户，准确高效地帮助企业增加销售额、提高获利能力、树立市场领导地位，使客户、员工和股东各方均满意。

6.2.1　客户关系管理的产生

客户关系管理的产生主要由三方面导致，如图 6-10 所示。

1．需求的拉动

面对日益竞争激烈的市场，企业在信息化方面做了很多工作，取得了很好的经济效益。20 世纪 80 年代中期开始的业务流程重组（BRP）和 ERP 建设实现了对制造、库存、财务、物流等环节的流程优化和自动化，但销售、营销和服务领域的问题却没有得到相应的重视（ERP 软件帮助企业优化了内部的管理流程和其他内部资源，那么 CRM 的出现则使企业的外部资源主要是客户资源得以合理利用）。很多企业的销售、营销和服务部门的信息化程度不高，不能适应业务发展的需要。

2．管理理念的更新

管理理念的更新经历了从以生产为中心、以销售为中心、以成本为中心到以客户为中心的 4 个逐步演化阶段，如图 6-11 所示。

① 以生产为中。20 世纪 20 年代，需求巨大而供给不足，生产出东西就畅销，谁的生产能力强谁就是市场老大。企业关注的焦点更多的是如何提高生产效率、扩大生产规模、降低生产成本。于是，市场产品数据越来越多，竞争越来越激烈，出现了销售中心论。

② 以销售为中心。产品是被“卖”出去的，而不是被“买”走的。企业关注的焦点转换为各种销售技巧，千方百计地将产品“推销”给客户。为了提高销售额，对内采取严格的质量管理，对外强化推销，竞争的结果是产品质量高，但成本很高，销售费用很高，因此虽然销售额很高，但利润

很低。于是销售中心论的修正版出现，企业管理的目标放在了以利润为中心的成本管理上。

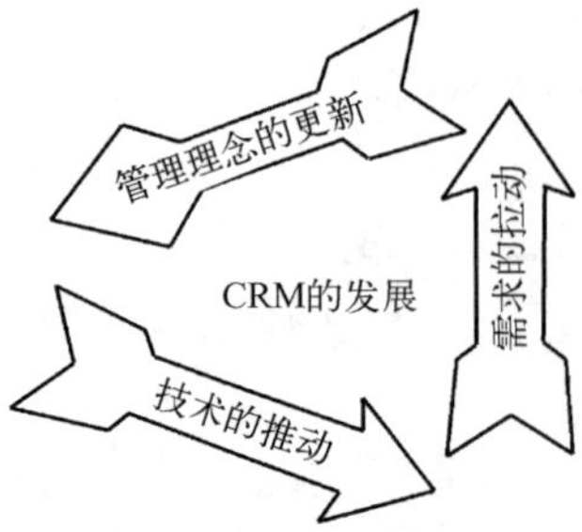

图 6-10 CRM 产生的原因

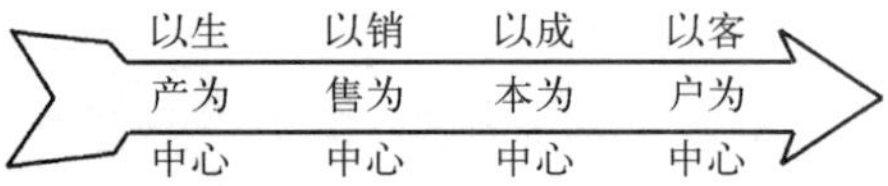

图 6-11 管理理念的更新

③ 以成本为中心。由于企业的成本是不可能被无限压缩的，在保证一定产品质量前提下成本已经到了极限，再压缩必然影响产品质量或给客户提供的价值。于是，顾客的地位被提高到前所未有的高度。

④ 以客户为中心。随着市场经济的深入发展，企业对市场和客户的依赖已经逐步提高到关乎企业生存的高度，谁能把握住市场的脉搏，满足客户对产品的需求，谁就能赢得市场、赢得客户，企业才能生存、发展、壮大。企业以客户为本，一个企业如果丧失了客户，它就丧失了一切。更重要的是，企业必须拥有长期稳定的客户源。对比一些大型企业的企业文化，诺基亚的“以人为本”、东软的“软件创造客户价值”、小天鹅的“全心全意每一天”等都体现了当今客户关系管理从“客户得到的就是他们所想要的”到“客户得到他们所想要的”的演变。

3. 技术的推动

如果一个企业管理水平低下，员工意识落后，信息化水平低，是很难实现客户关系管理的。因此，技术的推动直接制约着客户关系管理的管理机制。

① 办公自动化程度、员工计算机应用能力、企业信息化水平、企业管理水平的提高都有利于 CRM 的实现。

② 电子商务（EC）在全球范围内正开展得如火如荼，正在改变着企业营销方式。

③ 客户信息是 CRM 的基础。数据库、商业智能、知识发现等技术发展，使得收集、整理、加工和利用客户信息的质量大幅提高。

6.2.2 客户关系管理概述

1. 客户关系管理概念

CRM 借助先进 IT 和管理思想，整合客户信息资源，并在企业内部实现客户信息和资源的共享，为客户提供更经济、快捷、周到的产品和服务，提高客户价值、满意度、赢利能力以及客户的忠诚度，保持和吸引更多的客户，最终实现企业利润的最大化。CRM 与企业资源规划（ERP）、供应链管理（SCM）一起，是企业提高竞争力的三大法宝。CRM 不只是一个软件，管理思想是 CRM 的灵魂，是企业的衣食父母。

2. 客户关系管理内涵

整体上讲，CRM 是一个“以客户为中心”的商务战略，它包含了三层内涵：

① 从管理理念上看，CRM 是一种将客户资源转化为企业收益的管理方法，是一种新颖的管理机制和先进的管理思想。它加强了企业与客户间的联系，使企业在营销、销售、服务与支持各方面形成协调的关系。

② 从技术层面上看，CRM 是基于信息技术，有效整合企业资源、流程，建立面向客户业务和流程的信息系统。它通过前端以客户为中心的工作流和后端客户智能的整合，为提升客户价值提供了一个信息支撑平台。

③ 从客户层面上看，CRM 使企业低成本、高效率地满足客户的需求，并与客户建立基于学习型关系的一对一营销模式，最大限度地提高客户的满意度及忠诚度。

因此，客户关系管理首先是种管理思想，其次是套 IT 系统，是用来帮助企业盈利的工具。

3．客户关系管理目标

客户关系管理的目标是企业成功实施 CRM 获得效益。它主要从三方面体现，如图 6-12 所示。

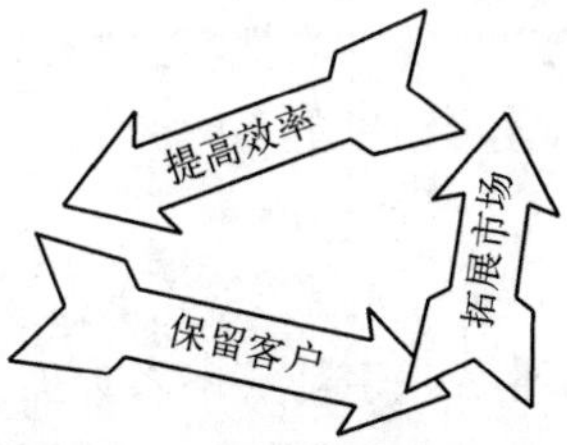

图 6-12　客户关系管理的目标

① 提高效率。采用信息技术可以提高业务处理流程的自动化程度，实现企业范围内的信息共享，提高员工的工作能力，并有效减少了培训需求，使企业内部能够更有效地运转。

② 拓展市场。通过新的业务模式（电话、网络）扩大企业经营范围，及时把握新的市场机会，占领更多的市场份额。

③ 保留客户。客户可以选择自己喜欢的方式，同企业进行交流，方便地获取信息，得到更好的服务，客户的满意度得到提高，就可以帮助企业保留更多的老客户，并吸引新客户。

6.2.3　CRM 系统功能

CRM 系统功能主要包括：销售自动化、营销自动化、服务自动化、呼叫中心、商务智能、营销管理和电子商务，如图 6-13 所示。

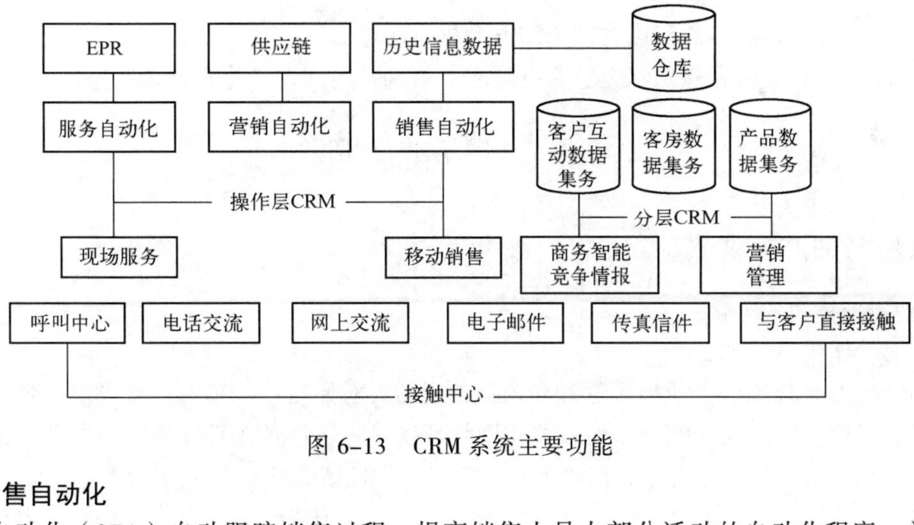

图 6-13　CRM 系统主要功能

1．销售自动化

销售自动化（SFA）自动跟踪销售过程，提高销售人员大部分活动的自动化程度，并向销售人员提供工具，提高其工作效率。

2．营销管理

营销管理不局限于提供员工活动的自动化程度，其目标是为营销及其相关活动的设计、执行和评估提供详细的框架。

3. 客户服务管理

客户服务管理主要通过呼叫中心和互联网实现客户服务与支持，并和销售、营销功能结合起来，为企业提供更多商机，向已有的客户销售更多产品。

很多时候，客户的保持和提高客户利润贡献度依赖于优质的服务，客户只要轻点鼠标或一个电话就可以转向竞争者，因此客户服务良好的支持对很多公司是极为重要的。在 CRM 中，客户服务和支持主要是通过呼叫中心和互联网实现的。在满足客户的个性化要求方面，其速度、准确性和效率都令人满意，CRM 系统中的强有力的数据使得通过多种渠道（如互联网、呼叫中心）的纵横进行销售变得可能，当把客户服务与销售、营销比较好地结合起来时，就能为企业提供很多好机会，向已有的客户销售更多的产品。

4. 呼叫中心

呼叫中心是 CRM 的重要内容，是 CRM 的门面。它使销售与服务功能集成为一个单独应用，使一般业务代表能够向客户提供实时的销售和服务支持。

5. 商务智能

商务智能将收集的客户数据、交易信息、竞争对手信息等进行加工处理，挖掘潜在客户和商业机会，提供定量和定性的及时分析，将分析结果反馈给其他部门和管理层，并作为决策的依据。

6. 电子商务

电子商务的主要作用是将企业业务扩展到互联网上。它可细分为以下 4 种形式：

① 电子商店。此部件使得企业能建立和维护基于互联网的店面，从而在网络上销售产品和服务。

② 电子营销。与电子商店相结合，使企业能够创建个性化的促销和产品建议，并通过 Web 向客户发出。

③ 电子货币和支付。客户可以在网上浏览和支付账单。

④ 电子支持。允许顾客提出和浏览服务请求、查询常见问题、检查订单状态。

6.3 供应链管理

6.3.1 供应链的产生背景

1. 企业管理模式的转变

（1）纵向一体化

20 世纪 90 年代以前，企业出于管理和控制的目的，对原材料、零部件或半成品供货商一直采取投资自建、投资控股或兼并的“纵向一体化”管理模式。这种企业管理模式一方面使得企业难以集中资源优势和技术优势，在相对擅长的领域建立和强化自己的核心竞争力；另一方面，“纵向一体化”企业在投入全部资源、建立自己产业价值链的同时，由于规模庞大，机构臃肿，也逐渐丧失了其适应市场的快速反应能力。这不仅迫使企业承担丧失市场时机的风险，直接增加企业投资负担，而且增大企业的行业风险，使企业在每个业务领域都直接面临众多竞争对手，迫使企业从事不擅长的业务活动。

（2）供应链思想

20 世纪 90 年代以来，鉴于纵向一体化的缺陷，企业管理模式逐渐从“纵向一体化”向“横向一体化”转化；从“大而全、小而全”向“分散网络化制造”转化；从“封闭式”向“开放式”的设计、开发与生产转化，这就是供应链思想。通过和业务伙伴结成战略联盟占据竞争中的主动地位，将非核心业务外包出去，自己集中资源发展核心能力。

2. 信息技术的推动

信息技术可以将上下游的合作企业紧密地连接起来，使企业间的信息传递路线与产品的物理运动路线相一致，各个企业能够共享链上的信息，有效协调各自的行为；信息技术也为企业之间合作、实施并行工程提供了强有力的技术支持，使企业间合作的广度和深度都大大加强；信息技术的应用范围涉及整个供应链企业的经济活动，直接影响供应链企业间供应、生产、库存、销售中任何一环的响应速度、成本和效益。

6.3.2　供应链管理概述

1. 供应链管理模式的产生

“纵向一体化”管理模式的种种弊端和“横向一体化”思想兴起，形成了一条从供应商到制造商再到分销商的贯穿所有企业的“链”，即供应链。链上结点企业必须达到同步、协调运行，才可能使链上所有企业都能受益，供应链管理（Supply Chain Management，SCM）的原理如图 6-14 所示。企业重点着手关键零部件的制造，甚至全部委托给其他企业加工。例如，福特汽车公司实现供应链管理模式，Festiva 系列车的款式由美国人设计，马自达系列发动机在日本生产，而其他零件和装配则委托给韩国的企业制造，最后再在美国市场上销售。制造商把零部件生产和整车装配都放在了企业外部，这样做的目的是利用其他企业的资源促使产品快速生产，避免自己投资带来的生产周期长等问题，赢得产品在低成本、高质量、早上市等诸方面的竞争优势。

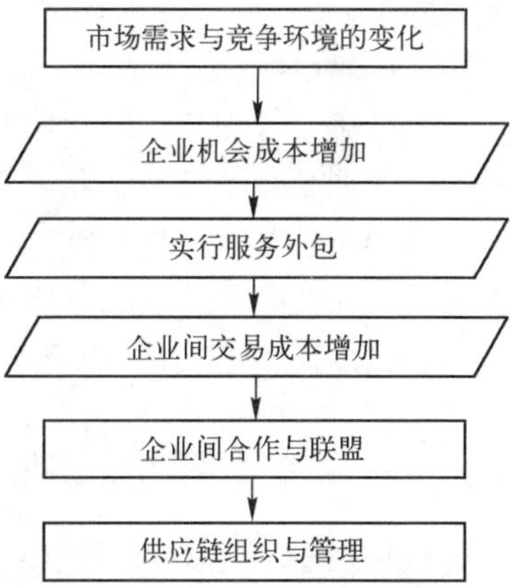

图 6-14　供应链管理的原理

2. 供应链的概念

供应链是围绕核心企业，通过对物流、资金流和信息流的控制，在产品生产和流通过程中将所涉及的原材料供应商、制造商、分销商、零售商直到最终消费者连成一个整体的供需网链结构模型。

供应链是由价值链发展而来的，从价值链中可以看出任何组织均由基本活动和辅助活动组成。每一个企业都是这样的一个价值链，但是一个企业的产品又成为另一个企业的原料，这样不同的价值链通过供需关系联系起来构成一个网络，或更高层次的价值链，即供应链。在这个链中，每个企业既是链中某个对象的顾客又是另一个对象的供应者。供应链管理的目标就是把这个供需的网络组织好，让这个有机组织比它的竞争对手更高效，企业间的竞争上升为供应链与供应链之间的竞争。供应链的特征如下：

① 复杂性：供应链结构模式比一般单个企业的结构模式更为复杂。

② 动态性：因企业战略和适应市场需求变化的需要，其中的结点企业需要动态更新。

③ 面向用户需求：供应链的形成、存在、重构，都是基于一定的市场需求而发生。

④ 交叉性：结点企业可以是这个供应链的成员，同时又是另一个供应链的成员，众多的供应链形成交叉结构。

3．供应链管理的概念和特征

（1）供应链管理的概念

1982 年，凯思·奥立夫（Keith R. Oliver）和麦考尔·威波尔（Michael D. Webber）在《观察》杂志上发表了《供应链管理：物流的更新战略》，首次提出“供应链管理”的说法。供应链管理的出现源于对物流管理的研究。从这个意义上讲，供应链管理是物流管理的发展和延续。尤其是现代物流一体化的提出，更使得物流管理和供应链管理的研究领域和研究方法类同。

供应链管理是通过前馈的信息流和反馈的物流及信息流，将供应商、制造商、分销商、零售商，直到最终用户连成一个整体的模式。它借助于信息技术的支持，追求整个供应链的总成本最低，强调一种集成的管理思想和方法，使供应链上的各个结点有机结合，实现供应链整体效率最高。

（2）供应链管理的特征

① 供应链管理把所有结点企业看作是一个整体，实现全过程的战略管理。

② 供应链管理是一种基于流程的集成化管理模式。

③ 供应链提出了全新的库存观，强调供应链中贸易伙伴之间的密切合作，致力于总体库存的大幅度降低。

④ 应用现代信息技术和通信技术，遵从共同的标准和规范。

（3）供应链管理与传统管理的区别

传统管理是基于单一企业的管理，虽然也和其他企业相互联系，但是与相关企业的关系是竞争管理，即“输赢”，而供应链管理强调的是链上的所有结点企业的“双赢”，以提高整个供应链的效益为目的。除此之外，供应链管理更加注重客户需求，坚持客户第一原则，其管理理念基于供应链中的“不确定性”，相对传统管理更为复杂。

6.3.3 供应链管理的框架

1．供应链管理的基本框架

（1）两个支撑体系

① 现代信息技术。信息共享是实现供应链管理的基础，供应链的协调运行建立在各个结点企业高质量的信息传递与共享的基础之上。为了达到与外部供应链的集成，企业必须采用适当的信息技术为企业内部的信息系统提供与外部供应链结点企业的很好的接口，达到信息共享和信息交互，以及相互操作的一致性。

② 战略伙伴关系。通过建立良好的战略伙伴关系，企业就可以很好地与用户、供应商和服务提供商实现集成和合作，共同在预测、产品设计、生产、运输计划和竞争策略等方面设计和控制整个供应链的运作。

（2）五大职能

① 采购管理。供应链管理的采购管理与 ERP 中的采购管理不同，它是由交易关系转变为合作关系，由为了避免缺料的采购转变为满足订货的采购，由被动供应转变为主动供应，由制造商管理库存转变为供应商管理库存。SCM 系统追求的是零库存管理。

② 库存管理。供应链管理的库存管理与 ERP 中的库存管理不同，如何加速物料流动、减少库存积压、加强物流的批次跟踪，严格物料的失效期管理是 SCM 中库存管理的重点，是一套完整的库存管理解决方案。

③ 销售管理。供应链管理与 ERP 中的销售管理不同，它是由推式市场模式转变为拉式市场模式，由以制造商为中心转变为以客户为中心，由等待型销售方式转变为创造型销售方式。

④ 高级计划排程（Advanced Planning and Scheduling，APS）。高级计划排程是供应链管理的重要组成部分，包括综合预测、供应链计划、需求计划、制造计划和排程、供应链智能等功能。供应链管理需要 ERP 的集成数据来进行供应链的分析，以便提供决策。而 ERP 也需要 APS 的优化功能进一步提升管理水平。

⑤ 物流。合作性与协调性是供应链管理的一个重要特点，但如果没有物流系统的无缝连接，运输的货物逾期未到，顾客的需要不能得到及时满足，采购的物资经常在途中受阻，都会使供应链的合作性大打折扣，因此，无缝连接的供应链物流系统是使供应链获得协调运作的前提条件。

2. 沃尔玛供应链管理

沃尔玛的供应链管理主要由四部分组成：

① 顾客需求管理。零售业是直接与最终消费者打交道的行业，顾客决定一切。因此，沃尔玛的基本理念是“让顾客满意”“天天平价”“无条件退货”“高品质服务”。

沃尔玛每周进行顾客期望和反映调查，根据管理信息系统收集的信息及直接调查收集的顾客期望即时更新商品组合，组织采购，改进商品摆放，营造舒适购物环境，使顾客不但买到好商品，且得到全方位享受。

② 供应商和合作伙伴管理。沃尔玛全面改善与供应商的关系，与上下游企业建立无缝连接与合作，主要通过联网和 EDI（电子数据交换），与供应商共享信息，建立伙伴关系。沃尔玛与宝洁公司为促进销售、降低库存建立自动订发货系统。例如，通过 EDI 和卫星联网，宝洁公司迅速知晓沃尔玛物流中心纸尿裤库存，还能及时了解纸尿裤在沃尔玛店铺的销售量、库存量、价格等，从而及时制订符合市场的生产和研发计划，同时也能对沃尔玛库存进行单品管理，做到连续补货。同时，沃尔玛专注经营销售活动，从宝洁公司获得信息，及时决策商品货架和进货数量，并由系统自动进货将物流中心或仓库管理权交给宝洁公司代为实施。

③ 企业内和企业间物流配送系统管理。有效的商品配送是保证沃尔玛达到最大销售量和最低成本的存货周转及费用的核心。沃尔玛建立强大的配送中心，实现完全的自动化，使用条码、传送带、激光扫描器和计算机追踪每件商品的储存位置及运送情况。同时，车队采用计算机进行车辆调度并通过全球卫星定位系统对车辆进行定位跟踪。客户付款的同时，与 POS 相连的计算机通过卫星把顾客购物信息传到最近的配送中心和沃尔玛总部，直至 5 000 多家供应商。

④ 基于 Internet / Intranet 的供应链交互信息管理。乔布斯曾说，如果全球的 IT 企业只剩下三家，那一定是微软、Intel 和戴尔；如果只剩下两家，将只有戴尔和沃尔玛。这显然只是玩笑话，沃尔玛虽是零售业的翘楚，但无论如何还算不上 IT 企业。不过，沃尔玛对信息技术的执着追求却是有目共睹的，正是缘于此，沃尔玛低成本营销战略才屡试不爽。

信息共享是实现供应链管理的基础。供应链的协调运行建立在结点间高质量的信息传递与共享的基础上。因此，有效的供应链离不开信息技术的支持。沃尔玛的计算机系统 1h 内可以对全球所有店铺每种商品的库存、上架、销售量全部盘点一遍。

6.4 电子商务

随着经济全球化与经济信息化成为一种强有力的趋势，一个全球互联的商业时代已经到来，电子商务作为新经济的标志，能够跨越时间与地域的限制，使信息的处理与传递更加迅速、准确。电子商务的产生与发展对企业的经营模式、政府的管理模式、人们的生活方式等都带来了巨大的影响和变革，并将成为未来企业运营与商务活动的基础。

6.4.1 电子商务概述

1. 电子商务的概念

电子商务的概念分别从狭义和广义角度分析：狭义电子商务是指通过电子手段进行产品与服务的交易活动，它仅仅将 Internet 上的交易（主要是指买卖双方及有关各方利用计算机网络和数字化进行的交易）活动归属于电子商务。这类活动常称为电子交易（E-Commerce）。而广义电子商务是指利用计算机网络和数字化手段进行包括市场分析、客户联系、交易、物资调运、公司内部联系等全部商务活动，即实现商务活动的电子化，这类活动常称为电子业务（E-Business）。

电子商务广义和狭义概念的不同，可以从以下三方面对比：

① 审视电子商务的角度和侧重点不同：狭义电子商务强调活动过程，广义电子商务强调企业生产、经营、服务与应用。

② 对电子商务中的商务外延界定范围不同：狭义电子商务仅仅界定为商务交易，广义电子商务界定为电子方式的所有商务活动，甚至包括除商务活动之外的生产、管理和服务领域。

③ 对电子商务中的技术即电子手段的外延范围不同：狭义电子商务主要强调基于 Internet，广义电子商务认为的电子方式涵盖所有的信息技术。

2. 电子商务与传统商务比较

电子商务与传统商务比较如表 6-2 所示。

表 6-2 电子商务与传统商务比较

商务类型 / 商务步骤	传统商务	电子商务
交易前的准备	商品信息的发布、查询、匹配通过报纸、电视、户外媒体等广告	交易的供需信息通过交易双方的网站完成，信息沟通更快
贸易的磋商	磋商的常用工具是电话、传真、邮寄等，是口头磋商或纸面贸易单证的传递过程	是电子化的记录、文件和报文的传递过程，由安全协议保证信息的正确、安全
合同的签订与执行	磋商后需以书面形式签订具有法律效应用的合同	磋商中的访录、文件等可保证交易双方的正确性和可靠性
资金的支付	有支票和现金两种支付方式	采用信用卡、电子支票、电子现金和电子钱包等支付形式

6.4.2 电子商务的服务功能

完善的电子商务可以提供网上交易和管理等全过程的服务。概括起来，电子商务的服务功能主要体现在以下几方面：

1. 网上广告宣传服务

网上广告目前在 Internet 上非常广泛，效果也很显著。在 Internet 上，随便浏览任意一个主页，几乎都可以看到这样或那样的广告信息。尤其是一些公司、企业的主页，广告所占的篇幅更加突出。电子商务可以使企业凭借 Web 服务器和客户的浏览器，在 Internet 上发布各类商业广告和产品及服务信息。客户可以借助网上的检索工具迅速地找到所需的商品信息，而商家可利用网络主页（HomePage）和电子邮件（E-mail）在全球范围内做广告宣传。与以往传统媒体如广播、报纸、电视上的各类广告相比，网络的广告成本最为低廉，而给顾客的信息量却最为丰富。由于网络广告在基于 Internet 的电子商务活动中的地位越来越显著，人们纷纷将 Internet 称为“第四媒体”。

2．网上咨询和交易洽谈服务

目前的 Internet 已经为用户提供了多种便捷的信息交流方式，如电子邮件、新闻组（News Group）、讨论组（Chat）、白板会议（Whiteboard Conference）和网络会议（Net Meeting）等。电子商务可以使企业借助非实时的电子邮件、新闻组和实时的讨论组来了解市场和商品信息，洽谈交易事务。假如有进一步的需求，还可以用网上的白板会议来交流即时的图形信息。电子商务中的网上咨询和洽谈，突破了人们面对面洽谈的时空限制，提供了多种方便的异地交谈形式。网上产品订购服务借助网络中的邮件系统，电子商务可以实现实时的网上订购。

3．网上货币支付服务

电子商务要成为一个完整的过程，实现网上实时的货币支付是一个重要环节。客户和商家之间可以采用信用卡、电子货币、智能卡等多种方式来实现网上支付。在网上直接采用电子支付手段，不但可以为买卖双方减少开销，使货款支付更加灵活、方便，而且可以加速资金的周转效率。当然，在电子商务系统中要实行网上支付服务，需要更为可靠的信息传输的安全控制机制，以防止交易信息被篡改、泄漏、冒用等非法行为。

4．电子账户管理服务

网络货币支付的实行必须要有电子化的金融系统来支持，即银行、信用卡公司及保险公司等金融单位要提供网上支付的服务，而电子账户管理是其基本的组成部分。信用卡号或银行账号都是电子账户的一种标志，而其可信度需要有必要的技术措施来保证，数字凭证、数字签名、数据加密等手段的应用保障了电子账户操作的安全性。

5．网上商品传递及查询服务

在客户支付了交易货款之后，商家应该将客户所订购的货物尽快地传递到客户手中。对于一些以实物形式提供的商品，商家可以通过其在本地或异地的分销系统将商品送货上门，也可以委托有关货运公司或邮政部门将货物运送或邮寄到客户手中。客户则可以通过信息网络来及时了解自己所购商品的运送情况及到达时间。对于一些信息产品，是最适合在网上进行直接传递的，如软件、电子读物、信息服务、数据库检索等，它能通过网络提供从商家一端到用户一端的直接、实时的全过程服务。

用户意见征询服务电子商务过程中，企业可以十分方便地运用网页上的“选择”“填空”等格式文件来收集用户对企业及其产品、服务的反馈意见。这样，可以使企业及时了解到用户反馈信息，使企业的市场运营能形成一个良性的循环。客户的反馈意见不仅能提高售后服务的水平，更使企业获得改进产品、发现市场的商业机会，树立企业的良好形象。

6．交易活动管理服务

整个交易的管理涉及人、财、物以及企业和企业、企业和客户及企业内部等各方面的协调和管理，因此，交易管理可以说是涉及电子商务活动全过程的管理，包括有关市场法规、税务征管及交易纠纷仲裁等。电子商务的发展需要一个良好的交易管理和网络环境及多种多样的应用服务系统，以保证电子商务获得更广泛的应用。作为一种不断发展的事物，电子商务所提供的功能也将会不断地完善和发展，还有可能出现许多目前想象不到的新的服务功能。这些新功能的出现，将会进一步推动电子商务的发展和完善。

6.4.3 电子商务的模式

1. 按电子商务参与主体划分

（1）B2C 电子商务模式

B2C（Business to Consumer）模式是指商家对消费者的电子商务模式，也就是通常所说的电子化的在线商业零售（即网上购物），直接面向消费者销售产品和服务。随着 Internet 的普及，这类电子商务发展迅速。最具有代表性的国内 B2C 电子商务模式网站有当当网，全球最著名的 BtoC 电子商务网站是美国的亚马逊网上商店。

另外，近年来一种全新的电子商务模式 B4C（Business for Customer）出现，据业内分析人士认为，该模式有可能引起新一轮的电子商务大战，并有可能改变市场格局。B4C 是真正的“以客户为中心”，采用代购模式，是一种无库存商业模式，其核心是中小企业和个人消费者的任何零星采购都将享受到“团购”价格，使消费者喜欢的团购不再受时间、地点、型号的限制，真正实现“随时随地的团购”。该模式由于没有库存压力，网站的所有服务都不是基于自身库存的传统推销方式，并且能够确保每日更新的价格与市场同步，这就使得该网站在价格上具有强大的市场竞争力，从而对整个电子商务市场带来冲击。

（2）B2B 电子商务模式

B2B（Business to Business）模式是商家对商家的电子商务模式，或者说是企业间的电子商务，即企业与企业之间通过互联网进行产品、服务及信息的交换。B2B 模式是目前应用最广泛的一种，随着竞争的日益加剧，企业需要用电子商务来改善竞争条件，建立竞争优势。企业为寻求自身发展必将努力改善电子商务运行环境，从动态角度看，B2B 电子商务必将有较大发展。现如今典型的 B2B 电子商务网站有阿里巴巴、慧聪网、金银岛等。

B2B 电子商务模式包括两种基本模式：一种是企业之间直接进行的电子商务（如制造商的在线采购和在线供货等）；另一种是通过第三方电子商务交易平台进行的商务活动。

（3）C2C 电子商务模式

C2C（Consumer to Consumer）模式是消费者对消费者的电子商务模式，是通过为买卖双方提供一个在线交易平台，使卖方可以主动提供商品上网拍卖，而买方可以自行选择商品进行竞价。随着互联网用户的高速增长，外部条件也日趋成熟，C2C 模式也蓬勃发展。现如今典型的 C2C 电子商务网站有淘宝网、易趣网等。

（4）B2G 电子商务模式

B2G（Business to Government）模式是企业对政府的电子商务模式，是企业与政府之间进行的电子商务活动，如图 6-15 所示。

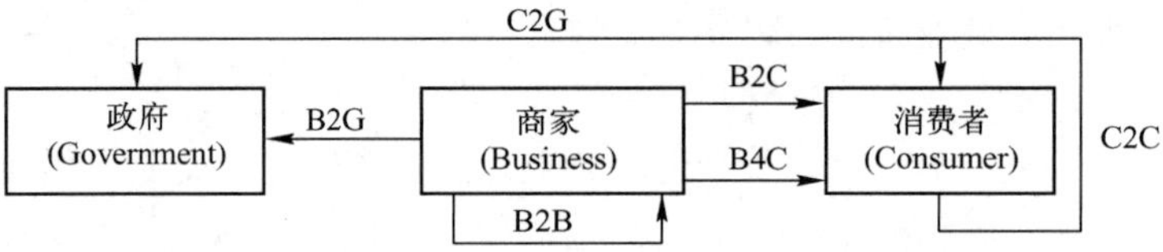

图 6-15　电子商务模式

例如，政府将采购的细节在互联网上公布，通过网上竞价方式进行招标，企业也可通过电子方式进行投标。因此，政府可以通过这种方式树立政府形象，通过示范作用促进电子商务的发展。此外，政府还可以通过这类电子商务实施对企业的行政事务进行管理，如政府用电子商务方式发放进出口许可证、开展统计工作，企业可以通过网上办理交税和退税等。我国的金关工程就是通过该模式建立的以外贸为龙头的电子商务框架，并促进了我国此类电子商务活动的开展。

（5）C2G 电子政务模式

C2G（Consumer to Government），是指政府与公民之间的电子商务，政府通过电子网络系统为公民提供各种服务。例如，社会福利基金的发放和个人报税等。这类电子商务还没有真正形成，但随着 B2C 和 B2G 的发展，各国政府将对个人提供更完善的电子服务。

2．按电子商务使用的网络类型划分

按照电子商务活动所使用的网络，可分为基于 EDI 的电子商务、基于 Internet 的电子商务和基于 Intranet/Extranet 的电子商务。

（1）基于 EDI 的电子商务

EDI 是按照一个公认的标准和协议，将商务活动中涉及的文件标准化和格式化，通过计算机网络，在贸易伙伴的计算机网络系统之间进行数据交换和自动处理。EDI 主要应用于企业与企业、企业与批发商、批发商与零售商之间的单证业务传递联系。EDI 电子商务在 20 世纪 90 年代已得到较快的发展，技术较为成熟，但是由于开展 EDI 对企业有较高的管理、技术和资金要求，因此至今尚不太普及。但由于 EDI 使用专用网络，安全性比互联网高，所以目前仍然在安全性要求较高的领域使用。

（2）基于 Internet 的电子商务

基于 Internet 的电子商务是目前电子商务的主要形式。它采用了当前先进的计算机技术、通信技术、多媒体技术、数据库技术，通过 Internet 实现营销、购物等商业服务。它突破了传统商业生产、批发、零售以及进、销、存、调的流转程序和营销模式，实现了少投入、低成本、零库存、高效率。目前，还出现了利用手机、掌上计算机等移动通信设备，通过连接 Internet 和专用网络进行的电子商务活动，包括经营、管理、支付、娱乐等。

（3）基于 Intranet/Extranet 的电子商务

基于 Intranet/Extranet 的电子商务是指在一个大型企业的内部或一个行业内开展的电子商务活动。它能够有效地实现企业内部之间、企业与企业之间、企业与合作伙伴及客户之间的授权内数据共享和数据交换，并将每一个各自独立的网络通过互联延伸形成共享的企业资源，方便了关联企业相关数据的查询，形成了一个商务活动链。

3．按电子商务的运作方式划分

按照电子商务活动的运作方式分类，可分为完全电子商务和非电子商务。

（1）完全电子商务

完全电子商务，即可以完全通过电子商务方式实现和完成整个交易过程的交易，也称为直接电子商务或无形货物和服务，如计算机软件、影视作品、声像作品、事务咨询、翻译、图文信息游戏等内容的订购、付款和交付，或者是全球规模的信息服务。

（2）不完全电子商务

不完全电子商务，即指无法完全依靠电子商务方式实现和完成完整交易过程的交易，它需要依靠一些外部要素（如物流系统）来完成交易。

4. 按开展电子交易的信息网络范围划分

按照电子商务活动的范围分类，可分为本地电子商务、远程电子商务和全球电子商务

（1）本地电子商务

本地电子商务通常是指本城市内或本地区内的信息网络实现的电子商务活动，电子交易的地域范围较小。利用 Internet、Intranet 或专用网将下列系统连接在一起的网络系统：参加交易各方电子商务信息系统、银行金融机构电子信息系统、保险公司信息系统、商品检验信息系统、税务管理信息系统、货物运输信息系统和本地 EDI 中心系统。本地电子商务系统是开展远程国内电子商务与全球电子商务的基础系统。

（2）远程电子商务

远程电子商务是指在本国范围内进行电子交易活动，其交易的地域范围较大，对软硬件和技术要求较高，要求在全国范围内实现商业电子化、自动化，实现金融电子化，交易各方具备一定的电子商务知识、经济能力和技术能力，并具备一定的管理水平和能力等。

（3）全球电子商务

全球电子商务是指在全世界范围内进行的电子交易活动，参加电子交易的各方通过网络进行贸易。全球电子商务业务内容繁杂，数据来往频繁，要求电子商务系统严格、准确、安全、可靠，应制定出世界统一的电子商务标准和电子商务协议，使全球电子商务顺利发展。

6.4.4 电子商务的基础框架结构

通过 Internet 进行电子商务活动为企业交易带来的优势越来越明显，因此电子商务受到企业界的高度重视。然而值得注意的是，电子商务正处在一个不断变化和完善的过程中，因此，了解和掌握电子商务的框架结构和交易模式等问题成为本节的重点。

1. 电子商务的基本框架结构

借助网络进行电子交易是电子商务实施的重要环节。对于网上交易而言，通信、计算机、电子支付以及安全等现代信息技术是其实现的保证。

电子商务的框架结构是指电子商务活动环境中所涉及的各个领域以及实现电子商务应具备的技术保证。从总体上来看，电子商务框架结构由 3 个层次和两大支柱构成。其中，电子商务框架结构的 3 个层次分别是：网络层、信息发布与传输层、电子商务服务和应用层；两大支柱是指社会人文性的公共政策和法律规范以及自然科技性的技术标准和网络协议。

（1）网络层

网络层指网络基础设施，是实现电子商务的最底层的基础设施，它是信息的传输系统，也是实现电子商务的基本保证。它包括远程通信网、有线电视网、无线通信网和互联网。因为电子商务的主要业务是基于 Internet 的，所以互联网是网络基础设施中最重要的部分。

（2）信息发布与传输层

网络层决定了电子商务信息传输使用的线路，而信息发布与传输层则解决如何在网络上传输信息和传输何种信息的问题。目前，Internet 上最常用的信息发布方式是在 WWW 上用 HTML 的形式发布网页，并将 Web 服务器中发布传输的文本、数据、声音、图像和视频等多媒体信息发送到接收者手中。从技术角度而言，电子商务系统的整个过程就是围绕信息的发布和传输进行的。

（3）电子商务服务和应用层

电子商务服务层实现标准的网上商务活动服务，如网上广告、网上零售、商品目录服务、电子支付、客户服务、电子认证（CA 认证）、商业信息安全传送等。其真正的核心是 CA 认证。因为电子商务是在网上进行的商务活动，参与交易的商务活动各方互不见面，所以身份的确认与安全通信变得非常重要。CA 认证中心，担当着网上“公安局”和“工商局”的角色，而它给参与交易者签发的数字证书，就类似于“网上的身份证”，用来确认电子商务活动中各自的身份，并通过加密和解密的方法实现网上安全的信息交换与安全交易。

在基础通信设施、多媒体信息发布、信息传输以及各种相关服务的基础上，人们就可以进行各种实际应用。例如，供应链管理、企业资源计划、客户关系管理等各种实际的信息系统，以及在此基础上开展企业的知识管理、竞争情报活动。而企业的供应商、经销商、合作伙伴以及消费者、政府部门等参与电子互动的主体也是在这个层面上和企业产生各种互动。

（4）公共政策和法律规范

法律维系着商务活动的正常运作，对市场的稳定发展起到了很好的制约和规范作用。进行商务活动，必须遵守国家的法律、法规和相应的政策，同时还要有道德和伦理规范的自我约束和管理，二者相互融合，才能使商务活动有序进行。

随着电子商务的产生，由此引发的问题和纠纷不断增加，原有的法律法规已经不能适应新的发展环境，制定新的法律法规并形成一个成熟、统一的法律体系，成为世界各国发展电子商务的必然趋势。

（5）技术标准和网络协议

技术标准定义了用户接口、传输协议、信息发布标准等技术细节。它是信息发布、传递的基础，是网络信息一致性的保证。就整个网络环境来说，标准对于保证兼容性和通用性是十分重要的。

网络协议是计算机网络通信的技术标准，对于处在计算机网络中两个不同地理位置上的企业来说，要进行通信，必须按照通信双方预先共同约定好的规程进行，这些共同的约定和规程就是网络协议。

2．电子商务系统的应用

电子商务系统是由许多系统角色构成的一个大系统。电子商务系统的主要角色有采购者、供应者、支付中心、认证中心、物流中心、电子商务服务商等。电子商务的价值主要体现在与企业结合，特别是与传统企业进行整合，提升企业的竞争能力上。电子商务的实质是企业利用电子方式在客户、供应商和合作伙伴之间，实现在线交易、相互协作和价值交换。除了支持在网上交易中购销的活动外，更强调交易流程的整体效率与效益的提升。商家通过网上交易市场开发新的市场及客户群、维护老顾客、提升供应链效率，从而为企业扩大市场收入，降低运营成本，赢得更高的投资回报创造良好的条件。

然而，在电子商务的实际应用过程中，由于各企业的性质和规模存在一定的差异，因此电子商务实现的要求各不相同。就像有的企业是面向消费者的，有的电子商务服务是面向供应商或销售商的，甚至两者兼而有之；在商务活动上有电子采购和在线客户服务等。下面以企业为例介绍电子商务的应用结构，为电子商务模式分析提供一个整体性的框架。

6.4.5　电子商务法律法规和安全性

在电子商务发展过程中，政府的支持和推进作用是不可缺少的。电子商务作为一种对现代市场经济起巨大冲击作用的革新力量，其宏观形态和发展方向也应该由政府进行一定程度的调控。另一方面，电子商务作为信息时代的重要特征，也应对政府的宏观政策制定起参考作用。由于电子商务的透明性，传统的监控方法开始变得无能为力。同时，政府如何在电子商务中发挥管理、监视、协调、促进和服务的作用，将对电子商务的进一步发展起重要作用。法律维系着商务活动的正常运作，由于网上商务活动的独特性，买卖双方的纠纷需要一个成熟、统一的法律系统进行仲裁。法律制定的成功与否直接关系到电子商务活动能否顺利进行，同时，知识产权的保护也是法律在电子商务中的一个重要任务。

1. 电子商务法的概念

电子商务法是指调整电子商务活动中所产生的社会关系的法律规范的总称，是一个新兴的综合法律领域。

国际电子商务相关法规包括：《计算机记录法律价值的报告》《电子资金传输示范法》《电子商务示范法》《电子商务示范法实施指南》《统一电子签名规则》等。

2. 电子商务法的特征

（1）商务性

电子商务法是规范商业主体和商业行为的法律法规。

（2）技术性

在电子商务法中，许多法律法规都是直接或间接由技术规范演变而成的。

（3）开放和兼容性

所谓开放性，是指电子商务法要对世界各地区、各种技术网络开放；所谓兼容性，是指电子商务法应适应多种技术手段、多种传输媒介的对接与融合。

（4）国际性

电子商务固有的开放性、跨国性，要求全球范围内的电子商务规则应该是协调和基本一致的。电子商务法应当通过多国的共同努力予以发展。联合国国际贸易法委员会的《电子商务示范法》为这种协调性奠定了基础。

3. 我国电子商务立法现状

（1）与电子商务相关的法律

1999年颁布的《合同法》中增加了数据电文合同为书面合同的一种，并规定了数据电文形式合同的成立时间和地点。2001年《著作权法》确认著作权人享有作品的信息网络传播权，录音录像制作者享有信息网络传播权和获取报酬权。2005年4月1日起施行《中华人民共和国电子签名法》规范电子签名行为，确立电子签名的法律效力。

（2）行政法规和法规性文件

国务院制定的与电子商务有关的法规和文件主要有：《中华人民共和国计算机信息网络国际联网管理暂行规定》（1996年2月1日颁布，1997年5月20日修正）、《互联网信息服务管理办法》（2000年9月20日颁布）、《计算机软件保护条例》（2001年1月1日施行）、《互联网上网服务营业场所管理条例》（2002年11月15日施行）等在内的多部法律法规。

（3）部门规章、行业规范和相关文件

国务院所属的各部门均从行业管理或全面管理的需要制定了较大数量的与电子商务有关的管理办法、细则、规定、通告、通知等。例如，《中国公用计算机互联网国际联网管理办法》（原邮电部1996年4月3日颁布）、《计算机信息网络国际联网安全保护管理办法》（公安部1997年12月30日发布)、《电子认证服务管理办法》(原信息产业部 2005 年 1 月 28 日发布，2005 年 4 月 1 日施行)、《电子支付指引(第一号)》(中国人民银行 2005 年 10 月 26 日施行);《电子银行业务管理办法》(中国银行业监督管理委员会 2005 年 11 月 10 日公布)。

(4)地方性法规

各地根据本省市的电子商务发展状况也相继颁布了一些地方性法规,如广东的《电子交易条例》、上海的《数字认证管理办法》、海南省的《数字证书认证管理办法》、江西省的《江西省互联网上经营主体登记后备案办法(试行)》等。

与此同时，我国也签署了《联合国国际合同使用电子通信公约》，将有助于我国电子商务与国际电子商务法律接轨，使国际贸易更为便利。

4. 安全性与技术标准化

安全问题是电子商务活动中的一个重要问题。一方面电子商务可采用安全技术保证数据不被窃取、篡改和滥用，如利用数据加密、数字签名、数字证书、安全套接字协议(SSL)、安全电子交易协议(SET)等技术加以保护；另一方面，电子商务借助法律法规打击、限制电子商务活动中的不法分子。在技术标准方面，电子商务定义了用户接口、传输协议、信息发布标准、安全协议等技术细节。就整个网络而言，标准对于保证兼容性和通用性是十分重要的。

6.4.6 移动商务

1. 移动商务的概念

电子商务代表着未来贸易方式的发展方向，其应用和推广将给社会和经济带来极大的效益。随着网络技术、通信技术的迅猛发展和相互融合，在移动通信和电子商务技术的触动下，一种新型的电子商务模式开始显现出巨大的市场潜力，这便是移动商务。移动商务是电子商务的延伸和拓展。

移动商务(M-Commerce)是在网络信息技术和移动通信技术的支撑下，在手机等移动通信终端之间，或移动终端(个人数字助理 PDA 和掌上计算机)与 PC 等网络信息终端之间，通过移动终端解决方案，在移动状态下进行便捷的、具有快速管理能力和增值能力的商务实现活动。

2. 移动商务与传统电子商务的区别

(1)网络基础设施

移动商务的通信速度受无线电频谱的限制，带宽有限。但无线通信具有地理定位功能，因此移动通信可以充分利用基于位置的服务。电子商务强调则是无差别的服务。

(2)终端设备

电子商务使用 PC，显示器屏幕大、内存大、处理器快、采用标准键盘，不考虑电池问题。移动通信设备则相反，屏幕小、内存小、处理器慢、输入不便，电池一次不能用太久，因此移动商务的信息要简洁，不宜处理复杂的应用。

(3)用户群

用户群移动商务的潜在用户群远大于电子商务，但这个群体分布不均、文化差异大。移动商务开发中必须更多地处理这种差异。

(4)移动性

与电子商务相比，移动电子商务因移动而产生更多的商业机会，更能实现个性化服务，但在需要大数据量处理的场合，移动性又给商务活动的进行带来许多不便。

（5）时空约束

移动商务往往与时间、空间有关，更能实现个性化服务，更能满足用户与位置有关的需求，如在陌生城市找餐馆、找旅社、找停车位等。许多移动商务有时间限制，如医疗救护等。而电子商务通常强调不受时间和空间的影响，都能提供无差别的服务。

（6）商业模式

电子商务更强调低成本和网络空间，消除信息不对称，提供免费的信息服务。而移动商务更多地针对差异性提供差异化的个性服务来赢利，例如，位置变成产生价值的来源。

3．移动电子商务的特点

基于无线通信网络的能力以及移动终端的一些特征，人们不仅可以在移动状态下处理有关事务，也能够借助手机实名制而在手机机主和手机号码之间建立一一对应的关系。实现更准确地服务，更能感受到交易对方的身份，从而增加信任感，提高交易意愿。相对于基于 PC 互联网的电子商务来说，移动电子商务有以下显著特点：

（1）基于位置的服务

GPS 全球定位技术，可以帮助服务提供商更准确地识别用户所在位置，从而向用户提供与其位置相关的信息，如附近的旅游点、旅店、餐馆等。还能帮助用户在紧急情况下进行搜救。移动通信网能获取和提供移动终端的位置信息，与位置相关的商务应用成为移动电子商务领域中的一个重要组成部分。

（2）信息的获取将更为及时

移动电子商务中移动用户可实现信息的随时随地访问本身就意味着信息获取的及时性。同传统的电子商务系统相比，用户终端更加具有专用性。从运营商角度看，用户终端本身就可以作为用户身份的代表。因此，商务信息可以直接发送给用户终端，这进一步增强了移动用户获取信息的及时性。

（3）不受时空限制的移动性

同传统的电子商务相比，移动电子商务的一个最大优势就是移动用户可随时随地获取所需的服务、应用、信息和娱乐。人们可以在自己方便的时候，使用智能手机或 PDA 等查找、选择及购买商品和服务。虽然当前移动通信网的接入速率还比较低，费用也较固定网高，但随着下一代移动通信系统的推出和移动通信市场的发展，这些因素的影响将逐渐淡化。

（4）提供更好的私密性和个性化服务

移动终端一般都属于个人使用，不会是公用的，移动商务使用的安全技术也比电子商务更先进，因此可以更好地保护用户的私人信息。移动计算环境能提供更多移动用户的动态信息（如各类位置信息、手机信息），这为个性化服务的提供创造了更好的条件。发展与私人身份认证相结合的业务是移动商务一个很有前途的方向。

（5）网上支付更加方便快捷

在移动电子商务中，用户可以通过移动终端访问网站、从事商务活动，服务付费可通过多种方式进行，可直接转入银行、用户电话账单或者实时在专用预付账户上借记，以满足不同需求。

4．移动电子商务价值链与商业模式

（1）移动电子商务价值链的含义

移动电子商务价值链是指直接或间接地通过移动平台对产品或服务的创造、提供、传递和维持以及从中获得利润的过程中形成价值传递的链式结构。

增值服务是移动商务价值链的重要作用和应用之一，是将价值附加到客户所购买的产品和服务的一种方式。移动电子商务的另一个重要作用是实现价值的传递。价值以网络运营商为核心，由网络设备提供商、网络运营商、内容服务提供商、系统集成商、终端设备制造商、中间服务提供商、最终用户等上中下游的多个部分组成的一根链条进行传递，这跟链条上的各个元素紧密连接、相互作用，创造出比单一企业更大的协同效应和市场价值。

（2）移动电子商务和主要商业模式

① 短信定制的移动信息服务模式。在这种商业模式中，主要参与者是内容和应用服务提供商、无线网络提供商、无线网络运营商和移动用户，提供的服务主要是短信服务，用户交纳的短信定制费是主要的利润来源。

② 移动广告收费模式。在这种模式下，表面上看是广告客户支付给内容提供商一定的费用，内容提供商再与网络运营商一起进行利润再分配。实际上移动用户才是利润的来源，移动用户通过购买产品和服务，将利润让渡给广告客户，广告客户只是将其中的一部分利润以广告费的形式付给内容提供商。

③ 手机报模式。手机报主要通过 3 种手段实现盈利：一是对彩信定制用户收取包月定制费实现盈利；而是对 WAP 网站浏览用户采取按时收费的手段；三是通过广告吸附实现盈利。

④ 移动互联网。主要有以下 3 种主要的商业模式：内容类商业模式、服务类商业模式、广告类商业模式。移动互联网的主要盈利模式是向后收费，即协助合作伙伴、广告商等向终端用户推广产品，并向合作伙伴收取费用，而非向最终用户收取费用的模式。

5．基于云计算的移动电子商务

（1）基于“供应链云”的全程移动电子商务模式

利用分布在全球范围内的“云”，可以构筑起一个庞大的“供应链云”系统，利用这个系统，可以实现以供应链管理为核心的全程移动商务模式。在这种模式下利用云计算提供安全可靠的数据存储服务和运算处理，极大地降低对客户移动终端设备的要求，轻松实现所有用户的数据共享和资源合理分配。

（2）基于“移动云”的移动电子商务模式

随着“移动云计算”“三网整合”等的发展移动电子商务模式也将发生深刻变革。由于庞大的分布式“云”系统，其信息处理能力、运算效率等都会得到大幅度提高。云计算为人们提供的“按需分配”的服务模式、4G 网络为人们带来的全新终端，将彻底打破移动电子商务存在的瓶颈。

6．移动电子商务应用

（1）移动信息服务

移动信息服务为移动商务提供了强有力的支持，从最初的 SMS 服务到功能丰富的 MMS 服务，为用户进行信息交流、商家及时促销、商家与用户互动提供了技术上的支撑。移动搜索、移动定位方面的移动信息服务为人们提供了更多的便利，也使商家能更好地推广产品，提供满意度更高的服务。

（2）移动娱乐

娱乐是移动商务所有应用中利润最丰厚的业务，据市场研究机构 Informa Telecoms & Media 的最新统计，全球包括游戏、博彩等内容的移动娱乐服务收入共计 381.2 亿美元。其内容主要分为两大类：

① 内容类的移动娱乐：通过获取内容达到娱乐的目的，包含了移动阅读、移动音乐、移动电视等。

② 应用类移动娱乐：通过应用的具体功能达到娱乐的目的，包含移动游戏、移动 IM 等。

（3）企业移动商务应用

移动商务在企业中的应用，是将无线通信技术、硬件基础设施和企业软件平台进行有效的结合，实现企业间、企业与客户之间双向、实时的企业商务活动。典型的应用有：移动办公自动化（OA）、移动供应链管理、移动物流、移动营销、移动售后等。

6.4.7 电子商务应用

在上述基础上，可逐步建设实际的电子商务应用，如供应链管理、视频点播、网上银行、电子市场（EM）、电子广告、网上娱乐、家庭购物、数据挖掘等。

1. 数据挖掘在电子商务中的应用

随着数据挖掘技术的发展和电子商务的普及，将数据挖掘技术应用到电子商务中可以解决电子商务中数据量庞大的问题，从而获得真正有价值的信息。通过分析电子商务应用数据挖掘的必要性和可行性，概述数据挖掘的一些挖掘技术，重点介绍了数据挖掘在电子商务中的实际应用，包括营销、电子商务系统规划和系统安全、客户关系管理以及网络广告方面的应用。

（1）数据挖掘在电子商务中应用的必要性和可行性

电子商务就是采用数字化电子方式进行商务数据交换和开展商务业务活动。电子商务由于应用了计算机网络技术，特别是因特网之后，以其本身的优势对传统的商务活动产生巨大的冲击。

具体的优势主要有：

① 服务不受时间的限制，一般可以实现的商务活动。

② 能实现全球的资源共享，特别 B2B 的电子商务模式的发展，使得在全球采购原材料和全球销售变得更加简单和方便。

③ 大大降低了成本。首先可以免去高昂的房租，可减去旅行费用，减少广告宣传费用，也能减少时间成本。

④ 方便进行客户关系管理和维护。

⑤ 电子商务中能够减少库存，方便供应链管理。电子商务一般都是由一些系统组成，在电子商务过程中产生了大量的数据，有了这些数据就有了进行数据挖掘的基础。

电子商务活动中产生数据有其自身的特点，把数据挖掘技术和电子商务相结合，选用适合电子商务数据的挖掘方法，可以提高数据挖掘的效率，让数据挖掘更好地为电子商务服务。

在电子商务中进行数据挖掘具有以下条件：

① 收集信息更加便利，例如通过网上电子购物系统可以记录客户的行为，包括哪些客户将哪些商品放进购物车，哪些商品被最终购买。

② 收集信息的准确性、完整性提高。电子商务中有各种系统进行数据的收集，一般来说，用计算机自动记录的数据比手工收集的数据出现的噪声和错误要少得多。

③ 在电子商务系统上构建数据挖掘比较简单。因为电子商务已经实现自动化，网络数据挖掘系统也容易和电子商务系统相结合。

（2）数据挖掘技术在电子方法及在电子商务中的应用

① 数据挖掘的概念。数据挖掘（Data Mining）又称数据库中的知识发现（Knowledge Discovery in Database，KDD），是指从大型数据库或数据仓库中提取隐含的、未知的、非平凡的及有潜在应用价

值的信息或模式。它融合了数据库、人工智能、机器学习、统计学等多个领域的理论和技术。比较典型的数据挖掘方法有关联分析、序列模式分析、分类分析、聚类分析等。它们可以应用到以客户为中心的企业决策分析和管理的各个不同领域和阶段。

数据挖掘是一个利用各种分析工具在海量数据中发现模型和数据间关系的过程，使用这些模型和关系可以进行预测，它帮助决策者寻找数据间潜在的关联，发现被忽略的因素，是解决当今时代所面临的数据爆炸而信息匮乏问题的一种有效方法。它是一种新的商业信息处理技术，其主要特点是对商业数据库中的大量业务数据进行抽取、转换、分析和其他模型化处理，从中提取辅助商业决策的关键性数据，是一种深层次的数据分析方法。

② 数据挖掘分析方法及应用：

- 关联分析：即利用关联规则进行数据挖掘，其目的是挖掘隐藏在数据中的相互关系。它能发现数据库中的顾客在一次购买活动中购买商品 A 的同时购买商品 B 之类的知识。

关联规则在电子商务中主要有以下两方面的应用：第一，发现群体用户访问页面之间的关联规则，即挖掘访问页面之间的关联关系，从而对电子商务网站的设计进行优化。主要通过对 Web 日志进行预处理，挖掘 Web 日志文件中的有效信息，从而利用关联分析整理原始日志文件得到的事务数据库，最后挖掘出访问频繁的项集。第二，研究发现客户有可能一起购买的商品组合集合，把这些商品组和集合的页面链接放在一起向客户推荐。集中可能同时购买的商品链接，这是典型的购物篮分析事件，把可能同时购买的商品链接放在一起有利于销售量的提高。

- 序列模式分析：关联分析相似，但侧重点在于分析数据间的前后序列关系。它能发现数据库中形如在某一段时间内，顾客购买商品 A，接着购买商品 B，而后购买商品 C，即 A—B—C 出现的频度较高的数据。序列模式分析描述的问题是在给定交易序列数据库中，每个序列是按照交易时间排列的一组交易集。序列模式分析数据挖掘在电子商务中的应用。电子商务的组织者可以方便地利用发现序列模式对客户行为进行预测，从而能够更有效地为客户提供更具个性化的服务。我们可以通过序列模式分析挖掘 Web 日志，从而有效发现客户的访问序列模式。例如，当访问者链接到电子商务网站时，通过发现访问者的访问序列模式后，网站管理员可以将访问者未访问但极有可能访问的页面推荐到相对显眼的位置，便于访问者对页面进行访问。此外，序列模式分析还可以向客户推荐其购买某件商品后有可能购买的另外一些商品。
- 分类分析：设有一个数据库和一组具有不同特征的类别（标记）。该数据库中的每一个记录都赋予一个类别的标记，这样的数据库称为示例数据库或训练集。分类分析就是通过分析示例数据库中的数据，为每个类别做出准确的描述或建立分析模型或挖掘出分类规则，然后用这个分类规则对其他数据库中的记录进行分类。

电子商务中分类分析的作用：可以通过分类分析得到电子商务网站的客户分类模式，对不同类客户的爱好、特点有详细的了解，根据不同类客户的爱好及特点开展针对性更强的商务活动，为他们提供更具个性化的服务。此外，还可以通过分类分析对新客户进行分析，将新客户归纳到相应类别，提供针对性更强的服务信息。

- 聚类分析：输入的是一组未分类记录，并且这些记录应分成几类事先不知道。通过分析数据库中的记录数据，根据一定的分类规则，合理地划分记录集合，确定每个记录所在类别。它所采用的分类规则是由聚类分析工具决定的。采用不同的聚类方法，对于相同的记录集合可能有不同的划分结果。

电子商务中聚类分析的作用，管理员可以通过聚类分析将浏览行为相似的客户聚合分析，从而能够更加深入地了解客户需要，为客户提供更加优质的服务。采用聚类分析能够发现客户访问频率最高的页面，假如客户经常性地访问关于手机的页面，就可以通过 Web 自动将关于手机新产品信息的邮件发送给特定的客户聚类。

（3）数据挖掘在电子商务中的具体应用

在电子商务中应用数据挖掘技术可以直接跟踪数据，分析顾客的购买行为并辅助商家快速做出商业决策。

① 在电子商务营销方面的应用。数据挖掘是以市场营销学的市场细分原理为基础，其基本假定是消费者过去的行为是其今后消费倾向的最好说明。通过收集、加工和处理涉及消费者消费行为的大量信息，确定特定消费群体或个体的兴趣、消费习惯、消费倾向和消费需求，进而推断出相应消费群体或个体下一步的消费行为。

- 产品生命周期策略分析。通过对购买时间上的挖掘也就是通过对商品的访问和销售情况进行分析，从而获得客户的访问规律，确定顾客消费的生命周期，在特定的时间开展促销活动，制定商品的优惠策略。
- 市场细分。通过客户聚类分析可以找出顾客需求的相同之处，使得属于同一类别的客户之间的需求距离尽可能小，而不同类别的客户群体之间的距离尽可能大。通过对聚类的客户特征的提取，把客户群分成更细的市场，提供针对性的服务。
- 制定合理的产品策略和定价策略。可以利用关联分析，如分析网上顾客的购买行为，分析客户购买产品的相关度，通过客户对某些品牌的喜好和忠诚度、价格接受范围，以及包装要求等来帮助管理者规划市场，确定商品的种类、价格和新产品的投入等。
- 制定产品营销策略，优化促销活动。通过对商品访问情况和销售情况进行挖掘，企业能够获取客户的访问规律，确定顾客消费的生命周期，根据市场的变化，针对不同的产品制定相应的营销策略。

② 在电子商务网站系统和安全方面的应用：

- 通过文本挖掘，对客户邮件内容进行挖掘。首先将电子邮件中非结构化的数据转化成结构化的数据，再选取最能区分出垃圾邮件的一些特征，对垃圾邮件进行过滤，再利用词典的正向匹配，逐词遍历的方法进行，经过特征提取和模式匹配工作后，就可以进行智能决策，对挖掘进行归纳和评价，并依可视化的形式将挖掘结果直接明了地呈献给决策领导。
- 对网站系统中搜索引擎的应用。电子商务网站中一般都有搜索引擎来帮助客户进行查询商品和信息，通过数据挖掘在搜索引擎方面的应用可以提高查全率和查准率。通过数据挖掘和机器学习技术对索引数据库的信息进行整理，实现文档的自动分类，还可以用文本总结技术对 Web 页面中提取重要的信息，形成文档摘要，使用户可以全面了解文档。检索结果聚类，把检索结果进行聚类，由客户选择自己感兴趣的一组，将大幅减少浏览的页面数量。
- 改善系统性能，提高网站的安全性：
  - 提高反应速度。在 Web 服务器上每天记录了大量有关客户访问页面的文件。数据挖掘可以通过客户的拥塞记录发现站点的性能瓶颈，从而提示管理者改善有关的策略，提高网站的稳定性，优化客户的购物环境，保证电子商务购物快速进行。
  - 挖掘网页之间的关联性。如果客户在一次访问行为中，访问了页面 page1，一般也会访问页面 page2。进行 Web 上的数据挖掘，构建关联模型，可以更好地组织站点，建立网站之间的关联性。

- 提高站点点击率。通过挖掘客户的行为记录和反馈情况为站点设计者提供改进的依据，进一步优化网站组织结构以提高网站的点击率。例如，利用关联规则的发现，可以针对不同客户动态调整站点结构，使客户访问的有关联的文件间的链接更直接，让客户容易地访问到想要的页面，就能给客户留下好的印象，增加下次访问的几率。
- 增强安全。同时对网站上各种数据的统计分析有助于改进系统性能，增强系统安全性。通过对经常攻击系统数据的 IP 地址等进行分析来对某些 IP 地址的用户进行限制。通过对攻击系统的数据类型进行分析来设置防火墙，提高安全性。

③ 在客户关系管理方面的应用：

- 分析客户的购买行为。在客户与企业进行交易时，主要是由客户来引起的，即客户在购买某种商品以后会相应地购买一些其他的产品。例如，客户在购买篮球以后通常会购买篮球鞋。因此，根据根据客户关联购买行为，企业可以在客户购买某产品的同时，或在该产品被购买的一段时间 t_1（对某种产品客户的再购买时间）$<t_2$（产品已经使用的时间）的时间里向客户推销这个产品的关联产品。这就需要利用数据挖掘技术中的关联分析来寻找产品之间的有效关联规则。
- 获取新客户。用数据挖掘技术可以揭示客户的行为习惯，发现一些不同情况下有相似行为的新客户，帮助商家识别这些潜在的客户群，并提高市场活动的响应率。同时，还可以帮助营销人员完成对潜在客户的发现和筛选工作，把潜在客户的名单和这些客户感兴趣的营销、促销措施系统结合起来，为每个客户提供个性化的服务，以不断地获取新客户。

通过挖掘寻找潜在的客户群体。客户对于企业来说，其重要性超过了其他因素。因此，大多数企业都希望在稳定住老客户的同时不断增加新的客户量。利用数据挖掘技术对客户信息进行挖掘可以帮助销售商找到潜在的客户群体。通过对这样的客户实施一定的策略，使他们成为注册客户，对一个电子平台来说就是订单和效益的增加。寻找潜在客户的方法很多，例如，可以通过测量客户的适宜度来寻找潜在的客户。方法是通过对比某客户和已经存在的客户的相同特点的吻合程度来判断这个新客户的适宜度，并根据适宜度是否超过预先设置的值来确定这个新客户是否为一个潜在的客户。

- 挽留老客户。通过数据挖掘对流失的客户群进行针对性的研究，分析其特征，再根据分析结果到现有客户资料中找到可能转移的客户，然后根据分析模型和结果设计预防客户流逝的方案，如对将要流失的客户给予一定的优惠条件等。提供优质个性化服务，提高客户忠诚度。在电子商务中，传统客户与销售商之间的空间距离对客户来说已经不复存在，客户从一个电子商务网站转换到竞争对手那边，只需点击几下鼠标即可。网站的内容和层次、用词、标题、奖励方案、服务等任何一个地方都有可能成为吸引客户、同时也可能成为失去客户的因素。通过对客户访问信息的挖掘，就能知道客户的浏览行为，从而识别用户的忠实度、喜好、满足度，了解客户的爱好及需求，动态地调整 Web 页面以满足客户的需要。在 Internet 上的电子商务中一个典型的序列，恰好就代表了一个购物者以页面形式在站点上导航的行为，所以可运用数据挖掘中的序列模式发现技术进行挖掘。
- 提高客户的购买能力。通过分析现有客户的购买行为和消费习惯数据，用数据挖掘的算法对不同的销售方式的个体行为进行建模；其次用建立预测模型对客户将来的消费行为进行预测分析，最后用建立的分析模型对新的客户数据进行分析，以决定向客户提供哪一种产品。此时，可以通过关联分析，找出相关产品的相关性来决定推销哪一种产品。提高站点点击率，完善电子商务网站设计通过挖掘客户的行为记录和反馈情况为站点设计者提供改进的依据，进一步优化网站组织结构以提高网站的点击率。

- 防范客户的欺诈行为。利用数据挖掘技术对一些有欺诈行为的客户群样本进行训练，可采用神经网络算法进行建模，然后对现有客户进行分析，探查出具有欺诈倾向的客户，也可以采用数据挖掘孤立点分析技术，在对客户群进行分析时找到那些与其他的客户不同的客户群来进行防范。因为欺诈的行为很少，为了防止出错，还可以对前面判断出来的欺诈行为进行再次判断，进一步提高判断的准确性。

④ 在网络广告方面的应用。由于在网络广告停留观看的用户可能成为潜在客户，因此商家愿意花费资金来做网络广告。一般商家愿意付很少的钱在曝光率上，但是愿意花大价钱在点击率上，因此提高点击率成为网络广告的重点。用户在访问网站时大量的信息被遗留，这些信息被保存在一个数据库中，通过对这些数据的挖掘可以为广告提出行之有效的方案，实现商家渴望的个性化市场营销。

在这些信息基础之上用数据挖掘的概率知识库和模糊知识库的方法，对实时获取的在线信息进行概率分析，通过对广告访问者潜在的信息特征进行模糊划分，决定哪些是本厂产品的真正顾客。分析出顾客对某种广告的反应程度，决定下次广告的安排。通过聚类分析对某些客户群提供定向广告等。通过对电子商务过程中的各种数据和信息的挖掘能够为商务活动的具体实施提供决策基础，使得电子商务能够更快、更好、更高效地发展。

【案例分析】

企业 ERP 实施

约翰·迪尔天拖有限公司（以下简称迪尔天拖）是美国约翰·迪尔公司和天津拖拉机厂联合创办的合资企业，成立于 2000 年 8 月。美国约翰·迪尔公司是全球知名的农机制造公司，其产品被誉为农机中的奔驰，天津拖拉机厂则是国内生产拖拉机的老牌企业。早在公司成立之前，其美方公司就已经在总部和其他子公司中相继实施了 SAP 系统，并且取得了很好的回报。所以，迪尔天拖成立伊始就把尽快建立 ERP 系统作为首要的工作来抓，并认为这是一项彻底改变旧的管理思想和管理模式、适应市场经济的重大举措。然而，作为脱胎于传统国企的合资公司，在信息基础建设上与其美方公司有着一定的差距：公司的信息化程度不高，员工计算机水平较低，电子资料缺乏。所以，对于迪尔天拖来说，采用一套具有先进成熟的管理思想、易学易用、实施周期短的 ERP 系统才是对症下药。同时，迪尔天拖以其长远的发展眼光对于系统增加了一个严格的条件：它既可以满足目前企业经营管理的需要，也要保证今后企业可以不断升级、发展。迪尔天拖认为在选择软件的同时，还需要选择一个具有良好售后服务和强大实力的咨询公司，因为他们可以提供长期、优质、及时的服务。经过多种方案的验证比较，最终决定采用 GrapeCity inc（原奥林岛集团）提供的 Intuitive ERP 系统。当然，让迪尔天拖更为放心的是：在此之前约翰·迪尔在华的另一家合资公司已成功地运行了 GrapeCity 的解决方案，他们的成功坚定了迪尔天拖对于系统实施的信心。

ERP 系统的实施首先需要的是观念上的变革和高层领导的鼎力配合，在这点上迪尔天拖完成得非常出色。2000 年国庆之后，公司就成立了 ERP 项目指导委员会和项目组，指导委员会由总经理及高层领导组成，对实施中的重大问题进行决策。ERP 的实施是对传统管理思想和模式的巨大冲击，其影响涉及企业的各个方面，所以全体员工思想观念的转变是 ERP 能否成功的关键。特别是高、中级领导能否将习惯性的人治（长官意志）转变为法治（系统管理）是十分重要的。指委会的领导一再告戒大家要避免两种情绪：一种是“系统无用论”，认为没有必要耗费大量的资金建立 ERP 系统去处理现在人工也能进行的工作；另一种是“系统万能论”，认为只要使用了 ERP 系统，就什么问题都解决了。前者会严重阻碍项目的实施，而后者则可能使很多人感到失望。这就需要让全体员工真正知道什么是 ERP，为什么要实施 ERP，它对公司发展的意义和影响是什么，归根结底从上至下必须彻底转变观念。

同时，指导委员会承担的另一项重要的任务就是：定期听取项目组的汇报，对实施情况进行检查、指导，并从资金方面提供保证。项目组人员由公司主要部门选调业务精、素质高的人员组成，特别是对财务、生产、供应、技术部门的人员更要认真挑选，确保成立一个精干务实的项目组。全体人员全部脱产集中办公，所有人员既有明确的分工，又强调发扬协作精神。由于在实施过程中各项工作千头万绪，反反复复，大量的工作经常会彻底推倒从头做起，所以要随时做好项目组人员的思想工作，避“厌烦”情绪。项目组要培养大家的团队意识，从一开始就建立起相应的激励机制。

众人拾柴火焰高。ERP 的实施同每个业务部门都是息息相关的，制订生产计划以及收集大量数据的工作当然烦琐，但是真完成的效果将直接影响到系统的顺利上线。在 ERP 实施过程中，制订一项切实可行的计划是十分必要的。制订的计划要把所有工作内容全部包括在内，并把它们细化、分解，按照各项工作的先后顺序和相互关系，合理地排出计划进度。每一项工作必须确定明确的责任人。项目组的工作必须以计划为纲，经常甚至是每天进行计划的检查、落实、协调、调度，对出现的重大问题及时召集专题会议解决。对无法按期完成的工作和新出现的问题及时进行修订，以保证计划对实施的指导作用。迪尔天拖在计划制订过程中，始终认真听取 GrapeCity 专家的意见，达到统一思想、互相配合。保证 ERP 系统顺利运行的一项基础工作是数据的收集、整理、输机工作，这是一项工作量最大、最繁杂、费时最多的工作。收集和整理的信息数据包括：建立物料编号、创建物清单、确定客户文件、确定供应商文件、确定安全库存、确定工作中心及能力、安排工艺路线、建立总账科目、确定用户组及安全权限、确定提前期、确定主控参数、制定本层成本等大量、细致的工作。在数据收集过程中还需要对原有数据进行修改或重新确定。例如，工时定额、工艺路线、本层成本等均有很大的变动。基础数据的收集必须严格按照收集、整理、审核、批准的程序来进行，无论反反复复多少次，所有的数据都要有经办人签字、领导批准，做到万无一失，否则在运行时将遇到很大的困难。在实际输入时，由于 ERP 系统提供了“输入向导”工具，大量的工作可以在 Excel 中进行，降低了录入的难度，节省了时间。

同时，培训工作也是项目实施的基础，它必须贯穿实施过程的始终，并且无论怎样强调都不过分。培训不仅应该包括领导层与项目组人员，而且还要对所有人员进行全员培训。培训方式以 GrapeCity 专家授课及项目组人员对口讲课的方式进行，两者相辅相成。结合理论培训，进行相关人员的实际操作训练。初期的培训以提高认识、转变观念为主，之后，逐步转为以熟悉、掌握软件为主。培训做得好，可以真正起到事半功倍的效果。

实施结果计划就好比是造楼的蓝图，数据则是一块块的砖瓦，在 GrapeCity 顾问和指导委员会的共同努力之下，企业的信息化建设进行得有声有色。对这项信息工程最严格的考核就是：在实际施工中图纸是否周全，是否考虑到了每个细节，建设的成果是否可以满足各个部门的使用需要。对于迪尔天拖来说，他们所要检验的是：能否将系统成功切换上去，系统能否按照预先的期望顺利地运行起来。

在系统切换前，除对数据认真核对外，还要组织好对库存物品及在制品的盘点、账目的调整工作，确保期初数据的准确性。同时，切换前还要组织好不同规模、不同层次的模拟演练工作。模拟演练大致分为 3 个阶段：一开始可以使用软件提供的演练数据练习，即原型测试；随着数据库的建立，逐渐转为使用公司生产的拖拉机的某一种部件进行演练，即会议室模拟；切换前安排进行公司全系统的模拟演练，即实战模拟。每次演练前要编制计划，确定目的、参加人员、进度。演练后，针对出现的问题认真总结，以便安排下一次演练。实地演练之中还可以暴露各个接口的问题以做到及时修补。最后的演练必须包括从订单到生产到采购到结账的全过程，必须是一次综合性全面的演练。与此同时，切换前另一项必不可少的任务就是需要完成各项规章制度的建立工作，以保证网络和系统的正常运行。这些制度应该包括：网络安全管理制度、ERP 数据库安全管理制度、计算机系统管理制度、主机房安全管理制度、软件修改审批制度等。另外，还应该制定故障处理应急程序、系统维护标准操作程序等规范的操作程序，以提高故障处理的效率和准确性。对网络或系统的任何操作都必须填写"操作记录"，并存档备查。借助 Access 的适应性和高速发展的环境，奥林岛集团经济地解决了这一问题以及其他难题。曾经负责客户服务和实施的经理 Daniel Crawford 不无感叹地说："像 Intuitive ERP 这样基于微软技术的可客户化和易支持性有很强的竞争优势，易于使用和易于实施，使得我们能提供具有极高性能价格比的先进的解决方案。"用户和顾问的良好合作是迪尔天拖最大的心得。在 ERP 的实施过程中，迪尔天拖深切体会到：项目的成功必须依赖于软件用户与供应商之间的良好合作。迪尔天拖在实施的各个阶段都保持与 GrapeCity 专家的密切联系，及时向他们报告进展情况和存在的问题，共同制订实施计划；在项目的各关键阶段均有 GrapeCity 专家在场指导工作。在双方建立热线帮助的同时，还建立了定期问题反馈制度：迪尔天拖将存在的问题及要求和解决的时间通知 GrapeCity 专家，专家就将解决的方案和预计完成的时间通知迪尔天拖，双方互相沟通、配合一致，建立起一条快速、有效地解决问题的渠道。整个实施过程从 2001 年 3 月项目启动，到同年 7 月 16 日系统切换上线（物流、资金流、车间作业管理），历时 4 个月，双方对相互的配合及取得的成果均感到满意。对此，迪尔天拖外方总经理感到十分惊讶，没想到系统会在如此短的时间里能实施成功。

自 7 月份系统切换至今，迪尔天拖的所有经营管理活动已经全部纳入了 ERP 系统中。虽然在完善软件功能、提高人员素质、理顺工作流程等方面还有很多工作要做，但是 Intuitive ERP 系统在提高管理水平、降低成本、缩短生产周期等方面已经取得显著效果，为迪尔天拖公司的发展创造了良好的条件。

（资料来源：作者根据相关资料改写）

案例思考题

① 约翰·迪尔天拖有限公司在实施 ERP 之前存在哪些问题？

② ERP 的实施给企业带来了哪些方面的好处？为什么？

【案例分析】

电子商务模式分析

自 2004 年初正式涉足电子商务领域以来，京东商城一直保持高速成长，连续 4 年增长率均超过 300%。京东商城始终坚持以纯电子商务模式运营，缩减中间环节，为消费者在第一时间提供优质的产品及满意的服务。

1. 核心竞争力

京东商城是电子商务销售平台，其主要的竞争对手是在其他电子商务平台开设的商城，例如国美电器、美的、联想等，当当网、卓越亚马逊等老牌 B2C 商户也是其主要竞争对手，还有目前新兴的一些网上超市网站。

京东商城的核心竞争力：零售行业发展到今天，经历了 4 个阶段：集贸式、大商场式、连锁店式和电子商务。这 4 个阶段依次出现，每一次变迁的核心都是成本降低和效率提高，为整个产业链带来价值。当然，每一次的变迁并不会带来以往模式的消失，它只是以一种更为先进的运营手段为消费者和企业带来更多的利益。

2. 网站策划

（1）网络推广方法

① 广告。由于京东商城的营销模式决定了其在广告投放方面的特性，以网络营销配合户外广告扩大知名度提升企业品牌形象增加网站流量达到吸引客户购买的目的，如在微博、博客等投放与产品相关的网络广告。

② 促销。京东的促销对于企业的发展至关重要，做了很多的促销专场抢购，以及送代金券等活动，对于商城暂时的销量提升确实起到了巨大作用，如配合节日做出相应的主题促销，并发送电子邮件通知消费者，吸引客户形成习惯性消费，如父亲节专场促销、母亲节专场促销、学生专场促销，使客户形成习惯性消费达到促销与稳定客户忠诚的目的。

（2）网站联盟

① 京东商城和神州数码的合作，使京东商城实现供货渠道的正规化、集成化和专业化，也是对京东商城在 B2C 电子商务领域所表现出来的实力与未来发展潜力的认可。

② 客户关系管理是信息化。销售市场的前端，是一对一的广告。京东商城加入了著名的消费者返利专业门户“返还网”的返利计划，有效地增加了用户群的共享和增长，并通过网站提供的数据分析客户潜在需求，向客户推荐感兴趣的商品。

京东商城是中国 B2C 市场最大的 3C 网购专业平台，是中国电子商务领域最受消费者欢迎和最具影响力的电子商务网站之一。京东商城之所以能成功，很大一部分归因于它良好的经营模式。用纯互联网的方式来整合上下游，优化供应链，在成本方面下功夫，然后给顾客创造价值，互联网企业比传统企业更具灵活性。其次，京东商城凭借其良好的经营模式在不断做大做强，与并且可以享受到与传统店面一样的售后服务，这是许多消费者选择京东的一个重要原因。

（资料来源：2011—2015 年中国 B2C 电子商务市场深度调研及投资前景预测报告）

案例思考题

① 结合实例说明按交易主体分类，京东商城属于_________模式，并分析京东商城的价值链选择。

② 对京东商城应用的电子商务数据挖掘技术进行分析。

小 结

现代企业管理信息系统，主要经历了 MRP、MRPⅡ、ERP 三个阶段。ERP 在我国企业中的实施经过十几年的发展取得了一些成效，但总体状况不佳。因此，企业实施管理信息系统必须要提高思想认识，转变观念，从企业发展战略高度来研究和审视管理信息系统的原理和作用，推进企业信息化建设。同样，成功应用客户关系管理，实现供应链和电子商务管理将给企业带来可衡量的显著效益。因此，未来管理信息系统的发展趋势是网络化、集成化、智能化，集合企业资源计划、客户关系管理、供应链管理和电子商务实现向平台式管理信息系统发展的基本目标。

习　题

一、选择题

1. MRPⅡ与 MRP 的主要区别就是它运用了（　　）的概念。
   A. 会计　B. 成本会计　C. 管理会计　D. 财务管理
2. 闭环 MRP 在时段 MRP 基础上添加了（　　）。
   A. 库存需求计划　B. 生产计划
   C. 采购需求计划　D. 能力需求计划
3. 下列选项中不属于 ERP 系统基本组成部分的是（　　）。
   A. 工作流　B. 财务管理　C. 生产计划　D. 物流管理
4. 电子商务是利用（　　）所进行的任何形式的商务、管理运作或信息交换活动。
   A. 电子报文传送技术（如 EDI）　B. 电子数据传输技术
   C. 银行间电子资金转账 EFT　D. nternet 技术
5. （　　）是移动商务的特色应用。
   A. 基于位置的服务　B. 随时随地的访问
   C. 紧急访问　D. 手机游戏
6. 以下（　　）是移动设备接入专用域名。
   A. com　B. mobi　C. com.cn　D. edu
7. 下列（　　）行为不属于移动应用。
   A. 使用蓝牙耳机拨打手机　B. 用台式计算机在家上网下载程序
   C. 用笔记本式计算机在火车上看电子小说　D. 用手机在室外上网收发邮件
8. 卓越亚马逊的电子商务模式属于（　　）。
   A. B2B　B. B2C　C. C2C　D. C2B
9. ERP 的含义是（　　）。
   A. 物料需求计划　B. 企业资源计划
   C. 制造资源计划　D. 制造资源计划第二代
10. 下面属于电子商务产生的条件的是（　　）。
    A. 计算机的广泛应用，网络的普及和成熟
    B. 信用卡的普及和应用，电子交易安全协议的确定
    C. 政府的支持和推动
    D. 以上都是
11. 面向对象程序设计的英文缩写是（　　）。
    A. SA　B. OOP　C. OOD　D. OOA
12. 识别企业过程的 3 种主要资源不包括（　　）。
    A. 资金/技术资源　B. 产品/服务资源
    C. 计划和控制资源　D. 支持性资源
13. MRPII 的实质是一种（　　）。
    A. 计算机模式　B. 数学模式　C. 管理模式　D. 数据库模式
14. 某企业建立了生产、销售、人事等从基层到高层的 MIS，这种 MIS 的结构为（　　）。

A. 职能结构　　B. 横向综合结构　　C. 总的综合结构　　D. 纵向综合结构

15. 下列信息系统中最先将资金流纳入整个系统的是（　　）。

A. 时段式 MRP　　B. MRPII　　C. 闭环式 MRP　　D. ERP

16. Internet 上许多不同的复杂网络和许多不同类型的计算机赖以互相通信的基础是（　　）。

A. ATM　　B. TCP/IP　　C. X.25　　D. SYBASE

17. 系统（　　）是指系统与子系统之间、系统内部各子系统之间和系统与环境之间相互作用、相互依存和相互关系。

A. 整体性　　B. 关联性　　C. 层次性　　D. 统一性

二、填空题

1. ERP 的实质是在________基础上进一步发展而成的、面向供应链的管理思想。

2. ERP 从本质上讲就是对企业资源的________过程。

3. 在 ERP 系统中，供应商管理模块一般包括三方面内容：供应商信息、________和供应商选择。

4. ERP 是________，它是________、________、________三方面的集合。

5. MRP 是________，MRPⅡ是________。

6. 以美国劳特朋（Lauterbom）为代表的营销专家提出了著名的 4C 理论，4C 分别指________、________、________和________。

7. 电子商务按使用网络技术分类可划分为 EDI 电子商务、________、Intranet 电子商务和________。

8. 电子商务按交易主体分类可划分为 B2B 电子商务、________电子商务和________电子商务。

9. ERP 系统等应用系统商品软件的投资除了软件费用外，可能还有________、________、________和________。

三、判断题

1. 供应链管理包括了从订单、生产到发货、从供应商的供应商到顾客的顾客的每一个环节。（　　）

2. 只有大企业才需要实施客户关系管理。（　　）

3. 实施客户关系管理就是要购买一个 CRM 软件，并且在企业全面使用。（　　）

4. 消费者是分层次的，不同层次的客户需要企业采取不同的客户策略，而客户可看成一个整体，并不需要进行严格区分。（　　）

5. 向顾客传送超凡的价值无疑可以带来经营上的成功，因此只要实现“所有客户 100%的满意”就一定能为企业带来利润。（　　）

6. “数据库营销”这个概念最早是从产业市场营销领域中的“直复营销”和“关系营销”这两个观念发展而来的。（　　）

7. 数据挖掘（Data Mining）是从大量的、不完全的、有噪声的、模糊的、随机的实际应用数据中提取人们感兴趣的知识，这些知识是隐含的、事先未知的、潜在有用的信息。（　　）

8. 一个成功的客户交互中心应该是一个多渠道的客户信息交互枢纽。（　　）

9. 忠诚的客户来源于满意的客户，满意的客户一定是忠诚的客户。（　　）

10. 维持老顾客的成本大大高于吸引新顾客的成本。（　　）

11. 电子商务国际立法的代表是美国犹他州制定的《数字签名法》。（　　）

12. 电子合同具有固定格式，需要当事人协商并实现签订过程。 ( )
13. 和传统商务相比，移动电子商务的最大的特点是可以随时访问。 ( )

四、简答题

1. 简述企业资源计划的发展阶段及每阶段的优缺点。
2. 举例说明重新订货点的计算方法。
3. 简述 MRP、闭环 MRP、MRPⅡ和 ERP 之间的关系。
4. 简述客户关系管理的定义。
5. 什么是供应链管理?供应链管理的基本框架有哪些？
6. 简述电子商务的概念和模式。
7. 数据挖掘分析方法及应用有哪些?
8. 分析比较订货点法和 MRP 在对物料的消耗、制定依据以及库存量大小方面的特点。
9. 什么是移动商务？移动商务的特点有哪些？
10. ERP 的含义是什么？它与 MRPII 有什么关系？
11. 简述 MRPⅡ的发展过程。

五、实务题

1. 某企业要新增一些办公椅，如果你是企业的采购人员，那么该项采购业务包含哪些内容？
2. 某企业销售人员接到客户的订货咨询电话，请描述他即将开展的业务处理内容。
3. 库存管理与其他管理的关联如图 6-16 所示，请填写空缺的信息，简述它们之间的关联。

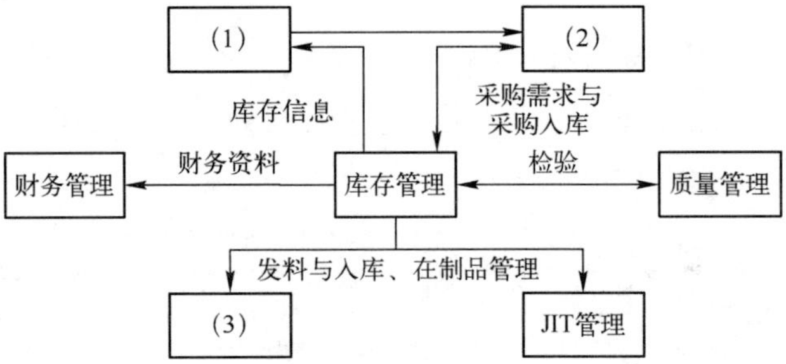

图 6-16 第 3 题图示

4. 画出销售订单处理业务部分的流程图，简要描述该部分业务流程。

5. 从企业的行业特点、产品特性、企业规模、管理瓶颈和企业的发展战略等因素，分析企业的 ERP 与 CRM 的 IT 投资规划应该如何做。

参 考 文 献

[1] 滕佳东. 管理信息系统[M]. 4 版. 大连：东北财经大学出版社，2011.
[2] 黄梯云. 管理信息系统[M]. 北京：高等教育出版社，1999.
[3] 陈佳. 信息系统开发方法教程[M]. 北京：清华大学出版社，2005.
[4] 刘腾红，孙细明. 信息系统分析与设计[M]. 北京：科学出版社，2006.
[5] 孙滨丽. 管理信息系统基础[M]. 北京：清华大学出版社，2008.
[6] HAN J, KAMER M. 数据挖掘概念与技术[M]. 北京：机械工业出版社，2011.
[7] 陈京民. 管理信息系统[M]. 北京：清华大学出版社，北京交通大学出版社，2006.
[8] 陈国青，李一军. 管理信息系统[M]. 北京：高等教育出版社，2006.
[9] 姜方桃. 管理信息系统理论与实务[M]. 北京：清华大学出版社，2009.
[10] 薛华成. 管理信息系统[M]. 北京：清华大学出版社，2005.
[11] 苗雪兰，刘瑞新，宋歌. 数据库系统原理及应用教程[M]. 北京：机械工业出版社，2011.
[12] 李红. 管理信息系统设计与实施[M]. 沈阳：东北大学出版社，2001.
[13] 姜旭评. 信息系统开发方法[M]. 北京：清华大学出版社，1997.
[14] 蔡淑琴. 管理信息系统[M]. 北京：科学出版社，2006.
[15] 刘林. 管理信息系统[M]. 北京：科学出版社，2006.
[16] 孙滨丽. 管理信息系统基础[M]. 北京：清华大学出版社，2008.
[17] 张思光. 电子商务概论[M]. 北京：清华大学出版社，2011.
[18] 姚国章. 电子商务与企业管理[M]. 北京：社会科学文献出版社，2001.
[19] 杨善林. 信息管理学[M]. 北京：高等教育出版社，2003.
[20] 周玉清，刘伯莹，周强. ERP 原理与应用教程[M]. 北京：清华大学出版社，2010.
[21] 李劲东. 管理信息系统原理[M]. 西安：西安电子科技大学出版社，2003.
[22] 赵松涛. 网络技术基础教程[M]. 北京：人民邮电出版社，2004.
[23] 李兴国. 管理信息系统[M]. 大连：东北财经大学出版社，2011.
[24] 张新. 管理信息系统[M]. 北京：机械工业出版社，2010.
[25] 霍云艳，于淑花. 管理信息系统[M]. 北京：清华大学出版社，2016.
[26] 卜艳萍. 管理信息系统[M]. 北京：清华大学出版社，2016.
[27] 史益芳，王志平. 管理信息系统[M]. 北京：人民邮电出版社，2013.
[28] 马永涛. 管理信息系统[M]. 北京：机械工业出版社，2012.
[29] 王晓静. 管理信息系统（通识教育）[M]. 北京：清华大学出版社，2012.
[30] 刘腾红. 管理信息系统：理论与应用[M]. 北京：电子工业出版社，2012.
[31] 秦树文. 企业管理信息系统[M]. 2 版. 北京：清华大学出版社，2016.
[32] 林子雨. 大数据技术原理与应用[M]. 北京：人民邮电出版社，2015.
[33] 王立娟. 大学计算机基础[M]. 北京：高等教育出版社，2012.